ESG 경영의 이해와 실무적 활용

경균 · 김지환 · 이보삼 · 이정기 · 정예모

Environmental
Social
Governance

| 서 문 |

지속가능한 미래를 위해 기업은 변해야 한다.

세상이 바뀌고 있다. 사람들은 무언가 가치 있는 일에 참여하기를 원하며, 그들이 가지고 있는 신념을 따르려고 한다. 고객과 투자자도 마찬가지다. 이들은 기업이 인간과 지구에 대해 윤리적으로 행동할 것을 기대한다. 이러한 상황에서 기업은 이제 이익을 내는 것만으로는 고객과 투자자를 만족시킬 수 없다. 무언가 남과 다른 차이를 보여줘야 한다.

ESG는 조직이 시장에 투명성을 제공하고, 재정적 혜택을 제공할 뿐 아니라 산업 전체에 벤치마킹을 제공함으로써 지속가능성 및 윤리적 관행에 대한 기여도를 측정할 수 있게 하는 접근 방식이다. 이는 조직이 윤리적 행동과 지역사회로의 기여를 통해 지속가능한 미래를 만드는 데 더 중요한 역할을 해야 한다는 전 세계의 요구에 대한 응답이기도 하다. ESG는 전 세계 UN 회원국들이 합의한 17개의 지속가능발전목표(SDGs, Sustainable Development Goals)의 이행을 구현하는 것이다. 계속 늘어나고 있는 규제와 규범들은 투자자에게 ESG를 고객에 대한 의무로 간주하게 한다. ESG 의무를 이행하지 않는 조직은 법적 및 규제적 문제에 직면할 수밖에 없기 때문이다.

조직이 ESG와 지속가능성 전략을 수립하고 실행에 옮기기 위해서는 내부의 혁신적인 변화, 즉 목표를 설정하고, 목표 달성을 위한 기술, 역량, 시스템, 리더십 및 문화를 개발하는 것이 수반되어야 한다. 이를 통해 조직은 ESG와 지속가능성을 기반으로한 진정한 성공적인 혁신을 이룰 수 있다. 조직은 ESG와 지속가능성 전략 수립에 앞서 먼저 다음의 질문에 답을 해야 한다.

첫째, 우리에게 ESG는 왜 중요한가? 우리는 왜 ESG를 해야 하는가? 우리가 만족시켜야 하는 이해관계자는 누구인가? 우리의 투자 지평은 어떠한가? 어떻게 성공을 측정할 수 있는가?

둘째, 어떻게 하면 이사회가 조직의 ESG 이행을 지원하고, 감독할 수 있는가?

셋째, 어떻게 하면 ESG 성과를 위해 필요한 리더십과 역량, 스킬 등을 갖추고, 유지할 수 있는가?

넷째, 어떻게 하면 기업이 ESG 및 지속가능성 전략을 이행할 수 있도록 조직을 갖출 것인가?

다섯째, 어떻게 하면 기업이 올바른 문화를 창조하고, 종업원의 참여를 끌어낼 수 있는가?

이에 대해 조직은 이해관계자를 만족시킬 수 있도록 톱－다운의 목표를 설정하고, 목표 달성을 위한 비즈니스 전략을 추진하고, 조직문화를 바꾸는 것은 물론, 성과를 측정하는 등의 과제를 수행해야 한다. 또한 조직은 임원 교육을 통해 ESG 관점에서 관리 감독을 하고, 지원을 보장할 수 있도록 이사회의 기능 및 구성을 개선하며, 거버넌스 메커니즘을 채택하고, 임원 급여의 체계에 ESG 성과를 포함하는 등의 과제를 수행해야 한다.

또한 조직은 리더십을 확보하고, 자체 역량을 높일 수 있도록 기술 및 경험을 갖춘 훌륭한 인재를 채용해야 한다. 특히 새로운 방향과 새로운 역할, 새로운 기법이 작동할 수 있도록 ESG 약속을 조직설계에 포함하고, 비즈니스 전략 조정, 대대적인 사고의 전환, ESG가 가능한 문화 구축을 통해 직원은 물론 모든 이해관계자가 따르고 참여할 수 있게 해야 한다.

다양한 이해관계자들의 ESG 경영 요구를 외면하는 기업은 기업가치 유지와 비즈니스의 영속성에 있어 커다란 리스크에 직면하게 되지만 이해관계자의 요구를 잘 반영한다면 기업의 제품과 서비스에 대한 고객의 관심이 폭발적으로 증가함으로써 투자가 확대되고, 이로 인한 자본조달 비용이 감소하여 기업가치의 상승으로 이어질 것이다. 이러한 선순환이 바로 현재 진행되고 있는 새로운 경영의 패러다임이다. 이제 기업은 재무적 성과는 물론 ESG와 같은 비재무적 성과를 함께 달성해야 만이 기업의 가치가 극대화될 것이다.

지금까지 조직은 기업가치 제고를 위해 재무적 관점에서 두 가지 경영활동에 집중했다. 하나는 경영전략 수립이다. 조직은 매출과 이익의 극대화를 위해 기술 혁신, 제품 · 서비스 혁신, 조직역량 강화 및 투자 전략 등을 수립했다. 또 다른 경영전략은 이러한 활동에 따른 성과를 재무제표를 통해 자본시장에 공시하는 것이다.

ESG도 마찬가지다. ESG 관점에서 경영전략을 수립하고, ESG 성과를 지속가능경영보고서 공시 등을 통해 이해관계자와 소통해야 한다. 결국, 기업은 재무적 관점과 비재무적(ESG) 관점의 균형을 기반으로 경영 활동을 전개함으로써 전반적인 기업가치 증대와 지속가능한 발전을 도모해야 한다.

최근 ESG 과정이 대학에서 개설되고 있고, 또한 경험과 학식이 풍부한 여러 전문가가 경영서와 지침서를 발간함으로써 ESG 확산에 크게 기여하고 있다. 본 교재는 수원대학교 공공정책대학원 ESG 경영정책전공 교수진들이 ESG 경영에 대한 이론과 조직에서의 실무를 체계적으로 교육하기 위해 집필한 것이다. 특히 본 교재는 ESG 경영을 체계적으로 학습하고자 하는 학부생과 대학원생의 교과서이자 중소중견기업, 공공기관의 ESG 실무자용 참고서로 사용할 수 있도록 구성하였다. 본 교재는 총 제4부로 구성되어 있다.

제1부에서는 ESG가 만드는 경영환경의 변화를 다룬다. ESG 경영을 이해하기 위한 개론적 내용을 담은 1부에서는 ESG 경영의 의미와 그 중요성, ESG 경영체제 및 운영상 과제와 함께, ESG 경영의 중요성 및 시급성을 인식시킨 외부 여건과 압력을 다루었다. 이를 위해 GRI, SASB, TCFD, SBTi 등 ESG 관련 주요 이니셔티브의 내용 및 특징과 ESG 글로벌 공시지표의 통합화 동향을 살펴보았고, ESG 경영의 기본은 법 준수라는 관점에서 ESG 경영에서 강조하는 주요 법규를 환경규제, 사회규제, 거버넌스 규제로 구분하여 법규 제정의 목적, 주요 내용, 그리고 위반에 대한 관련 규정과 사례를 분석하였다.

제2부는 ESG 경영의 이론적 배경과 함께 ESG 경영의 핵심인 지속가능경영, 환경·에너지경영, 안전경영, 사회책임 경영에 대한 시스템적 접근 방법을 실무자의 입장과 시각에서 다루었다. 지속가능경영 실무에서는 ESG 경영의 근원적 개념인 기업의 사회적 책임(CSR, Corporate Social Responsibility)과 기업 지속가능성에 대한 이해와 함께 경영 여건의 변화에 따른 이들 개념의 진화와 경제와 사회적 성과에서의 균형 형성의 과정을 살펴보았으며, 지속가능성의 내재화를 위한 통합전략을 제시하였다. 또한 ESG와 비즈니스 연계 및 ESG 경영을 통한 블루오션 창출을 모색하는 차원에서 순환경제와 공유가치창출(CSV)을 다루었으며, ESG 경영을 지원하기 위한 4차산업혁명 기술의 역할 및 과제도 짚어 봤다.

환경·에너지 이슈는 ESG 경영의 절반 이상을 차지한다 해도 과언이 아니다. 본 교재에서는 이미 많은 기업에서 채택하고 있는 환경·에너지 표준인 KS I ISO 14001과 KS Q ISO 50001을 활용하여 ESG의 E(환경·에너지) 이슈를 효과적으로 다루고자 하였다. 환경·에너지 이슈를 계획·실행·점검·조치하는 PDCA 순환 사이클을 규정한 업무규정(매뉴얼)에 포함하여 사용하는 게 문서관리 부담을 줄일 수도 있다는 판단에서다. 기업이 산업안전보건 확보의 의무를 다하기 위해서는 법이 정하고 있는 안전상의 조치 또는 보건상의 조치를 기본적으로 취해야 한다. 한편 정부는 중대재해에 대한 집중 관리의 필요성에 따라 중대재해처벌법을 제정하고 2022년 1월부터 시행 중이다. 특히 이 법은 매출액 및 근로자 수를 고려하여 단계적으로 확대 시행될 예정이어서 중소중견기업에서도 이에 대한 대응이 꼭 필요한 실정이다. 이외에도 근로자를 포함한 공급망의 모든 관련 이해관계자들의 안전과 보건을 중시하는 조직으로 자리매김하기 위해서도 적극적 ESG 경영이 요구되고 있다.

ESG 경영에서 S(사회) 이슈는 우월적 지위의 남용 방지라는 공통의 지향점을 갖고 있다. 인권 문제는 말할 것도 없고 노동관계에서 사용자와 피고용인 그리고 우월적 지위에 있는 사람에게 접근할 수 있는 뇌물을 차단하려는 부패방지 노력도 소위 갑을관계로 인식되어온 나쁜 연결고리를 차단하려는 시도라 할 수 있다.

제3부는 기업이 ESG 성과를 보고해야 할 필요성과 보고 방법을 제시하고, 성과보고에 활용하기 위한 국내외 보고 관련 기준 및 지표를 다루었다. 또한 기업의 ESG 성과를 평가하는 국내외 주요 ESG 평가지표들을 살펴봄으로써 ESG 경영에서 강조되는 이슈들을 파악했다. 이와 함께, 최근 ESG 경영에서 강조되는 공급망 관리에 주목하여 협력업체의 ESG 경영을 관리하기 위한 행동규범과 국내 주요 기업의 협력업체 ESG 경영 지원사례를 살펴보았다.

제4부는 거버넌스를 다루었다. 비즈니스 관점에서 거버넌스는 기업경영의 통제에 관한 시스템으로 기업경영에 직접 또는 간접적으로 참여하는 주주 · 경영진 · 근로자 등의 이해관계를 조정하고 규율하는 제도적 장치와 운영기구를 말한다. 거버넌스 이슈는 ESG 논의와 그 실천에서 기본적 제도적 기반이 되며 거버넌스를 제대로 구축하는 문제는 정부 정책, 사회 운용원리, 기업경영 그리고 공공기관의 핵심과제가 되어야 하고 이를 통해 ESG 리스크가 관리되어야 한다. 따라서 이사회 운영, ESG 리더십, ESG 경영시스템, 이해관계자의 참여, ESG 정보공시 등 보다 다양한 영역이 모두 거버넌스와 관련하여 검토되고 개선되어야 한다. 거버넌스는 기업이나 기관의 외형적 성장이나 경영수익을 넘어서서 안전, 공정성 등 가치를 실현하는 경영원칙을 관철하는 공동체적 의사결정을 위한 제도적 기반이 되어야 한다는 점에서 중요하다. 따라서 4부에서는 거버넌스에 대한 이론적 논의는 물론 거버넌스 관련 이슈를 다양하게 살펴보았다. 또한 실무자를 위해 국내외 거버넌스의 개선 사례를 참고할 수 있게 하였으며, 투자 활성화, 리스크, 거버넌스 구축 등 이슈도 정리하였다.

ESG 경영은 일시적 유행이나 현상이 아니다. 오히려 ESG는 자본주의의 문제점에 대해 근본적인 질문을 던지는 철학적인 논의를 뛰어넘어 가치에 대한 근본적인 질문에 답을 제공하는 성격을 갖기도 한다. 그동안 조직 경영의 중심이 '재무중심의 경쟁력'을 통한 비교우위 확보에 있었다면 앞으로는 ESG 경영을 기반으로 비재무적 경쟁력도 포함한 진정한 지속가능성 확보로 이동해야 할 것이다. 이제 기업과 조직은 이러한 긴 여정에 동참할 때이다. 앞으로 기업의 경영에 있어 ESG를 내재화하고 이를 통해 기업혁신을 끌어내는데 본 교재가 일조할 수 있기를 바란다.

2022년 9월

저자 일동

| 부 · 장 차례 |

| 차 례 |

제 1 부 기업경영의 변화

제 1 장 ESG 의미와 부상 배경

제 2 장 ESG 경영활동

PART 01

기업경영의 변화

CHAPTER 01

ESG 의미와 부상 배경

제 1 절 ESG의 정의

2022년 1월 문화체육관광부와 국립국어원은 '쉬운 우리말쓰기 사업'의 일환으로 추진하고 있는 새말 대체어로 ESG를 환경·사회·투명경영이라고 정했다. 새말 대체어는 외국어에 대한 우리말 국민 대체어 국민 수용도 조사를 실시한 결과 나온 정의다. ESG는 환경(Environmental), 사회(Social), 거버넌스(Governance)의 약자로, 이는 조직이 환경적, 사회적 책임과 함께 건전하고 투명한 의사결정 및 지배구조에 초점을 두고 지속가능성의 가치를 창출하도록 하기 위한 경영의 3가지 핵심 요소이다.[1] 이 요소들은 중장기적으로 조직의 가치에 커다란 영향을 주지만 재무제표상에는 잘 드러나지 않는다. 지금까지 조직의 가치는 주로 재무제표 등 정량적 지표로 평가되었다. 그러나 조직은 전 세계적인 기후변화 위기와 코로나19 팬데믹을 거치면서 이들 비재무적 요소가 결과적으로 조직 가치에 중대한 영향을 끼친다는 것을 이해하기 시작했다. 이미 ESG는 전 세계적인 중요한 흐름이 되었다. 조직을 둘러싼 소비자, 투자자, 정부 등 이해관계자는 물론 모든 사회구성원이 이미 ESG에 대해 커다란 관심을 보이고 있으며, 조직의 생존과 성장에 있어 ESG가 핵심적인 요소라는 것을 인식하고 있다. 이는 기업의 본원적 활동인 경제적 성과가 환경적, 사회적 가치를 간과한 결과라면 기업은 더 이상 지속가능할 수 없다는 것을 알아차린 것이다.[2]

조직에게 ESG는 3가지 측면에서 중요하다. 첫째는 환경적 측면에서의 중요성이다. 환경 요소는 조직의 경영활동에서 발생하는 전반적인 환경영향이 대상이다. 환경적 관점에 있어 가장 핵심적인 이슈는 기후변화와 탄소배출이다. 조직은 앞으로 탄소중립(Net Zero), 탄소배출이 없는(Carbon-free) 에너지 사용, 재생에너지 사용 등에 있어 주도적인 역할을 해야 한다. 이와 함께 순환경제 활동 또한 중요한 이슈라 할 수 있다.

둘째는 사회적 측면에서의 중요성이다. 사회 요소는 임직원, 고객, 협력회사, 지역사회 등 다양한 이해관계자에 대한 조직의 권리와 의무, 책임 등의 요소를 포함하고 있다. 이는 기업이 인권 보장과 데이터 보호, 다양성의 고려, 공급망

---

1) 관계부처 합동(2021), "K-ESG 가이드라인 v1.0", 2021.12.1. 보도자료.
2) 중소중견기업 CEO를 위한 알기쉬운 ESG, 대한상의 삼정KPMG, 2021.7.22.

및 지역사회와의 협력관계 구축을 요구받고 있기 때문이다.

셋째는 거버넌스 측면의 중요성이다. 거버넌스 요소는 조직의 경영진과 이사회, 주주 및 회사의 다양한 이해관계자의 권리와 책임 등을 다룬다. 거버넌스 관점에서 이사회의 다양성, 임원 급여, 윤리경영 및 감사기구 등에 대해 조직은 환경과 사회적 가치를 실현할 수 있도록 투명하고 신뢰할 수 있는 이사회와 감사위원회의 구성에 노력해야 한다. 또한 뇌물과 부패를 방지하고, 기업윤리를 준수함으로써 높은 지배구조의 투명성을 확보하는 것이 필요하다.

그림 1-1 ESG의 요소와 관리대상

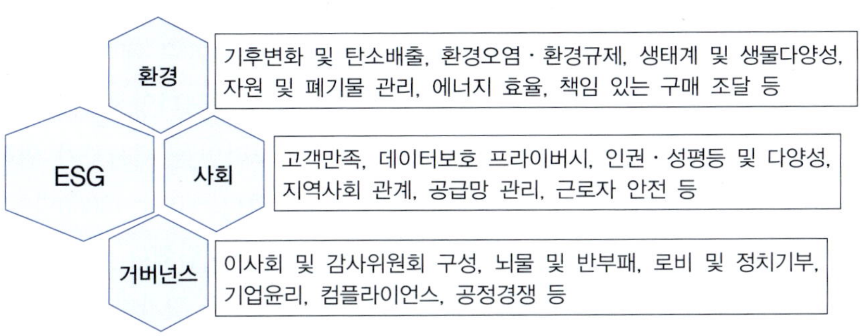

제 2 절 ESG 논의의 발전과정

1. 등장 배경

ESG는 기업 및 국제사회에서 오랫동안의 깊은 논의를 통해 진화되고 정제되어 온 개념이다. 1987년 발간한 브룬트란트 보고서에 언급된 지속가능한 발전에서 시작된 ESG는 2006년 UN PRI(Principles of Responsible Investment, 책임투자원칙) 2019년 BRT(Business Roundtable) 선언, 그리고 2021년 세계적 투자사인 블랙록(Blackrock)의 래리핑크(L. D. Larry Fink) 회장의 연례 서한을 통해 기업 경영의 핵심 화두가 되었다. 따라서 ESG를 이해하기 위해서는 먼저 근원적 개념인 지속가능한 발전에 대한 이해가 있어야 한다.

지속가능한 발전은 1987년 세계환경개발위원회(WCED, World Commission on Environment and Development)의 보고서 '우리 공동의 미래(Our Common Future)'[3]에서 제시되었다. 이 보고서는 지속가능한 발전을 '미래세대에게 필요한 자원과 잠재력을 훼손하지 않으면서, 현 세대의 수요를 충족하기 위해 지속적으로 유지될 수 있는 발전'으로 정의하였고, 인류가 빈곤과 인구증가, 지구온난화와 기후변화, 환경 파괴 등의 위기에 직면해 앞으로 대재앙이나 파국을 맞지 않고도 경제를 발전시키기 위해서는 지속가능한 발전으로의 패러다임 전환이 필요하다는 의견을 제시하였다.

이후 유엔환경개발회의(UNCED, United Nations Conference on Environment and Development)는 1992년 브라질 리우 회의에서 '리우선언'을 채택하게 된다. 이 리우회의에서 환경영역의 기반이 되는 기후변화 협약, 생물다양성 협약이 체결된다.

1997년에는 지속가능경영보고서에 대한 가이드라인을 제시하기 위해 비영리 단체인 GRI(Global Reporting Initiative)가 설립되었다. GRI는 2000년에 첫 번째 가이드라인을 발표하였고, 2016년에는 GRI 표준을 정립했다. GRI 표준은 경제, 환경, 사회 부문에 대해 기업이나 기관의 지속가능성을 평가하기 위한 지표를 제시하고 있다.[4]

2. 논의 확산

(1) ESG 제도화

ESG에 대한 논의는 국가 차원의 관심이 높아짐에 따라 연기금 등의 책임투자에 대한 논의 활성화, 정부 단위의 ESG 제도화, 민간 분야의 적극적인 ESG 활성화 논의로 확대되었다. 특히 국가 단위의 ESG 법안 마련 추진, ESG 관련 기업의 정보공개 등 제도화 논의가 확산되었는데 대표적인 것이 UN PRI(Principles for Responsible Investment, 책임투자원칙) 발표와 기후관련 재무정보공개 태스크포스(Task Force on Climate-related Financial Disclosures, TCFD)의 재무정보공개 권고안을 발표한 것이다.[5]

---

3) 일명 브룬트란트(Brundtland) 보고서라고 함.
4) 대한상공회의소, 삼정KPMG(2021), "중소중견기업 CEO를 위한 알기쉬운 ESG", 2021.7.22.

2006년에 발표된 UN PRI(Principles for Responsible Investment, 책임투자원칙)는 환경, 사회, 거버넌스와 관련된 이슈를 투자 정책 수립 및 의사결정, 자산 운용 등에 고려한다는 원칙이다.[6] UN PRI는 금융 투자 원칙으로 ESG를 중시했다는 점에서 현재 기업 경영에서 강조되는 ESG 프레임워크의 초석을 제시한 것으로 평가받고 있다.

기후관련 재무정보공개 태스크포스(TCFD, Task Force on Climate-related Financial Disclosures)는 세계 금융시장을 모니터링하는 국제기구인 금융안정위원회가 2017년에 설립한 협의체로서 TCFD가 기후변화와 관련된 리스크와 기회요인을 분석하고, 거버넌스, 전략, 리스크 관리, 지표 및 목표의 4가지 측면에서 재무정보공개 권고안을 제시했다.

(2) ESG 활성화

민간 측면에서는 글로벌 투자기관들의 ESG 관점 투자 선언에 따라 기업들이 ESG에 적극적으로 대응하기 시작하였고, 협회 및 단체 차원의 민간 이니셔티브가 결성되어 ESG에 자발적으로 대응하는 등 ESG 활성화 논의가 확대되었다.[7]

기업의 ESG 경영 논의에 불을 지피게 된 본격적인 계기로 볼 수 있는 이벤트는 바로 2019년 8월에 있었던 BRT(Business Roundtable) 선언이다. BRT는 애플, 아마존, 월마트, 블랙록과 같이 미국에서 가장 영향력이 있는 기업 CEO가 참여하는 연례회의이다. 2019년 진행된 연례회의에서 글로벌 비즈니스 리더들은 기업의 전통적 목적인 주주 이익 극대화에서 진보한 모든 이해관계자의 가치가 통합된 새로운 기업의 목적(Purpose of a Corporation)을 선언하게 된다.

181명의 글로벌 기업 CEO가 서명한 이 선언은 기업이 주주(Shareholder) 가치 최우선에서 한 걸음 더 나아가 고객, 직원, 협력회사, 지역사회 등 모든 이해관계자(Stakeholder)의 가치를 고려하자는 것을 담고 있다. 자산운용사인 블랙록(BlackRock)의 CEO인 래리 핑크는 2020년 1월 전 세계 최고경영자들에게 보낸 연례서한에서 기후변화 리스크와 ESG를 투자 결정에서 핵심 요소로 반영할 것임을 밝혔다.

---

5) 관계부처 합동(2021), “K-ESG 가이드라인 v1.0”, 2021.12.1. 보도자료
6) UN PRI에는 현재 우리나라 국민연금을 포함해 2021년 1월 기준으로 전 세계 3,615개의 투자사 및 투자 기관이 가입
7) 관계부처 합동(2021), “K-ESG 가이드라인 v1.0”, 2021.12.1. 보도자료

그림 1-2 BRT 선언 내용

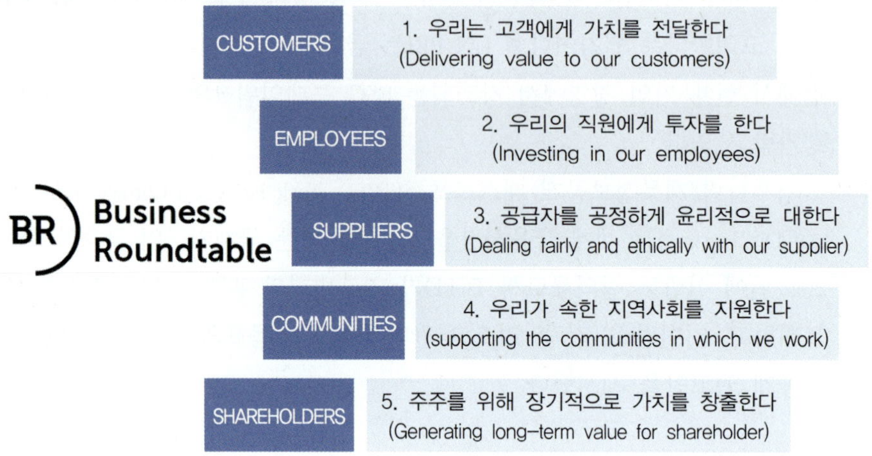

2020년 1월 세계경제포럼(WEF)에서는 '결속력 있고 지속가능한 세계를 위한 이해관계자들(Stakeholders for a Cohesive and Sustainable World)'을 핵심 주제로 다뤘다. 특히 이 포럼에서 논의한 7대 주제[8]는 ESG를 고려한 미래사회의 문제 해결을 위해 필요한 다양한 영감을 제공했다는 점에서 의미가 있다.

특히 이 포럼에서는 전 세계가 직면한 다차원적인 복잡한 문제에 대응하기 위해서는 이해관계자의 결속력을 강화하는 동시에 새로운 사고 및 행동 방식을 통해 지속가능한 세계를 건설해야 한다는 필요성이 제기되었고, 또한 소득 불평등, 사회분열, 기후위기 극복을 위해 '이해관계자 자본주의(Stakeholder Capitalism)'의 개념을 재정립하여, 주주와 기업 이익을 우선시한 기존 자본주의에서 벗어나 모든 이해관계자의 이익을 충족할 수 있는 신자본주의에 대한 논의를 하는 등 ESG를 고려한 미래지향적 새로운 비즈니스 기회를 모색하는 국제적 논의의 장이 되었다.[9]

이어 9월에는 '이해관계자 자본주의 측정(Measuring Stakeholder Capitalism)'이라는 제목의 지속가능한 가치 측정 가이드라인 백서가 발간되었다. 이 보고서는 KPMG 등 글로벌 빅4 회계법인이 참여해 작성한 것으로 거버넌스, 지구, 사람,

8) 미래의 건강, 미래 사회와 일자리, 선의를 위한 기술, 지구 살리기, 더 나은 비즈니스, 지정학을 넘어, 공정경제
9) 현대경제연구원, 2020년 다보스 포럼의 주요내용과 시사점, Weekly Economic Review, 2020.1.

번영을 4대 축으로 하여 지속가능성을 측정하는 지표를 제시하였다.

이외 산업 및 기업의 특수성을 감안한 민간 이니셔티브가 결성되었으며 산업계가 공통으로 요구받는 이슈에 대응하기 위해 해당 이니셔티브에 참여한 개별 기업에게 ESG 성과 창출 및 리스크 관리를 요구(전자, 자동차, ICT, 화학, 섬유 등 산업에서 ESG 리스크 완화와 성과창출을 위한 이니셔티브를 운영 중)하였다.[10)]

제 3 절 기업에게 ESG가 중요한 이유

기업에게 ESG가 중요해진 이유는 투자자의 요구 증대, 고객의 ESG요구 증대, ESG 관련 정부규제 강화, 신용평가에 ESG 반영 등 4가지로 정리된다.[11)]

1. 투자자의 요구 증대

ESG는 기업은 물론 다양한 이해관계자와 연결된 이슈이다. 기후변화와 코로나19 팬데믹을 거치면서 기업의 핵심 이해관계자인 투자자, 고객, 신용평가사, 정부는 기업에게 ESG 경영체계를 갖출 것을 요구하고 있다.

(1) 스튜어드십 코드

ESG에 대한 투자자의 요구로 가장 대표적인 행동은 스튜어드십 코드(Stewardship Code)이다. 스튜어드십 코드는 기관투자자가 의결권 행사 등을 통해 기업 경영에 관여하는 것으로 이를 통해 기업 지배구조에서 기관투자자의 역할은 커질수 밖에 없다. 과거 비용 발생이나 피투자기업과 자산운용사 간의 이해상충을 이유로 기관투자자들은 기업의 경영에 적극적으로 관여하지 않았으나 2008년 글로벌 금융위기를 계기로 주주로서 기업에 대한 견제 역할을 다하지 못했다는 자성에 따라 스튜어드십 코드를 도입하기 시작했다. 스튜어드십 코드는 2010년에 영국이

---

10) 관계부처 합동(2021), "K-ESG 가이드라인 v1.0", 2021.12.1. 보도자료
11) 대한상의 삼정KPMG, 중소중견기업 CEO를 위한 알기쉬운 ESG, 2021.7.

최초로 도입했고 이후 기관투자자들이 도입함으로써 ESG를 중시하지 못하는 기업들에게 직접 의결권을 행사하는 것이 증가하고 있다.[12] 또한 기관투자자뿐 아니라 유럽을 중심으로 금융권에서도 ESG를 기업 대출의 평가요소로 사용하고 있으며, 기업의 신규 대출이나 대출 갱신 시 금리 산정에도 다양한 ESG 기준이 사용되고 있다.

한국도 2018년에 국민연금을 시작으로 도입이 보험사, 자산운용사로 확대되고 있다. 한편 기관투자자들은 투자기업에 대한 의결권 행사 외에 투자 대상을 정할 때도 ESG를 적극적으로 활용하고 있는데 ESG를 고려한 투자액은 매년 증가하고 있다.

기관투자자들이 ESG 투자를 할 때 고려하는 가장 비중이 큰 전략은 네거티브 스크리닝이다. 네거티브 스크리닝은 담배나 무기 제조 등을 통해 이익을 얻는 등 ESG 활동이 미비한 기업을 투자 포트폴리오나 펀드 구성에서 배제하는 것이다.

ESG 요소를 투자 결정에 적용한 사례

- 네덜란드 연기금(APG)은 에어버스(Airbus), 필립모리스(Philip Morris) 등 159개 기업을 무기 제조, 담배 판매 등의 이유로 투자에서 배제
- 노르웨이은행 투자운영회(NBIM)의 경우 환경 파괴를 이유로 듀크에너지(DUKE ENERGY CORPORATION), 콜인디아(Coal India)를 투자에서 배제
- 자산운용사인 뱅가드(Vanguard)도 중국 군수관련 기업에 대한 투자금지를 목적으로 차이나모바일(China Mobile), 차이나유니콤(China Unicom), 차이나텔레콤(China Telecom)의 주식을 매각

(2) ESG 통합(ESG in equity analysis)[13]

ESG 통합이라는 용어는 ESG 투자를 이야기할 때 자주 사용된다. ESG 통합은 투자 분석 및 투자 결정을 위해 재무분석 프로세스 자체에 ESG를 명시적이고 체계적으로 포함하는 것으로 정의할 수 있다. 다시 말해 ESG 통합은 투자 분석 및 투자 결정의 모든 중요 요소를 분석하는데 환경, 사회, 지배구조 요소를 포

12) 블랙록은 2020년 엑슨모빌(Exxon Mobil) 주주총회에서 기후변화 대응 전략 수립과 기후변화의 재무적 영향에 대한 공시가 미비했다는 이유로 이사 2인 연임에 반대했다. 또한 이사회 독립성 결여에 따른 ESG 리스크 관리 미비를 이유로 CEO와 이사회 의장의 분리에 찬성했다. 블랙록은 이외에 환경오염개선 미비를 이유로 볼보(Volvo) 등 35개 기업에게 의결권을 행사했다.

13) CFA Institute, ESG IN EQUITY ANALYSIS AND CREDIT ANALYSIS, 2018.

그림 1-3 업종별 ESG 이슈의 중대성 평가의 예(SASB)

영역		항공	통신	전력설비
환경	온실가스 배출			
	대기질			
	에너지 관리			
	연료 관리			
	수질 및 폐수관리			
	폐기물 및 독성물질 관리			
	생물다양성 영향			
사회	인권 및 커뮤니티 관계			
	접근성 및 경제성			
	고객 복지			
	데이터 보안 및 고객 정보보호			
	공정한 정보공개 및 라벨링			
	공정한 마케팅 및 홍보			
인적자원	노동 관계			
	공정한 노동			
	종업원 보건, 안전, 웰빙			
	다양성 및 포용			
	보상 및 혜택			
	채용 및 개발, 유지			
비즈니스 모델과 혁신	제품과 서비스의 전과정 영향			
	혁신			
	제품 포장			
	제품 품질 및 안전			
리더십과 거버넌스	시스템적 리스크 관리			
	재난 및 안전관리			
	비즈니스 윤리 및 지불의 투명성			
	경쟁적 행동			
	규제 및 정치적 영향			
기타	원료물질 소싱			
	전과정 관리			

함하는 것이다. 최근에 투자 시 ESG 통합 여부를 보는 비중이 커지고 있으며, 투자자들이 개별 기업 또는 부문에서 위험을 발견하고 회피하기 위한 또 다른 방법으로 ESG 요소를 사용한다.

ESG 통합의 또 다른 핵심 요소는 중대성이다. ESG 통합에서는 중대한 ESG 이슈만을 통합하는데, 이들 이슈는 주로 기업 성과나 투자 성과에 커다란 영향을 미칠 것들이다. 중대성 평가를 위해서는 특정 국가 또는 부문에 영향을 미치는 주된 ESG 문제가 무엇인지에 대한 이해가 필요하다. 실무 담당자는 기업 보고서,

서류 및 웹사이트, 인터넷, ESG 연구 결과물 등 다양한 출처를 통해 ESG 정보를 수집하여 기업 또는 부문별로 중요한 ESG 문제가 무엇인지를 결정한다. 또한 이들 실무 담당자들은 각 투자에 대한 중요한 ESG 이슈를 목록화하여 참조 및 평가하고, 주기적으로 이들 목록을 수정하고 검토한다.

ESG 통합은 실무 담당자의 기존 투자 프로세스 및 관행을 보완하는 데 있어 유용하며 주된 변경 분야는 ESG 정보 소싱과 분석이다. 일부 투자자는 ESG 정보를 포함한 평가 모델을 새롭게 개발하기도 하지만 투자 분석 및 평가 모델에 대한 주된 변경은 필요하지 않다. ESG 이슈는 주로 정성적 분석을 통한 주식 분석 및 신용 분석에 영향을 미친다. 그러나 투자자들은 ESG 요소를 더욱 정량화하고 있으며 기업 가치 평가에 통합하고 있다.

2. 고객의 ESG 요구 증대

글로벌 기업들은 ESG 경영이 미흡한 공급사와는 거래를 하지 않겠다는 움직임을 보이고 있다. 분업화된 공급망 구조에서 자칫 ESG에 소극적인 기업은 향후 고객 기반을 상실할 수도 있다. ESG에 반하는 공급망 관리가 사회적인 논쟁거리로 부상하기도 했는데, 대표적으로 코발트 광물 사례를 들 수 있다.

코발트 광물 사례

애플(Apple), 구글(Google), 마이크로소프트(Microsoft), 테슬라(Tesla), 델(Dell)의 5개 기업이 2019년 코발트 문제로 국제권리변호사회로부터 피소되는 사건이 발생했다.

코발트는 전기차 배터리에 사용될 뿐만 아니라 스마트폰 배터리와 각종 전자기기에 매우 광범위하게 쓰이고 있다. 그런데 이 배터리의 핵심 원료인 코발트의 상당량이 콩고에서 생산되고 있고, 콩고의 많은 어린 아이들이 코발트 생산을 위해 어려서부터 노동현장에 내몰리고 있다. ESG가 부상하면서 이러한 공급망 구조에 제동이 걸리기 시작하였다.

이로 인해 테슬라(Tesla)는 코발트를 사용하지 않겠다는 '코발트 프리' 계획을 발표했다. 이를 위해 100% 니켈 함유 배터리를 개발 중이며, 또 공급망에 있는 근로자 인권과 근로환경 개선에서도 노력하겠다는 입장을 밝혔다.

애플(Apple)의 경우도 본격적으로 ESG 기반의 공급망 관리에 돌입했다. '협력업체 청정에너지 프로그램'에 따라 2030년까지 애플(Apple)의 협력사는 100% 재생에너지로 생산한 제품을 공급해야 한다. 또한 애플은 공급망 내 모든 단계의 협력업체에 대한 노동권, 인권, 건강, 환경보호 등에 행동수칙(Apple Supplier Code of Conduct)을 마련하고, 이를 평가하여 협력업체의 ESG 성과 개선을 유도하고 있다.

세계적 화학기업 바스프(BASF) 경우도 자사뿐만 아니라 ESG 행동강령을 12개 언어로 번역해서 협력사에 제공하고 있으며, 협력사에게 국제적인 노동기준이나 안전기준의 표준 준수를 의무화하고 있다.

ESG를 반영한 공급망 관리는 유럽을 중심으로 법제화의 움직임이 있다. EU는 최근 산업 전반에 걸쳐 기업의 공급망에 대한 인권, 환경 실사를 의무화하는 방안 도입을 검토하고 있다. EU에 소재하고 있는 기업뿐만 아니라 EU 시장에서 거래하는 기업들까지를 대상에 포함함에 따라 사실상 새로운 무역장벽이 되는가라는 우려도 있다. EU는 2021년 3월 공급망 실사(Due Diligence) 의무화 법안을 채택했고 2022년 2월 기업 지속가능성 실사 지침(Directive on Corporate Sustainability Due Diligence)을 발표했다.

소비자들의 ESG 친화적인 기업 제품에 대한 요구 증가

2021년 대한상의 조사결과에 따르면 소비자의 63.0%가 '제품 구매 시 기업의 ESG 활동을 고려한다'고 응답했다. 'ESG 활동에 부정적인 기업의 제품을 의도적으로 구매하지 않은 경험이 있다'고 답변한 비율도 70.3%에 달했다. '추가 가격을 지불하더라도 ESG 활동이 우수한 기업의 제품을 구매하겠다'고 대답한 비율도 88.3%로 매우 높게 나타나고 있다.

3. 신용평가에 ESG 반영

글로벌 신용평가기관인 무디스(Moody's), 피치(Fitch Ratings), S&P(Standard & Poor's) 등에서는 비재무적 성과를 포함한 ESG 평가 결과를 신용 등급에 반영하고 있다. S&P Global의 경우, 환경오염이나 탄소배출량, 안전보건, 내부통제, 리스크 관리 등으로 분류하여 조정 사유에 해당하는 기업에 대해 신용등급을 조정했다.

ESG 평가 결과를 신용 등급에 반영 사례

듀크에너지(DUKE ENERGY CORPORATION)의 경우 석탄발전소에서 과도하게 석탄재가 배출된다고 보고 신용등급을 'A-Stable'에서 'A-Negative'로 조정하여 ESG에 의거한 신용위험을 알렸다.

이와 같은 글로벌 사례는 국내 신용평가기관에게도 영향을 주고 있다. 2020년 10월 한국신용평가는 ESG 채권 인증 평가사업을 최초로 선보였다. 자체 ESG 금융 평가방법을 기준으로 한국중부발전이 발행한 제59회 공모사채(지속가능채권)를 평가했다. 이러한 사회적 흐름은 기업들의 ESG 경영이 신용위험에 영향을 줄 수 있다는 것을 보여주고 있다.

4. ESG 관련 정부규제 강화

유럽의 경우 2006년 UN PRI가 ESG 투자 원칙을 발표하면서 본격적으로 기업의 비재무적 요소에 대한 공시 강화가 추진되었다. 유럽은 2021년 3월부터 연기금을 시작으로 은행과 보험사, 자산운용사로 ESG 관련 공시 의무를 확대했고, 특히 영국은 모든 상장기업들에게 2025년까지 ESG 정보공시를 의무화할 예정이다.

한국의 경우 이미 2019년부터 자산총액 2조 원 이상의 코스피 상장사를 중심으로 기업지배구조 핵심정보를 투자자에게 의무적으로 공시하도록 규정했다. 그리고 2021년 1월 금융위원회가 ESG 공시의 단계적 의무화를 추진하겠다고 발표했다. 현재 자율적으로 작성하고 공시하는 지속가능경영보고서 공시를 단계적으로 의무화하겠다는 것이 핵심으로, 먼저 2025년부터 2030년까지는 자산 2조 원 이상, 2030년 이후에는 전 코스피 상장사를 대상으로 확대할 예정이다.

ESG 관련하여 또 다른 대표적인 규제는 기후변화와 관련된 규제이다. 2015년 파리협정에서는 모든 국가가 지구 평균기온 상승을 산업화 이전 대비 2℃보다 낮은 수준으로 유지하는 장기 목표를 설정했는데, 5년 단위로 이행을 점검하도록 했다.

2050년 탄소중립을 선언한 EU의 경우 현재 가장 이슈가 되는 규제 중 하나는 바로 탄소세이다. 탄소국경세는 EU가 자국보다 탄소 배출을 많이 하는 나라의 제품에 관세를 부과하는 제도로 탄소국경세는 탄소 규제가 느슨한 국가에서 수입하는 상품에 세금을 부과하여 온실가스 배출 규제 격차에 따른 가격차 보전을 위한 세금이다. EU는 이미 2018년 탄소국경세 관련 법안 근거를 마련했고, 2027년부터 과세하는 법안이 2022년 6월 22일 유럽의회에서 통과 되었다. 탄소국경세는 기후위기의 심각성에 대한 인식에 따라 전 세계적으로 확대될 것으로 예상되고 있다.[14)]

탄소배출량이 가장 높은 중국도 저탄소 배출을 위해 규제를 강화하고 있다. 중국의 경우 탄소 다배출업체에 대해서는 탄소배출보고서 작성을 의무화하고 위반할 경우엔 1만 위안에서 3만 위안의 벌금을 부과한다. 우리나라도 2050년 탄소중립을 선언했으며, 온실가스 감축목표를 상향 조정했기 때문에 기업에 대한 환경 관련 규제들이 앞으로 더욱 강화될 것으로 예상된다.

유럽 기후법과 지속가능금융 실행계획도 눈여겨 봐야한다. EU 집행위원회는 2019년 12월 '유럽 그린 딜'을 발표하며, EU가 2050년 전 세계 최초로 탄소중립 대륙이 될 것임을 선포했다. 2020년 3월에는 법적 기반인 '유럽 기후법(European Climate Law)'이 상정됐고, 2021년 6월 유럽의회와 이사회에서 승인되었다. EU 정상들은 2030년까지 온실가스 배출량 감축 목표를 1990년 대비 55% 감축하기로 합의했다.

---

14) ESG Handbook Basic, CSES, 사회적가치연구원. 2021. 2.24.

CHAPTER 02

ESG 경영활동

제1절 ESG 경영 추진 절차
제2절 ESG 경영체계와 추진과제
제3절 ESG 정보 공개 가이드라인
제4절 EU Taxonomy, SFDR, TCFD 채택 등 기후금융 확산

제 1 절 ESG 경영 추진 절차

1. 중대성(Materiality) 평가 실시

중대성 평가는 ESG 전략의 기초라 할 수 있다. 중대성 평가는 이해관계자는 물론 기업의 비즈니스 성과에 커다란 영향을 미칠 수 있는 주요 ESG 문제와 기회에 초점을 맞추는 것이 목적이다. 모든 ESG 주제가 중요하지만 모두 같은 우선순위를 갖지는 않는다. 중대성 평가는 재무적 관점(내부에 미치는 영향, 비즈니스에 집중) 외에도 환경 및 사회적 관점(외부로 영향을 주는 기업이 경제, 환경, 사람에 미치는 영향에 초점)에서 문제를 고려함으로써 이중 단순히 비즈니스 영향 이상을 고려하도록 진화했다. 중대성 평가는 ESG 주제의 중대성이 산업, 기업, 이해관계자에 따라 다르다는 점에 유의하여 계획을 바로 시작할 수 있고 적절한 통찰력을 제공하도록 확장될 수 있다. 평가에 벤치마킹 실행을 반영하는 것도 경쟁업체의

그림 2-1 ESG 경영 추진 절차[1)]

1) antegroup, 7 Steps to Develop and Implement an ESG Strategy, March 24th 2021.

ESG 성숙도에 대한 정보를 수집하고 ESG와 관련된 업계의 과제, 기회, 주요 관행 등을 분석하기 위한 좋은 방법이다.

중대성 평가를 수행하려면 다음과 같은 점을 핵심적으로 사용해야 한다.

- 각 주제별 비즈니스 및 이해관계자에 대한 상대적 중대성을 이해
- 동종업체 및 경쟁업체와 비교할 때 특정 주제에 대해 우리가 어떠한 자세를 취하고 있는지에 대한 식견
- 연례 보고서 및 정보 공개에 있어 주제를 강조하는 방법에 대한 지침
- 행동의 우선순위를 정의하는 체계적인 방법

2. 현황 평가(기준 설정)

대응해야 할 ESG 경영 주제의 우선 순위가 정해지면 기존 수행 중인 기업의 프로그램, 정책, 지표, 참여도를 평가하는 것이 중요하다. 이는 각 우선 순위별 ESG 경영 주제에 대한 전문 지식을 갖춘 조직 내 다양한 부서의 이해관계자가 직접적인 협력을 통해 수행될 수 있다. 우선 보고서, 정책, 데이터 시스템으로부터 기본적인 정보를 수집하고, 이후 내부 이해관계자와의 인터뷰를 통해 세부 사항을 검토하고, 보다 현황에 대한 이해를 높임으로써 현황에 대한 평가를 보완할 필요가 있다. ESG 경영에 대한 우선순위 설정의 예로 중소기업의 경우 대응 시급성과 관리 용이성 측면에서 우선순위화 할 수 있으며, 이는 각 중소기업별 자사 비즈니스 특성과 당면 규제 등 경영상황에 따라 조정 가능하다.[2)]

이러한 평가를 통해 기업은 현황을 정확히 파악함은 물론 기업 전체적인 ESG의 상대적인 성숙 정도를 측정할 수 있다. 특히 가끔은 기업 전략이나 커뮤니케이션에는 포함되지 않는 상호 소통되지 않고 비효율적인 부서 이기주의적 ESG 활동을 찾기도 한다. 기업에서 ESG의 참여도를 높인다는 것은 결과적으로 ESG 목표에 대한 도전적 목표치를 설정함은 물론 달성 수준을 높일 수 있다.

---

2) 중소기업 ESG 추진전략, 대한상공회의소, 삼정KPMG, 2021.

그림 2-2 ESG 관리지표별 중소기업 접근 방향(예)[3]

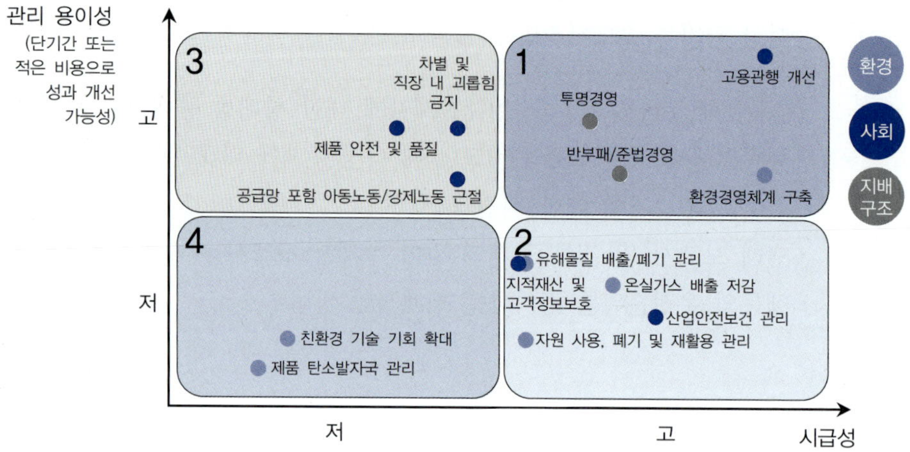

3. ESG 전략 목적(Goal) 및 목표(Objectives) 설정

ESG 현황을 기준선으로 하여, 기업은 앞으로 한 단계 발전을 위해 어디에 노력을 집중할 것인지에 대한 목적을 설정해야 한다. 이때 핵심 이해관계자와 함께 전략적 목표를 잘 정의할 수 있도록 주제 중심의 작업을 진행해야 한다. 이를 위해 다음 사항을 결정하면서 작업을 시작할 필요가 있다.

- ► 유지할 것: 계속 유지하거나 서로 소통해야 할 필요가 있는, 이미 잘 하고 있는 것이 무엇인가? 이는 '제품 안전 규정(Product Safety Regulations)을 준수하는 것'과 같은 것일 수 있다. 이는 가장 큰 ESG 가치를 제공하기 위해 단기적으로 자원할당의 우선 순위를 정하려는 것이 아닌 비즈니스가 유지해야 하는 중요한 사항이다. 이 경우 규정을 준수하기 위해 현재의 추진중인 노력을 지속하는 것으로 결정할 수 있다.
- ► 개선할 것: 동료와 합의를 이루고, 이해관계자의 기대를 충족하고, ESG 약속을 보여주기 위해 점진적으로 개선해야 할 분야는 어디인가? 예를 들어, 내부적으로는 기업이 포용성 및 다양성을 고려한 프로그램이 있음에도 불구하고 이 프로그램이 기업에 왜 그리고 어떻게 중요한지를 외부 이해관계

3) 중소기업 ESG 추진전략, 대한상공회의소, 삼정KPMG, 2021.

자에게 알리지 않을 수도 있다. 그렇다면 포용성 및 다양성 관련 주요 지표를 외부에 보고하고 목표를 설정하는 것이 중요한 전략이 될 수 있다.

► 최적화할 것: 업계 ESG 리더십을 발휘하기 위해 보다 노력을 기울여야 할 부분은 어디인가? 이미 탄소 발자국을 계산하여 보고해 왔고, 온실가스 배출 목표치를 설정했기 때문에 탈탄소화 계획을 달성하고, 과학적 기반의 목표치를 설정하는 것이 전략적 목적의 하나가 될 것이다.

목표를 수립하기 위한 다음 단계는 목적을 설정하는 것이다. 목적은 활동의 영향을 측정하고, 핵심 영역에 있어서 회사 성과를 개선하고, 동종업계 속에서 회사의 위치를 설정하고, ESG를 비즈니스에 통합하기 위한 방법이다. 공공의 목적 수립 또한 이해관계자에게 정보를 제공하고 비전의 진정성을 확고히 하는 데 도움이 된다.

표 2-1 우선순위별 관리지표별 관리방향(예)[4]

구분	관리지표	관리 방향
단기 우선 추진	[사회] 고용 관행	정규직 고용 비중 확대, 공정한 처우와 임금제공, 법규상 근로시간 준수 및 휴식시간 보장, 고용상의 차별 금지, 결사의 자유 보장
	[지배구조] 투명경영	주요 의사결정사항에 대한 구성원 정보공유 확대, 투자자 소통 및 재무/비재무정보 공개 강화를 통한 경영상의 정보 비대칭 해소
	[지배구조] 반부패 · 준법 경영	기업 운영 과정에서 요구되는 법규와 산업 표준을 준수하고 임직원 및 경영진의 청렴성 및 투명성 확보를 위한 윤리경영 정책 수립, 윤리경영 이행 현황 점검 및 내 · 외부 감사체계 확립
	[환경] 환경경영 체계	환경경영을 위한 시스템 구축, 내부 관리인력, 데이터 관리 등 체계 정비, 목표 수립 및 환경성과 개선 이행, 대외 환경경영 인증시스템(ISO 14001 등) 획득
중 · 장기 대응 계획 수립	[환경] 유해물질 배출/ 폐기	생산공정에서 발생하는 휘발성 유기화합물(VOC), NOx, SOx, 미세먼지 등 주요 유해물질 및 유해폐기물 최소화, 배출 및 폐기관리 상의 환경규제 준수
	[사회] 지적재산 및 고객 정보보호	자사 중요 정보 및 고객정보에 대한 관리체계 수립, 사내 정보보안 시스템 점검, 정보보호 책임자 지정

4) 중소기업 ESG 추진전략, 대한상공회의소, 삼정KPMG, 2021.

<table>
<tr><td></td><td>[환경]
온실가스배출</td><td>사업장 운영 및 생산단계 에너지 사용 효율화, 온실가스 배출량 저감 추진으로 기후변화 관련 규제 강화에 대응 역량 확보</td></tr>
<tr><td></td><td>[사회]
산업 안전 · 보건</td><td>근로자 재해율 관리 및 경감을 위한 노력, 중대재해 · 직업성 질환 발생 방지를 위한 근로환경 개선활동 이행(위험작업 식별/평가 등), 사업장 안전문화 구축 및 근로자 안전교육 실시</td></tr>
<tr><td rowspan="3">ESG 역량
고도화</td><td>[사회]
차별 및 직장 내
괴롭힘 금지</td><td>직장 내 차별 및 부당한 대우 근절, 강압적 연장/주말근로 및 불공정한 성과평가 지양, 근로상의 인권 리스크 예방</td></tr>
<tr><td>[사회]
제품안전 및 품질</td><td>제품 안전사고 발생 최소화 관점의 품질검사 실시, 대외 품질 인증 획득 등</td></tr>
<tr><td>[사회]
공급망 포함 아동
노동/강제노동</td><td>자사 및 공급망 내 미성년 근로자의 부적법채용이나 취약계층 강제노동 이슈 발생 방지 및 관련 상품/원재료 구매 근절</td></tr>
<tr><td rowspan="2">ESG 기반
비즈니스
기회 확보</td><td>[환경]
친환경 기술 기회</td><td>신 · 재생에너지, 탄소포집및 에너지 저장장치, 폐수처리/폐기물 재활용 등 친환경 기술 역량 축적 및 관련 사업기회 확장</td></tr>
<tr><td>[환경]
제품 탄소발자국</td><td>제품단위당 조달 및 생산단계에서 발생하는 탄소배출량 측정 및 관리로 저탄소 제품 생산 확대, 제품 유통 · 운송 시 환경영향 최소화를 통한 고객 친환경제품 수요 선점</td></tr>
</table>

ESG 목적은 일률적으로 적용되는 것이 아니다. ESG 목적은 특정 비즈니스 또는 영향에 맞추어 조정되어야 한다. 광범위하고 도전적인 목적을 세우는 것과 함께, 이해하기 쉽고, 단기간 달성이 가능한 지원 목표치 설정 및 하위 목적 수립이 요구된다. 또한 목적의 동인이 무엇이고, 목적을 외부에 전달하는 시기와 방법을 언제로 정할지 고려하는 것도 중요하다. 이 단계에서 이사회 및 지속가능성 위원회에 초안 성격의 목적을 제시하는 것이 필요하다. 프로세스 초기에 이들 이해관계자를 참여시키면 자원할당 및 프로그램 구축에 필요한 방향과 지원에 대한 협조를 얻을 수 있다.

4. 미래 목표 달성을 위한 격차 분석

앞선 세 가지 단계는 기업이 성공적인 ESG의 형태를 갖추기 위한 1차 건강검진이라 할 수 있다. 그러나 이외에도 기업이 새로운 목적을 달성하기 위해 직면할 수 있는 모든 잠재적인 문제도 알고 있어야 한다. 현황과 목표 또는 목적 간에 격차 분석을 수행하여 놓치고 있는 항목이 무엇인지를 식별하고, 이를 통해 미래에 대한 전략 수립 및 계획을 수립하는 것이 필요하다. 지금과 5년 후 격차를 이해하면 세부 사항에 들어가기 전에 도전적인 목표치를 정하는 데 도움이 된다. 이때 체크리스트를 사용하는 것이 도움이 된다.

표 2-2 관리지표별 ESG 체크리스트(예)[5]

영역	관리지표	진단항목
환경	환경경영 체계	• 조직 내 환경관련 업무를 담당하는 인력 또는 부서가 지정되어 있는가? • 전력/수자원 사용량, 탄소배출량 등 환경성과의 측정이 주기적·연속적으로 이루어지고 있는가? • ISO14001 등 외부 환경경영인증을 취득할 계획 및 필요성이 있는가?
	온실가스 배출	• 조직이 직접 발생시키거나 에너지 사용을 통해 간접적으로 발생시키는 온실가스 배출량을 측정 및 관리하고 있는가? • 온실가스 배출량 감축에 대한 계획 및 목표가 수립되어 있는가?
	자원사용/ 폐기 및 재활용	• 조직의 수자원 사용량과 폐기물 배출량은 법적 요구 수준을 충족하고 있는가? • 폐수 및 폐기물 처리 방식은 적법한가? • 조직 내 수자원 사용량 절감 및 폐기물 감축/재활용 확대에 대한 계획이 수립되어 있는가?
	유해물질 배출/폐기	• 유해물질 배출량과 폐기 방식은 법적 요구 수준을 충족하고 있는가? • 유해물질 배출량 절감에 대한 계획 및 목표가 수립되어 있는가?
	제품탄소 발자국	• 제품단위당 탄소배출량을 측정 및 관리할 수 있는가? • 저탄소 제품 제조 및 출시를 통한 경쟁력 확보가 가능한가?
	친환경기술 기회	• 조직은 친환경기술에 투자 및 개발을 하고 있는가? • 동종/경쟁사 대비 자사 제품이 우월한 친환경성을 보유하는가? • 현재 조직이 영위하고 있는 사업과 미래에 영위할 사업은 소비자의 친환경제품 선호 증대에 따라 더 많은 수익을 확보할 수 있는가?
사회	고용 관행	• 조직이 고용한 정규직 임직원들은 공정한 대우와 보상을 받고 있는가? • 조직이 고용한 계약직/임시직 직원들에 대해 적정한 근로 조건을 명시한 계약서를 작성하였는가? • 고용 과정에서 성별, 인종, 국적, 신체적 자유 등에 대해 차별이 없도록 관리하고 있는가? • 조직 내 근로자들의 결사의 자유가 보장되는가? • 조직의 근로자들은 적법한 수준의 근로시간 및 휴식시간을 준수하고 연장근로 현황이 관리되고 있는가?
	공급망 포함 아동노동/ 강제노동	• 조직의 고용 관행이 아동노동/강제노동을 금지하고 있는가? • 조직의 핵심 공급망 내에서 발생가능한 아동노동/강제노동 리스크는 없는가?

5) 중소기업 ESG 추진전략, 대한상공회의소, 삼정KPMG, 2021.

	차별 및 직장 내 괴롭힘 금지	• 근로자가 조직 내에서 발생하는 고충에 대해 논의할 수 있는 의사소통 채널이 존재하는가? • 조직문화 및 근무만족도에 대해 주기적으로 평가/측정할 수 있는 시스템이 존재하는가? • 조직 내 근로자에 대한 부당한 대우, 괴롭힘 또는 성희롱 등의 인권 침해 발생 시 이를 처리하는 적절한 프로세스가 마련되어 있는가?
	산업 안전 및 보건	• 공정 및 사업장 내 위험작업을 식별하고 관리하며 위험작업에 대한 적절한 완화 조치를 이행하고 있는가? • 근로자에게 안전/보건 교육을 제공하고 있는가? • 근로자 재해율의 최근 3개년 추세는 어떠한가?
	지적재산 및 고객정보 보호	• 조직 내 모든 지적 재산 및 주요 영업정보의 반출/입이 적절한 보안관리시스템 하에서 행해지는가? • 근로자 대상 정보보안 교육을 실시하는가? • 인적, 물리적 보안 리스크를 주기적으로 점검하는가? • 사내 정보보호 담당자가 지정되어있는가?
	제품 안전 및 품질	• 제품/상품의 품질을 검수/평가하고 관리하는 프로세스가 공식화되어 있는가? • 지난 3년 간 제품 관련 품질 이슈 및 반품, 리콜 등의 발생 추세는 어떠한가? • 제품에 대한 고객 만족도 및 피드백을 체계적으로 관리하고 제품 개선에 반영하고 있는가?
지배구조	투명경영/ESG 경영	• 경영상의 주요 현안에 대한 의사결정에 앞서 최고경영진이 조직 내 일부 또는 전체 구성원과 충분한 소통을 이행하는가? • 조직의 자금 관리 및 집행이 독립적인 부서/인력에서 투명하게 이루어지는가? • 조직의 손익계산서와 재무상태표가 적법한 형태로 주기적으로 작성되고 관련 법인세를 성실히 납부하는가? • 조직의 주요 ESG 리스크/기회에 대해 관리하고 고객사 요청시 관련 정보를 공개할 수 있는가?
	반부패/준법 경영	• 조직은 사업 운영상 준수해야 하는 경제/사회/환경 측면의 법규 동향을 모니터링하고 관련 리스크가 없도록 관리하고 있는가? • 윤리경영에 대한 임직원 행동강령/방침 등이 명문화되어 있는가? • 고객사와 계약체결 시 발생가능한 리스크를 관리하고 입찰 단계부터 거래 성사, 용역 종료시까지 법률 및 절차상의 공정성을 준수하고 있는가? • 임직원의 윤리규정 준수에 대해 주기적으로 점검하고 내부에서 발생가능한 부패/뇌물수수/자금세탁 등의 리스크를 관리하고 있는가?

5. 전략적 ESG 로드맵 및 프레임워크 개발

ESG 우선 순위에 맞춰 기업의 비전과 목적이 달성되는 시점을 제시하는 프레임워크가 ESG 프로그램 이행을 위해 필요하다. ESG 프레임워크는 이해관계자에게 기업의 강점과 목적에 대한 명확한 그림을 제공한다. 이 단계에서 도전적 목표 달성을 위한 합리적인 접근 방식이 설정되어야 한다. 프레임워크를 구축할 때 기업 전체에 적용하는 방법(작업 유형, 기능, 지역 등)은 물론 목적을 달성하기 위한 진행 상황을 모니터링하는 방법을 고려하는 것도 중요하다.

6. 실행계획 설정 및 핵심 성과 지표 측정

ESG 프로그램을 효과적으로 이행하기 위해서는 ESG를 비즈니스 활동 및 프로세스에 통합해야 한다. 이를 위한 전략을 수립하기 위해서는 기업이 관련된 이슈를 파악하고, ESG 성과를 측정하며, ESG 가치에 부합하는 활동을 해야 한다. 다음은 이행을 위한 몇 가지 정형화된 사례이다.

- 목적 달성의 모습을 정의한 명확하고 측정가능한 지표를 파악
- 핵심 지표 및 성과를 보다 쉽게 추적하고 트렌드를 확인할 수 있도록 중앙 관리 시스템 또는 데이터 소프트웨어를 활용
- 핵심 이해관계자가 목표를 지속적으로 평가하고, 데이터를 업데이트하고, 모범 사례와 비교할 수 있도록 정기적인 커뮤니케이션 및 업데이트 주기를 설정. 계획을 지속적으로 모니터링함으로써, 목적 달성을 위해 필요한 조정 사항을 계속 확인
- 기업 수준에서 ESG를 감독하는 것도 중요하지만 실제 상황은 현장에서 발생한다는 사실을 인식하는 것이 더 중요. 따라서 조치를 담당하는 팀 구성원의 책임을 이끌어 내고, 실질적인 결과를 도출할 수 있도록 자세한 권장 사항과 지침이 필요

7. 진행 상황 보고

ESG 보고에 대한 '천편일률적인' 접근 방식은 없다. 보고를 위한 표준, 프레임

워크 또는 지침에 관계없이 보고에 있어 가장 중요한 것은 압축적이고 명확한 방식으로 정보를 전달하는 것이다. 보고서를 작성하기 위해서는 먼저 보고서 작성을 통해 무엇을 얻으려고 하는가를 결정해야 한다. 이상적으로는 다음의 조합이어야 한다.

- 이해관계자에게 당사의 ESG 전략이 비즈니스 목표에 부합한다는 것을 전달해야 함
- 이미 시행 중인 ESG 정책 및 프로그램을 강조
- 기업에 특화된 ESG 목적 및 지표를 공유
- 핵심 ESG 영역에서 진행 상황과 참여를 평가

보고 내용을 결정하는 것 뿐만 아니라 보고 방법도 고려해야 한다. 기업은 가장 중대한 주제를 명확하고 간결한 방식으로 보고해야 한다. 핵심 이해관계자가 ESG 정보에 쉽게 접근할 수 있도록 하는 것이 중요하다. 따라서 기업 웹 사이트에서 PDF 보고서를 사용할 수 있도록 하거나 명확하고 시의적절한 커뮤니케이션에 대한 약속을 알리는 전용 ESG 페이지를 구성하는 것이 필요하다. 또한 기업은 핵심 정보를 프록시 또는 연례 보고서, 투자자 프레젠테이션, 고객 커뮤니케이션과 같은 보다 광범위한 기업 보고채널에 주요 정보를 통합할 수 있는데 대외 커뮤니케이션 외에도 정기적인 내부 업데이트를 제공하여 ESG의 중요성을 기업에 강조하고, 목표 달성을 위해 기여한 직원의 노고에 감사하는 것도 필요하다.

마지막으로 기업이 이해관계자 및 비즈니스의 기대에 부합한다는 것을 보장하기 위해 ESG 전략을 정기적으로 검토하고 업데이트해야 한다. 이것은 일회성 평가 및 계획이 아니라 지속적으로 성장하기 위해 필요한 전략이다.

제 2 절 ESG 경영체계와 추진과제

ESG 경영은 결국 'ESG 경영전략'과 'ESG 정보공개'로 구분될 수 있고, 이러한 ESG 경영 활동을 통해서 기업가치를 제고하는 개념이다. ESG 경영전략은, ESG 관점에서 기업의 비전과 목표를 설정하고 이러한 목표를 달성할 수 있는 전략이

나 과제, 실행 체계 등을 구축하여 일관되게 추진하는 것을 의미한다. 기업들 대부분은 비전과 목표, 미션, 전략 등 경영체계를 갖추고 있다. 이를 ESG에 맞춰 재설계하는 것이 필요하다.

ESG 목표 달성을 위한 경영전략의 실행과제로는 우선 ESG 규제에 대응해야 하고, ESG가 기업의 투자나 자금조달에 미치는 영향을 파악해야 한다. 또한 ESG 테마의 M&A를 고려해 볼 수도 있고, 신기술을 ESG와 접목시켜 비즈니스 혁신을 모색할 수도 있다. 예를 들어 구글(Google)은 AI 기술을 적용하여 클린 에너지 활용을 극대화하는 신재생에너지 사업 모델을 진행 중에 있고, 애플은 로봇을 이용해 아이폰을 분해하고 재활용하는 순환경제 모델을 운영하고 있다. 마지막으로 지속가능경영 보고를 어떻게 수행할 것인지도 기업들에는 ESG 경영전략의 중요한 실행과제라 할 수 있을 것이다.

제 3 절 ESG 정보 공개 가이드라인

지속가능경영보고서에 대한 내용을 제3자에게 인증 받는 경우도 매년 증가하고 있다. 물론 이는 글로벌 리딩 기업이나 각 국가의 매출 상위 기업에 해당되지만, 지속가능경영보고서를 작성하는 기업들은 계속 증가하고 있다. 앞으로는 다양한 이해관계자들의 요구로 인해 대기업뿐만이 아니라 더 많은 중소·중견 기업들도 지속가능경영보고서를 준비해야 할 것이다.

지속가능경영보고서 작성의 경우 공통된 지표 개발에 대한 논의가 있어 왔다. 지속가능경영보고서 작성을 위해 기업들이 주로 참고하는 글로벌 가이드라인으로는 GRI Standards, SASB Standards, TCFD 권고안, IR Framework, ISO 26000, WEF의 '이해관계자 자본주의 공통지표' 등이 대표적이다. 한국거래소가 2021년 발표한 'ESG 정보 공개 가이던스'에서도 일반적으로 널리 사용되는 글로벌 표준/이니셔티브의 지표를 사용하는 것이 바람직하다고 권고하고 있다.[6]

각 가이드라인별 약간의 차이는 있다. 예를 들어 TCFD나 ISO 등은 기업이 지속가능성을 달성하기 위해 필요한 이사회와 경영진의 역할이나 리스크 관리체계

6) 중소중견기업 CEO를 위한 알기쉬운 ESG, 대한상의 삼성KPMG, 2021.7.

등 주로 실행적인 측면에서의 정보 공개를 요구하고 있다. 반면, GRI나 SASB 같은 경우는 지속가능경영보고서 공시에서 사용되는 구체적인 성과 지표에 대한 가이드라인에 초점이 맞춰져 있다. 따라서 기업의 지속가능경영보고서는 실행체계와 성과 지표에 대한 가이드라인을 종합하여 구성하고 있다.

기업이 지속가능경영보고서를 작성할 때는 하나의 가이드라인만 참고하는 것은 아니다.

표 2-3 ESG 정보공개를 위한 글로벌 가이드라인7)

가이드라인	내용
GRI Standards 글로벌리포팅이니셔티브 (Global Reporting Initiative, GRI)	기업이 경제, 환경, 사회에 미치는 영향을 보고하는 지속가능보고서에 대한 작성 지침
SASB Standards 지속가능성 회계기준위원회 (Sustainability Accounting Standards Board, SASB)	Sustainable Industry Classification System (SICS)에 따른 11대 산업군에 따라 별도의 보고지침
WEF-IBC-MSC(Measuring Stakeholder Capitalism Towards Common Metrics and Consistent Reporting of Sustainable Value Creation) 세계경제포럼(World Economic Forum, WEF) 산하 국제비즈니스위원회(International Business Council, IBC)	거버넌스의 원칙, 지구, 사람, 번영의 4개 영역으로 구분하고 ESG 관련 21개 핵심지표, 34개 확장지표를 제시
TCFD Recommendations 금융안정위원회의 기후관련 재무정보공개 태스크포스 (Financial Stability Board Task Force on Climate-related Financial Disclosures, TCFD)	기후변화 관련 지배구조, 전략, 리스크 관리, 위험과 기회를 평가하는 지표와 목표 등
IR(Integrated Reporting) Framework 국제통합보고위원회 (International Integrated Reporting Council, IIRC)	재무/비재무 정보 통합 공시(IR Framework에 따른 외부 환경, Business Model, 전략, Resource Allocation 등)
ISO 26000 국제표준화기구 (International Organization for Standardization, ISO)	기업이 사회적 책임을 이행하고 커뮤니케이션을 제고하는 방법에 대한 지침을 제공. 핵심 주제는 조직 거버넌스, 인권, 노동 관행, 환경, 공정 운영 관행, 소비자 이슈, 지역사회 참여와 발전

7) 국회예산정책처, 언론보도 종합, 삼정KPMG

과거 지속가능경영보고서는 자사의 비즈니스 모델이 환경과 사회에 어떠한 영향을 미치는지에 초점을 뒀다면, 최근에는 환경·사회적 영향이 자사의 재무성과에 어떠한 영향을 미치는지를 파악하는 것으로 바뀌고 있다. 즉, ESG 정보공시는 자사의 재무적 영향과 연계되어 점차 고도화되는 추세이다.

한편 각각의 글로벌 ESG 정보 공개 표준/이니셔티브가 제시하는 지표들은 매우 다양하기 때문에 어떤 지표들은 특정 기업이나 특정 산업에만 적용되는 지표일 수 있다. 다양한 정보 공개 표준/이니셔티브들이 제시하는 지표 중 한국거래소에서 제시한 핵심적이고 공통적인 지표들은 다음과 같다.

표 2-4 정보공개 표준/이니셔티브들의 핵심적이고 공통적인 지표[8]

항목(지표수)		지표	세부내용
조직	ESG 대응	경영진의 역할	ESG 이슈의 파악 및 관리와 관련한 경영진의 역할
	ESG 평가	ESG 위험 및 기회	ESG 관련위험 및 기회에 대한 평가
	이해관계자	이해관계자 참여	이해관계자의 ESG 프로세스 참여 방식
환경	온실가스 배출	직접배출량 (Scope 1)	회사가 소유하고 관리하는 물리적 장치나 공장에서 대기중으로 방출하는 온실가스 배출량
		간접배출량 (Scope 2)	회사 소비용으로 매입 또는 획득한 전기, 냉난방 및 증기배출에 기인한 온실가스 배출량
		배출 집약도	활동, 생산 기타 조직별 미터법의 단위당 배출된 온실가스 배출량
	에너지사용	직접에너지 사용량	조직이 소유하거나 관리하는 주체의 에너지 소비량
		간접에너지 사용량	판매제품의 사용 및 폐기처리 등 조직 밖에서 소비된 에너지 소비량
		에너지 사용 집약도	활동, 생산 기타 조직별 미터법의 단위당 필요한 에너지 소비량
	물사용	물사용총량	조직의 물 사용 총량
	폐기물배출	폐기물 배출 총량	매립, 재활용 등 처리방법별로 폐기물의 총중량
	법규위반·사고	환경법규 위반·사고	환경법규 위반, 환경관련 사고 건수 및 조치내용

8) ESG 정보공개 가이던스, 한국거래소, 2021.1.

사회	임직원현황	평등 및 다양성	성별 · 고용 형태별 임직원 현황, 차별관련 제재 건수 및 조치 내용
		신규고용 및 이직	신규 고용근로자 및 이직 근로자 현황
		청년인턴채용	청년인턴 채용현황 및 정규직 전환 비율
		육아휴직	육아휴직 사용 임직원 현황
	안전 · 보건	산업재해	업무상 사망, 부상, 질병건수 및 조치내용
		제품 안전	제품 리콜(수거, 파기, 회수, 시정조치 등) 건수 및 조치내용
		표시 · 광고	표시 · 광고 규제위반 건수 및 조치 내용
	정보보안	개인정보보호	개인 정보보호 위반 건수 및 조치내용
	공정경쟁	공정경쟁 · 시장지배적 지위 남용	내부거래 · 하도급거래 · 가맹사업 · 대리점거래 관련 법규 위반 건수 및 조치 내용

제 4 절 EU Taxonomy, SFDR, TCFD 채택 등 기후금융 확산[9)]

EU 택소노미, 일명 녹색분류체계는 친환경과 지속가능성을 판별하는 기준이다. 2020년 3월 최종 보고서가 나왔으며, 기후변화 리스크 완화, 기후변화 리스크 적응, 수자원 및 해양생태계 보호, 자원순환 경제로 전환, 오염물질 방지 및 관리, 생물다양성 및 생태계 복원 등 6대 부문이 녹색으로 인정된다. 택소노미는 2022년 1월부터 공식 적용되는데, 비재무정보공개지침(NFRD, Non-financial Reporting Directive)에 따라 ESG 정보를 공개해야 하는 기업은 향후 택소노미에 따른 활동 및 성과 정보를 공개해야 한다. 또 모든 투자자와 금융기관도 택소노미가 적용된 투자 및 금융자산 비중을 공개해야 한다.

EU는 또 2020년 3월부터 은행, 자산운용사, 연기금 등 금융기관을 대상으로 '지속가능금융공시제도(SFDR, Sustainable Finance Disclosure Regulation)'를 실시한다. SFDR은 금융기관의 투자결정 과정에서 지속가능성 리스크, 지속가능성 관련 부정적 영향, 금융상품에 대한 지속가능성 정보 제공 등에 관한 원칙이 담겨있는

9) ESG Handbook Basic, CSES, 사회적가치연구원. 2021.2.24.

데, 지속가능성 리스크 정보를 웹사이트에 공개해야 한다.

이와 함께 EU에서는 2018년부터 유럽 기업에 적용되던 비재무정보 공개지침(NFRD) 개정안(CSRD)이 2021년 4월 21일에 발표되었다.

CSRD(Corporate Sustainability Reporting Directive)의 핵심은 첫째, 의무정보공시 대상 및 내용의 전면확대, 둘째, 정보의 신뢰성, 비교성, 접근성 제고(표준화 Tool 적용과 공시내용에 대한 감사 등), 셋째, 대기업과 중소기업간 부담의 차별화 등으로 요약할 수 있다.[10]

기후변화에 관한 재무적 영향을 파악하기 위해 TCFD(기후관련 재무정보공개 태스크포스)를 의무화하는 움직임도 빨라지고 있다. 2020년 UN PRI는 서명기관들에 TCFD 채택을 의무화했고, 영국과 뉴질랜드, 스위스, 홍콩 등도 의무화 대열에 동참했다.

1. 금융위원회 ESG 정보공개 의무화

금융위원회가 기업의 ESG 정보 공개를 의무화했다. 지속가능경영보고서와 기업지배구조 보고서를 의무적으로 공개해야 하는데 먼저 자산총액 2조 원 이상 코스피 상장사들만 의무적으로 공시해야 했던 기업지배구조 보고서의 경우 2022년부터 1조 원 이상, 2024년부터 5,000억 원 이상, 2026년부터 전체 코스피 상장사로 공개 범위가 확대된다.

환경 · 사회 정보를 담은 지속가능경영보고서도 의무화될 예정이다. 매년 100여 개 기업 정도가 지속가능경영보고서를 발간해 왔지만, 거래소에 보고서를 공개하는 기업은 20개에 불과했다. 이에 2025년부터 자산 2조 원 이상 코스피 상장사부터 의무적으로 ESG 정보를 공개하고, 2030년 이후에는 전체 코스피 상장사로 확대된다.

한국거래소는 ESG 정보 공개 활성화를 위해 'ESG 정보 공개 가이던스'를 공개하였다. 거래소가 직접 선정한 권고 공개 지표 12개 항목, 21가지 지표도 공개했는데 환경 부문 5개 항목(온실가스 배출, 에너지 사용, 물 사용, 폐기물 배출, 법규 위반 · 사고), 사회 부문 4개 항목(임직원 현황, 안전 · 보건, 정보 보안, 공정경쟁), 거버넌스 부문 3개 항목(경영진의 역할, ESG 위험 및 기회, 이해관계자 참여)이다.

---

10) KIEP, EU, NFRD 개정안인 CSRD 발의 주요 내용과 시사점, 2021.4.29.

2. 환경부 K택소노미 지정

저탄소 경제로 안정적으로 전환되기 위해서는 녹색채권 발행이 필요하다. 녹색채권 활성화의 첫 시작은 '택소노미(Taxonomy)'다. 녹색산업에 대한 명확한 정의를 내리고, 어떤 경제활동이 해당하는지 판단하는 작업이다. 환경부는 2021년 12월 녹색 경제활동의 판단 기준이 되는 택소노미를 마련했다. 환경부는 먼저 ① 온실가스 감축, ② 기후변화 적응, ③ 물의 지속가능한 보전, ④ 자원순환, ⑤ 오염 방지 및 관리, ⑥ 생물다양성 보전 이라는 6대 환경목표를 설정하고, 이 목표 중 적어도 하나 이상에 기여해 '환경개선 효과'를 가져오는 활동을 녹색경제활동으로 정의했다. 구체적으로 녹색채권원칙(GBP)을 참고하여 14개 분야를 언급했다. 14개 분야는 산업, 발전・에너지, 수송, 도시・건물, 농업, 이산화탄소 포집, 연구개발, 기후변화 적응, 물, 자원순환, 메탄가스 활용, 대기오염 방지 및 처리, 해양오염 방지 및 처리, 그리고 생물다양성을 의미한다.

3. 생물다양성을 둘러싼 금융 프레임워크

MSCI의 '2021 ESG Trends to Watch'에 따르면, 생물다양성(Biodiversity) 이슈를 "향후 폭발적인 ESG 이슈"가 될 것으로 전망했다. 세계경제포럼(WEF)은 2020년 신자연경제(New Nature Economy)보고서에서 전세계 GDP 총합의 절반 이상인 44조 달러에 달하는 경제적 가치가 자연자본(Nature and its service)에 크게 의존하고 있으며 동시에 자연생태계 훼손 위험이 노출되어 있다고 지적했다. 생물다양성 발자국을 측정하려는 시도가 자본시장을 중심으로 본격화 되고 있다. UNEP FI와 WWF(세계자연기금)을 비롯한 34개 금융기관과 영국, 프랑스, 페루, 스위스 등 금융규제당국, 세계은행, OECD 등 62개 기관이 모여 2020년 9월 'TNFD(Task Force on Nature-related Financial Disclosures, 자연관련 재무정보공개 태스크포스)'를 설립했고, 2023년 자연관련 공시 프레임워크를 공개할 계획이다. 2022년 3월 해당 프레임워크 초안을 발표했는데 여기에는 자연관련 기회 및 위험요소 파악을 위한 개념정의, TCFD와 동일한 접근법 및 공시권장사항, 자연관련 기회 및 위험 분석을 위한 실용지침을 담고 있다.

자연관련 위험과 기회에 대한 이해를 높이는 것은 더 나은 기업전략, 자본할당 결정, 거버넌스 그리고 위험관리 및 공시관행을 가능하게 하는 주요 요소이다. 기업이 앞으로 미래전략계획 및 위험관리에 자연자산을 통합하는 것은 필수가 될 것이다.

CHAPTER 03

ESG 이니셔티브

제1절 주요 이니셔티브의 내용과 특징, 비교분석
제2절 향후 전망과 기업에의 시사점

제 1 절 주요 이니셔티브의 내용과 특징, 비교분석

1. 개 요

ESG 관련하여 국내외적으로 너무나 많은 기관, 단체, 이니셔티브 이름이 등장한다. 이 많은 것을 어떻게 조사 및 분석하고 대응해야 할지가 기업의 또 다른 고민이 될 수도 있을 정도다. 다행히 2019년 8월 세계경제포럼(WEF)은 복잡한 ESG 생태계에 대한 명확하고 투명한 이해의 필요성을 인식하고 투자자, 기업 및 기타 관련 주체들로 구성된 ESG Ecosystem Map을 개발했다.[1] 표준 제정기관, 프레임워크, 이니셔티브, 데이터 제공기관, 인증기관 등 9개 카테고리로 나누어 이해하기 쉽게 도표화하였다. 국내에서도 사회적 가치연구원(CSES)에서 2021년 2월 'ESG 핸드북 베이직'을 펴내면서 ESG 이니셔티브 및 프레임워크를 크게 글로벌 표준화 기관, 주요 프레임워크, 투자자 이니셔티브, 자본시장 데이터 제공

그림 3-1 ESG와 생태계 맵

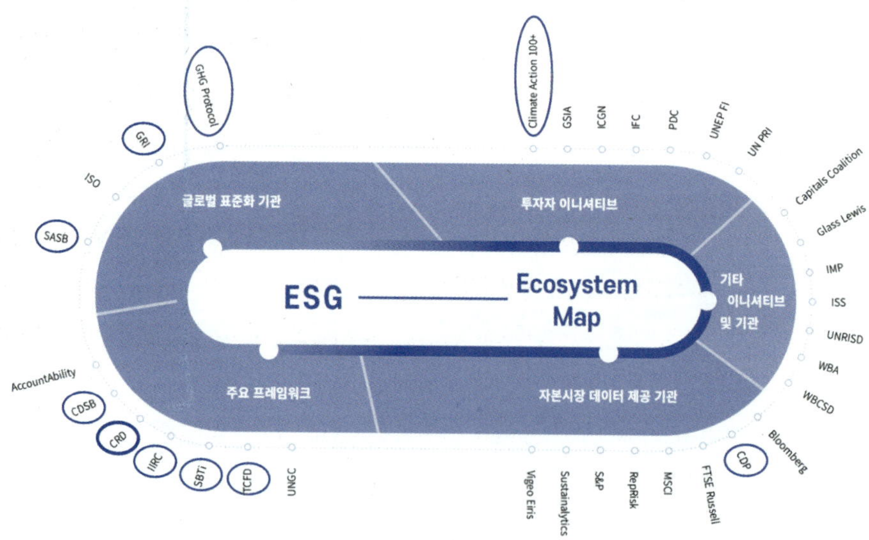

자료: 사회적가치연구원(CSES), ESG Handbook Basic, 2021. 2.

1) https://widgets.weforum.org/esgecosystemmap/index.html#/

기관, 기타 등 5가지 카테고리로 구분하여 상세히 설명하고 있다.

여기서는 사회적 가치연구원(CSES)의 카테고리 중 글로벌 표준화 기관 3개, 주요 프레임워크 5개, 투자자 이니셔티브 1개, 자본시장 데이터 제공기관 1개 등 대표적인 10개 기관 및 이니셔티브를 중심으로 살펴본다.

GRI, SASB, CDSB, IIRC는 (1) 개요에서, 기후변화 관련 내용으로 GHG Protocol, CDP, TCFD, SBTi, Climate Action 100+은 (2) 파리협정과 ESG 이니셔티브에서 살펴본다. CRD는 (3) 통합화 동향에서 다루고자 한다.

한편 UN 지속가능한 증권거래소 이니셔티브(Sustainable Stock Exchange Initiative)에 따르면 ESG 공시 안내서를 문서로 갖추고 있는 증권거래소는 63곳에 달하는데 안내서에서 준용하고 있는 주요 보고 표준은 GRI, SASB, IIRC, CDP, TCFD, CDSB의 순으로 나타났다.[2] 여기서 다루는 10개 기관 및 이니셔브티 중 5개가 포함되어 있다.

그림 3-2 ESG 공시 안내서의 주요 보고표준 비중

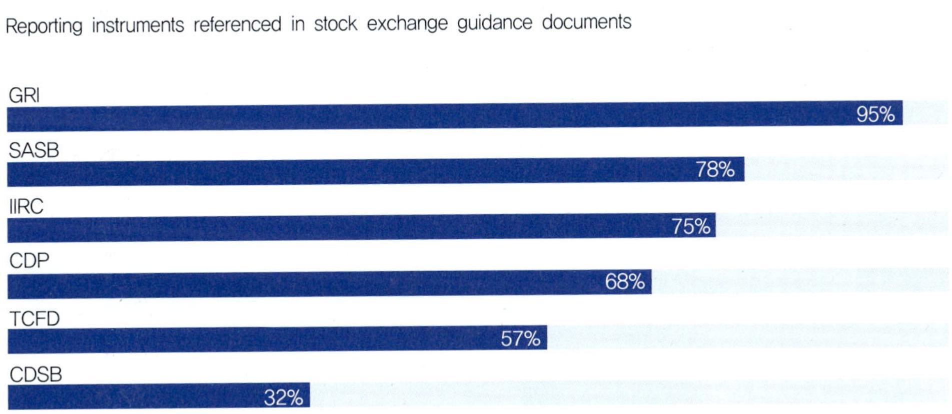

자료: Sustainable Stock Exchange Initiative

(1) GRI(Global Reporting Initiative)

현재 전 세계적으로 활용되는 ESG 공시기준 중 대표적인 것은 바로 글로벌 리포팅 이니셔티브(GRI)다(제10장 제2절 참조). GRI는 기업의 지속가능경영 보고

2) Sustainable Stock Exchange Initiative https://sseinitiative.org/esg-guidance-database/

서에 대한 가이드라인을 제시하는 비영리기구로 1997년 미국의 환경단체 세레스(CERES, Coalition for Environmentally Responsible Economies)와 유엔환경계획(UNEP) 등이 주축이 되어 설립했다. GRI는 경제 분야 6개, 환경 분야 8개, 사회 분야 19개 등 주제별 영향 보고를 위한 세부 지침과 글로벌 우수사례를 제시한다.

GRI의 핵심은 지속가능성 보고 표준(Sustainability Reporting Standards)이며, 지난 20년 동안 지속적으로 발전되어 왔다. 2000년 발표된 GRI Guidelines(G1)은 지속가능성 보고를 위한 최초의 글로벌 프레임워크이다.

이후 가이드라인은 G2~G4로 이어지며 확대 및 개선되었다. 2016년, GRI는 최초의 글로벌 지속가능성 보고 표준인 GRI Standards를 제시했으며, 계속 업데이트되고 있어 전 세계에서 가장 널리 채택된 글로벌 지속가능성 보고 표준이다.

2000년 발표된 GRI 가이드라인은 당시 우리나라 기업에도 큰 영향을 미쳤다. 2003년부터 우리나라에서도 지속가능성 보고서가 발간되기 시작했는데 삼성SDI와 현대자동차가 국내 최초로 지속가능성 보고서를 발간한 것이다. 삼성SDI의 경우, CEO의 강력한 리더십과 의지를 바탕으로 CEO 직속으로 전담조직을 신설하였으며 명칭도 SM(Sustainability Management) 추진사무국으로 정했다.

한편 2021년 1월 금융위원회, 금융감독원, 한국거래소가 합동으로 '기업공시제도 종합 개선안'을 발표하면서 현재 자율공시로 지정되어 있는 기업의 지속가능경영 보고서 발간이 의무화되었다. 2025년부터는 일정 규모 이상 기업, 2030년부터는 모든 코스피 상장사가 지속가능경영 보고서를 발간해야 한다.

그림 3-3 삼성SDI의 2003년 지속가능성 보고서 및 전담조직 조직체계

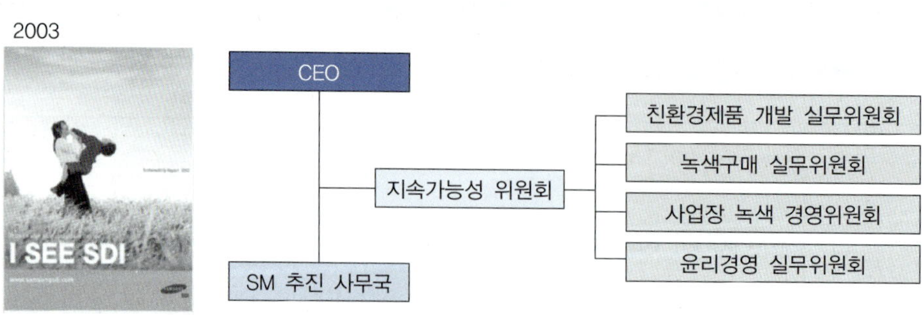

자료: 삼성SDI 2003 지속가능경영보고서.

(2) SASB(Sustainability Accounting Standards Board)

미국의 지속가능성 회계기준위원회(SASB)는 ESG 관련 지속가능성 공시 기준으로 2011년 설립된 독립적인 비영리 기관이다. 주요 목적은 미국 증권거래위원회(SEC: Securities and Exchange Commission)에 보고할 기업의 공시 기준을 마련하기 위한 것으로 투자자들에게 비교 가능한 비재무정보를 제공하고, 투자자들이 산업별로 중요한 ESG 이슈에 대한 기업의 성과를 비교할 수 있도록 하고 있다(제10장 제2절 참조).

2018년에 77개 산업별 지속가능성 보고 표준을 발표하였는데 각 산업별 중대이슈(materiality)에 관한 정보 공개 지침이다. 재무 정보에는 포함되지 않으나 기업가치(주가)에 영향을 미치는 포괄적 ESG 관련 정보를 공개하도록 했다. 미국의 다수 기업은 SASB Standards를 참고해 자율적으로 지속가능성 공시를 실시하고 있다. GRI 밖에 없었던 지속가능성 보고 표준 시장에 뒤늦게 등장했지만, 재무적 성과와 연계된 ESG 요소를 중심으로 간결한 세부지침이 만들어져 투자자들에게 빠르게 수용되고 있다.

이에 따라 지속가능성 보고에 있어서 GRI와 함께 가장 널리 채택되었으며, 특히 블랙록(BlackRock)의 래리 핑크 회장이 2020년 SASB Standards와 TCFD(기후 관련 재무정보공개 태스크포스) 기준 보고서 공시를 요구하면서 큰 주목을 받았다. 2020년 11월, 국제통합보고위원회(IIRC)와의 합병을 선언하였고, 두 기관은 2021년 6월 가치공시재단(VRF: Value Reporting Foundation)이라는 명칭으로 조직을 새롭게 개편하였다.

우리나라 금융위원회는 국문 SASB Standards에서 지속가능성 보고를 수행 중인 국내 기업의 산업 특성을 고려해 개념체계 · 적용 지침과 함께 10개의 산업별 기준에 대해 공개했다. 10개 산업 분야는 가정 및 개인용품 · 산업용 기계 · 상업은행 · 전력발전 · 주택건설 · 철강제조 · 전기 및 전자장비 · 투자은행 및 중개 · 하드웨어 · 화학 등이다. 실제로 지속가능성 보고서를 공시한 우리나라 기업 중 SASB Standards를 활용한 기업 비중은 2021년 16개사(11.6%)에서 2022년 34개사(24.6%)로 점차 증가하는 추세다.

삼성전자는 2021년 지속가능경영 보고서에서, LG전자도 2020~2021년 지속가능경영 보고서에서 SASB 지표와의 대조표를 부록에 게재하고 있다.

그림 3-4 삼성전자 및 LG전자의 SASB 정보 공개지표 내용

SASB(지속가능성 회계기준 위원회) 대조표

업종 – 하드웨어(HARDWARE)

Sustainability Disclosure Topics & Accounting Metrics

	코드	공시 항목	참고 페이지 및 답변
제품 안전	TC-HW-230a.1	제품의 정보보안 관련 리스크를 발견하고 이를 개선하는 방법 설명	p. 50-53
다양성과 포용	TC-HW-330a.1	(1) 경영진과 (2) 기술진, (3) 그 외 임직원의 성별 비율과 인종·민족별 비율	p. 92
제품 수명주기 관리	TC-HW-410a.1	IEC 62474 국제표준 신고 물질을 포함하고 있는 제품의 매출액 기준 비율	삼성전자는 국가별 법률과 글로벌 규정(EU RoHS, REACH 등)을 준수하고, 제품에 사용되는 모든 부품과 원재료에 대해 엄격한 사전검사와 사후관리를 실시하고 있습니다. 삼성전자의 유해물질 관리 노력은 지속가능경영보고서 p. 40을 참조하십시오.
	TC-HW-410a.2	EPEAT 등록 기준이나 이와 동등한 수준의 기준을 충족하는 제품의 매출액 기준 비율[1]	· 컴퓨터: 34% · 휴대전화: 67% · 디스플레이: 18%
	TC-HW-410a.3	ENERGY STAR® 기준을 충족하는 제품의 매출액 기준 비율[1]	· 오디오: 77% · 컴퓨터: 92%
	TC-HW-410a.4	회수된 폐전자제품의 중량과 재활용률	p. 35, p. 94
공급망 관리	TC-HW-430a.1	1차 협력회사 중 RBA VAP(Validated Audit Process) 또는 이와 동등한 수준으로 감사를 받은 비율 - (a)모든 사업장 및 (b)고위험 사업장 대비 비율로 구분	p. 93
	TC-HW-430a.2	1차 협력회사 기준, (1) RBA의 VAP 또는 이와 동등한 수준의 기준에 따라 부적합 판정을 받은 비율과 (2) 이를 시정하기 위한 조치의 실행률 - (a) 주요 부적합 사항과 (b) 기타 부적합 사항으로 구분	p.78-79
원료 공급	TC-HW-440a.1	이슈 광물의 사용과 관련된 리스크 관리에 대한 설명	p.83

1) 2020년 북미(미국, 캐나다) 매출액 기준

Activity Metrics

코드	공시 항목	참고 페이지 및 답변
TC-HW-000.A	제품군별 생산량	2021 사업보고서(II.사업의 내용) p. 28-32
TC-HW-000.B	제조사업장 면적·위치	p. 4
TC-HW-000.C	자사 소유 생산시설에서 생산한 제품 비율	2021 사업보고서(II.사업의 내용) p. 28-32

SASB(지속가능성 회계기준 위원회) 대조표

업종 – 반도체(SEMICONDUCTORS)

Sustainability Disclosure Topics & Accounting Metrics

	코드	공시 항목	참고 페이지 및 답변
온실가스 배출	TC-SC-110a.1	(1) Scope 1 총 배출량, (2) PFCs 배출량	p. 31, p. 94
	TC-SC-110a.2	Scope 1 배출량 관리, 감축 목표, 성과 분석을 포함한 장·단기 전략 또는 계획	p. 27-31
에너지 관리	TC-SC-130a.1	(1) 전체 에너지 소비량, (2) 일반 그리드 전력 비율, (3) 재생에너지 비율	p. 94
수자원 관리	TC-SC-140a.1	(1) 총 용수 공급량, (2) 총 용수 사용량 (각 지표 내의 물부족 국가 비율 포함)	p. 37, p. 95-96
폐기물 관리	TC-SC-150a.1	제조 공정에서의 유해 폐기물 발생량과 재활용률	p. 95
임직원 안전보건	TC-SC-320a.1	임직원 안전보건 관련 평가 및 모니터링, 위험 요소에 대한 임직원 노출 감소를 위한 활동	p. 69-72
	TC-SC-320a.2	임직원 안전보건 법규 위반에 따른 벌금 및 합의금	2021 사업보고서(XI. 그 밖에 투자자 보호를 위하여 필요한 사항) p.506-509
인재 유치 및 관리	TC-SC-330a.1	(1) 외국인 근로자 비율, (2) 해외 사업장 임직원 비율	p. 91-92
제품 수명주기 관리	TC-SC-410a.1	IEC 62474 국제표준 신고 물질을 포함하고 있는 제품의 매출액 기준 비율	삼성전자는 국가별 법률과 글로벌 규정(EU RoHS, REACH 등)을 준수하고, 제품에 사용되는 모든 부품과 원재료에 대해 엄격한 사전검사와 사후관리를 실시하고 있습니다. 삼성전자의 유해물질 관리 노력은 지속가능경영보고서 p. 40을 참조하십시오.
	TC-SC-410a.2	프로세서의 에너지 효율성 – (1) 서버, (2) 데스크탑, (3) 랩탑으로 구분	N/A
원료 공급	TC-SC-440a.1	이슈 광물의 사용과 관련된 리스크 관리에 대한 설명	p. 83
지적재산권 보호및 공정 경쟁	TC-SC-520a.1	불공정 경쟁과 관련된 법규 위반에 따른 벌금 및 합의금	2021 사업보고서(XI. 그 밖에 투자자 보호를 위해하여 필요한 사항) p. 506

Activity Metrics

코드	공시 항목	참고 페이지 및 답변
TC-SC-000.A	총 생산량	2021 사업보고서(II.사업의 내용) p. 28-32
TC-SC-000.B	자사 소유 생산시설에서 생산한 제품 비율	2021 사업보고서(II.사업의 내용) p. 28-32

SASB Index

SASB(Sustainability Accounting Standards Board, 지속가능성 회계기준위원회) 기준은 2011년 발족한 미국 지속가능성 회계기준 위원회가 발표한 산업별 지속가능성 회계기준입니다. SASB 기준은 최초로 각 산업별 특수성을 고려하여 재무적으로 중요도가 높은 지속가능성 정보들을 '지속가능한 산업 분류체계(SICS)'에 따라 총 11개 영역 77개 산업별로 체계화하였습니다. LG전자는 SASB 기준의 도입을 적극 지지하여 재무적으로 중요한 영향을 미칠 가능성이 높은 Technology & Communications 영역 Hardware 산업의 지속가능성 정보를 2020년부터 공개하고 있습니다.

SASB 정보공개지표

구분	측정지표	카테고리	단위	코드	보고내용	페이지
제품 보안	제품에서 데이터 보안 위험을 식별하고 해결하기 위한 접근 방식	논의 및 분석	n/a	TC-HW-230a.1	개인정보 보호 및 제품보안	84-87
임직원 다양성 & 포용성	(1)경영진, (2)기술 직원, (3)기타 모든 직원의 성별 및 인종/민족 구성 비율			TC-HW-330a.1	지속가능경영 성과 데이터	101-102
제품 수명 주기 관리	IEC 62474 발화성 물질을 포함하는 상품의 매출액내 포함 비율		%	TC-HW-410a.1	-	-
	EPEAT 등록 요건, 또는 이에 상응하는 요건을 충족하는 제품의 매출액내 포함 비율			TC-HW-410a.2	미래세대를 위한 제품과 서비스	34
	ENERGY STAR 기준을 충족하는 제품의 매출액내 포함 비율			TC-HW-410a.3		
	수명 만료 제품 및 전자폐기물 회수 중량, 재활용률	정량지표	톤, %	TC-HW-410a.4	미래세대를 위한 제품과 서비스	31-33, 35-37
공급망 관리	(a) 모든 시설 및 (b) 고위험 시설에 의한 RBA Validated Audit Process(VAP) 또는 동급 시설에서 감사한 1차 공급업체 시설의 비율		%	TC-HW-430a.1	모두를 위한 지속가능한 일터	46-47
	1차 공급업체의 (1) RBA Validated Audit Process(VAP) 또는 동급업체와의 부적합률 및 (2) (a)우선순위 부적합성 및 (b) 기타 부적합성에 대한 관련 시정조치율			TC-HW-430a.2	모두를 위한 지속가능한 일터	46-47
원자재 조달	중요 원자재 사용과 관련된 리스크 관리 설명	논의 및 분석	n/a	TC-HW-440a.1	모두를 위한 지속가능한 일터	44-46, 79-80

자료: 삼성전자 및 LG전자 지속가능경영 보고서.

그림 3-5 신한금융그룹의 SASB 정보 공개지표 내용

	Topic	Code	내용	측정방법	페이지
Commercial Banks	데이터 보안	FN-CB-230a.1	(1) 데이터 침해 건수, (2) 개인 식별 정보(PII) 침해 비율, (3) 영향을 받은 계정 보유자 수	수, 백분율(%)	98
		FN-CB-230a.2	데이터 보안 위험 식별 및 해결 방법에 대한 설명	해당 없음	96-98
	금융포용 및 역량 강화	FN-CB-240a.1	중소기업 및 지역사회 개발을 촉진하기 위해 설계된 프로그램에 대한 대출 건수 및 금액	수, Reporting currency	26-27
		FN-CB-240a.2	중소기업 및 지역사회 개발을 촉진하기 위해 설계된 프로그램에 대한 연체 및 부실 대출 건수 및 금액	수, Reporting currency	-
		FN-CB-240a.3	이전에 은행 업무 서비스를 이용하지 않거나, 은행 업무 서비스가 부족한 고객에게 제공된 무료 소매 당좌 예금 수	수	57
		FN-CB-240a.4	은행 계좌가 없거나 은행 서비스를 충분히 받지 못하는 고객을 위한 금융 지식 강화(Financial Literacy) 이니셔티브 참여자 수	수	62
	신용분석에 ESG요소 통합	FN-CB-410a.1	산업 및 상업적 신용 공여(Credit Exposure)	Reporting currency	32
		FN-CB-410a.2	신용분석에 ESG 요소를 반영하기 위한 접근 방식 설명	해당 없음	25-32
	기업 윤리	FN-CB-510a.1	사기, 내부자 거래, 반독점, 반경쟁 행위, 시장 조작, 과실 또는 기타 관련 금융산업 법규와 관련된 법적 절차의 결과로 발생한 총 금전적 손실액	Reporting currency	-
		FN-CB-510a.2	내부 고발자 정책 및 절차 설명	해당 없음	86
	체계적 위험 관리	FN-CB-550a.1	범주별 G-SIB(Global Systemically Important Bank) 점수	기본 포인트(bps)	89
Asset Management & Custody Activities	투명한 정보 및 고객을 위한 공정한 조언	FN-AC-270a.1	투자 관련 조사를 받거나, 고객 민원의 대상이 되거나, 민사 소송 대상을 포함한 기타 법적 규제를 받은 기록이 있는 직원의 (1) 수 및 (2) 비율	수, 백분율(%)	-
		FN-AC-270a.2	신규 및 재방문 고객을 대상으로 진행된 금융상품 정보 관련 마케팅과 커뮤니케이션에 대한 법적 절차로 인해 발생한 금전적 손실의 총액	Reporting Currency	94
		FN-AC-270a.3	고객에게 제품 및 서비스에 대한 정보를 제공하는 방식에 대한 설명	해당 없음	92-93
	직원 다양성 및 포용성	FN-AC-330a.1	(1) 경영진, (2) 관리자, (3) 전문가 및 (4) 기타 모든 직원 그룹 내 성별 및 인종/민족 구성 비율	백분율(%)	63-65
	투자관리 및 자문에 ESG요소 통합	FN-AC-410a.1	투자자산 중 (1) ESG 통합체계, (2) 지속가능성 테마 투자 및 (3) Screening 자산의 총액	Reporting currency	26-27, 32
		FN-AC-410a.2	투자 또는 자산 관리 프로세스와 전략에 ESG 요소를 반영하기 위한 접근 방식 설명	해당 없음	25-32
		FN-AC-410a.3	Proxy voting 및 Engagement 정책 및 절차에 대한 설명	해당 없음	93
	기업 윤리	FN-AC-510a.1	사기, 내부자 거래, 반독점, 반경쟁 행위, 시장 조작, 과실 또는 기타 관련 금융산업 법규와 관련된 법적 절차의 결과로 발생한 총 금전적 손실액	Reporting currency	-
		FN-AC-510a.2	내부 고발자 정책 및 절차 설명	해당 없음	86

	Topic	Code	내용	측정방법	페이지
Consumer Finance	고객 개인 정보	FN-CF-220a.1	개인정보가 2차 목적으로 사용되는 계정 보유자 수	수	98
		FN-CF-220a.2	고객 개인 정보 보호와 관련된 법적 절차의 결과로 발생한 총 금전적 손실 금액	Reporting currency	98
	데이터 보안	FN-CF-230a.1	(1) 데이터 침해 건수, (2) 개인 식별 정보(PII) 관련 비율, (3) 영향을 받은 계정 보유자 수	수, 백분율(%)	98
		FN-CF-230a.2	(1) 카드 비대면거래(CNP) 사기 및 (2) 카드 대면거래 및 기타 사기로 인한 카드 관련 사기	Reporting currency	-
		FN-CF-230a.3	데이터 보안 위험 식별 및 해결 방법에 대한 설명	해당 없음	96-98
	판매 관행	FN-CF-270a.1	영업직무 직원의 총 보수 중 제품과 서비스 판매량에 연계한 보수액의 비중(%)	백분율(%)	-
		FN-CF-270a.2	FICO 점수가 660점 이상/미만인 신청자의 (1) 크레딧 (2) 선불 상품 승인률 (%)	백분율%	-
		FN-CF-270a.3	FICO 점수가 660점 이상/미만인 신청자의 (1) 애드온 상품(add-on products)의 평균 수수료, (2) 평균 APR, (3) 평균 계좌 연령, (4) 평균 Trade Line, (5) 선불 제품의 평균 연간 수수료	Reporting currency, 백분율(%), 개월, 수, Reporting currency	-
		FN-CF-270a.4	(1) 소비자 금융 보호국(CFPB)에 제기된 소비자불만 건 수, (2) 금전적 또는 비금전적 구제 비율, (3) 소비자가 이의를 제기한 비율, (4) CFPB의 조사가 이루어진 불만의 수	수, 백분율(%)	94
		FN-CF-270a.5	제품의 판매 및 서비스와 관련된 법적 절차로 인해 발생한 금전적 손실의 총액	Reporting currency	94
Insurance	투명한 정보 및 고객을 위한 공정한 조언	FN-IN-270a.1	신규 및 재방문 고객을 대상으로 진행된 보험상품 정보 관련 마케팅과 커뮤니케이션에 대한 법적 절차로 인해 발생한 금전적 손실의 총액	Reporting currency	94
		FN-IN-270a.2	보험금 청구당 접수된 불만사항의 비율	백분율(%)	-
		FN-IN-270a.3	고객 유지율	백분율(%)	-
		FN-IN-270a.4	고객에게 제품에 대해 알리는 접근 방식 설명	해당 없음	92-93
	투자관리에 ESG요소 통합	FN-IN-410a.1	산업 및 자산 클래스 별 총 투자 자산	Reporting currency	26-27, 32
		FN-IN-410a.2	투자 관리 프로세스 및 전략에 ESG 요소를 반영하기 위한 접근 방식 설명	해당 없음	25-32
	책임 있는 행동을 장려하기 위해 고안된 정책	FN-IN-410b.1	에너지 효율 및 저탄소 기술과 관련된 순 보험료	Reporting currency	-
		FN-IN-410b.2	건강, 안전 및/또는 환경적으로 책임 있는 행동을 장려하는 제품 그리고/또는 제품 기능에 대한 논의	해당 없음	93
	환경 위험 노출	FN-IN-450a.1	기상 관련 자연 재해로 인한 보험 상품의 PML(Probable Maximum Loss)	Reporting currency	-
		FN-IN-450a.2	(1) 모델링된 자연 재해 및 (2) 모델링되지 않은 자연 재해로 인한 보험금 지급으로 인한 총 금전적 손실 금액, 사건 종류 및 지리적 부문별(재보험의 순액 및 총액)	Reporting currency	-
		FN-IN-450a.3	(1) 개별 계약에 대한 인수 프로세스 및 (2) 기업 수준의 위험 및 자본 적정성 관리에 환경 리스크를 통합하는 접근 방식에 대한 설명	해당 없음	88
	체계적 위험 관리	FN-IN-550a.1	(1) 비청산 장외파생상품에 대한 총 잠재적 익스포저, (2) 중앙청산소에서 허용되는 담보의 총 공정가치 및 (3) 청산 파생상품에 대한 총 잠재적 익스포저	Reporting currency	-
		FN-IN-550a.2	유가증권담보대출자산의 총 적정가치	Reporting currency	53

	Topic	Code	내용	측정방법	페이지
Investment Banking & Brokerage	직원의 다양성 및 포용성	FN-IB-330a.1	(1) 경영진, (2) 관리자, (3) 전문가 및 (4) 기타 모든 직원의 성별 및 인종/민족 그룹 대표 비율	백분율(%)	63-65
	환경, 사회 및 거버넌스 요소의 통합투자 은행 및 중개 활동	FN-IB-410a.1	산업별 (1) 인수, (2) 자문, (3) ESG (환경, 사회 및 거버넌스) 요소의 통합을 통합한 증권화 거래로 인한 수익	Reporting currency	7
		FN-IB-410a.2	ESG 요소를 반영한 투자 및 융자의 (1) 수 및 (2) 총 가치	수, Reporting currency	25-72
		FN-IB-410a.3	투자 은행 및 중개 활동에서 환경, 사회 및 거버넌스 (ESG) 요소 통합에 대한 접근 방식 설명	해당 없음	25-32
	기업 윤리	FN-IB-510a.1	사기, 내부자 거래, 반독점, 반경쟁 행위, 시장 조작, 과실 또는 기타 관련 금융산업 법규와 관련된 법적 절차의 결과로 발생한 총 금전적 손실액	Reporting currency	-
		FN-IB-510a.2	내부 고발자 정책 및 절차 설명	해당 없음	86
	전문적 무결성	FN-IB-510b.1	투자 관련 조사를 받거나, 고객 민원의 대상이 되거나, 민사 소송 대상을 포함한 기타 법적 규제를 받은 기록이 있는 직원의 (1) 수 및 (2) 비율	수, 백분율(%)	94
		FN-IB-510b.2	주의의무 등의 전문적 청렴성과 관련된 조정 및 중재 사건의 수	수	86
		FN-IB-510b.3	주의의무 등 전문적 청렴성과 관련된 법적 절차로 인해 발생한 금전적 손실의 총액	Reporting currency	-
		FN-IB-510b.4	주의 의무를 포함하여 전문적인 청렴성을 보장하기 위한 접근 방식 설명	해당 없음	84-87
	체계적 위험 관리	FN-IB-550a.1	범주별 G-SIB(Global Systemically Important Bank) 점수	기본 포인트(bps)	89
		FN-IB-550a.2	필수 및 자발적 스트레스 테스트 결과의 자본 적정성 계획, 장기 기업 전략 및 기타 경영 활동에 반영하는 방식	해당 없음	88-89

자료: 신한금융그룹 2021 ESG보고서.

신한금융그룹도 2021 ESG 보고서에서 SASB 지표를 강조하고 있는데 작성기준에서 본 보고서는 기후변화 관련 정보 공개를 위한 TCFD(Task Force on Climate-related Financial Disclosures) 공시 권고안과 책임은행원칙(PRB, Principles for Responsible Banking)의 보고 원칙을 반영하였으며 산업별 중요한 이슈를 반영하기 위해 SASB(Sustainability Accounting Standards Board) 산업 표준을 고려하였다고 밝히고 있다.

(3) CDSB(Climate Disclosure Standards Board)

기후정보공개표준위원회(CDSB)는 2007년 1월 세계경제포럼(WEF)에서 기후변화 관련 정보공개에 대한 국제 표준화의 필요성에 따라 만들어진 컨소시엄 조직이다. 탄소정보공개프로젝트(CDP: Carbon Disclosure Project)와 미국의 환경단체 세레스(CERES), 클라이밋그룹(Climate Group), 국제배출권거래협회, WBCSD, 세계경제포럼, 세계자원연구소(WRI) 등이 이사회를 구성했다.

2010년 CDSB 정보공개 프레임워크 초안을 발표했고 2018년까지 업데이트 하였으며, 현재 32개국 374개 기업이 CDSB 프레임워크를 사용하고 있다.

보고사항으로는 기후변화 전략, 위험과 기회 요소, 온실가스 배출 등이 담겨있다. CDSB는 기업이 재무정보 공시 수준으로 환경 정보를 엄격하게 보고하는 프레임워크를 제공한다.

2020년 9월 CDSB와 GRI, SASB, IIRC, CDP 등 주요 5개 기관이 협력해 비재무정보 공시 글로벌 표준을 마련하겠다고 밝힌 데 이어, 12월에는 5개 기관 표준·프레임워크의 특정 구성요소와 TCFD 권고안을 함께 분석하여 통합된 글로벌 표준 논의를 위한 출발점을 제공하였다.

(4) IIRC(International Integrated Reporting Council)

국제통합보고위원회(IIRC)는 기업 재무정보 뿐 아니라 ESG 정보를 통합적으로 제공하는 보고서 작성을 위해 '국제적으로 인정되는 회계원칙'을 제정하고자 지속가능성회계프로젝트(The Prince's Accounting for Sustainability, A4S)와 국제회계사연맹(IFA), GRI에 의해 2010년 설립된 조직이다.

전 세계 규제당국, 투자자, 기업, 표준 제정기구, 회계 전문가 및 NGO 등이 참여하고 있는 IIRC는 2013년 통합 보고(Integrated Reporting) 프레임워크를 제시했는데, 이는 재무보고서와 지속가능보고서를 하나로 합친 개념이다.

통합보고서는 전통적인 재무자본과 제조자본 외에도 지식자본, 인적자본, 사회・관계자본, 자연자본 등 6가지 자본의 개념을 제시한다. 즉, 이는 실물자본뿐 아니라 무형자본까지 포함한 모든 유형의 자본에 대한 회계책임(Accountability)과 수탁책임(Stewardship)을 높이고, 단기・중기・장기적인 가치창출에 중점을 둔 보고 프레임워크다. 현재 네슬레, 바스프, 다농 등 70개국 2,500개가 넘는 기업이 통합보고를 하고 있다.

IIRC는 2020년 11월 SASB와의 합병을 선언했고, 2021년 6월 가치공시재단(VRF: Value Reporting Foundation)으로 재탄생하였다.

2. 파리협정과 ESG 이니셔티브

(1) 기후변화 문제 개요

ESG의 3대 축 중 하나인 E(환경)에서 가장 중요한 주제는 바로 기후변화 이슈이다. 오늘날 기후변화 문제를 도외시하고 ESG를 논한다는 것은 어렵게 되었다. 물론 기후변화 이슈가 없었다 하더라도 수질, 대기, 폐기물 등 전통적인 환경문제가 ESG 이슈에서 주요한 역할을 하였겠지만 기후변화라는 거대한 방향이 ESG

그림 3-6 뉴욕타임즈(1988년 6월 24일자)에 게재된 지구온난화 이슈

"All the News That's Fit to Print"

The New York Times

Late Edition

NEW YORK, FRIDAY, JUNE 24, 1988

Global Warming Has Begun, Expert Tells Senate

Sharp Cut in Burning of Fossil Fuels Is Urged to Battle Shift in Climate

By PHILIP SHABECOFF

Special to The New York Times

WASHINGTON, June 23 — The earth has been warmer in the first five months of this year than in any comparable period since measurements began 130 years ago, and the higher temperatures can now be attributed to a long-expected global warming trend linked to pollution, a space agency scientist reported today.

Impact Lasting Centuries

Some Dispute Link

Continued on Page A14, Column 3

이슈를 전세계적 관심사로 부각시키는 데 크게 기여한 것은 사실이다. 따라서 ESG 이니셔티브의 흐름을 분석할 때 기후변화 이슈를 같이 살펴보아야 한다.

언론 보도 기준으로 볼 때, 기후변화나 지구온난화 문제가 일반시민들에게 크게 알려지기 시작한 것은 1988년의 일이다. 미국 상원에서 기후변화에 관한 공청회가 개최되었는데 이를 계기로 지구온난화 문제가 공론화되기 시작한 것이다.

1988년 6월 23일, 미국 상원의 에너지·천연자원위원회의 공청회에서 NASA 고다드 우주연구소의 제임스 핸슨 박사는 지구온난화 현상과 향후 전망에 대해 발표하였다. 첫째, 1980년대에 지구가 따뜻해졌다는 것을 99% 확신하고 있으며 둘째, 이는 점점 커지는 온실효과와 인과관계가 있다고 생각하며 셋째, 기후 모델로 비추어 봤을 때 지구온난화에 동반되는 열파(熱波)와 가뭄 빈도의 심각성이 증가하는 경향이 나타나고 있다고 강조한 것이다. 다음날 뉴욕타임즈는 1면 톱기사로 지구온난화에 대해 보도했다. 이러한 핸슨 박사의 증언을 계기로 국제사회도 지구온난화의 심각성에 대해 관심을 보이기 시작했다.

1988년 11월 세계기상기구(WMO)와 유엔환경계획(UNEP)은 기후 관련 과학자들의 모임인 IPCC(기후변화에 관한 정부간협의체)를 설립했으며 1992년 6월에는 유엔기후변화협약(UNFCCC)이 채택됨으로써 인류가 기후변화에 본격적으로 대처를 하게 된다.

1992년 브라질 리우데자네이루에서 개최된 유엔환경개발회의(UNCED: United Nations Conference on Environment & Development)에서 채택된 유엔기후변화협약(UNFCCC: United Nations Framework Convention on Climate Change)은 선진국과 개도국이 '공동의 그러나 차별화된 책임(Common But Differentiated Responsibilities)'에 따라 각자의 능력에 맞게 온실가스를 감축할 것을 약속하였다. 매년 개최되는 당사국총회(COP: Conference of Parties)에서 구체적인 실천방안을 마련하게 되는데 1997년 일본 교토에서 개최된 제3차 유엔기후변화협약(UNFCCC) 당사국총회(COP3)에서는 선진국들의 정량적인 온실가스 감축의무를 규정한 교토의정서(Kyoto Protocol)가 채택되었다. 그러나 교토의정서가 발효하기까지는 다소 시간이 걸렸다. 2005년에 비로소 교토의정서가 발효되면서 선진국 중심으로 온실가스 감축활동이 전개되었다. 그러나 전세계가 온실가스 감축에 동참하여야만 기후변화 문제가 해결될 수 있는 만큼 이에 대한 노력이 계속되었다. 모든 당사국이 참여하는 새로운 기후변화체제 수립을 위한 협상이 본격 진행되었고 2013년 제19차 당사국총회(COP, 바르샤바)에서 당사국들은 지구 기온 상승을 산업화 이전 대비 2℃ 이내로 억제하기 위해 필요한 2020년 이후의 '국가별 기여 방안(INDCs, Intended Nationally Determined Contributions)'을 자체적으로 결정하였다. 그리고 2015년 제21차 당사국총회(COP21, 파리)에서 마침내 모든 국가가 참여하는 신기후체제의 근간이 될 파리협정(Paris Agreement)이 채택되었다. 2016년 파리협정이 발효됨으로써 그동안 선진국에만 온실가스 감축 의무를 부과하던 기존의 교토의정서 체제를 넘어 모든 국가가 자국의 상황을 반영하여 참여하는 보편적인 체제가 마련되어 2021년부터 파리협정 체제가 시작되었다.

(2) 파리협정의 주요 내용

첫째, 파리협정은 지구의 평균 기온상승을 산업화 이전 수준 대비 2℃보다 상당히 낮은 수준으로 유지하고, 1.5℃ 내로 제한하기 위해 노력한다는 온도 목표를 설정하고 있다.

둘째, 파리협정은 기후변화로 인해 발생하는 부정적 영향에 대한 적응, 기후변화로 인한 충격을 흡수하고 본 기능을 회복하는 기후회복력의 배양, 저탄소 성장을 통한 기후변화 적응 역량 강화를 목표로 한다.

셋째, 파리협정은 저탄소 성장과 기후회복을 지원하기 위한 재원 조성을 목표로 한다.

이에, 당사국들은 감축, 적응, 재원, 기술, 역량배양, 투명성 총 6개 분야에 대해 온실가스 감축을 위한 국가별 기여방안(NDC: Nationally Determined Contribution)을 스스로 정하는 방식을 채택하여, 매 5년마다 상향된 목표를 제출하되 공통의 차별화된 책임 및 국가별 여건을 감안할 수 있도록 하였다.

5년 단위로 파리협정 이행 전반에 대한 국제사회 공동 차원의 종합적인 이행점검(Global Stocktaking)을 도입하여 2023년에 이를 처음 실시하게 된다.

온실가스 감축 뿐 아니라 기후변화에 대한 적응의 중대성을 강조하였는데 모든 국가는 국가적응계획을 수립하고, 이러한 적응계획과 이행내용 등에 대한 보고서를 제출하여 각국의 적응 정책, 이행사례 등에 대한 정보를 공유할 것을 명시하고 있다. 특히 개도국의 이행지원을 위한 기후재원과 관련하여 선진국의 재원공급 의무를 규정하고, 선진국 이외 국가들의 자발적 기여를 장려하도록 하였다.

파리협정의 주요 과정과 역사적 의의 등은 파리협정 전문에 잘 담겨 있다.

파리협정 전문[3)]

이 협정의 당사자는 기후변화에 관한 국제연합 기본협약(이하 "협약"이라 한다)의 당사자로서, 제17차 협약 당사자총회에서 결정(1/CP.17)으로 수립된 「행동 강화를 위한 더반플랫폼」에 따라, 협약의 목적을 추구하고, 상이한 국내 여건에 비추어 형평의 원칙 및 공통적이지만 그 정도에 차이가 나는 책임과 각자의 능력의 원칙을 포함하는 협약의 원칙에 따라, 이용 가능한 최선의 과학적 지식에 기초하여 기후변화라는 급박한 위협에 대하여 효과적이고 점진적으로 대응할 필요성을 인식하며, 또한, 협약에서 규정된 대로 개발도상국인 당사자, 특히 기후변화의 부정적 영향에 특별히 취약한 개발도상국 당사자의 특수한 필요와 특별한 사정을 인식하고, 자금 제공 및 기술 이전과 관련하여 최빈개도국의 특수한 필요와 특별한 상황을 충분히 고려하며, 당사자들이 기후변화뿐만 아니라 그에 대한 대응 조치에서 비롯된 여파에 의해서도 영향을 받을 수 있음을 인식하고, 기후변화 행동, 대응 및 영향이 지속가능한 발전 및 빈곤 퇴치에 대한 형평한 접근과 본질적으로 관계가 있음을 강조하며, 식량안보 수호 및 기아 종식이 근본적인 우선 과제이며, 기후변화의 부정적 영향에 식량생산체계가 특별히 취약하다는 점을 인식하고, 국내적으로 규정된 개발우선순위에 따라 노동력의 정당한 전환과 좋은 일자리 및 양질의 직업 창출이 매우 필요함을 고려하며,

기후변화가 인류의 공통 관심사임을 인정하고, 당사자는 기후변화에 대응하는 행동을 할 때 양성평등, 여성의 역량 강화 및 세대 간 형평뿐만 아니라, 인권, 보건에 대한 권리, 원주민 · 지역공동체 · 이주민 · 아동 · 장애인 · 취약계층의 권리 및 발전권에 관한 각자의 의무를 존중하고 촉진하며 고려하여야 함을 인정하며, 협약에 언급된 온실가스의 흡수원과 저장고의 적절한 보전 및 증진의 중대성을 인식하고,

기후변화에 대응하는 행동을 할 때, 해양을 포함한 모든 생태계의 건전성을 보장하는 것과 일부 문화에서 어머니 대지로 인식되는 생물다양성의 보존을 보장하는 것의 중대성에 주목하고, 일각에게 "기후 정의"라는 개념이 갖는 중대성에 주목하며, 이 협정에서 다루어지는 문제에 대한 교육, 훈련, 공중의 인식, 공중의 참여, 공중의 정보 접근, 그리고 모든 차원에서의 협력이 중요함을 확인하고, 기후변화에 대한 대응에 당사자 각자의 국내 법령에 따라 모든 차원의 정부조직과 다양한 행위자의 참여가 중요함을 인식하며,

또한, 선진국인 당사자가 주도하고 있는 지속가능한 생활양식과 지속가능한 소비 및 생산 방식이 기후변화에 대한 대응에 중요한 역할을 함을 인식하면서, 다음과 같이 합의하였다.

(3) 한국기업지배구조원의 환경 모범규준 중 기후변화 관련 내용

한국기업지배구조원의 환경 모범규준에는 기후변화 위험과 기회에 대해서 다

---

3) 국가법령정보센터.

음과 같이 대응하도록 하고 있다. 우선 3장 리스크 관리에서는 기업은 직·간접적으로 온실가스 배출에 대한 책임을 지고 있으며 동시에 영향을 받고 있어서 기후변화로 인한 심각한 환경문제를 인식하고 부정적 영향을 최소화하기 위해 기후변화와 관련된 위험과 기회를 파악하여야 하며, 글로벌 시장과 연계된 새로운 규제를 고려하여야 한다고 규정하였다.

동시에 기후변화로 인한 규제와 물리적 요소의 변화는 저탄소 경제체제로의 전환, 신재생 에너지 도입, 새로운 제품 및 서비스의 개발, 새로운 시장에 대한 접근성 향상 등을 통해 기업에 기회 요소로 작용할 수 있다. 따라서 기업은 기후변화와 관련된 위험 및 기회 요인에 대한 이해관계자의 정보 공개 요구가 높아지고 있어 단기, 중기 및 장기적 관점에서 기업에 미칠 전략적·재무적 영향력을 고려하여 기후변화에 따른 위험과 기회 요인을 면밀히 분석하고, 이를 전략에 반영할 필요가 있다.

특히 글로벌 기후변화 관련 규제가 강화되고, 금융기관 및 기관투자자의 기후변화 위험에 대한 인식이 높아짐에 따라 화석연료 사업에 대한 투자 중단 혹은 철회 선언이 이어지고 있다. 따라서 기업은 기후변화로 인한 직·간접적인 좌초자산(stranded asset) 위험을 사전에 인지하여 경영활동에 반영하는 것이 바람직하다.

온실가스 감축에 대해서는 4장 운영과 성과에 규정하고 있는데 기업은 에너지 효율 향상, 에너지 사용량 저감 등의 활동을 지속적으로 이행하고, 온실가스 감축 기술 개발, 신재생에너지 이용 확대, 산림의 탄소흡수원 유지 등 기후변화에 대응하기 위한 다양한 활동을 전개하도록 하였다. 예를 들어 현대자동차는 2021년 지속가능경영 보고서에서 ESG 리스크 요인을 사전에 파악하고 발생 위험을 축소하기 위한 관리활동을 강화하는 한편, ESG의 전략적인 활용을 통한 신사업의 기회를 모색하고 새로운 가치를 창출하고자 노력하고 있다고 강조하였다. 특히 기후변화의 위험과 기회를 분석하고 우선순위를 점검하며 중요사안은 이사회에 보고하고 있다. 또한 유형별로 위험과 기회요인을 분석하고 재무적 영향에 따른 대응전략을 수립하고 있다.

그림 3-7 현대자동차의 기후변화 위험과 위기분석 사례

기후변화 위험/기회 관리 프로세스

현대자동차는 기후변화 이슈에 대하여 전사 차원의 대응을 위해 지속적으로 위험과 기회 요인을 식별 및 평가하며 관리하고 있습니다. 각 권역/조직 별로 파악된 기후변화 이슈는 본사의 기획재경본부로 전달되며 기획재경본부는 각 이슈 별 위험과 기회 요인을 도출하고, 각 요인이 회사에 미칠 수 있는 전략적/재무적 영향을 평가하여 전사적인 대응 전략을 수립합니다. 중대한 안건은 이사회 또는 경영층에 보고되며 의사결정에 따라 구체적인 실행 계획을 수립합니다. 이렇게 수립된 기후변화 대응 계획 및 정책은 각 권역/조직 별로 실행되고 추진 경과를 지속적으로 모니터링하며 발전시키고 있습니다.

기후변화 위험/기회 식별·평가·관리 프로세스

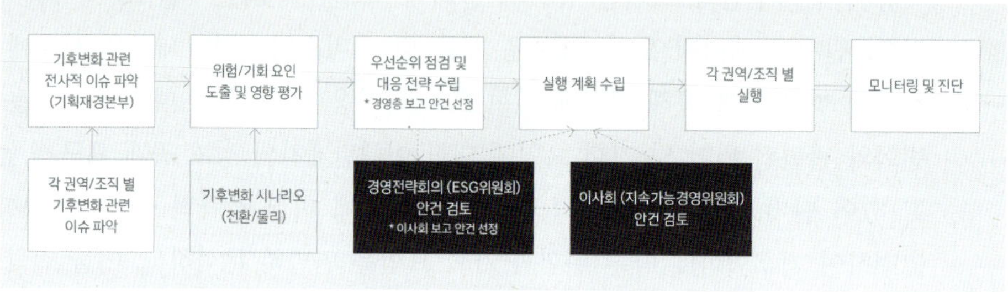

주요 기후변화 위험/기회 및 대응 방향

유형		이슈	위험	기회	대응 방향	재무적 영향
규제 및 법률	현재	• 온실가스 배출권거래제 • 차량 CO_2 배출 규제	• 규제/법률 준수를 위한 배출권/Credit 구매로 운영비 증가	• 여유 배출권/Credit 판매를 통한 수익 창출	• 재생에너지 사용 확대 • 차량 포트폴리오 EV/FCEV 비중 확대 • 내연기관차 연비 개선	Mid
	신규	• 내연기관차 판매 금지 • EU 탄소국경조정세(CBAM[1]) 강화로 인한 규제 대상 확대	• 선진시장(EU/미국) 내연기관차 판매 금지로 인한 매출 하락 • 증세로 인한 원가 상승 및 고객 전가	• EV/FCEV 성능 및 가격 경쟁력 확보를 통한 판매 증가 • 에너지 전환 및 CO_2 배출 감축을 통한 규제 대응 비용 절감	• 지역별 차별화된 차량 전동화 확대 전략 수립 • 재생에너지 사용 확대	High
기술		• 친환경차 관련 기술 개발 경쟁 가속화	• 경쟁사 제품 대비 우수 성능(EV 주행거리, FCEV 연료전지 효율 등) 미확보시, 시장 점유율 하락	• 수소 연료전지 기술 경쟁력 기반의 FCEV 시장 선점	• R&D 투자확대 • 우수 기술 보유 기업과의 제휴 추진 • 에코디자인 시행	High
시장		• 전기차 시장 확대로 인한 EV/FCEV 판매 증가	• EV 배터리 수요 증가로 인한 공급 한계로 원료(리튬, 코발트, 니켈) 조달 비용 상승 • FCEV 수익성 미확보시 매출 하락	• 렌터카/카쉐어링/ESS[2] 업체 등 대규모 잠재 EV/폐배터리 거래처 확보 • 산업용(선박/AAM[3]) 연료전지 신사업 확대 • 당사 EV/FCEV 제품 매출 증가	• 차량 전동화 전환계획 수립 • EV 전용 플랫폼을 활용한 대량 생산 체계 구축 • EV 브랜드 론칭 및 전용 라인업 구축 • FCEV/연료전지 Scale-up	High
평판		• 투자자 및 이해관계자의 기후변화대응 요구 강화	• 기후변화대응 의지와 노력 부족 시 주가 하락, 투자 철회 및 고객 이탈	• 적극적인 기후변화대응 활동과 감축 성과를 통한 주가 상승, 투자 확보 및 브랜드 이미지 제고	• 투명한 정보 공시 • 탄소중립 목표 수립 및 이행 • 녹색금융/투자 활용	Mid-high
물리적 환경 변화	단기	• 태풍/홍수/폭설 등 이상 기후 현상 증가	• 시설 파손으로 인한 공장 가동 중단 • 원소재/부품 공급 중단으로 인한 생산 차질	• 경쟁사 대비 안정적 제품 공급을 통한 시장 점유율 상승	• 비상대응 매뉴얼 구축(사업장/공급망) • 시설 안정성 강화 • 재난 대비 보험 가입 • 원소재/부품 실시간 재고관리 체계 구축 • 협력사 공급 안정성 평가	High
	장기	• 평균 기온 및 강수량 변화	• 가용 자원(물/에너지 등) 부족 • 수자원 위험성 높은 지역(인도 등) 식수 공급 차질 • 생태계 파괴	• 자원 효율성 향상을 통한 운영비 절감 • 지역사회 기후변화 적응 지원으로 잠재 고객 확보 • 탄소 흡수를 통한 상쇄 배출권 확보	• 물/에너지 효율 향상 • 자원 재활용/재이용 기술 연구·개발 • 개도국 대상 취약계층 식수 공급 지원 • 숲 보호 활동 추진	High

[1] Carbon Border Adjustment Mechanism
[2] Energy Storage System
[3] Advanced Air Mobility

자료: 현대자동차 2022년 지속가능성 보고서.

(4) GHG 프로토콜과 CDP

기후변화 문제가 세계적 관심사로 떠오르면서 기후변화 문제를 다루는 이니셔티브가 시작되었고 발전되어 왔다. 1990년대와 2000년에 등장한 이니셔티브로 가장 대표적인 것이 바로 GHG 프로토콜과 CDP이다.

그림 3-8 기후변화 이슈과 관련 주요 이니셔티브

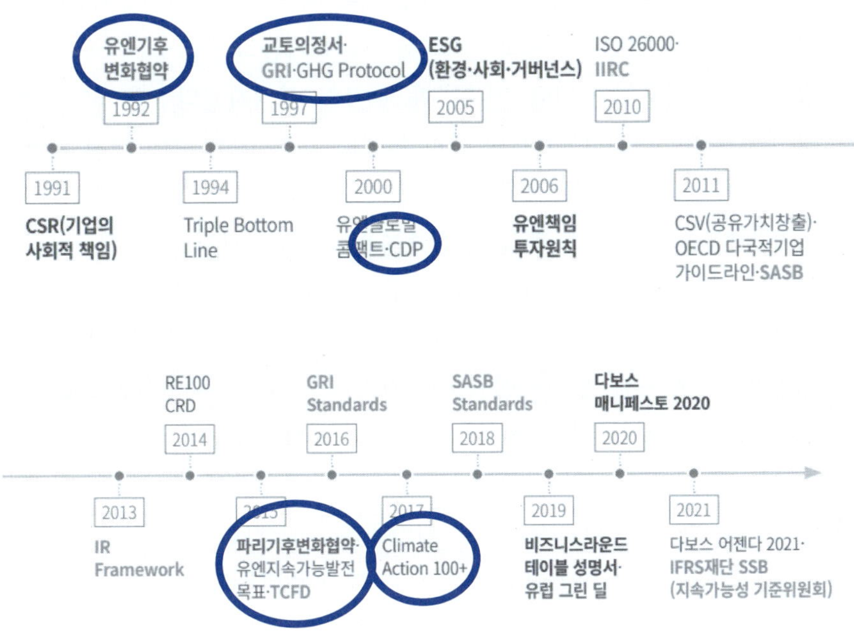

자료: 사회적가치연구원(CSES), ESG Handbook Basic, 2021. 2.

온실가스 회계처리 및 보고기준(GHG Protocol for Corporate Accounting and Reporting Standard, 일명 GHG 프로토콜)은 1997년 세계자원연구소(WRI)와 세계지속가능발전기업협의회(WBCSD)에서 제정하였다. 1998년부터 기업과 정부, 지자체 등의 기후변화 대응 활동을 지원하기 위해 온실가스 배출량 산정과 보고에 관한 국제 표준을 제정해 보급하고 있는데 온실가스 배출 관련 비재무정보 공시에서 국제적으로 가장 널리 활용되는 표준이다. GHG Protocol 기업 표준(Corporate Standard)은 2001년 처음 마련되었으며, 이후 기업이 전기 및 기타 에너지 구입으로 인한 온실가스 배출량(Scope 2)을 측정하고 가치사슬 전체에서의 온실가스 배출량(Scope 3)을 측정하는 데 활용할 수 있는 지침을 추가하였다. 온실가스 배출 관련 비재무정보 공시에서 국제적으로 가장 널리 활용되는 표준으로, 2016년 미국 경제 전문지 포춘(Fortune) 선정 글로벌 500대 기업 중 CDP(탄소정보공개프로젝트) 평가를 받은 기업의 92%가 GHG Protocol을 직·간접적으로 사용하였다

탄소정보공개프로젝트(CDP, Carbon Disclosure Project)는 2000년 영국에서 설립된 국제 비영리기구로, 전세계 9,600여 개 기업의 기후변화 대응 등 환경경영 관련 정보공개를 요구하고 공시정보를 분석해 투자자 및 금융기관에 제공한다. 매년 발표되는 CDP 평가결과는 전 세계 금융기관의 ESG 투자 의사결정을 위한 정보원으로 활용되고 있다. 기후변화, 수자원, 산림자원의 3대 영역에 대한 데이터 공개 여부, 리스크 인식 및 관리 이해도, 목표 설정 등에 대해 피평가기업이 응답한 내용을 기반으로 평가한다.

기후변화는 온실가스 배출량, 감축목표, 전략, 지배구조 등을, 수자원은 취수량, 사업상 중요도, 관련 정책, 의사결정구조 등을, 산림자원은 산림 훼손 원자재, 관련 정책, 의사결정구조 등을 다룬다. 평가 결과는 A~D등급으로, 데이터가 미공개이거나 부족해 평가가 불가능한 기업은 F등급을 부여한다. 2020년 평가 결과, 삼성전기, 신한금융그룹 등 국내기업 7개사가 A등급을 받았다.

또한 CDP는 2020년 약 4,000여 개 글로벌 공급망의 탄소배출량을 추적할 수 있는 온도평가(temperature rating) 시스템을 개발했다. 이는 기업 활동으로 인한 기후변화 위험을 투자자들이 더 잘 예측 및 관리하도록 지원하는 것이 목적이다.

(5) TCFD(기후관련 재무정보공개 태스크포스)

파리협정 발효 이후 온실가스 감축 등 기후변화 대응은 이제 전세계 국가와 기업의 주요 과제가 된 것이다. 이에 따라 기후변화 관련 이니셔티브도 새롭게 강화되고 가속화하기 시작한다. 대표적인 이니셔티브는 TCFD, SBTi, Climate Action 100+ 등이다. TCFD는 앞에서도 이미 설명하였듯이 기후관련 재무 정보공개 태스크포스(TCFD)의 약어로 기후변화에 특화한 재무 공개 지침이다(제10장 제2절 참조).

지난 2015년 G20 국가들의 재무장관과 중앙은행 총재협의체인 금융안정위원회(FSB)가 TCFD를 만들었고, 2017년 기후변화와 관련한 정보공개 권고안을 내

놓았다. ESG 분야 중 가장 측정이 용이한 것으로 알려진 기후변화 관련 데이터 공개에 초점을 맞추었다. TCFD 권고안은 크게 기후 관련 리스크 및 기회, 권고안 및 지침, 시나리오 분석의 3가지 부분으로 구성된다. 이 중 권고안 및 지침은 거버넌스/전략/리스크 관리/정량적 지표 및 목표 등 4대 영역으로 구분하여 구체적 정보공개를 권고한다.

2022년 8월 현재 전 세계 95개국 3,400개 기관 및 기업들의 지지를 받고 있다. 영국과 뉴질랜드는 TCFD 권고안 기준 공시 의무화 방침을 발표했으며, 스위스에서 상장기업과 금융기관의 TCFD 의무화가 추진되고 있다. 한국에서는 현재까지 환경부와 한국거래소, 주요 금융지주, 포스코, SK이노베이션 등 민간기업 약 100여 곳이 지지를 선언했으며, 주요 기업에서 지속가능경영 보고서에 적용하면서 GRI, SASB와 같이 공시 표준으로 여겨지고 있다. 금융산업은 물론 제조업 등 비금융산업의 가입도 증가 추세이다.

(6) SBTi(Science Based Targets initiative)

과학기반 감축목표 이니셔티브(SBTi)는 2015년 CDP, UNGC, WRI, WWF(세계자연기금) 등의 파트너십으로 설립되었다. 산업화 수준 대비 지구 온도 상승폭을 2℃ 이하로 억제하고, 1.5℃ 이하까지 줄이자는 파리협정의 목표를 달성하기 위해, 기업들이 '과학에 기반해' 온실가스(GHG) 배출 감축목표를 설정할 수 있도록 전문적인 지침과 방법론을 제공한다.

기업들이 SBTi에 참여하는 방법은 다음과 같다. 우선 1단계로 약정서(Commitment Letter)를 제출하면 'Committed' 단계로 인정된다. 이후 SBTi의 온실가스 감축 목표 기준을 충족하는 목표를 설정해 제출하면, SBTi에서 해당 목표의 유효성 여부를 검증하여 승인한다. SBTi에서 승인한 이후에는 기업명과 감축 목표가 SBTi 웹사이트에 공개되며, 기업 차원에서도 이해관계자 커뮤니케이션에 활용할 수 있다. 중기(2030년), 장기(2050년) 절대치 및 원단위 목표 수립이 필요하며, 목표 공개완료까지 약 24개월이 소요돼 장기적인 접근 전략이 필요하다. 현재 전 세계 1,155개 기업이 참여하고 있으며, 한국에서는 DGB금융그룹, SKT, SK증권, 신한금융그룹이 약정서를 제출한 'Committed' 단계이다.

(7) Climate Action 100+

기후행동 100+(Climate Action 100+)는 책임투자원칙(PRI)를 바탕으로 투자자들이 주도적으로 5개년 계획을 수립하고 기업 지배구조 개선(Improve governance around climate risks), 탄소배출 억제(Decarbonisation), 기후변화 관련 금융정보 공시 강화(Disclose climate risks)를 위해 온실가스 배출기업들을 대상으로 관여활동을 하는 기관투자자들의 글로벌 이니셔티브이다.

Climate Action 100+은 2015년 파리협정이 채택되고 2016년 발효하면서 2017년 12월 출범하였다. Climate Action 100+ 참여기관으로는 세계 최대 자산운용사 블랙록(BlackRock), 세계 최대 채권운용사 핌코(PIMCO), 세계 3대 연기금 운용사 네덜란드연금자산운용(APG)을 비롯하여 노르웨이 연기금 운용사 스토어브랜드(Storebrand Asset Management), 일본 후생연금펀드 등 700개의 전세계 기관 투자자들이며 자산규모는 70조 달러를 넘는다. 우리나라에서도 안다자산운영이 유일하게 참여하고 있다.

스토어브랜드는 'Climate Action 100+'에 입각한 투자를 위해 42개의 석유 및 천연가스 기업에 메탄 배출을 측정하고 줄이는 것을 요청하고, 지속적인 컨퍼런스 콜을 통해 보고의 투명성을 제고하고 있다. 우리나라 기업으로 SK하이닉스, LG생활건강, 현대모비스, 신한금융그룹, 네이버 등에 약 1조 3300억원을 투자하고 있다.

Climate Action 100+은 'Focus Companies'로 166개사의 명단을 공개하고 있다. 이들 기업이 연간 전 세계 온실가스 배출량에서 차지하는 비율은 약 80% 규모로 BP, Chevron과 같은 대형 석유기업과 Ford Motor Company, Volvo, Nestlé 등이 포함되었으며, 우리나라 기업으로는 한국전력공사, POSCO, SK이노베이션이 포함되어 있다.

3. ESG 글로벌 공시지표 통합화 동향

ESG 통합 동향을 보는 관점은 3가지가 있다. 첫째는 ESG 공시기준 통합 동향이다. 둘째는 통합의 주도권이 어느 기관이 되는가이다. 셋째는 우리나라에의 영향 및 대응이다.

ESG 투자에 대한 영향력이 강화되면서 ESG의 평가·측정 모델의 통합화가 가속화 하고 있다. 그러나 여러 가지 어려운 점도 있다. 그 이유는 첫째, ESG가 미래 이익이나 현금흐름 등 재무요소에 연결되는 경로가 복잡하고 미래에 대한 불확실성이 높아 평가·측정 모델의 뒷받침이 되는 실증적인 증거의 축적이 쉽지 않다는 점이다. 둘째, 그러한 증명적 증거의 축적의 베이스가 되는 ESG 데이터가 표준화된 형태로 개시되어 있지 않다는 점이다. 결국 재무 수치로의 전환을 수행하기 위한 논리가 충분히 정리되어 있지 않다는 점이다. 따라서 이러한 과제를 해소하면서 ESG 정보공개를 둘러싼 국제적 표준화 및 통합화의 움직임이 진행중이다.

사실 국내 기업들은 그동안 ESG 정보공개 의무화에 앞서 ESG 정보를 담은 지속가능경영 보고서를 발간해왔다. 통일된 원칙은 없었기 때문에 GRI 가이드라인을 중심으로 TCFD, SASB 지표도 활용하면서 작성하였다. 또 최근에 K-ESG 가이드라인도 발표되어 많이 활용될 것으로 전망된다. 앞으로 국제적 ESG 공시기준이 통일된 기준으로 통합된다면 기업 입장에서는 번거로움이 없어지고 구체적인 정보공개도 가능해질 것으로 예상된다.

(1) CRD(Corporate Reporting Dialogue)

통합화 동향으로 CRD는 국제통합보고위원회(IIRC)에서 조직한 글로벌 비재무 정보 공시표준 제정 기관들의 공식협의체로 2014년부터 서로 간의 지표와 기준 차이를 해소하기 위해 노력해 왔다.

CRD에는 세계적인 ESG 표준 대표기관 TCFD(기후관련 재무정보공개 태스크포스), GRI(글로벌리포팅이니셔티브), SASB, CDP, CDSB, FASB(미국 회계기준위원회, 옵저버), IASB(국제회계기준위원회), ISO 등 총 8개 기관이 참여하고 있다.

2018년 11월, CRD는 ESG 정보공시 표준화를 위한 2개년 계획을 발표하였다. 2019년 9월에는 보고서 〈Driving Alignment in Climate-related Reporting〉을 발간하여 CDP, CDSB, GRI, IIRC, SASB 등 5개 주요 기관의 지속가능성 보고 표준 및 프레임워크를 TCFD 권고안과 비교, 분석하는 작업에 착수하였다.

2020년 12월 5개 기관이 낸 프로토타입 보고서에는 기후변화 관련 재무정보공개 권고안인 TCFD 기준에 따라 거버넌스, 전략, 리스크 관리, 매트릭스(측정지표) 및 목표를 프레임워크의 전체 틀로 가져왔다. CRD는 이러한 협업을 통해 비재무

성과가 재무성과와 어떻게 연관되는지 검토하고, 궁극적으로 재무보고와 비재무보고의 통합을 지원하고자 한다.

(2) IFRS

2020년 9월에 GRI, SASB, IIRC, CDP에 CDSB(Climate Disclosure Standards Board · 기후공시표준위원회)까지 합류하여 5개 기관이 ESG 정보공개 표준을 통합하겠다고 발표하였다. 이어서 2020년 11월 SASB(지속가능성 회계기준위원회)와 IIRC(국제통합보고위원회)는 "2021년 중반까지 합병해 '가치공시재단(Value Reporting Foundation)'을 만들기로 했다"고 발표했다. 가치공시재단(Value Reporting Foundation: VRF)은 2021년 6월 정식으로 설립되었다. 한편 VRF는 IFRS 재단에 흡수될 예정이다.

IFRS(국제회계기준) 재단은 2021년 11월 영국에서 개최된 COP26에서 기후 및 지속가능성 주제 관련 고품질의 정보 공시를 제공하기 위해 지속가능성 공시기준의 국제 표준(global baseline)을 개발하기 위한 국제지속가능성기준위원회(ISSB, International Sustainability Standards Board)를 설립한다고 발표하였다.[4)]

또한 기존의 지속가능성 기준 제정기구인 CDSB(Climate Disclosure Standards Board)와 VRF(Value Reporting Foundation)를 ISSB에 2022년 6월까지 합병할 계획이라고 발표하였다. VRF는 SASB(Sustainability Accounting Standards Boards)와 IIRC(International Integrated Reporting Council)가 합쳐진 기구다.

IFRS 재단은 2001년에 설립된 비영리기구로 이 재단 산하의 회계기준위원회(IASB)에서 만든 국제회계기준이 전 세계 140개국 이상에서 사용되고 있다. 우리나라도 2011년부터 IFRS 방식을 전면 도입해 사용하고 있다. IFRS 재단의 전략은 지속가능성 공시기준 제정 시 환경과 기후에 집중하고, 개별 국가는 ISSB가 제정한 기준의 적용, 수정, 의무화 여부에 대해 각국의 자율성을 보장하는 것이다. IFRS 재단이 국제적으로 단일의 지속가능성 공시 기준을 만드는 활동에 대해 국제증권감독기구(IOSCO), 세계경제포럼(WEF), 금융안정위원회(FSB), 주요 20개국(G20) 정상회의 등은 지지를 하고 있다.

IFRS 재단은 여러 나라 정부와 금융당국으로부터 상장기업의 기후 변화가 영업활동에 미치는 위험에 대한 공시 표준을 제정할 새로운 기구 설립을 요청받아

---

4) 한국회계기준원, 2021년 11월 4일자 보도자료.

지속가능성 기준 위원회(SSB, Sustainability Standards Boards)를 설립한 바 있다.

(3) 기타 동향

2020년 9월 세계경제포럼(WEF)의 국제비즈니스협의회(IBC)는 뱅크오브아메리카(BOA), 4대 회계법인(Deloitte, EY, KPMG, PwC)과 함께 2020년 9월 '이해관계자 자본주의 지표(Stakeholder Capitalism Metrics)'를 발표하였다.

21가지 핵심지표와 34가지 확장지표로 구성된 지표는 GRI를 중심으로 다른 공시 표준 및 프레임워크를 일부 반영하고 있다. 또한 2021년 1월 26일 진행된 '다보스 어젠다 2021'에서 전 세계 61개 기업이 이 지표체계를 활용해 비재무정보를 공시할 것이라고 밝혔다.

세계거래소연맹(WFE, The World Federation of Exchanges)는 1961년에 발족한 세계 주요 거래소와 결제기관 중심의 단체로 약 250개의 조직이 가입하고 있다. WFE는 2014년 지속가능한 금융 및 ESG 투자 촉진 노력을 추진하기 위해 Sustainability Working Group을 설치하고 회원 거래소의 ESG 투자 추진활동 및 지속 가능경영에 관한 조사·분석, 거래소 비즈니스에 관한 지속가능성 원칙 등을 수립하고 있다. WFE는 2015년에 "WFE ESG Guidance and Metrics"를 작성·공표했는데 ESG 정보공개를 촉구할 때 도움이 되는 포인트를 정리한 지침과 33 공개지표로 구성되며 2018년 개정되었다.

지침은 기업이 투자자에게 ESG 정보를 공개할 때 4가지 사항을 강조하고 있는데 거버넌스/책임 및 감독, 목표 명확화/비즈니스 가치에 대한 명확한 연결, 중대성/중대성, 보고의 질과 빈도 등이다.

한편 EU는 2024년까지 유럽증권감독기구(ESMA)에 의해 대기업의 재무정보와 지속가능성(ESG) 정보를 통합하여 한 곳에서 볼 수 있도록 하는 전자공시 시스템인 'ESAP(European Single Access Point)'를 설립할 예정이다. 유럽 단일접속지점으로 불리는 'ESAP'는 EU 기업들의 재무, 비재무 정보를 한 곳에서 볼 수 있는 공시 데이터 플랫폼을 말한다. 미국 SEC(증권거래위원회)의 '에드가(Edgar) 시스템' 및 우리나라의 금융감독원의 전자공시시스템 '다트(DART)'와 같은 것이다.

제 2 절 향후 전망과 기업에의 시사점

첫째, 국내외 ESG 동향을 주목하고 분석하라.

통합화 동향에서 살펴보았듯이 ESG 공시기준 통합화는 IFRS 재단의 ISSB가 주도할 것으로 전망되고 있는 가운데 ISSB 초안이 2022년 3월 31일 발표되었다. IFRS S1 일반 요구사항과 IFRS S2 기후 관련 공시에 대한 공개초안이다. S1 일반 요구사항에는 기업이 투자자의 의사결정에 유용한 지속가능성 관련 위험・기회에 대한 정보를 공시하도록 목적, 보고실체・빈도・위치 등 전반적 요구사항을 제시하였다. S2 기후 관련 공시에서는 기업이 기후 관련 지속가능성 정보를 공시할 수 있도록 구체적인 요구사항(산업전반 지표, 68개 산업별 지표 등)을 제시하였다. 7월 29일까지 전세계의 이해관계자 의견을 수렴한 후, 2022년 말 최종기준이 공표될 예정이다.

세계 표준기준이 확정되고 국내에 적용되기 까지는 다소 시간이 걸릴 것으로 예상되는 가운데 ESG 관련 국제동향을 계속 주시해야 한다. 특히, 한국에 적용되는 기준에 대해서도 지금부터 준비해야 할 것이다. ISSB가 주도하는 ESG 공시기준 통합화에 대비하여 우리나라도 2021년 8월 KSSB 준비위원회가 출범한 바 있으며, 금융위원회는 2022년 3월 발표된 초안에 대해 한국회계기준원과 함께 공개초안에 대한 한국측 공식 의견을 제출하기 위해 다양한 이해관계자로부터 충분한 의견을 수렴한 바 있다.

KSSB 준비위원회는 공시기준을 현재 회계기준법이 따르는 외감법(주식회사 등의 외부감사에 관한 법률) 산하에 둘지, 자본시장법 산하에 둘지, 상법에 둘지 등에 대해서도 검토하게 된다. 또한 사업보고서상 본문에 넣을 것인지, 첨부서류에 넣을 것인지, 기존 보고서와 어떻게 조화를 이룰 것인지, 공시 범위도 모회사만 할지 자회사만 할지, 공급망과 관련한 공시는 어디까지 하게 할 것인지 등등을 살펴보게 된다.

둘째, ESG 투자자들의 기업 활동 참여에 대비하라.

블랙록과 같은 기관 투자자들은 주주 활동을 통해 기업의 ESG 에 관여하고 있다. 스튜어드십을 도입해 기관 투자자에게 의결권을 행사하는 사례는 이미 살펴본 바 있다. 특히 Climate Action 100+는 2021년 10월 7일, 탄소중립위원회

위원장 앞으로 한 통의 편지를 보냈다.[5] 정부에 대해 탄소감축 세부 일정과 민간 석탄발전소 폐기를 요구한 것이다. 615개 투자 기관 가운데 23개 기관이 참여했는데 네덜란드연금자산운용(APG), 북유럽 최대 자산운용사인 노르디아 자산운용(Nordea Asset Management), 일본 최대 신탁은행인 미쓰이스미토모 금융그룹의 미쓰이스미토모 자산운용 등이 포함되어 있는데 자산 운용 규모는 6조 7천억 달러로 약 7,993조원 규모이다.

주요 내용은 첫째, 탄소(온실가스) 감축에 대한 명확한 계획을 제시하라는 것, 둘째는 민간 석탄발전소 퇴출 문제를 논의해 달라는 것이다. Climate Action 100+는 한국이 국제에너지기구(IEA)의 '2050 탄소중립 시나리오(IEA Net Zero 2050)'에 따라 2030년까지 석탄 발전 퇴출을 권고하였다. 특히 새로운 석탄발전소 건설은 탄소 감축 노력에 역행하는 것이고, 어차피 경제적 관점에서도 신규 석탄발전소가 경제성이 떨어져 '좌초자산'이 될 것이라고 경고하고 있다. 또한 이번 서한을 주도한 네덜란드연금자산운용(APG)는 삼성전자, LG전자, LG화학 등 대표기업 10곳에 탄소배출 관련 접촉을 하는 등 공개적으로 탄소 감축과 관련한 주주 행동을 하겠다는 입장이다.

셋째, 법규 준수, 즉 기본에 충실하라.

ESG는 계속 변화하고 진화하기 때문에 새로운 가이드라인과 표준이 계속 등

그림 3-9 Climate Action 100+이 탄소중립위원회에 보내 서한

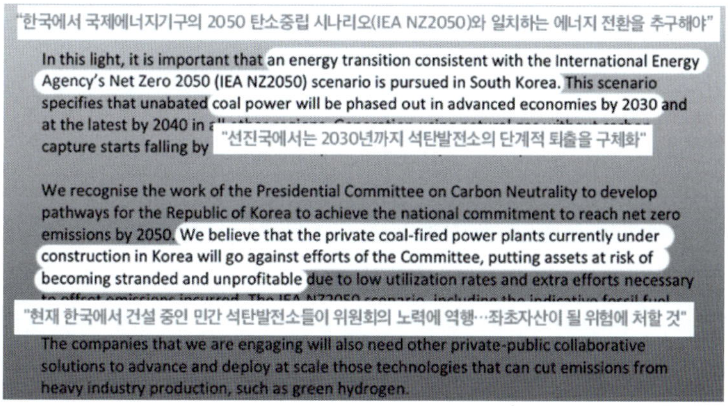
"한국에서 국제에너지기구의 2050 탄소중립 시나리오(IEA NZ2050)와 일치하는 에너지 전환을 추구해야"

In this light, it is important that an energy transition consistent with the International Energy Agency's Net Zero 2050 (IEA NZ2050) scenario is pursued in South Korea. This scenario specifies that unabated coal power will be phased out in advanced economies by 2030 and at the latest by 2040 in … capture starts falling by

"선진국에서는 2030년까지 석탄발전소의 단계적 퇴출을 구체화"

We recognise the work of the Presidential Committee on Carbon Neutrality to develop pathways for the Republic of Korea to achieve the national commitment to reach net zero emissions by 2050. We believe that the private coal-fired power plants currently under construction in Korea will go against efforts of the Committee, putting assets at risk of becoming stranded and unprofitable due to low utilization rates and extra efforts necessary …

"현재 한국에서 건설 중인 민간 석탄발전소들이 위원회의 노력에 역행…좌초자산이 될 위험에 처할 것"

The companies that we are engaging will also need other private-public collaborative solutions to advance and deploy at scale those technologies that can cut emissions from heavy industry production, such as green hydrogen.

자료: 2021년 10월 11일 KBS 뉴스.

5) 2021년 10월 11일 KBS 뉴스 보도 https://news.v.daum.net/v/20211011000118689

장하지만, EU의 의무적인 지속가능성 보고기준(Sustainability Reporting Standards), IFRS(국제회계기준)의 국제지속가능성기준이 사실상의 표준이다. 따라서 기업들은 회계감사와 공시를 제대로 할 수 있도록 관련 표준을 계속 사용하기 위해, 자신들의 이슈와 연관된 표준이 왜, 어떻게 정당화되는지에 대한 신뢰할만한 프로세스를 확립해야 한다.

ESG 표준이나 가이드라인 통합에 다소 시간이 걸릴 수 있는 상황에서, 기업들은 자신들의 지속가능성 전략에 맞춰 표준이나 가이드라인 적용의 기준을 갖고 이에 대비하는 것이 중요하다. 그리고 법규준수를 위한 내부 통제시스템을 구축하는 것이 중요하다. 예를 들어 기업 행동규범을 제정해야 한다. 기업 행동규범(기업 윤리강령, 기업 행동헌장, 기업 행동기준, 컴플라이언스 매뉴얼 등) 수립을 통해 대내외에 자사의 컴플라이언스에 대한 자세나 생각, 대응방안을 선언하고 임직원에 대해 법령위반을 하지 않도록 함과 동시에 임직원이 지켜야 할 윤리적 사항을 제시하도록 한다. 또한 취업규칙을 비롯한 각종 규정을 제정 및 개정한다.

행동규범을 수립한 후, 인식의 차이가 없도록 취업규칙 등의 룰에 구체적으로 명시하고 알기 쉽게 명문화하는 것이 중요하다. 사원이 언제라도 확인할 수 있도록 하는 방안 마련도 필요하다. 이울러 컴플라이언스 전담부서를 설치하고 교육을 정기적으로 실시하는 것도 필요하다. 전담임원을 임명하고 컴플라이언스 운영을 위한 계획을 수립하며 부서별 컴플라이언스 책임자 및 리더를 임명하고 운영하는 것도 좋다.

넷째, 자사에 적합한 ESG 과제를 선정하라.

ESG 투자에서 자사의 전략, 즉 기업가치에 영향을 미치는 중요한 ESG 과제를 일반적으로 Materiality(중대성)이라고 부른다. 기업의 지속가능성과 관련해 가장 중요한 이슈가 무엇인지를 식별해 지속가능경영 보고서에 표시하는 개념이다. GRI, SASB 등 지속가능성 표준에서 제시하는 개념을 참고할 수 있다. GRI에 따르면 중대성을 선정할 때 기업이 경제・환경・사회에 미치는 영향을 반영하거나 이해관계자의 평가, 또는 의사결정에 실질적으로 영향을 미치는 이슈를 고려해야 한다. SASB는 기업에 재무적으로 중요한 영향을 미칠 가능성이 높은 지속가능성 요인을 중대성으로 정의하며, 77개 산업별 중대성을 제공한다. 기업에서는 일반적으로 글로벌 가이드라인과 국내외 동향 분석, 이해관계자 설문 및 인터뷰 등을 토대로 핵심 중대성을 결정한다(제1부 제2장 제1절 참조).[6]

기업은 이러한 중대성을 특정하고 분석하며 이에 대한 정보를 공개하게 된다.

ESG 정보공개에 관한 프레임워크을 활용하여 ESG 과제를 나열하고 회사의 경영 철학이나 가치관, 비즈니스 모델, 전략 및 이해 관계자에 대한 영향 등을 근거로 중대성을 평가하고 ESG 과제를 선정하게 된다. SWOT 분석처럼 각 기업의 상황에 따른 위기요인과 기회요인을 분석하되 ESG 요소를 충분히 고려하여 추진과제를 우선순위화 하는 것이 중요하다.

신한금융그룹은 2020년 ESG 보고서에서 중대성 평가 내용을 게재하고 있다. 먼저 사회책임경영의 개념은 사회공헌에서 공유가치창출(CSV)로, 최근에는 업의 본질을 근간으로 사회적 가치를 극대화하는 지속가능경영으로 확장되고 있다고 하면서 신한금융그룹은 ESG를 리스크 요인으로 점검하는 단계를 넘어 새로운 기회 창출의 영역으로 인식하고 활용하는 단계로 나아가기 위해 ESG 전략과 연계한 중대성 평가를 고도화하였다.

중대성 평가 프로세스는 지속가능경영을 업의 본질인 금융을 통해 '이해관계자들이 지속가능한 성장을 할 수 있도록 변화시키는 '지속가능금융'으로 재정의하고, 글로벌 평가기관 및 표준에서 제시하는 이슈와 벤치마킹, 미디어 분석, UN SDGs와의 연계를 통해 친환경, 상생, 신뢰의 3대 전략 방향을 도출하였다. 특히 글로벌 평가기관 및 표준에서 제시하는 이슈를 확대하여 반영하였고, 국내외 동종산업 벤치마킹 및 미디어 분석을 통해 산업내 중요한 이슈를 반영하였으며, 투자자/평가기관, 정부기관, 학계, 협력회사, 지역사회, NGO 등 이해관계자와의 인터뷰를 통해 다양한 이해관계자의 의견을 수렴하였다. 신한금융그룹의 중대성 평가 프로세스와 주요 결과는 [그림 3-10]과 같다.

6) 사회적가치연구원(CSES)(2021), "ESG Handbook Basic".

그림 3-10 신한금융그룹의 중대성 평가 사례

중대성 평가

ESG 전략과 연계한 중대성 평가 고도화

사회책임경영의 개념은 사회공헌에서 공유가치창출(CSV)로, 최근에는 업의 본질을 근간으로 사회적 가치를 극대화하는 지속가능경영으로 확장되고 있습니다. 신한금융그룹은 ESG를 리스크 요인으로 점검하는 단계를 넘어 새로운 기회 창출의 영역으로 인식하고 활용하는 단계로 나아가기 위해 지속가능경영 체계를 고도화하였습니다. 지속가능경영을 업의 본질인 금융을 통해 '이해관계자들이 지속 가능한 성장을 할 수 있도록 변화'시키는 '지속가능금융[1]'으로 재정의하고, 글로벌 평가 기관 및 표준에서 제시하는 이슈와 벤치마킹, 미디어 분석, UN SDGs와의 연계를 통해 친환경, 상생, 신뢰의 3대 전략 방향을 도출하였습니다.

[1] 지속가능금융(Sustainable Finance): ESG 요소를 비즈니스에 통합하여 환경과 사회의 지속가능성을 확보하기 위한 모든 형태의 금융 서비스를 의미

중대성 평가 프로세스

신한금융그룹은 글로벌 지속가능경영 보고 가이드라인인 GRI(Global Reporting Initiative) Standards의 'Materiality' 원칙에 따라 중대성 평가를 진행하며, 특히 SASB에서 제시하는 산업 내 중요한 주제들을 반영하여 사업과 관련한 ESG 이슈를 파악하고 있습니다. 매년 ESG 보고서에 핵심 주제에 대한 활동과 성과를 공개하여 이해관계자들과 투명하게 소통하고 있습니다.

2020년 중대성 평가 특징

이슈 풀 범위 확대

- 글로벌 평가 기관 및 표준에서 제시하는 이슈 확대 반영
- 국내외 동종산업 벤치마킹 및 미디어 분석을 통해 산업 내 중요한 이슈 반영
- 투자자/평가기관, 정부기관, 학계, 협력회사, 지역사회, NGO 등 이해관계자와의 인터뷰를 통해 다양한 이해관계자의 의견 수렴

ESG 전략 방향과 연계 보고

- '사회적 가치'와 '업의 본질'을 기준으로 발굴한 이해관계자의 변화를 유도하는 3대 전략방향 도출
- 중대성 평가를 통해 도출된 핵심 주제는 친환경, 상생, 신뢰의 3대 전략 방향과 연계하여 보고함으로써 신한금융그룹 지속가능금융의 차별화를 달성하고자 함

중대성 평가 프로세스

Issue Pool 구성

46개 이슈 풀 구성
- 국제표준 및 산업 이슈 분석, 벤치마킹 분석, 미디어 분석을 통한 이슈 풀 구성
- 전년도 이슈 분석과 지주 및 그룹사 대고객 주요 부서 인터뷰를 통한 46개 이슈 풀 구성

우선순위화

비즈니스 영향도

선진기업 벤치마킹
- 선진기업 11개사, 국내 동종기업 1개사 등 총 12개 기업 벤치마킹 분석

이해관계자 설문조사
- 내부 임직원 (총 250명) 설문조사

이해관계자 관심도

이해관계자 설문조사
- 외부 고객사, 협력회사, 지속가능경영 전문가 등 (총 300명) 설문조사

미디어 분석
- 2020년 1월 1일부터 12월 31일까지 총 2,319건

국제표준 분석
- GRI, ISO 26000 등 글로벌 가이드라인 분석
- DJSI, MSCI, Sustainalytics 등 글로벌 평가기관 지표 분석
- SASB, FTSE 등 산업 이슈 분석

이슈 선정 및 보고

핵심 주제 내부 검토 및 선정
- 비즈니스 영향도와 이해관계자 관심도를 기준으로 종합 평가하여 10개의 핵심 주제 선정
- ESG 전략과의 연계하여 핵심 주제별 대응 전략 보고

중대성 평가 결과

신한금융그룹은 중장기 지속가능경영 전략과 연계하여 핵심 주제에 대한 이행 현황을 보고해왔습니다. 2020년에는 새로운 ESG 전략을 수립하고 이해관계자를 변화시키는 금융의 선한 영향력, 'Finance for IMPACT'를 추진하기 위한 친환경, 상생, 신뢰의 3대 전략방향과 중대성 평가에서 선정된 핵심 주제를 연계하여 활동 및 성과를 보고하였습니다. 중대성 평가 결과 고객보호 중심의 상품/서비스 관리 체계 구축, 기후변화 대응 체계 구축 등 10개 이슈가 핵심 주제로 선정되었으며, ESG 하이라이트를 비롯해 ESG 보고서 전반에 비중 있게 보고하고 있습니다. 새로운 전략방향과 연계하여 핵심 주제별 중장기 목표에 따른 성과 지표의 이행 현황을 지속적으로 보고할 계획입니다.

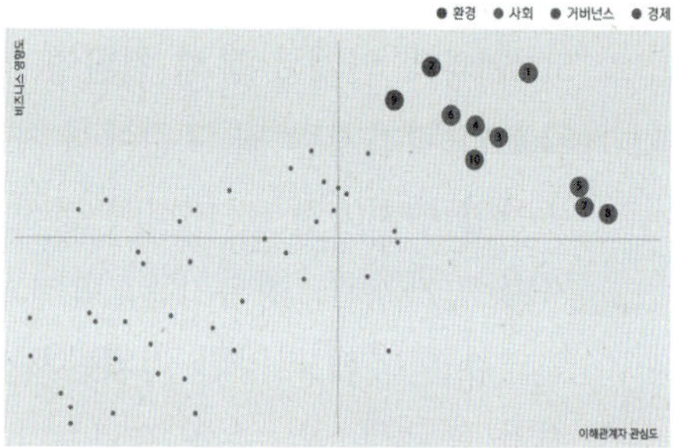

전략방향	핵심 주제	접근 방식	보고 위치	GRI Index
친환경	② 기후변화 대응 체계 구축	탄소중립을 선언하고 탄소배출량 감축과 상쇄를 통한 탄소 배출 제로(Zero)화를 추진합니다.	Zero Carbon Drive/ TCFD 보고서	305-1
	⑨ 친환경 투자 확대	미래 세대를 위한 금융기관의 역할을 다하기 위해 2030년까지 친환경 금융에 30조 원을 지원하겠습니다.	Environmental | 녹색 금융	201-2, FS8
상생	① 고객보호 중심의 상품/서비스 관리 체계 구축	견제와 균형에 입각한 조직개편을 단행하고 상품의 개발부터 출시, 판매, 사후 모니터링까지 고객 중심으로 재정비하고 있습니다.	금융소비자 보호, Governance | 고객 보호	418-1
	⑥ 고객 서비스 강화			N/A
	③ 포용적 금융 확대	'Start up, Financial Literacy, Group of Community'를 중점 추진 분야로 선정하고, 건강한 금융소비기업 육성, 금융 약자의 재정적 안정, 지역사회 이슈 해결을 추진하고 있습니다.	Hope Together SFG, Social | 포용 금융	203-1, FS14
	④ 일하기 좋은 기업문화 확립	여성 리더 육성 및 장애인, 다문화 사업 확대를 통한 사회 다양성을 추구하며, 직원들이 업무에 몰입하고 효율적으로 일할 수 있도록 일하는 환경을 개선하고 있습니다.	사회 다양성 추구, 다양성 보고서, Social | 인적 자원 개발	401-3
	⑤ 협력회사 동반성장 강화	다양한 이해관계자들과 연계한 국내 혁신 성장 생태계 조성에 앞장서고 혁신기업 발굴 및 육성을 통해 10개의 유니콘 기업을 만드는 'Triple-K 프로젝트'를 추진하고 있습니다.	Triple-K, Social | 혁신 금융	203-1
신뢰	⑩ 공정하고 윤리적인 거버넌스 구축	전 그룹사 임직원을 대상으로 공동 윤리준법 사이버 교육을 진행하고 매년 모든 임직원들과 윤리실천서약을 실시하여 윤리경영 실천 의지를 확고히 하고 있습니다.	Governance | 윤리/준법	102-26
	⑦ 재무·비재무 리스크 통합 관리 시스템 구축	그룹 CEO 주관 그룹사 전체 CEO가 참여하는 ESG 추진위원회를 신설하여 ESG를 위한 구동체계를 고도화하고 있습니다.	ESG 거버넌스	102-30
	⑧ 미래 신성장 동력 발굴	효율적인 성장 추구, 글로벌 연결과 확장, 혁신/개방형 디지털 전환, 지속가능한 성과 창출을 4대 전략으로 정하고 체계적으로 추진하고 있습니다.	경영실적, 중장기 계획, Governance | 디지털 금융	206-1

자료: 신한금융그룹 2020 ESG 보고서.

CHAPTER 04

국내외 ESG 규범

제1절 법과 ESG의 연관성
제2절 환경규제의 주요 내용과 특징
제3절 사회규제의 주요 내용과 특징
제4절 지배구조 규제의 주요 내용과 특징

제 1 절 법과 ESG의 연관성

1. ESG 경영의 기본은 법 준수

ESG 경영의 가장 손쉬운 실천방법은 바로 법을 준수하는 것이다. 즉, 기업활동과 관련된 다양한 법규을 숙지하고 법을 적극 활용하여 기회요인으로 삼고 공격경영을 함과 동시에 위기요인으로 법 위반이 발생하지 않도록 규정대로 법을 이행하는 수비경영을 하는 것이다. 공격경영은 법의 제정목적에 부합하도록 경영 자원을 집중과 선택 전략으로 활용하는 것이다. 이를 통해 이익도 창출하고 사회에도 기여하게 된다. 수비경영으로서의 법규 준수는 준법 경영, 컴플라이언스(compliance) 경영과 일맥상통한다. 예를 들어 해외로 수출을 하는 기업은 수출절차에 관한 법은 물론 각종 현지법을 알아야 한다. 법 위반을 했는데 그런 법이 있는 줄 몰랐다는 것은 변명이 될 수 없는 것이다. 사실 준법 경영(컴플라이언스)는 미국에서 1960년경부터 사용되기 시작한 오래된 경영방침의 하나이다. 이후 2001년 미국 엔론 사태와 같은 분식회계 사건으로 준법 경영의 필요성은 더욱 강조되었으며 TBL(Triple Bottom Line)을 바탕으로 CSR(기업의 사회적 책임) 경영으로 진화하게 된다.

공격경영도 쉽지 않지만 수비경영 실천도 어렵다. 법을 준수하면 되는데 왜 위반하는 것일까? 기업이나 조직이 법을 지키지 않는 이유는 무엇일까? 크게 3가지로 나눌 수 있다. 우선 법률에 대한 지식이 없기 때문이다. 즉, 법을 몰라서 법을 위반하는 경우이다. 이를 예방하기 위해서는 법에 대한 이해와 교육이 중요하다. 두 번째는 불법인 줄 알면서 관행이나 주위 환경 등 이유로 법을 위반하는 경우이다. 이를 예방하려면 법 위반시 벌칙을 강화하는 것이 필요하다. 그리고 위반사항을 공시 등을 통해 대내외에 알려 기업 평판에 영향을 주도록 한다. 마지막으로 법 위반을 체크하고 감시하는 시스템이 없기 때문이다.

따라서 ESG 경영의 기본인 준법 경영을 위해서는 첫 번째 단계로 법을 알아야 한다. 우리 회사에 영향을 미치고 있는 법 또는 앞으로 미칠 것으로 예상되는 법이 무엇인지를 분석하는 것이다. 두 번째 단계는 구체적으로 법을 준수하기 위해서 무엇을 어떻게 할지를 평가하고 계획하고 실천하는 것이다. 공격경영과 수비경영으로 나누어서 전략을 짜야 한다. 세 번째 단계는 법 위반을 관리하는 내부

감시체제를 만드는 것이다. 즉, 거버넌스를 구축하는 것이다. 사실 이러한 과정은 리스크의 명확화, 분석 및 평가, 대응전략 수립 및 실천이라는 리스크 경영과도 같다. 따라서 기업들이 ESG 경영을 추진할 때 리스크 요인과 기회 요인을 분석하고 내부 통제를 위한 다양한 체제를 만들어야 한다.

2. ESG 경영에서 강조하는 주요 법

ESG와 관련된 환경규제, 사회규제 및 지배구조 관련 법은 매우 다양하고 복잡하다. 여기서는 한국지배구조원의 ESG 모범규준, 산업자원부의 K-ESG 가이드라인 등에서 강조된 법을 알아보고자 한다.

한국지배구조원의 ESG 환경 모범규준에서는 대기환경보전법, 물환경보전법 등 환경법규에서 명시하는 환경오염물질을 철저하게 관리하도록 하고 있다. 또한 화학3법(화학물질등록평가법, 화학물질관리법, 화학제품안전법)뿐 아니라 산업안전보건법, 위험물안전관리법, 고압가스안전관리법 등 안전 관련 법규를 준수하고 폐기물 및 폐수의 적법 처리를 준수하도록 하고 있다. 또한 EU REACH(화학물질관리제도), RoHS(전기전자제품 내 유해물질사용 제한지침)와 같은 화학물질 규제에 능동적으로 대응하여야 한다고 하였다.

한편 K-ESG 가이드라인 환경분야에서는 온실가스, 에너지, 용수, 폐기물, 오염물질 항목에서 관련법을 준수하고, 환경 법/규제 위반행위 항목에서 오염물질 불법배출의 가중처벌, 환경보호지역 오염행위 등의 가중처벌, 과실범, 멸종위기 야생생물의 포획 등의 가중처벌, 폐기물 불법처리의 가중처벌, 누범의 가중, 명령 불이행자에 대한 처벌의 규정에 해당하는 행위, 대기환경보전법의 비산먼지 발생을 억제하기 위한 시설설치 혹은 조치를 하지 않은 경우, 폐기물관리법 관련 생활폐기물을 불법 처리하는 행위 등을 명시하고 있다. 이는 환경범죄 등의 단속 및 가중처벌에 관한 법률에 규정되어 있는 내용이기도 하다.

또한 자원의 절약과 재활용촉진에 관한 법률, 온실가스 배출권의 할당 및 거래에 관한 법률, 기후위기 대응을 위한 탄소중립 · 녹색성장 기본법, 온실가스 · 에너지 목표관리 운영 등에 관한 지침, 환경기술 및 환경산업 지원법, 에너지법, 신에너지 및 재생에너지 개발 · 이용 · 보급 촉진법, 물관리기본법, 물의 재이용률 촉진 및 지원에 관한 법률, 환경정책기본법, 환경오염시설의 통합관리에 관한 법률, 녹색제품 구매촉진에 관한 법률, 환경표지대상제품 및 인증기준 등 다양하다.

한국지배구조원의 ESG 시회 모범규준 및 K-ESG 가이드라인 사회부문의 본문 내용 및 부록 등에서 설명하고 있는 사회 관련 법은 다음과 같다. 기업과 인권 이행 지침(Guiding Principles on Business and Human Rights), 채용절차의 공정화에 관한 법률, 장애인차별금지 및 권리구제 등에 관한 법률, 남녀고용평등과 일·가정 양립 지원에 관한 법률, 파견근로자 보호 등에 관한 법률, 근로기준법상 직장 내 괴롭힘의 금지 관련, 산업안전보건법, 직장 내 괴롭힘 판단 및 예방·대응 가이드, 독점규제 및 공정거래에 관한 법률, 하도급거래 공정화에 관한 법률, 개인정보 보호법 등이다. 또한 직업교육훈련 촉진법, 장애인고용촉진 및 직업재활법, 중대재해 처벌 등에 관한 법률, 노동조합 및 노동관계조정법, 대·중소기업 상생협력 촉진에 관한 법률, 정보통신망 이용촉진 및 정보보호 등에 관한 법률, 고용상 연령차별금지 및 고령자고용촉진에 관한 법률, 소비자보호법, 전자상거래 등에서의 소비자보호에 관한 법률 등이 있다.

지배구조 관련법은 한국지배구조원의 ESG 지배구조 모범규준에 구체적으로 명시되어 있지 않지만 이사회, 주주, 감사, 공시 등에 대해 강조하고 있어 상법, 주식회사의 외부감사에 관한 법률, 유가증권시장 공시규정 등이 관련되는 법이라고 볼 수 있다. 또한 K-ESG 가이드라인 지배구조 분야에서도 이사회, 주주관리, 윤리경영, 감사기구 등에 대해 설명하고 본문 및 부록 등에 상법, 금융회사의 지배구조에 관한 법률, 자본시장과 금융투자업에 관한 법률, 독점규제 및 공정거래에 관한 법률, 증권의 발행 및 공시 등에 관한 규정, 증권거래법 등이 있다.

2절에서는 환경규제, 3절에서는 사회규제에 대해 살펴보고 4절에서는 지배구조 관련 규제를 분석한다. 공격경영이든 수비경영이든 법을 먼저 알아야 한다. 따라서 법의 제정 목적 등 개요 및 주요 내용, 그리고 위반에 대한 관련 규정과 위반 사례 등을 통해서 ESG 경영 관점에서 해당 법을 이해하도록 한다. 앞에서 강조했듯이 법규 준수는 두가지 방향에서 이루어져야 한다. 법을 적극적으로 준수하는 것, 즉 공격경영을 실천하는 것이 첫 번째 방향이고 법을 위반하지 않도록 소극적, 수비경영을 실천하는 것이 두 번째 방향이다. 법을 이해하고 기회요인을 적극 모색하는 것, 그리고 교육을 통해서 법 위반을 하지 않도록 위기요인에 대처하는 것, 이러한 두가지 방향을 잘 실천한다면 ESG 경영을 정착시킬 수 있을 것이다.

제 2 절 환경규제의 주요 내용과 특징

1. 중소기업과 환경규제

중소벤처기업진흥공단이 2021년 6월에 중소벤처기업 300개사 대상으로 실시한 ESG 대응현황 조사결과에 따르면 ESG 중 가장 준비가 어려운 분야로 환경(47.7%) 분야를 꼽았다. 이어서 사회(32.8%), 지배구조(15.1%) 순으로 나타났다. 특히 환경분야는 온실가스 저감과 에너지 등 자원소비 절감(18.4%)에서 실천을 어려워하고 있는 것으로 나타났고 환경법규 준수(16.7%)가 그 뒤를 이었다.[1)]

그림 4-1 ESG 대응 현황 조사 결과 1

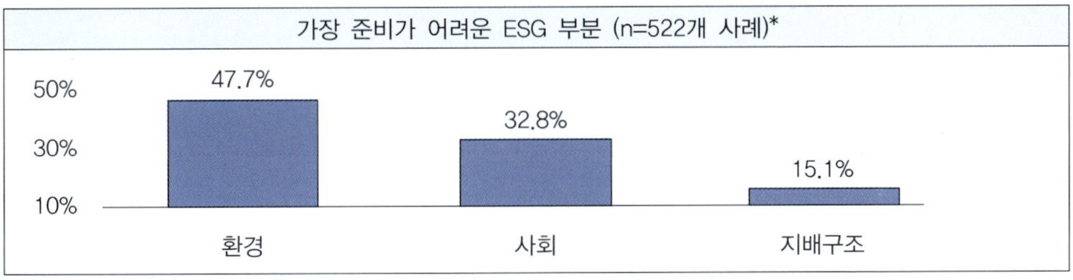

* 응답기업이 복수응답한 사례 522개

또한 응답기업의 절반 이상(58.0%)이 ESG 경영 준비가 필요하다고 인식하고 있었으나 4곳 중 3곳(74.3%)은 'ESG 대응 준비 계획이 없거나(34.6%) 준비할 계획이다(39.7%)'라고 응답했고 '준비가 됐거나 준비 중'이라고 응답한 기업은 25.7%에 불과하여 준비가 쉽지 않다는 것을 알 수 있다.

1) 중소벤처기업진흥공단 2021년 7월 14일자 보도자료 www.kosmes.or.kr

그림 4-2 ESG 대응 현황 조사 결과 2

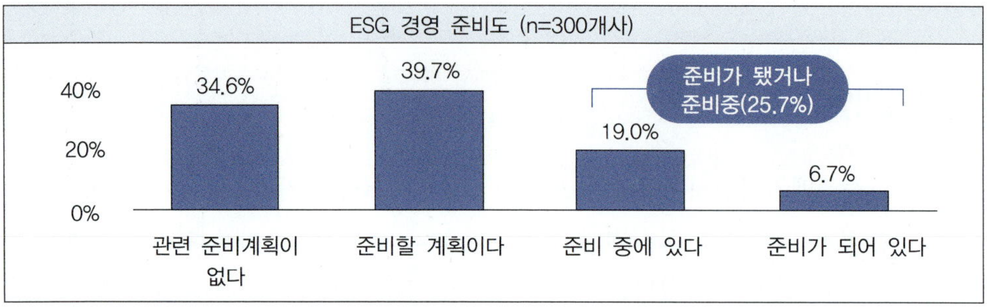

여기서는 ESG 경영에서 중소기업 CEO가 숙지해야 할 환경규제를 환경경영체제 구축을 위한 공격경영 활동과 법규를 준수하는 수비경영 활동으로 나누어서 살펴본다.

2. 환경경영체제 구축을 위한 공격경영

ESG 환경 모범규준에서는 기업의 경영활동이 환경에 미치는 영향은 기업의 생존가능성과 경쟁력에 중요한 요소가 되고 있으며 주주를 포함한 다양한 이해관계자들의 신뢰를 얻기 위하여 체계적으로 환경경영을 수행할 수 있도록 경영체제를 구축할 필요가 있다고 강조하고 있다.

이를 위해 경영전략 수립시 글로벌 혹은 지역사회 환경이슈 고려, 친환경 제품 및 서비스 제공, 친환경 공급망 구축, 친환경 설계 활동, 원・부자재/수자원, 에너지 등 자원의 절약, 오염물질 배출 최소화, 에너지 효율 향상, 온실가스 감축기술 개발, 신재생에너지 이용 확대, 자원순환형 사업장 구축, 환경성과평가시스템 구축, 내부 환경심사체계 구축, 내부성과평가시스템과의 연계 등을 제시하고 있다.

K-ESG 가이드라인의 환경 분야는 환경경영 목표, 원부자재, 온실가스, 에너지, 용수, 폐기물, 오염물질, 환경라벨링 등 17개 문항으로 구성되어 있다.

그림 4-3 환경분야 K-ESG 가이드라인 진단 항목체계

영역	범주	분류번호	진단 항목
환경 (E) (17개 문항)	환경경영 목표	E-1-1	환경경영 목표 수립
		E-1-2	환경경영 추진체계
	원부자재	E-2-1	원부자재 사용량
		E-2-2	재생 원부자재 비율
	온실가스	E-3-1	온실가스 배출량(Scope 1 & Scope 2)
		E-3-2	온실가스 배출량(Scope 3)
		E-3-3	온실가스 배출량 검증
	에너지	E-4-1	에너지 사용량
		E-4-2	재생에너지 사용 비율
	용수	E-5-1	용수 사용량
		E-5-2	재사용 용수 비율
	폐기물	E-6-1	폐기물 배출량
		E-6-2	폐기물 재활용 비율
	오염물질	E-7-1	대기오염물질 배출량
		E-7-2	수질오염물질 배출량
	환경 법/규제 위반	E-8-1	환경 법/규제 위반
	환경 라벨링	E-9-1	친환경 인증 제품 및 서비스 비율

※ ▭: 중견·중소기업의 ESG 성과 데이터 관리를 위한 기본 진단항목 세트.

자료: 관계부처 합동(2021), "K-ESG 가이드라인 v1.0".

(1) 환경정책기본법

환경정책기본법은 환경관련 국가의 종합적인 기본시책으로 1990년 8월 제정되어 1991년 2월부터 시행되었다. 당시 1978년부터 시행되어 온 환경보전법이 대기, 수질, 소음·진동등 이질적인 분야를 함께 규정하고 있고 다양화, 복잡화해가는 환경문제에 효과적으로 대처하기가 어려워짐에 따라 이를 각 개별 단행법으로 분리하고 헌법에 명시된 국민의 환경권을 실질적으로 보장하기 위하여 국가환경보전 시책의 기본이념과 방향을 제시하기 위해 환경보전법은 폐지하고 환경정책기본법을 제정한 것이다. 또한 환경관계법률 상호간의 합리적 체계를 정립하여 환경보전시책이 국가전체로서 유기적 연관하에 일관성있게 추진되도

록 한 것이다.

이에 따라 환경보전에 관한 국민의 권리 · 의무와 국가의 책무를 명확히 규정하고 있다. 법의 제정목적은 환경오염과 환경훼손을 예방하고 환경을 적정하고 지속가능하게 관리 · 보전함으로써 모든 국민이 건강하고 쾌적한 삶을 누릴 수 있도록 하는데 있다. 또한 정부 및 지방정부 등의 역할을 강조하고 있다. 즉, 국가, 지방자치단체, 사업자 및 국민은 환경을 보다 양호한 상태로 유지 · 조성하도록 노력하고, 환경을 이용하는 모든 행위를 할 때에는 환경보전을 우선적으로 고려하도록 하였다. 특히 기후변화 등 지구환경상의 위해를 예방하기 위하여 공동으로 노력함으로써 현 세대의 국민이 그 혜택을 널리 누릴 수 있게 함과 동시에 미래의 세대에게 그 혜택이 계승될 수 있도록 해야 한다고 강조하고 있다. 나아가 환경적 혜택과 부담을 공평하게 나누고, 환경오염 또는 환경훼손으로 인한 피해에 대하여 공정한 구제를 보장함으로써 환경정의를 실현해야 한다고 규정하고 있다.

또한 제7조 및 제7조의2에서 자기의 행위 또는 사업활동으로 환경오염 또는 환경훼손의 원인을 발생시킨 자는 그 오염 · 훼손을 방지하고 오염 · 훼손된 환경을 회복 · 복원할 책임을 지며, 환경오염 또는 환경훼손으로 인한 피해의 구제에 드는 비용을 부담한다는 오염원인자 책임원칙과 국가 및 지방자치단체는 국가 또는 지방자치단체 이외의 자가 환경보전을 위한 사업으로 현저한 이익을 얻는 경우 이익을 얻는 자에게 그 이익의 범위에서 해당 환경보전을 위한 사업 비용의 전부 또는 일부를 부담하게 할 수 있다는 수익자 부담원칙을 규정하였다. 또한 환경오염 등의 사전예방(제8조), 환경과 경제의 통합적 고려(제9조), 자원 등의 절약 및 순환적 사용 촉진(제10조)을 위한 시책 등을 마련해야 한다고 강조하고 있다.

한편 환경권이란, 인간이 건강하고 쾌적한 생활을 유지하는데 필요한 모든 조건이 충족된 양호한 환경을 누릴 수 있는 권리로 1980년 헌법 제33조에서 국민의 기본권의 하나로 도입하였고 1987년 개정 헌법 제35조 제1항에 다음과 같이 규정하였다. "모든 국민은 건강하고 쾌적한 환경에서 생활할 권리를 가지며, 국가와 국민은 환경 보전을 위하여 노력하여야 한다."

(2) 자원순환기본법

자원순환기본법은 자원을 효율적으로 이용하여 폐기물의 발생을 최대한 억제하고 발생된 폐기물의 순환이용 및 적정한 처분을 촉진하여 천연자원과 에너지의 소비를 줄임으로써 환경을 보전하고 지속가능한 자원순환사회를 만드는 데 필요한 기본적인 사항을 규정함을 목적으로 하고 있다. 자원순환이란 환경정책상의 목적을 달성하기 위하여 필요한 범위 안에서 폐기물의 발생을 억제하고 발생된 폐기물을 적정하게 재활용 또는 처리하는 등 자원의 순환과정을 환경친화적으로 이용·관리하는 것을 말한다. 따라서 자원순환사회란 사람의 생활이나 산업활동에서 사회 구성원이 함께 노력하여 폐기물의 발생을 억제하고, 발생된 폐기물은 물질적으로 또는 에너지로 최대한 이용함으로써 천연자원의 사용을 최소화하는 사회를 말한다.

자원순환에 대한 정부의 노력은 2011년 9월에 수립된 제1차 자원순환기본계획(2011~2015)부터 시작되었다. 자원순환형 사회 실현을 위한 기본 전제로 "모든 폐기물=100% 순환될 수 있는 자원"으로 인식하고, 단순·양적인 순환방식에서 벗어나 자원의 가치를 상향시키는 업사이클링(Upcycling) 체제로의 전환을 추진한 바 있다. 또한 대형 폐가전제품 무상수거 등 재활용 자원 수집운반, 선별체계의 확보, 폐자원 에너지화시설 확충 등 재활용 기반 확충 및 재활용 시장창출과 업계지원을 위한 자원순환사회 전환 촉진대책을 2013년 9월 발표하였다. 2016년에는 생산-소비-관리-재생에 이르는 전과정을 다루는 체계적인 자원순환정책을 추진하기 위해 자원환기본법을 제정하였으며 2018년 1월부터 시행됨에 따라 폐기물처분부담금, 자원순환 성과관리, 순환자원 인정, 제품 등의 유해성 및 순환이용성평가 제도 등이 도입되었고, 자원의 효율적 이용에 따른 폐기물의 발생억제와 발생된 폐기물의 순환이용으로 자원순환사회로의 전환이 추진되기 시작했다.

ESG 모범규준에서도 기업은 원·부자재, 용수 사용량을 줄이고 자원순환형 사업장을 구축하여 자연자원의 이용 효율성을 극대화하여야 한다고 강조하고 있다. 이를 위해 완제품의 자원사용량을 고려하고, 사용하는 자재를 재생가능한 원료, 불순물이 적은 원료 등의 친환경 물질로 대체하거나, 절수기 설치와 같이 자원 사용을 줄일 수 있는 신규 설비 혹은 청정생산기술을 도입하여 생산활동에 투입되는 자원의 양을 저감하기 위해 노력하여야 한다. 더 나아가 자원순환형(Closed-loop System) 사업장을 구축하여야 한다. 생산에서 폐기로 이어지던 일방적인 자원 흐름을 최종처리 이전에 순환형으로 전환하기 위한 기술을 개발하고, 자원순환형 사업장을 구축함으로써 자원효율성을 지속적으로 제고하도록 강조하고 있다.

한편 탄소중립기본법에서는 정부가 제품의 지속가능성을 높이고 버려지는 자원의 순환망을 구축하여 투입되는 자원과 에너지를 최소화함으로써, 생태계의 보전과 온실가스 감축을 동시에 구현하기 위한 친환경 경제 체계, 즉 순환경제를 활성화하기 위한 시책을 수립·시행하도록 하였다.(제64조)

(3) 자원의 절약과 재활용촉진에 관한 법률(약칭: 자원재활용법)

자원의 절약과 재활용촉진에 관한 법률은 폐기물의 발생을 억제하고 재활용을 촉진하는 등 자원을 순환적으로 이용하도록 함으로써 환경의 보전과 국민경제의 건전한 발전에 이바지함을 목적으로 1992년에 제정되어 1993년 6월부터 시행된 법이다. 제정 당시상황을 보면 폐기물 발생량의 급증과 매립지 확보의 어려움으로 기존의 폐기물처리방법으로는 폐기물의 관리가 한계에 도달하였다. 이에 따라 종전의 폐기물관리법상의 예치금제도 외에 부담금제도를 새롭게 도입하였다.

폐기물부담금 제도는 폐기물의 발생을 억제하고 자원의 낭비를 막기 위하여 유해물질을 함유하고 있거나, 재활용이 어렵고 폐기물관리상 문제를 일으킬 수 있는 제품, 재료, 용기의 제조업자 또는 수입업자에게 그 폐기물의 처리에 드는 비용을 부담하도록 하는 제도이다.(제12조) 징수된 폐기물부담금은 환경개선특별회계에 납입되어 재활용 가능 자원의 구입 및 비축, 폐기물의 재활용을 위한 사업 및 폐기물처리시설의 설치와 그에 대한 지원, 폐기물의 효율적 재활용과 감량화를 위한 연구 및 기술개발, 지방자치단체에 대한 폐기물 회수 및 재활용 비용 지원 등에 사용된다.

ESG 모범규준에는 기업은 자사 특성에 적합한 친환경 생산 활동을 개발하고 이를 적용 및 실행하는 친환경 사업장을 구현하기 위해 환경에 미치는 영향과 자원의 소비를 최소화하면서 최대 부가가치를 창출하는 것이 바람직하다고 강조하고 있다. 특히 기업은 미래에 이용가능한 자원을 확보하기 위하여 원·부자재, 수자원, 에너지 등 생산·제조공정에서 사용되는 자원을 절약하고 지속적으로 관리할 것을 강조하고 있다.

(4) 녹색제품 구매촉진에 관한 법률

친환경상품구매 촉진에 관한 법률(약칭: 녹색제품구매법)은 2004년 12월 제정되어 2005년 시행되었으며 2011년 녹색제품 구매촉진에 관한 법률로 제명을 바꾸었다. 이 법은 녹색제품 구매를 촉진함으로써 자원의 낭비와 환경오염을 방지하고 온실가스 감축에 기여하며 국민경제의 지속가능한 발전에 이바지함을 목적으로 제정된 것이다. 따라서 공공기관은 상품을 구매하고자 하는 경우에는 녹색제품을 구매하도록 하였다. 이 법의 적용 범위는 환경기술 및 환경산업 지원법에 따른 환경표지의 인증을 위한 대상 제품으로서 인증을 받은 상품 또는 환경부장관이 정하여 고시하는 대상 제품별 인증기준에 적합한 상품 및 온실가스의 배출량을 줄인 제품과 자원의 절약과 재활용촉진에 관한 법률 및 산업기술혁신 촉진법에 따라 산업통상자원부장관이 정하여 고시하는 재활용제품의 품질인증 대상 품목으로서 인증을 받은 상품 또는 인증기준에 적합한 상품 등이다. 공공기관은 녹색제품 구매지침에 따라 구매이행계획을 수립하고 녹색제품의 구매실적을 매 회계연도가 끝난 후 3개월 이내에 집계하여 환경부장관에게 제출하도록 하고 있다.

이러한 공공기관 및 공공조달 중심의 녹색제품을 녹색소비로까지 확산하기 위한 노력이 최근 강화되고 있다. 환경부는 소비자・유통・결제사가 함께하는 녹색소비-ESG 얼라이언스를 2021년 12월 출범시켰다.[2] 녹색제품 생산・소비 확산 선순환 구조를 확립하고, 소비자 수요를 바탕으로 생활밀착형 환경표지 인증제품을 확대하기 위한 것이다.

환경표지 인증기관인 한국환경산업기술원(KEITI), 한국녹색구매네트워크, 녹색소비자연대전국연합회, 소비자시민모임 등 소비자단체 3곳, e커머스 2곳(네이버・롯데쇼핑), 유통사 9곳(롯데하이마트・올가홀푸드・우체국쇼핑・이마트・초록마을・쿠팡・홈플러스・BGF리테일・GS리테일), 카드사 4곳(국민・하나・우리・BC), 은행 4곳(국민・농협・우리・신한) 등 19개사 관계자가 참석했다. 앞으로 녹색소비-ESG 얼라이언스는 정부는 기업에게 소비자가 선호하는 녹색제품이나 판매 우수 제품 등 시장 수요정보를 제공하고 유통사에 환경표지 인증제품 현황과 개별 제품의 환경적 우수성을 공유한다. 소비자단체는 인증제품 구매・판매 실적 등 시장 분석을 통해 소비자가 선호하는 생활밀착형 제품을 발굴해 얼라이언스에 제공한다. 유통사는 자사에서 유통・판매되는 인증제품에 대한 올바른 환경성 정보를 소비자에게 제공하고 녹색제품 판매를 촉진한다. 카드사・은행사는 환경표지 인증제품 소비가 활성화될 수 있도록 구매 혜택을 발굴한다.

---

2) 환경부 2021년 12월 8일자 보도자료.

(5) 기후위기 대응을 위한 탄소중립 · 녹색성장 기본법(약칭: 탄소중립기본법)

기후위기 대응을 위한 탄소중립 · 녹색성장 기본법(약칭: 탄소중립기본법)은 2021년 9월 24일 공포되었으며 부칙 규정에 따라 공포 후 6개월이 경과한 2022년 3월 25일부터 시행되었다. 제69조부터 제74조까지의 규정은 2022년 1월 1일부터, 제53조 및 제68조는 2022년 7월 1일부터 시행되었으며, 제23조는 공포 후 1년이 경과한 2022년 9월 25일부터 시행한다. 탄소중립기본법 제2조에 따라 저탄소 녹색성장 기본법은 폐지된다.

이 법은 기후위기의 심각한 영향을 예방하기 위하여 온실가스 감축 및 기후위기 적응대책을 강화하고 탄소중립 사회로의 이행 과정에서 발생할 수 있는 경제적 · 환경적 · 사회적 불평등을 해소하며 녹색기술과 녹색산업의 육성 · 촉진 · 활성화를 통하여 경제와 환경의 조화로운 발전을 도모함으로써, 현재 세대와 미래 세대의 삶의 질을 높이고 생태계와 기후체계를 보호하며 국제사회의 지속가능발전에 이바지하는 것을 목적으로 제정되었다. 탄소중립이란 대기 중에 배출 · 방출 또는 누출되는 온실가스의 양에서 온실가스 흡수의 양을 상쇄한 순배출량이 영(零)이 되는 상태를 말한다.

2020년 8월 4일 심상정 의원이 발의한 「탈탄소사회로의 정의로운 전환을 위한 그린뉴딜정책 특별법안」을 시작으로 한 해 동안 제안된 8개의 그린뉴딜, 기후위기, 탄소중립 관련 법안을 통합하여 환경노동위원회가 대안을 발의함으로서 2021년 8월 31일 「기후위기 대응을 위한 탄소중립 · 녹색성장 기본법안」이 국회 본회의에서 통과되면서 마침내 확정된 것이다.

탄소중립기본법은 처음으로 감축 목표를 법률상의 목표로 제시했으며, 대통령령에서 제시된 추진체계와 정책수단들이 보다 구체화되었다. 이 법에 따르면, 중장기 국가 온실가스 감축 목표로서 국가 온실가스 배출량을 2030년까지 2018년의 국가 온실가스 배출량 대비 35% 이상의 범위에서 대통령령으로 정하도록 했다. 또한 정부가 중장기감축목표를 달성하기 위해 산업, 건물, 수송, 발전, 폐기물 등 부문별 온실가스 감축 목표를 설정하도록 했다.(제8조)

(6) 온실가스 목표관리 운영 등에 관한 지침

온실가스는 기후변화를 야기하는 물질로 UN기후변화협약(UNFCCC, United Nations Framework Convention on Climate Change)과 교토의정서(Kyoto Protocol)

가 명시하고 있는 이산화탄소(CO_2), 메탄(CH_4), 아산화질소(N_2O), 수소불화탄소(HFCs), 과불화탄소(PFCs), 육불화황(SF_6) 6가지를 일컫는다. 온실가스는 배출원에 따라 직접 온실가스 배출(Scope 1), 간접 온실가스 배출(Scope 2) 및 기타 간접 온실가스 배출(Scope 3) 크게 세 가지로 나뉜다. 일반적으로 기업이 소유하거나 통제하는 보일러, 운송수단 등의 연소에서 발생하는 것이 직접 온실가스 배출(Scope 1)이다. 기업이 외부로부터 공급된 전기 또는 열(연료 또는 전기를 열원으로 하는 것만 해당)을 사용함으로써 발생하는 것은 간접 온실가스 배출(Scope 2)이다. 기타 간접 온실가스 배출(Scope 3)은 물류, 출장, 공급망 및 제품 사용 등에서 발생하는 탄소배출로 제품 생산에서 발생하는 직간접 탄소배출을 제외한 모든 탄소배출을 뜻한다.

탄소중립기본법에서는 공공부문 온실가스 목표관리(제26조)와 관리업체의 온실가스 목표관리(제27조)에 대해 규정하고 있다. 먼저 정부는 국가비전 및 중장기 감축목표등을 달성하기 위하여 공공기관 등에 대하여 해당 기관별로 온실가스 감축 목표를 설정하도록 하고 그 추진상황을 지도·감독할 수 있다고 규정하였다. 또한 정부는 일정 기준량 이상의 온실가스를 배출하는 관리업체에 대해 계획기간 내에 달성해야 하는 온실가스 감축 목표를 설정·관리하도록 하였다. 관리업체는 목표를 준수하여야 하며, 온실가스 배출량 명세서를 온실가스 배출권의 할당 및 거래에 관한 법률에 따른 외부 검증전문기관의 검증을 받아 정부에 제출하여야 한다.

2022년 6월 2일 관리업체 고시 기준 온실가스 목표관리 대상은 총 360개로 관장기관별로 산업통상자원부 177개, 국토교통부 80개, 환경부 69개, 농림축산식품부 25개, 해양수산부 9개이다.

정부는 관리업체를 업체, 업체 내 사업장으로 구분하여 업체에서 배출한 온실

표 4-1 관리업체 지정 온실가스 배출량 및 에너지 소비량 기준

구분	2011.12.31까지		2012. 1. 1부터		2014. 1. 1부터 현재까지	
	업체	사업장	업체	사업장	업체	사업장
온실가스 (톤CO_2-eq)	125,000	25,000	87,500	20,000	50,000	15,000
에너지소비 (TJ)	500	100	350	90	200	80

가스와 소비한 에너지의 최근 3년간 연평균 총량이 일정 수준(50,000톤 CO2-eq/200 TJ 이상 업체, 15,000톤 CO2-eq/80TJ 이상 사업장) 이상인 업체 및 사업장을 관리업체로 지정하여 온실가스 감축목표, 에너지 절약목표를 설정하여 관리하고 있다.

(7) 온실가스 배출권의 할당 및 거래에 관한 법률(약칭: 배출권거래법)

배출권거래법은 저탄소 녹색성장 기본법 제46조에 따라 온실가스 배출권을 거래하는 제도를 도입함으로써 시장기능을 활용하여 효과적으로 국가의 온실가스 감축목표를 달성하는 것을 목적으로 2012년 5월 14일 제정되었으며 2012년 11월 15일부터 시행되었다. 당시 저탄소 녹색성장 기본법에 따라 설정된 국가 온실가스 감축목표를 효율적으로 달성하고 전 세계적인 기후변화 대응 노력에 적극 동참하기 위하여 온실가스를 다량으로 배출하는 업체에 온실가스 배출권을 할당하고 시장을 통해 거래할 수 있도록 하기 위해 도입한 것이다.

2022년 3월 25일부터는 기후위기 대응을 위한 탄소중립·녹색성장 기본법이 시행됨에 따라 지금은 제25조 규정에 따른다. 즉 정부는 국가비전 및 중장기감축 목표등을 효율적으로 달성하기 위하여 온실가스 배출허용총량을 설정하고 시장기능을 활용하여 배출권거래제를 운영한다고 하였으며 배출권거래제의 실시를

그림 4-4 배출권거래제 기본 개념

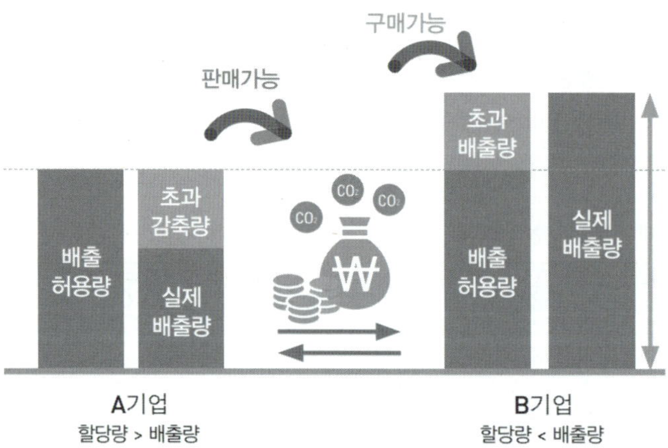

자료: 한국거래소, KRX 배출권시장 안내.

위한 배출허용량의 할당방법, 등록 · 관리방법 및 거래소의 설치 · 운영 등에 관하여는 온실가스 배출권의 할당 및 거래에 관한 법률에 따른다고 규정하였다.

배출권거래제는 정부가 온실가스 배출 사업장을 대상으로 연단위로 배출권(Permit)을 할당(Allocation)하여 할당 범위내에서 배출행위를 할 수 있도록 하고, 할당된 배출권 중 여분 또는 부족분 대하여는 거래를 허용하는 제도이다. 온실가스 감축여력이 높은 사업장(한계감축비용이 낮은 사업장)은 온실가스를 보다 많이 감축하여 정부가 할당한 배출권 중 초과 감축량을 시장에 판매할 수 있고, 감축여력이 낮은 사업장(한계감축비용이 높은 사업장)은 직접적인 감축을 하는 대신 배출권을 살 수 있어 비용효과적인 감축 추진이 가능한 제도이다.

이를 위해 정부는 계획기간별로 배출허용총량, 배출권의 총수량, 할당 대상부문 및 업종, 부문별 · 업종별 · 이행연도별 할당기준 및 할당량 등의 국가 배출권 할당계획을 수립하고 할당 대상업체에 해당 계획기간의 총 배출권과 이행연도별 배출권을 무상 또는 유상으로 할당하도록 하였다. 무상으로 할당하는 배출권의 비율은 국내 산업의 국제경쟁력에 미치는 영향, 기후변화 관련 국제협상 등 국제적 동향, 직전 계획기간에 대한 평가 등을 고려하여 대통령령으로 정하도록 하였으며 무역집약도가 높거나 온실가스 감축으로 인한 생산비용이 대통령령으로 정하는 기준 이상으로 발생하는 업종에 속하는 할당대상업체에 대해서는 배출권의 전부를 무상으로 할당할 수 있도록 하였다.

특히 배출권거래제의 도입이 산업계 등에 미치는 영향을 고려하여 1차 계획기간은 2015년 1월 1일부터 2017년 12월 31일까지로, 2차 계획기간은 2018년 1월 1일부터 2020년 12월 31일까지로 하며, 1차 계획기간 및 2차 계획기간 중에 할당되는 배출권 총 수의 95퍼센트 이상은 무상으로 할당하도록 하였다.

배출권의 공정한 가격 형성과 안정적 거래를 위하여 배출권 거래소를 지정하거나 설치할 수 있도록 하고, 배출권 거래소에서의 정보이용금지 및 부정거래행위 금지 등에 관하여는 「자본시장과 금융투자업에 관한 법률」의 관련 규정을 준용하도록 하였다. 다만, 할당 대상업체는 매 이행연도가 종료하면 해당 이행연도의 실제 온실가스 배출량을 외부 전문 검증기관의 검증을 거쳐 주무관청에 보고하도록 하고, 주무관청은 그 적합성 여부를 평가하여 해당 이행연도의 실제 온실가스 배출량을 인증하도록 하였다. 즉, 온실가스 배출량의 보고 · 검증 및 인증이 중요한 역할을 하게 된다.

이후 운영상의 미비점 등 보완을 위해 2차례 일부개정을 하였다. 2020년 3월 주요 개정내용은 일정 기준량 이상의 온실가스 배출업체 및 에너지 소비업체인 관리업체 중에서만 배출권 할당 대상업체를 지정하도록 하던 것을, 직전 계획기간 당시 배출권 할당 대상업체 중에서도 지정할 수 있도록 하고, 배출권 할당 대상업체 지정을 취소할 수 있는 근거를 마련하였다. 또한 배출권 할당 대상업체가 시설 간 연계 등을 활용하여 내부 감축 활동을 촉진할 수 있도록 배출권 할당 신청, 배출권의 추가 할당, 배출권 할당 취소와 관련하여 '사업장' 단위로 신청하거나 요건 등을 판단하도록 하고, 배출권 할당 신청 시 제출서류를 간소화하되, 온실가스 배출량 산정 계획서를 제출하도록 하며, 배출권 추가 할당 및 할당 취소에 관한 규정을 명확히 하기 위하여 관련 조항을 세부적으로 구분하여 규정하였다.

한편 배출권을 거래하기 위해서는 거래소가 필요한 바, 온실가스 배출권의 할당 및 거래에 관한 법률 제22조에 따라 2014년 1월 한국거래소가 배출권거래소로 지정되었으며 KRX 배출권시장은 2015년 1월 12일에 개장하였다.

배출권거래를 할 수 있는 업체 즉, 할당대상업체는 최근 3년간 온실가스 배출량의 연평균 총량이 125,000 이산화탄소상당량톤(tCO_2-eq) 이상인 업체이거나 25,000 이산화탄소상당량톤(tCO2-eq) 이상인 사업장을 하나 이상 보유한 업체로서 직전 계획기간 당시 할당대상업체이거나 관리업체이다.

할당대상업체가 할당받은 온실가스 배출량을 초과하여 온실가스를 배출한 경우에는 그 초과한 온실가스 배출량에 대하여 이산화탄소 1톤당 10만원 범위 내에서 해당 이행연도의 배출권 평균 시장가격의 3배 이하의 과징금을 부과할 수 있도록 하였다. 또한 벌칙 및 과태료로 사안에 따라 3년 이하의 징역 또는 1억원 이하의 벌금, 1년 이하의 징역 또는 3천만원 이하의 벌금, 1천만원 이하의 과태료 등을 부과받게 된다.

(8) 신에너지 및 재생에너지 개발 · 이용 · 보급 촉진법(약칭: 신재생에너지법)

신재생에너지법은 신에너지 및 재생에너지의 기술개발 및 이용 · 보급 촉진과 신에너지 및 재생에너지 산업의 활성화를 통하여 에너지원을 다양화하고, 에너지의 안정적인 공급, 에너지 구조의 환경친화적 전환 및 온실가스 배출의 감소를 추진함으로써 환경의 보전, 국가경제의 건전하고 지속적인 발전 및 국민복지의 증진에 이바지하는데 목적이 있다. 원래는 대체에너지개발 촉진법이라는 법률 제명으로 1987년 12월 제정되었으며 1988년 1월부터 시행되었다. 당시 제정 목적은 대체에너지의 기술개발을 종합적으로 추진하기 위하여 필요한 사항을 규정함으로써 에너지원의 다양화를 도모하여 국민경제의 건전한 발전과 국민생활의 안정에 이바지하게 함이라고 규정하였다. 대체에너지란, 석유 · 석탄 · 원자력 · 천연가스가 아닌 에너지로서 태양에너지, 바이오에너지, 풍력, 소수력, 연료전지 등을 말한다. 이후 2004년에 다양한 에너지원의 개발 및 환경친화적인 에너지 구조로의 전환 추진이라는 입법취지에 부합하도록 법의 제명을 현재의 제명인 신에너지 및 재생에너지개발 · 이용 · 보급촉진법으로 변경한 바 있다.

신에너지란 기존의 화석연료를 변환시켜 이용하거나 수소 · 산소 등의 화학 반응을 통하여 전기 또는 열을 이용하는 에너지로서 수소에너지, 연료전지, 석탄을 액화 · 가스화한 에너지 및 중질잔사유를 가스화한 에너지로서 대통령령으로 정하는 기준 및 범위에 해당하는 에너지 등을 말한다. 중질잔사유란 원유를 정제하고 남은 최종 잔재물로서 감압증류 과정에서 나오는 감압잔사유, 아스팔트와 열분해 공정에서 나오는 코크, 타르 및 피치 등을 말한다.

재생에너지란 햇빛 · 물 · 지열 · 강수 · 생물유기체 등을 포함하는 재생가능한 에너지를 변환시켜 이용하는 에너지로서 태양에너지, 풍력, 수력, 해양에너지, 지열에너지, 생물자원을 변환시켜 이용하는 바이오에너지로서 대통령령으로 정하는 기준 및 범위에 해당하는 에너지 및 폐기물에너지(비재생폐기물로부터 생산된 것은 제외)로서 대통령령으로 정하는 기준 및 범위에 해당하는 에너지 등을 말한다.

ESG 모범규준에는 기업은 조직 내에서 사용하는 에너지를 절감할 뿐 아니라 에너지 이용으로 발생하는 온실가스를 감축하기 위하여 친환경 에너지 사용 확대 및 화석에너지 절감 활동을 개발하고 실천하여야 한다고 강조한다. 또한 기업은 기존 설비의 에너지 효율 향상, 고효율 설비 도입, 건물 단열 강화, 연비 개선 등을 통해 합리적이고 효율적으로 에너지를 사용하여 에너지 소비로 인한 환경 피해를 줄이고 지구온난화 방지에 기여하도록 하였다.

특히 기후변화에 대응하고 환경발자국을 줄이기 위하여 화석에너지(석탄, 석유, 천연가스 등) 대신 신재생에너지(수소에너지, 연료전지, 태양에너지, 풍력, 수력, 해양에너지, 바이오에너지 등) 기술개발 및 이용을 확대할 필요가 있으며 태양광, 태양열, 풍력, 수력, 해양, 지열, 바이오, 폐기물과 같은 재생에너지와 더불어 수소에너지, 연료전지, 석탄액화 · 가스화 및 중질잔사유 가스화와 같은 신에너지까지 기업은 에너지원의 다양화, 에너지 구조의 환경친화적 전환 등을 추진하는 것이 바람직하다고 강조하고 있다.

글로벌 기업들은 전 세계 저탄소 경제체제로의 전환을 가속화하기 위한 많은 노력을 하고 있으며 2050년까지 사용전력의 100%를 재생에너지로 전환하겠다고 선언하는 RE100 선언을 통해 저탄소 신시장을 확대하며 선제적 리더십을 발휘하고 있다.

(9) 환경기술 및 환경산업 지원법(약칭: 환경기술산업법)

환경기술산업법은 환경기술의 개발·지원 및 보급을 촉진하고 환경산업을 육성함으로써 환경보전, 녹색성장 촉진 및 국민경제의 지속가능한 발전에 이바지함을 목적으로 1994년 제정되었으며 1995년 시행되었다. 당초 환경기술개발 및 지원에 관한 법이었으나 2011년 환경기술개발 및 지원에 관한 법으로 변경되고, 다시 환경기술 및 환경산업 지원법으로 법률 제명을 변경하였다.

환경기술이란 환경의 자정능력을 향상시키고 사람과 자연에 대한 환경피해 유발 요인을 억제·제거하는 기술로서 환경오염물질의 감소·처리 기술과 소음·진동 방지 기술, 환경오염의 사전 예방·감소 기술, 오염유발 억제 제품의 개발기술, 재활용 및 회수 기술, 자연환경의 보전·복원 및 개선기술, 환경위해성평가 및 그 관리 기술, 환경영향평가 기술 등 환경의 보전과 관리에 필요한 기술을 말한다.

한편 환경산업이란 대기, 수질, 소음·진동, 생태계 등 환경 전반에 걸쳐 오염물질 배출을 최소화하고 자원의 효율을 높여 환경을 개선할 수 있는 시설·장치 또는 서비스를 제공하는 산업을 말한다.

ESG 경영이 강조되면서 위기를 새로운 기회요인으로 인식하고 기술개발에 노력하는 사례가 증가하고 있다. 일회용 플라스틱 문제 대응이 대표적이다. 최근 제지업계에서는 환경친화적 소재 개발이나 오염물질 배출 최소화 노력을 기울이고 있다. 예를 들어 커피 매장에서의 일회용품을 친환경 소재로 전환하기 위한 기술개발 사례로 폴리에틸렌(PE) 코팅 대신 수용성 코팅액을 사용해 재활용이 용이한 친환경 종이 빨대 제품을 개발했다. 또한 매장 내 다양한 일회용품을 종이 소재로 전환하기 위한 연구도 진행중이다. 이를 통해 연간 사용량 수백 만개에 달하는 플라스틱 및 알루미늄 소재 일회용품을 재활용이 용이한 종이 소재로 대체할 수 있다. 친환경 트렌드에 발맞춘 포장재나 재활용 복사지도 개발되었다.

국내 최초 친환경 코팅을 적용한 포장재는 땅 속에서 자연 분해되며 퇴비로도 사용할 수 있고 다시 종이로도 재활용할 수도 있다. 폐지를 40% 활용한 친환경 재생 복사지는 한국환경산업기술원의 환경표지인증서(EL724)를 취득하기도 했다.

환경기술에 대해서는 탄소중립기본법에서도 강조되고 있다. 사업자는 녹색경영을 통하여 녹색기술 연구개발과 녹색산업에 대한 투자 및 고용을 확대하도록 노력하여야 하며(제5조) 정부는 기업의 녹색경영 지원·촉진을 위해 친환경 생산체제로의 전환을 위한 기술지원, 중소기업의 녹색경영에 대한 지원 및 녹색기술 사업화 촉진을 위한 지원, 대기업의 중소기업에 대한 녹색기술 지도·기술이전 및 기술인력 파견에 대한 지원, 대기업과 중소기업의 녹색기술 공동개발에 대한 지원, 녹색기술·녹색산업에 관한 전문인력 양성·확보 및 국외 진출 등의 시책을 수립·시행하도록 하였다.(제55조)

3. 법규 준수와 수비경영

K-ESG 가이드라인은 조직은 중대성 평가(Materiality Test)를 통해 조직의 사업운영 및 외부환경에 중요한 영향력을 행사하는 핵심이슈를 도출하여야 하며 특히 사업운영에 해당하는 모든 직/간접 환경규제를 관리하기 위해 환경법규 위반 및 환경사고 발생에 대한 관리체계를 구축할 것을 강조하고 있다. 기업은 경영활동, 제품 및 서비스와 관련된 환경법규 위반 및 환경오염 행위에 의해 발생된 환경문제에 대한 사회적 책임을 적극적으로 이행하고 재발 방지를 위한 관리 활동을 실시하여야 하며 환경법규 위반 및 환경사고에 대한 사후 조치를 성실히 이행하고 필요 시, 해당 분야 전문가의 자문을 구하고 환경책임보험 가입도 고려하도록 하였다.

한국지배구조원의 ESG 환경 모범규준도 환경오염물질의 관리의 중대성을 강조하고 있다. 오염물질은 대기오염물질, 수질오염물질, 토양오염물질, 유독물질, 폐기물, 오수·분뇨 및 농약 등을 말하는데 이러한 오염물질의 허용배출 기준을 규정하고 불법 배출, 초과 배출 등을 관리하는 것이다. 기업은 대기환경보전법, 물환경보전법 등 환경법규에서 명시하는 환경오염물질을 철저하게 관리하여야 하며 이를 위해, 오염물질을 없애거나 줄이기 위한 방지시설을 설치하고 모니터링함으로써 배출에서 최종처리 전 과정에 대한 정기적인 관리, 환경오염 방지시설의 효율적 이용 및 다양한 개선 활동을 추진할 것을 규정하고 있다. 아울러 기업은 오염물질배출 허용기준을 준수하여야 하며 나아가 자체 내부 관리기준 수립을 통해 환경오염물질이 대기, 수질 등 생태계에 미치는 영향을 적극적으로 관리하도록 하였다. 기업은 환경오염물질 배출을 최소화할 수 있는 요인을 파악하고 환경오염물질의 법적 허용기준 대비 엄격한 사내기준을 설정할 필요가 있다.

환경범죄 등의 단속 및 가중처벌에 관한 법률에서는 환경법 위반행위에 대한 가중처벌을 규정하고 있는데 환경법 위반행위이란, 대기오염물질 불법배출의 가중처벌(제3조), 환경보호지역 오염행위 등의 가중처벌(제4조), 과실범(제5조), 멸종위기 야생생물의 포획 등의 가중처벌(제6조), 폐기물 불법처리의 가중처벌(제7조), 누범의 가중(제8조), 명령 불이행자에 대한 처벌 등(제9조)에 해당하는 행위와 대기환경보전법 관련 비산먼지 발생을 억제하기 위한 시설을 설치하지 아니하거나 필요한 조치를 하지 아니한 행위, 폐기물관리법 관련 생활폐기물을 버리거나 매립 또는 소각하는 행위가 해당한다.

기업 입장에서 환경규제를 위반하면 경고, 개선명령, 과태료, 허가 취소 등 행정처분을 받는 것은 물론 위반사항에 대한 정보공개에 따라 기업 평판에 악영향을 미친다.

기업이 준수해야 할 환경규제는 대기, 수질, 토양, 폐기물, 화학물질 등 다양하다. 2020년 법규위반에 따른 행정처분 통계에 따르면 총 2370건 중 대기 관련이 45.7%로 가장 높게 나타났다. 두 번째로는 수질 관련으로 28.5%, 세 번째로는 화학물질 관련 11.9%이며 이어서 소음진동 7.4%, 폐기물 관련이 4.9% 순으로 나타났다.[3] 따라서 전통적인 환경법규인 대기, 수질, 화학물질, 소음진동, 폐기물 관령법에 대한 이해와 대응이 필요하다.

(1) 대기환경보전법

1) 대기환경보전법의 개요

대기환경보전법은 1990년 8월 제정되었으며, 대기오염으로 인한 국민건강이나 환경에 관한 위해를 예방하고 대기환경을 적정하고 지속가능하게 관리・보전하여 모든 국민이 건강하고 쾌적한 환경에서 생활할 수 있게 하는 것이 목적이다

3) 환경 빅데이터 플랫폼, 환경법규 위반 행정처분 DB(2020) https://www.bigdata-environment.kr/user/data_market/detail.do?id=70d7ae30-f0d7-11eb-abdd-bd6fc00492b0

(제1조).

대기오염물질이란 대기 중에 존재하는 물질 중 제7조에 따른 심사·평가 결과 대기오염의 원인으로 인정된 가스·입자상 물질로서 환경부령으로 정하는 것을 말하는데 현재 환경부령으로 정한 대기오염 물질은 일반 29종 및 특정 35종으로 총 64종이다. 2017년 대기환경보전법 시행규칙 개정으로 미규제 대상 오염물질 중 국내 배출량, 위해성, 모니터링 가능여부 등을 고려하여 아세트산비닐, 비스(2-에틸헥실) 프탈레이트, 디메틸포름아미드 3종을 추가하여 '대기오염물질'을 64종으로 확대한 것이다.

한편 2020년 1월부터 11종의 일반대기오염물질 중에서 '브롬 및 그 화합물'을 제외하고 먼지 등 10종과 '크롬 및 그 화합물' 등 13종의 특정대기유해물질 배출기준을 기존 기준보다 평균 33% 강화하였으며 테트라클로로에틸렌(ppm) 등 8종의 특정대기유해물질의 배출허용기준은 신설했다.

특정대기오염물질 35종에 대해서는 그동안 25종에 대한 배출허용기준이 설정됐으며 폴리염화비페닐, 석면 2종은 사용금지됐다. 2021년 3월 대기환경보전법 개정으로 8종의 배출허용기준을 추가로 설정함에 따라 특정대기오염물질 35종 전체에 대한 배출허용기준이 정해졌다.

한편 대기관리권역의 대기환경개선에 관한 특별법(이하 대기관리권역법)은 2019년 4월 2일 제정되었고 2020년 4월 3일부터 시행되었다. 이 법은 대기오염이 심각한 지역 등의 대기환경을 개선하기 위하여 종합적인 시책을 추진하고, 대기오염원을 체계적이고 광역적으로 관리함으로써 지역주민의 건강을 보호하고 쾌적한 생활환경을 조성함을 목적으로 한다고 규정하고 있다.

이에 따라 수도권 지역에만 적용되는 수도권 대기환경개선에 관한 특별법은 2020년 4월 2일 폐지되었다.

표 4-2 대기오염물질의 종류(64종)

구분	일반 대기오염물질	비고	구분	특정 대기유해물질	비고
1	입자상물질(먼지, 비산먼지, 매연)	기준 설정 ('91) 10종 ('00) 1종 (탄화수소)	1	카드뮴 및 그 화합물	('91)12종, ('00)1종, ('13)1종, ('16)1종, ('17)1종, 기준설정 완료
2	브롬 및 그 화합물		2	시안화수소	
3	아연 및 그 화합물		3	납 및 그 화합물	
4	일산화탄소		4	크롬 및 그 화합물	
5	암모니아		5	비소 및 그 화합물	
6	질소산화물		6	수은 및 그 화합물	
7	황산화물		7	염소 및 그 화합물	
8	황화수소		8	불소화물	
9	이황화탄소		9	니켈 및 그 화합물	
10	탄화수소		10	염화비닐('00년)	
11	구리 및 그 화합물		11	페놀 및 그 화합물	
12	알루미늄 및 그 화합물	–	12	벤젠	
13	바나듐 및 그 화합물		13	포름알데히드	
14	망간화합물		14	1,3-부타디엔('17년)	
15	철 및 그 화합물		15	디클로로메탄('13년)	
16	셀렌 및 그 화합물		16	트리클로로에틸렌('16년)	
17	안티몬 및 그 화합물		17	테트라클로로에틸렌	'19년 기준신설 ('20년 시행)
18	주석 및 그 화합물		18	다환 방향족 탄화수소류	
19	텔루륨 및 그 화합물		19	1,2-디클로로에탄	
20	바륨 및 그 화합물		20	클로로포름	
21	황화메틸		21	아크릴로니트릴	
22	메르캅탄류		22	스틸렌	
23	아민류		23	에틸벤젠	
24	인 및 그 화합물		24	사염화탄소	
25	붕소화합물		25	이황화메틸	'19년 기준설정 ('21년 시행)
26	아크롤레인		26	아닐린	
27	아세트산 비닐		27	아세트알데히드	
28	비스(2-에틸헥실)프탈레이트		28	벤지딘	
29	디메틸포름아미드		29	히드라진	
			30	프로필렌옥사이드	
			31	베릴륨 및 그 화합물	
			32	에틸렌옥사이드	
			33	석면	석면관리법
			34	다이옥신('97년)	잔류성물질법
			35	폴리염화비페닐	잔류성물질법

표 4-3 대기오염물질(일반 및 특정) 배출허용기준 주요 개정사항

구분		배출허용기준		강화율(%)
		기존	개정	
일반 (11종)	먼지(mg/Sm^3)	10~70	5~50	33
	브롬 및 그 화합물(ppm)	3	3	0
	아연 및 그 화합물(mg/Sm^3)	5	4	20
	일산화탄소(ppm)	50~300	50~300	3
	암모니아(ppm)	20~50	12~30	39
	질소산화물(ppm)	20~530	10~250	28
	황산화물(ppm)	10~540	10~250	32
	황화수소(ppm)	2~10	2~5	26
	이황화탄소(ppm)	30	10	67
	탄화수소(ppm)	40~200	40~200	38
	구리 및 그 화합물(mg/Sm^3)	5	4	20
특정 (24종)	카드뮴 및 그 화합물(mg/Sm^3)	0.02~0.5	0.02~0.2	21
	시안화수소(ppm)	5~10	4~8	20
	납 및 그 화합물(mg/Sm^3)	0.2~2	0.15~1.5	19
	크롬 및 그 화합물(mg/Sm^3)	0.3~0.5	0.15~0.4	34
	비소 및 그 화합물(ppm)	0.25~2	0.2~0.5	38
	수은 및 그 화합물(mg/Sm^3)	0.05~2	0.04~0.1	42
	염소 및 그 화합물(ppm)	2~20	2~15	25
	불소화물(ppm)	2~5	2~3	24
	니켈 및 그 화합물(mg/Sm^3)	2	2	0
	염화비닐(ppm)	10~180	10~90	30
	페놀(ppm)	5	4	20
	벤젠(ppm)	10	6	40
	포름알데히드(ppm)	10	8	20
	1,3-부타디엔(ppm)	6	6	0
	디클로로메탄(ppm)	50	50	0
	트리클로로에틸렌(ppm)	50~85	50	19
	테트라클로로에틸렌(ppm)	<신설>	10	100
	다환방향족탄화수소류(mg/Sm^3)	<신설>	0.05	100
	1,2-디클로로에탄(ppm)	<신설>	12	100
	클로로포름(ppm)	<신설>	5	100
	아크릴로니트릴(ppm)	<신설>	3	100
	스틸렌(ppm)	<신설>	23	100
	에틸벤젠(ppm)	<신설>	23	100
	사염화탄소(ppm)	<신설>	3	100

※ 특정대기유해물질 1종(다이옥신)은 「잔류성 오염물질관리법」에서 배출기준 설정 · 관리

2) 위반시 주요 내용

대기환경보전법을 위반하게 되면 개선명령, 조업시간 제한이나 정지, 배출부과금 징수, 허가 취소 및 폐쇄, 과징금 처분, 벌금 및 과태료 등을 부과받게 된다.

첫째, 개선명령이란, 배출시설에서 나오는 오염물질의 정도가 배출허용기준을 초과할 경우, 일정기간 내 허용기준 이하로 내려가도록 필요한 조치를 취하는 것을 말한다.(제33조)

둘째, 배출부과금의 부과 · 징수이다. 대기오염물질로 인한 대기환경상의 피해를 방지하거나 줄이기 위하여 대기오염물질을 배출하는 사업자 및 규정에 따른 허가 · 변경허가를 받지 아니하거나 신고 · 변경신고를 하지 아니하고 배출시설을 설치 또는 변경한 자에 대하여 배출부과금을 부과 · 징수하도록 하고 있다.(제35조)

배출부과금은 기본부과금과 초과부과금으로 구분하여 부과하는데 기본부과금은 대기오염물질을 배출하는 사업자가 배출허용기준 이하로 배출하는 대기오염물질의 배출량 및 배출농도 등에 따라 부과하는 금액이며, 초과부과금은 배출허용기준을 초과하여 배출하는 경우 대기오염물질의 배출량과 배출농도 등에 따라 부과하는 금액이다.

셋째, 과징금이다. 과징금 처분은 대통령령으로 정하는 경우에 조업정지처분을 갈음하여 매출액에 100분의 5를 곱한 금액을 초과하지 아니하는 범위에서 부과할 수 있는 것을 말한다.(제37조)

넷째, 대기환경보전법 제7장에 규정되어 있는 벌칙이다. 벌칙의 종류로는 벌금의 경우 최대 7년 이하의 징역이나 1억원 이하의 벌금, 최소 200만원 이하의 벌금이 있다.

- 7년 이하의 징역이나 1억원 이하의 벌금(제89조)
- 5년 이하의 징역이나 5천만원 이하의 벌금(제90조)
- 1년 이하의 징역이나 1천만원 이하의 벌금(제91조)
- 500만원 이하의 벌금(제91조의2)
- 300만원 이하의 벌금(제92조)
- 200만원 이하의 벌금(제93조)

과태료는 최대 500만원, 최소 50만원으로 규정하고 있다.

대기환경보전법상 최고 벌금은 1억원 이하이다. 예를 들어 배출시설을 설치하려는 자는 대통령령으로 정하는 바에 따라 시・도지사의 허가를 받거나 시・도지사에게 신고해야 하는데, 허가나 변경허가를 받지 않거나 거짓으로 허가나 변경허가를 받아 배출시설을 설치 또는 변경하거나 그 배출시설을 이용하여 조업한 자는 7년 이하의 징역이나 1억원 이하의 벌금에 처한다고 규정하고 있다.(제89조)

표 4-4 대기배출업소 분야 위반사례

대기환경보전법	위반사례	벌칙
제23조 대기배출시설의 설치허가 및 신고	무허가(변경허가) 대기배출시설 설치조업	7년 이하 징역 또는 1억원 이하의 벌금
	대기배출시설 설치신고 미이행	5년 이하 징역 또는 5천만원 이하의 벌금
	대기배출시설 변경신고 미이행	100만원 이하의 과태료
제26조 방지시설 설치	대기방지시설 미설치	7년 이하 징역 또는 1억원 이하의 벌금
제30조 가동개시 신고	대기배출시설 및 방지시설 가동개시 신고 미이행	1년 이하 징역 또는 1천만원 이하의 벌금
제31조 배출・방지시설의 운영	대기방지시설 미가동 및 공기희석 배출 행위	7년 이하 징역 또는 1억원 이하의 벌금
	공기 조절장치 및 가지배출관 설치 행위	5년 이하 징역 또는 5천만원 이하의 벌금
	비정상 가동으로 인한 배출허용기준 초과	7년 이하 징역 또는 1억원 이하의 벌금
	부식・마모 및 고장・훼손 방치	200만원 이하의 과태료
	배출시설 및 방지시설 운영일지 미작성・미보존	300만원 이하의 과태료
제32조 측정기기의 부착	측정기기 미부착	5년 이하 징역 또는 5천만원 이하의 벌금
	측정기기 미작동	5년 이하 징역 또는 5천만원 이하의 벌금
	측정기기 고의훼손	5년 이하 징역 또는 5천만원 이하의 벌금
	측정기기 조작으로 인한 측정결과 누락 및 거짓측정	5년 이하 징역 또는 5천만원 이하의 벌금
	부식・마모 및 고장・훼손 방치	200만원 이하의 과태료
제39조 자가측정	대기오염물질 자기측정 미이행, 거짓작성, 미보존	5년 이하 징역 또는 5천만원 이하의 벌금

자료: 원주지방 환경청, 환경법령 요약 및 주요 위반 사례, 2021.6.

3) 주요 위반 사례

그림 4-5 위반사례 1

위반사항	무허가 대기오염물질 배출시설 설치 운영 ※ 신고된 대기오염물질 배출시설에서 허가대상 특정대기유해물질(염화수소, 포름알데히드) 검출
관련법령	대기환경보전법 제23조 제1항
벌칙조항	대기환경보전법 제89조 제1호
벌칙	고발(7년 이하의 징역 또는 1억원 이하의 벌금)
행정처분	배출시설 사용중지(입지 불가능한 지역일 경우 폐쇄명령)
위반내용	– 대기배출시설로 신고 설치된 혼합시설(75kw)에서 특정대기유해물질(염화수소, 포름알데히드)이 설치허가 적용기준 이상 배출 – 측정결과: 염화수소 0.61ppm(적용기준 0.4) 포름알데히드 0.265ppm(적용기준 0.08)
관련사진	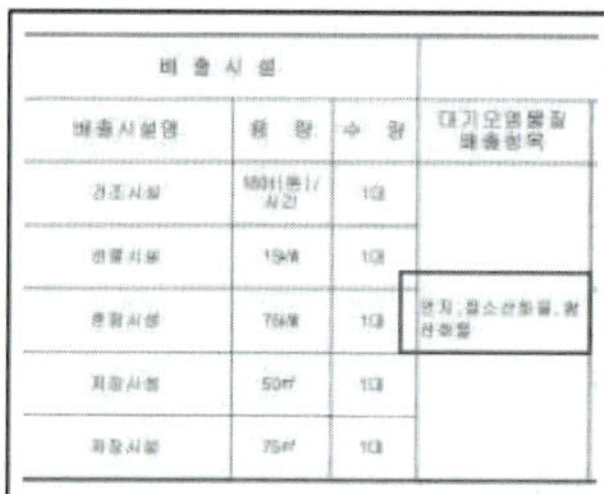 대기배출시설 설치 **신고증명서** 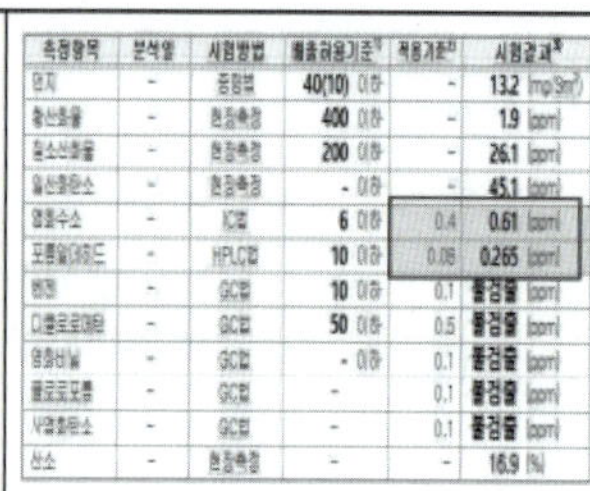 측정결과

측정항목	분석일	시험방법	배출허용기준	적용기준	시험결과
먼지	-	중량법	40(10) 이하	-	13.2 mg/Sm³
황산화물	-	현장측정	400 이하	-	1.9 ppm
질소산화물	-	현장측정	200 이하	-	26.1 ppm
일산화탄소	-	현장측정	- 이하	-	45.1 ppm
염화수소	-	IC법	6 이하	0.4	0.61 ppm
포름알데히드	-	HPLC법	10 이하	0.08	0.265 ppm
벤젠	-	GC법	10 이하	0.1	불검출 ppm
디클로로메탄	-	GC법	50 이하	0.5	불검출 ppm
염화비닐	-	GC법	- 이하	0.1	불검출 ppm
클로로포름	-	GC법	-	0.1	불검출 ppm
사염화탄소	-	GC법	-	0.1	불검출 ppm
산소	-	현장측정	-	-	16.9 %

그림 4-6 위반사례 2

위반사항	자가측정 미이행
관련법령	대기환경보전법 제39조 제1항
벌칙조항	대기환경보전법 제90조 제4항 제3호
벌칙	고발(5년 이하의 징역 또는 5천만원 이하의 벌금) ※ 과태료에서 고발(형사처벌)로 강화(2020.5.27. 시행)
행정처분	경고(1차)
위반내용	– 대기환경보전법 제39조 제1항에 따라 배출시설을 설치한 자는 배출시설의 운영시 나오는 오염물질을 자가측정하거나 측정 대행업자에게 측정하게 하여 그 결과를 사실대로 기록하고 보존해야 함 – (주)○○○○는 가금류 가공 및 저장・처리하는 업체로 ○○○○년 ○○월 ○○일부터 현재까지 대기자가측정을 실시하지 않은 사실을 확인함

참고사항	■ 자가측정(법 제39조) – 오염물질을 미측정 또는 결과를 거짓 기록하거나 기록 · 보존하지 않은 경우 • 벌칙: 고발(5년 이하의 징역 또는 5천만원 이하의 벌금) – 측정 결과를 누락하거나 거짓으로 측정 결과를 작성 또는 정상적인 측정을 방해하는 경우 • 벌칙: 고발(5년 이하의 징역 또는 5천만원 이하의 벌금) ※ 과태료에서 고발(형사처벌)로 강화(2020.5.27. 시행)

(2) 물환경보전법

1) 물환경보전법의 개요

1990년 수질환경법으로 제정된 이후 수질 및 수생태계 보전에 관한 법률에서 2018년 물환경보전법으로 법률 제명을 변경하였다. 이 법은 수질오염으로 인한 국민건강 및 환경상의 위해를 예방하고 하천 · 호소 등 공공수역의 물환경을 적정하게 관리 · 보전함으로써 국민이 그 혜택을 널리 누릴 수 있도록 함과 동시에 미래의 세대에게 물려줄 수 있도록 하기 위함이 목적이다. 수질오염물질이란 수질오염의 요인이 되는 물질로서 환경부령으로 정하는 것을 말하는데, 물환경보전법 시행규칙 [별표 2]에 구리와 그 화합물, 납과 그 화합물, 니켈과 그 화합물, 총 대장균군, 망간과 그 화합물, 페놀류, 황과 그 화합물 등 59개 물질이 규정되어 있다. 또한 배출허용기준은 물환경보전법 시행규칙 [별표 13]에 규정되어 있다.

가장 현안이 되고 있는 산업폐수 규제는 점오염원의 관리로서 제32조에 규정하고 있는데 폐수배출시설에서 배출되는 수질오염물질의 배출허용기준은 환경부령으로 정한다. 또한 배출시설을 설치하려는 자는 대통령령으로 정하는 바에 따라 환경부장관의 허가를 받거나 환경부장관에게 신고하여야 하며 중요한 사항을 변경하려는 경우에는 변경허가를 받아야 한다.(제33조)

2) 위반시 주요 내용

물환경보전법을 위반하게 되면 개선명령, 설치허가 또는 변경허가 취소, 시설의 전부 또는 일부에 대한 조업정지, 오염총량초과 과징금 징수, 시설의 폐쇄, 과징금 처분, 벌금 및 과태료 등을 부과받게 된다.

첫째, 오염총량초과 과징금은 할당오염 부하량 등을 초과하여 배출한 자에게 부과 · 징수한다.(제4조의7) 오염총량초과과징금은 초과배출이익(오염물질을 초과배출하여 지출하지 아니하게 된 오염물질의 처리비용을 말한다)에 초과율별 부과계수, 지역별 부과계수 및 위반횟수별 부과계수를 각각 곱하여 산정한다.

또한 수질오염물질로 인한 수질오염 및 수생태계 훼손을 방지하거나 감소시키기 위하여 수질오염물질을 배출하는 사업자는 허가 · 변경허가 등 규정 위반시 배출부과금을 부과 · 징수한다.(제41조)

둘째, 과징금 처분이다. 과징금은 영업정지나 조업정지가 주민의 생활, 대외적인 신용, 고용, 물가 등 국민경제 또는 그 밖의 공익에 현저한 지장을 줄 우려가 있다고 인정되는 경우 영업 및 조업정지처분을 갈음하여 매출액에 100분의 5를 곱한 금액을 초과하지 아니하는 범위에서 부과할 수 있다.(제43조, 제66조)

셋째, 물환경보전법 제75조~제80조에 규정되어 있는 벌칙이다.

벌칙의 종류로는 벌금의 경우 최대 7년 이하의 징역 또는 7천만원 이하의 벌금, 최소 100만원 이하의 벌금이 있다. 과태료는 최대 1천만원, 최소 100만원으로 규정하고 있다.

- 7년 이하의 징역 또는 7천만원 이하의 벌금(제75조)
- 5년 이하의 징역 또는 5천만원 이하의 벌금
- 3년 이하의 징역 또는 3천만원 이하의 벌금
- 1년 이하의 징역 또는 1천만원 이하의 벌금
- 500만원 이하의 벌금
- 100만원 이하의 벌금

예를 들어 허가 또는 변경허가를 받지 아니하거나 또는 거짓으로 허가 또는 변경허가를 받아 배출시설을 설치 또는 변경하거나 그 배출시설을 이용하여 조업한 자는 7년 이하의 징역 또는 7천만원 이하의 벌금에 처한다.(제75조)

표 4-5 물환경보전법 위반시 벌칙

물환경보전법	위반사례	벌칙
第33조 폐수배출시설의 설치허가 및 신고	무허가(변경허가) 폐수배출시설 설치조업	7년 이하의 징역 또는 7천만원 이하의 벌금
	폐수배출시설 설치신고 미이행	5년 이하의 징역 또는 5천만원 이하의 벌금
	폐수배출시설 변경신고 미이행	100만원 이하의 과태료
第35조 방지시설 설치	방지시설 설치면제자의 준수사항 위반	1천만원 이하의 과태료
第37조 가동개시 신고	폐수배출시설 및 방지시설 가동 시작 신고 미이행	1년 이하의 징역 또는 1천만원 이하의 벌금
第38조 배출·방지시설의 운영	폐수무단방류 및 비밀배출구 설치 행위	5년 이하의 징역 또는 5천만원 이하의 벌금
	물 희석배출 행위	5년 이하의 징역 또는 5천만원 이하의 벌금
	비정상 가동으로 인한 배출허용기준 초과	5년 이하의 징역 또는 5천만원 이하의 벌금
	배출시설 및 방지시설 운영일지 미작성·미보존	300만원 이하의 과태료
第38조의2 측정기기의 부착	측정기기 미부착(적산전력계, 적산유량계 제외)	5년 이하의 징역 또는 5천만원 이하의 벌금
	적산전력계, 적산유량계 미부착	100만원 이하의 벌금
第38조의3 측정기기 관련 금지행위 및 운영·관리기준	고의로 측정기기 미작동, 정상 측정 방해	5년 이하의 징역 또는 5천만원 이하의 벌금
	측정결과 누락 및 거짓측정	5년 이하의 징역 또는 5천만원 이하의 벌금
	관리대행업자에게 측정값 조작 지시	5년 이하의 징역 또는 5천만원 이하의 벌금
	부식·마모 및 고장·훼손 방치	1천만원 이하의 과태료
	측정기기의 운영관리기준 위반	1천만원 이하의 과태료

자료: 원주지방 환경청, 환경법령 요약 및 주요위반사례, 2022.5.

3) 주요 위반사례

그림 4-7 위반사례 1

<table>
<tr><td>위반사항</td><td colspan="2">폐수 배출허용기준 초과</td></tr>
<tr><td>관련법령</td><td colspan="2">물환경보전법 제32조 제1항</td></tr>
<tr><td>배출부과금</td><td colspan="2">물환경보전법 제41조 제1항 제2호</td></tr>
<tr><td>행정처분</td><td colspan="2">개선명령</td></tr>
<tr><td>위반내용</td><td colspan="2">– 배출허용기준보다 높게 수질오염물질(총인) 측정
– 측정결과: 총인 10.510mg/L(배출허용기준: 8mg/L이하)

※ 수질오염물질이 제32조에 따른 배출허용기준을 초과하여 배출되는 경우 제41조에 따라 초과배출부과금 부과 및 제39조에 따라 행정처분(개선명령)</td></tr>
<tr><td rowspan="2">관련사진</td><td>신고증명서
배출항목</td><td>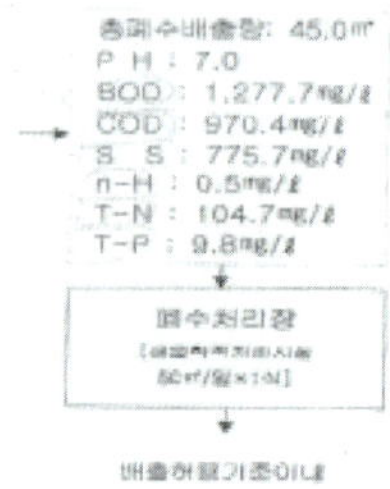
</td></tr>
<tr><td>측정결과</td><td>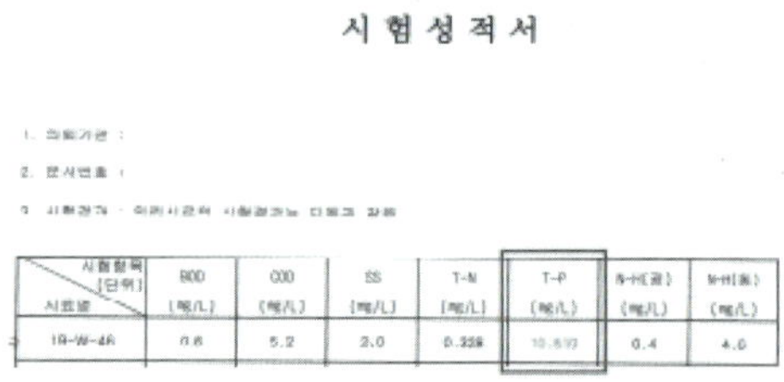
</td></tr>
</table>

그림 4-8 위반사례 2

위반사항	폐수 무단방류
관련법령	물환경보전법 제38조 제1항
벌칙조항	물환경보전법 제76조 제3호
벌칙	고발(5년 이하의 징역 또는 5천만원 이하의 벌금)
행정처분	조업정지 10일(1차)

위반내용	- 물환경보전법 제38조 제1항에 따라, 배출시설에서 배출되는 수질 오염물질을 방지시설에 유입하지 아니하고 배출해서는 안됨 - 단무지 가공공정에서 발생된 폐수를 폐수처리장으로 유입하지 않고 사업장 지하로 관통하는 우수관로에 무단방류한 사실을 확인함 ※ 방류된 폐수가 배출허용기준 초과시 초과배출부과금 부과
관련사진	 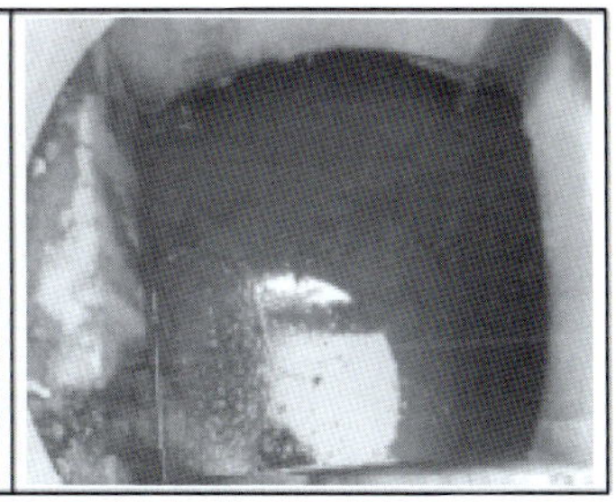

(3) 화학물질관리법

1) 화학물질관리법의 개요

ESG 모범규준에는 기업은 취급하는 화학물질을 체계적으로 관리하고 화학물질 관련 법규에 적극 대응하여야 하며 유해화학물질 사용을 저감하며, 화학물질 사고가 발생하지 않도록 노력해야 한다고 규정하고 있다. 또한 화학물질명과 사용량, 용도, 위해성에 대한 세부 설명을 명시하여 내외부에 공유하고 물질안전보건자료(MSDS, 화학물질의 유해성, 위해성 정보, 응급조치 요령, 취급방법 등이 기재된 화학물질의 안전한 사용을 위한 설명서), 실시간 화학물질 관리시스템(R-CMS)과 같은 사내 화학물질 인벤토리를 구축하여 화학물질을 체계적으로 관리하도록 하였다. 이를 위해 화학3법(화학물질등록평가법, 화학물질관리법, 화학제품안전법)뿐 아니라 산업안전보건법, 위험물안전관리법, 고압가스안전관리법 등의 안전 관련 법규를 준수하고 EU REACH(화학물질관리제도), RoHS(전기전자제품 내 유해물질사용제한지침)와 같은 화학물질 규제에 능동적으로 대응하도록 하였다.

화학물질관리법은 2013년 6월 4일, 기존의 유해화학물질 관리법을 전부개정하면서 2015년 1월 1일부터 시행한 법이다. 전부개정 이유에 설명되어 있듯이 이 법은 잇따라 발생한 화학사고로 인해 기존 유해화학물질 관리법으로는 화학물질 관리 및 화학사고 대응에 한계가 있다는 지적이 제기되고 국민들의 불안감이 가중되었기 때문이다.

화학물질관리법 제1조에서 법 제정 목적을 규정하고 있는데 화학물질로 인한 국민건강 및 환경상의 위해를 예방하고 화학물질을 적절하게 관리하는 한편, 화학물질로 인하여 발생하는 사고에 신속히 대응함으로써 화학물질로부터 모든 국민의 생명과 재산 또는 환경을 보호하는 것을 목적으로 하고 있다. 이에 따라 화학물질에 대한 통계조사 및 정보체계를 구축하여 국민의 알권리를 보장하고, 유해화학물질 취급기준 구체화, 화학사고 장외영향평가제도 및 영업허가제 신설 등을 통해 유해화학물질 예방관리체계를 강화하며, 화학사고 발생 시 즉시 신고 의무를 부여하고, 현장조정관 파견 및 특별관리지역 지정 등을 통해 화학사고의 신속한 대응체계를 마련하는 한편, 화학물질의 체계적인 관리와 화학사고의 예방을 통해 화학물질의 위험으로부터 국민 건강 및 환경을 보호하는 법률로서의 위상을 정립하기 위해 전부개정을 한 것이다.

화학물질관리법 제2조에 따르면 유해화학물질은 유독물질, 허가물질, 제한물질 또는 금지물질, 사고대비물질, 그 밖에 유해성 또는 위해성이 있거나 그러할 우려가 있는 화학물질을 뜻한다. 유해성이란 화학물질의 독성 등 사람의 건강이나 환경에 좋지 아니한 영향을 미치는 화학물질 고유의 성질을 말하며 위해성이란 유해성이 있는 화학물질이 노출되는 경우 사람의 건강이나 환경에 피해를 줄 수 있는 정도를 말한다.

제품 생산 혹은 서비스 제공 과정에서 취급하는 유해화학물질은 고유의 유해성과 위해성을 지니고 있어 사용, 수송, 저장 시 각별한 주의가 요구된다. 이에, 기업은 유해화학물질 유출, 누출 등의 사고가 발생하지 않도록 유해화학물질의 사용, 수송, 저장 과정을 면밀히 점검하고 관리하여야 한다.

화학물질관리법은 총 6장 64조로 구성되어 있는데 주요 내용을 보면 첫째, 화학물질에 대한 통계조사 및 정보체계 구축(제2장), 유해화학물질 취급 및 설치·운영기준 구체화 등의 안전관리 강화(제3장) 둘째, 화학사고 장외영향평가제도 및 영업허가제 신설 등을 통한 유해 화학물질 예방관리체계 강화(제4장) 셋째, 사고대비물질 관리 강화, 화학사고의 발생 시 즉시 신고의무 부여 및 현장조정관 파견 등 화학사고의 대비·대응 등(제5장)이다.

장외영향평가제도란, 사업장 밖의 제3자에게 인적·물적 피해를 야기하지 않도록 이중, 삼중의 안전 개념에 따라 시설을 설계·설치하였는지 확인하는 과정을 말한다.

유해화학물질의 안전관리에서 가장 중요한 것 중 하나가 바로 유해화학물질 취급기준이다. 유해화학물질을 취급하는 자는 기체의 유해화학물질을 취급하는 경우, 액체 유해화학물질에서 증기가 발생할 우려가 있는 경우, 고체 상태의 유해화학물질에서 분말이나 미립자 형태 등이 체류하거나 날릴 우려가 있는 경우에 유해화학물질에 적합한 개인보호장구를 착용하여야 한다.(제14조)

한편 기존의 장외영향평가와 위해관리계획을 통합하여 화학사고 예방관리계획을 2021년 4월 1일부터 시행하였는데 유해화학물질 취급시설의 안전성을 확보하고 사고 시 피해를 최소화할 수 있도록 비상대응체계를 구축·운영하도록 하였다.

2) 위반시 주요 내용

화학물질관리법을 위반하게 되면 제조/수입/판매 등 중지, 개선명령, 가동중지, 영업허가 취소, 과징금 처분, 벌금 및 과태료 등을 부과받게 된다.

벌칙은 제57조~제62조에 규정하고 있는데 최고 10년 이하의 금고나 2억원 이하의 벌금, 최소 6개월 이하의 징역 또는 500만원 이하의 벌금에 처하며 과태료는 최고 1천만원 이하 및 최소 300만원 이하이다.

특히 업무상 과실 또는 중과실로 화학사고를 일으켜 사람을 사상에 이르게 한 자는 10년 이하의 금고나 2억원 이하의 벌금에 처한다.

- 5년 이하의 징역 또는 1억원 이하의 벌금
- 6개월 이하의 징역 또는 500만원 이하의 벌금

3) 주요 위반 사례

2019년 11월, 한강유역환경청은 관할 유해화학물질 허가 사업장 8,530개소 중 유해화학물질 취급사업장 820개소에 대해 지도·점검을 실시하였는데 199개소에서 228건의 위반사항을 적발하였다. 이는 전년 동기 점검 사업장(585개소) 대비 약 1.4배 증가한 것이다. 위반 유형별로는 무허가 102건, 변경허가 미이행이 12건으로 허가 관련 사항이 가장 많았고(50%), 취급시설 및 사고대비물질 관리기준 위반 14건, 취급기준 미준수 9건, 부적합 상태로 운영 7건 등 화학 사고와 직접적인 관련이 있는 부분(13%)의 위반도 적지 않았다. 위반사항이 가장 많았던 무허가 사항의 경우 법을 이해하지 못했거나 알면서도 고의로 위반했을 수도 있을 것이다. 특히 화학물질관리법 위반 자진신고 이행 기간 종료(2019.5.21)에 따라 자진신고 후속 조치 미이행·미신고 사업장 200개소에 대해서는 일제 단속을

실시한 것으로, 31개소에서 36건의 위반사항을 적발하여 불법 행위를 근절하였다.[4)]

표 4-6 2019년도 화학물질관리법 위반 현황(2019년 11월까지)

위반조항	위반내용	건수	처분
허가 관련			
제28조제1,2항	무허가	102	고발
제28조제5항	변경허가 미이행	12	고발・개선명령
제20조제2항	유독물질 수입 신고 미이행	5	고발
유해화학물질 및 시설 기준 관련			
제16조제2항	유해화학물질 표시기준 미이행	19	고발
제24조제3항	정기검사 미실시	15	개선명령
제13조	취급기준 미준수	9	고발・경고
제40조	사고대비물질 관리기준 위반	8	고발
제24조제5항	부적합 상태로 운영	7	고발・영업정지
제24조	취급시설의 관리기준 위반	6	개선명령
제14조제1항	개인보호구 착용 미준수	2	경고
제25조제1,2항	개선명령 미이행	2	가동중지
제43조제2항	화학사고 즉시 신고 미이행	1	고발・경고
관리자선임 및 신고 관련			
제32조	관리자 미선임	12	과태료・개선명령
제50조제1항	관리대장 미작성	10	과태료・개선명령
제33조제2항	안전교육 미이행	9	과태료
제49조	실적보고 미제출	5	과태료
제31조제1항	도급신고 미이행	3	과태료・경고
제26조제1항	자체점검 미실시	1	개선명령
합계		228	

자료: 환경부(한강유역환경청) 2019년 12월 27일자 보도자료.

4) 환경부(한강유역환경청) 2019년 12월 27일자 보도자료.

(4) 소음진동관리법

1) 소음문제의 중대성

소음문제는 크게 작업장에서의 근로자를 위한 소음문제와 사업장 및 공사장 주변의 민원요인으로서의 소음문제 그리고 아파트 등 공동주택에서 발생하는 층간 소음문제가 가장 큰 현안인데 ESG 경영에서도 꼭 실펴보아야 할 내용이다. 작업장에서의 소음문제는 산업안전관리법에서 다루고 여기서는 층간소음 문제와 사업장 및 공사장 소음를 중심으로 분석한다.

환경부장관과 국토교통부장관은 공동주택에서 발생되는 층간소음(인접한 세대 간 소음을 포함한다. 이하 같다)으로 인한 입주자 및 사용자의 피해를 최소화하고 발생된 피해에 관한 분쟁을 해결하기 위하여 층간소음기준을 정하여야 한다고 규정한 바 있다.(제21조의2) 이 조항에 따라 환경부는 2020년 8월 10일 환경부고시 제2020-176호를 제정하여 층간소음의 측정, 피해사례 조사 및 상담 등의 절차 및 방법을 고시한 바 있다.

2022년 1월 31일 한국환경공단 자료 '층간소음 이웃사이센터' 접수 민원현황에 따르면 층간소음 민원 건수는 2019년 2만6057건에서 2020년 4만2250건으로 크게 늘었고 2021년에는 4만6596건으로 더 늘어났다.[5] 코로나19 사태로 인해 재택근무・비대면수업 등 집에서 머무는 시간이 길어지면서 층간소음 갈등도 더 심각해진 것으로 추정된다.

이러한 상황에서 건설회사들의 층간소음을 줄이기 위한 기술력 확보 경쟁은 ESG 경영실천의 한 사례로 주목받고 있다. 현대건설은 2021년 건설사 최초로 층간소음 차단 1등급 성능 기술을 확보했다. 2021년 5월 개발한 'H 사일런트 홈 시스템Ⅰ' 바닥구조의 고성능 완충재에 특화된 소재를 적용해 충격 진동수를 효과적으로 줄였다고 한다. 포스코건설은 2021년 3월부터 층간소음 문제 해결을 위해 석박사급 전문가 16명으로 구성된 공동주택 바닥충격음 저감 TF(태스크포스)를 설치하여 층간소음 절감을 위한 연구에 매진했다. 9월에는 '하이브리드 강건재 활용 강성보강 바닥 시스템'을 개발했으며 한국인정기구(KOLAS)로부터 국내 최고등급인 중량충격음 2등급, 경량충격음 1등급 판정을 받았다. DL이앤씨는 12개의 층간소음 저감 특허기술력을 동원해 '디 사일런트' 바닥 구조를 선보인

---

5) YTN 2022. 1.30일자 및 대한경제 2022.1.31.일자 기사, 맹성규 의원 블로그 https://blog.naver.com/minjoo_maeng/222638767758

바 있다. 디 사일런트 바닥 구조는 중량 충격음 2등급(41~43dB)으로 가정용 에어컨의 저소음 작동 모드와 비슷한 수준의 소음 차단 성능을 갖는다고 한다.

또한 층간소음으로 인한 분쟁 예방을 위해 일정 수준 이상의 진동이 집안에서 감지되면 거실과 세대 내 벽면에 설치된 센서를 통해 월패드와 모바일 기기로 자동으로 소음알림을 보내주기도 한다. 삼성물산은 100억원을 들여 국내 최대 규모인 층간소음 전문 연구 시설 '래미안 고요안 랩'을 운영하면서 층간소음 실증 연구를 위해 공동주택에 사용되는 구조 형식을 모두 적용해 층간소음의 영향을 일괄적으로 연구하고 있다.

한편 층간소음 문제 해소를 위해 바닥충격음 차단성능의 시공 후 검사를 의무화한 주택법 일부 개정안은 2022년 1월 11일 국회 본회의를 통과했다. 개정안에 따라 앞으로 아파트 시공 이후엔 국토교통부 장관이 지정한 바닥충격음 성능검사기관으로부터 바닥충격음 차단성능 검사를 받아야 한다. 지금까지는 사전인정제도로, 사업 주체가 사전에 바닥충격음 차단성능을 인정받은 구조대로 시공하면 됐다. 그러나 2022년 7월 이후 완공되는 아파트부터는 사후확인제도가 적용된다.

2) 소음진동관리법의 개요

소음(騷音)이란 기계·기구·시설, 그 밖의 물체의 사용 또는 공동주택(「주택법」 제2조제3호에 따른 공동주택을 말한다. 이하 같다) 등 환경부령으로 정하는 장소에서 사람의 활동으로 인하여 발생하는 강한 소리를 말하고 "진동(振動)"이란 기계·기구·시설, 그 밖의 물체의 사용으로 인하여 발생하는 강한 흔들림을 말한다.

소음진동법 제정의 목적은 공장·건설공사장·도로·철도 등으로부터 발생하는 소음·진동으로 인한 피해를 방지하고 소음·진동을 적정하게 관리하여 모든 국민이 조용하고 평온한 환경에서 생활할 수 있게 함이다. 여기서 공장이란 산업집적활성화 및 공장설립에 관한 법률 제2조제1호의 공장을 말한다. 다만, 도시계획법 제12조제1항에 따라 결정된 공항시설 안의 항공기 정비공장은 제외한다고 규정하고 있다.

공장 소음은 소음진동법 제2장 공장 소음·진동의 관리에 규정하고 있고 공사장 및 층간 소음 등 생활소음은 소음진동법 제3장 생활 소음·진동의 관리에서 규정하고 있다. 사업자는 배출시설 또는 방지시설의 설치 또는 변경을 끝내고 배출시설을 가동한 때에는 환경부령으로 정하는 기간 이내에 공장에서 배출되는

표 4-7 공장소음 배출허용기준

단위: dB(A)

대상지역	시간대별		
	낮 (06:00~18:00)	저녁 (18:00~24:00)	밤 (24:00~06:00)
가. 도시지역 중 전용주거지역 및 녹지지역(취락지구·주거개발진흥지구 및 관광·휴양개발진흥지구만 해당한다), 관리지역 중 취락지구·주거개발진흥지구 및 관광·휴양개발진흥지구, 자연환경보전지역 중 수산자원보호구역 외의 지역	50 이하	45 이하	40 이하
나. 도시지역 중 일반주거지역 및 준주거지역, 도시지역 중 녹지지역(취락지구·주거개발진흥지구 및 관광·휴양개발진흥지구는 제외한다)	55 이하	50 이하	45 이하
다. 농림지역, 자연환경보전지역 중 수산자원보호구역, 관리지역 중 가목과 라목을 제외한 그 밖의 지역	60 이하	55 이하	50 이하
라. 도시지역 중 상업지역·준공업지역, 관리지역 중 산업개발진흥지구	65 이하	60 이하	55 이하
마. 도시지역 중 일반공업지역 및 전용공업지역	70 이하	65 이하	60 이하

소음·진동이 소음·진동 배출허용기준 이하로 처리될 수 있도록 하여야 한다.(제14조) 소음·진동 배출시설을 설치한 공장에서 나오는 소음·진동의 배출허용기준은 환경부령으로 정한다.(제7조)

사업자는 배출시설과 방지시설을 정상적으로 운영·관리하기 위하여 환경기술인을 임명하여야 하며, 환경기술인은 그 배출시설과 방지시설에 종사하는 자가 이 법이나 이 법에 따른 명령을 위반하지 아니하도록 지도·감독하여야 하며, 배출시설과 방지시설이 정상적으로 가동되어 소음·진동의 정도가 배출허용기준에 적합하도록 관리하여야 한다.(제19조)

생활소음의 경우 특별자치시장·특별자치도지사 또는 시장·군수·구청장은 주민의 조용하고 평온한 생활환경을 유지하기 위하여 사업장 및 공사장 등에서 발생하는 소음·진동(산업단지나 그 밖에 환경부령으로 정하는 지역에서 발생하는 소음과 진동은 제외하며, 이하 "생활소음 · 진동"이라 한다)을 규제하여야 한다. 생활소음 · 진동의 규제대상 및 규제기준은 환경부령으로 정한다.(제21조)

표 4-8 생활소음 규제기준

단위: dB(A)

대상지역	소음원 \ 시간대별		아침, 저녁 (05:00~07:00, 18:00~22:00)	주간 (07:00~18:00)	야간 (22:00~05:00)
- 주거지역, - 녹지지역, - 관리지역 중 취락지구 · 주거개발진흥지구 및 관광 · 휴양개발진흥지구 - 자연환경보전지역, - 그 밖의 지역에 있는 학교 · 종합병원 · 공공도서관	확성기	옥외설치	60 이하	65 이하	60 이하
		옥내에서 옥외로 소음이 나오는 경우	50 이하	55 이하	45 이하
	공장		50 이하	55 이하	45 이하
	사업장	동일 건물	45 이하	50 이하	40 이하
		기타	50 이하	55 이하	45 이하
	공사장		60 이하	65 이하	50 이하
그 밖의 지역	확성기	옥외설치	65 이하	70 이하	60 이하
		옥내에서 옥외로 소음이 나오는 경우	60 이하	65 이하	55 이하
	공장		60 이하	65 이하	55 이하
	사업장	동일 건물	50 이하	55 이하	45 이하
		기타	60 이하	65 이하	55 이하
	공사장		65 이하	70 이하	50 이하

표 4-9 생활진동 규제기준

단위: dB(V)

대상 지역 \ 시간대별	주간 (06:00~22:00)	심야 (22:00~06:00)
- 주거지역, - 녹지지역, - 관리지역 중 취락지구 · 주거개발진흥지구 및 관광 · 휴양개발진흥지구, - 자연환경보전 지역, - 그 밖의 지역에 소재한 학교 · 종합병원 · 공공도서관	65 이하	60 이하
그 밖의 지역	70 이하	65 이하

생활소음 · 진동이 발생하는 공사로서 환경부령으로 정하는 특정공사를 시행하려는 자는 환경부령으로 정하는 바에 따라 관할 특별자치시장 · 특별자치도지사 또는 시장 · 군수 · 구청장에게 신고하여야 하며 다음 각 호의 사항을 모두 준수하여야 한다.(제22조)

1. 환경부령으로 정하는 기준에 적합한 방음시설을 설치한 후 공사를 시작할 것. 다만, 공사현장의 특성 등으로 방음시설의 설치가 곤란한 경우로서 환경부령으로 정하는 경우에는 그러하지 아니하다.
2. 공사로 발생하는 소음 · 진동을 줄이기 위한 저감대책을 수립 · 시행할 것 또한 특별자치시장 · 특별자치도지사 또는 시장 · 군수구청장은 공사장에서 발생하는 소음을 적정하게 관리하기 위하여 필요한 경우에는 공사를 시행하는 자에게 소음측정기기를 설치하도록 권고할 수 있다.

3) 위반시 주요 내용

소음진동관리법을 위반하게 되면 개선명령, 조업시간의 제한 및 조업정지명령, 배출시설의 허가 취소, 폐쇄, 벌금 및 과태료를 부과받게 된다.

공장 및 생활소음 관련해서는 최대 3년 이하의 징역 또는 3천만원 이하의 벌금, 최소 6개월 이하의 징역 또는 500만원 이하의 벌금이며 과태료는 최대 300만원 이하의 과태료, 최소 200만원 이하의 과태료를 부과받게 된다.

표 4-10 소음진동 위반행위에 따른 과태료

위 반 행 위	근거 법조문	과태료 금액(단위: 만원)		
		1차위반	2차위반	3차이상
법 제8조제2항에 따른 변경신고를 하지 않거나 거짓이나 그 밖의 부정한 방법으로 변경신고를 한 경우	법 제60조 제3항제1호	60	80	100
법 제14조를 위반하여 공장에서 배출되는 소음 · 진동을 배출허용기준 이하로 처리하지 않은 경우	법 제60조 제3항제2호	100	140	200
법 제19조제1항을 위반하여 환경기술인을 임명하지 않은 경우	법 제60조 제2항제1호	200	250	300
법 제19조제4항을 위반하여 환경기술인의 업무를 방해하거나 환경기술인의 요청을 정당한 사유 없이 거부한 경우	법 제60조 제2항제2호	150	200	250

법 제21조제2항에 따른 생활소음·진동 규제기준을 초과하여 소음·진동이 발생한 경우 1) 소음원이 공장, 사업장, 확성기, 특정공사 사전신고대상 외의 공사장인 경우 2) 소음원이 특정공사 사전신고대상 공사장인 경우	법 제60조 제3항제2호의2	 20 60	 60 120	 100 200
법 제22조제1항·제2항에 따른 신고 또는 변경신고를 하지 않거나 거짓이나 그 밖의 부정한 방법으로 신고 또는 변경신고를 한 경우 1) 신고 대상 공사장인 경우 2) 변경신고 대상 공사장인 경우	법 제60조 제3항제2호의3	 100 60	 140 80	 200 100
법 제22조제3항제1호에 따른 방음시설을 설치하지 않거나 기준에 맞지 않는 방음시설을 설치한 경우	법 제60조 제3항제2호의4	100	140	200
법 제22조제3항제2호에 따른 저감대책을 수립·시행하지 않은 경우	법 제60조 제3항제3호	100	140	200
법 제46조를 위반하여 환경기술인 등의 교육을 받게 하지 않은 경우	법 제60조 제3항제8호	60	80	100
법 제47조제1항에 따라 보고를 하지 않거나 허위로 보고한 경우 또는 자료를 제출하지 않거나 허위로 제출한 경우	법 제60조 제3항제9호	60	80	100
법 제47조에 따른 관계 공무원의 출입·검사를 거부·방해 또는 기피한 경우	법 제60조 제3항제10호	60	80	100

(5) 폐기물관리법

1) 폐기물관리법의 개요

폐기물관리법의 목적은 폐기물의 발생을 최대한 억제하고 발생한 폐기물을 친환경적으로 처리함으로써 환경보전과 국민생활의 질적 향상에 이바지하는 데 있다고 규정하고 있다. 폐기물이란 쓰레기, 연소재(燃燒滓), 오니(汚泥), 폐유, 폐산, 폐알칼리 및 동물의 사체 등으로서 사람의 생활이나 사업활동에 필요하지 아니하게 된 물질을 말한다. 처리란 폐기물의 수집, 운반, 보관, 재활용, 처분을 말하며 처분이란 폐기물의 소각·중화·파쇄·고형화 등의 중간처분과 매립하거나 해역으로 배출하는 등의 최종처분을 말한다.

폐기물관리법은 1986년 제정되었다. 이전에는 오물청소법과 환경보전법에서 생활폐기물과 사업폐기물로 이원화 관리되었으나, 폐기물관리법 제정으로 관리체계가 일원화된 것이다. 폐기물관리법은 발생억제, 예치금제도, 광역관리, 사후관리 개념이 적용되었는데 1992년부터 재활용촉진법이 발효되면서 포장재 발생억제, 1회용품규제, 폐기물예치금 및 폐기물부담금제도, 재활용산업육성 등의 재활용에 관한 제도 및 정책이 시행되었다. 2003년부터는 예치금제도가 생산자책임 재활용제도로 전환되고, 건설폐기물의 재활용촉진에 관한 법률이 새롭게 제정되면서 건설폐기물의 재활용 및 재활용제품의 수요기반을 마련하였다. 또한 1995년에는 종량제, 2005년 음식물쓰레기 직매립금지 제도 등이 실시되면서 폐기물의 발생억제를 통한 감량화와 자원화를 추진하였다.

폐기물관리법은 폐기물 관리의 기본원칙을 규정하고 있는데 첫째, 사업자는 제품의 생산방식 등을 개선하여 폐기물의 발생을 최대한 억제하고, 발생한 폐기물을 스스로 재활용함으로써 폐기물의 배출을 최소화하여야 한다. 둘째, 누구든지 폐기물을 배출하는 경우에는 주변 환경이나 주민의 건강에 위해를 끼치지 아니하도록 사전에 적절한 조치를 하여야 한다. 셋째, 폐기물은 그 처리과정에서 양과 유해성을 줄이도록 하는 등 환경보전과 국민건강보호에 적합하게 처리되어야 한다. 넷째, 폐기물로 인하여 환경오염을 일으킨 자는 오염된 환경을 복원할 책임을 지며, 오염으로 인한 피해의 구제에 드는 비용을 부담하여야 한다. 다섯째, 국내에서 발생한 폐기물은 가능하면 국내에서 처리되어야 하고, 폐기물의 수입은 되도록 억제되어야 한다. 여섯째, 폐기물은 소각, 매립 등의 처분을 하기보다는 우선적으로 재활용함으로써 자원생산성의 향상에 이바지하도록 하여야 한다.

폐기물은 1차적으로 발생원과 폐기물발생량에 따라 생활폐기물과 사업장폐기물(건설폐기물 포함)로 구분되며, 2차적으로는 유해성에 따라 사업장일반폐기물과 지정폐기물로, 3차적으로는 발생특성에 따라 사업장생활계폐기물, 사업장배출시설계폐기물, 건설폐기물, 의료폐기물 등으로 분류된다. 생활폐기물이란 사업장폐기물 외의 폐기물을 말한다. 사업장폐기물이란 대기환경보전법, 물환경보전법 또는 소음 · 진동관리법에 따라 배출시설을 설치 · 운영하는 사업장이나 그 밖에 대통령령으로 정하는 사업장에서 발생하는 폐기물을 말한다.

지정폐기물이란 사업장폐기물 중 폐유 · 폐산 등 주변 환경을 오염시킬 수 있거나 의료폐기물 등 인체에 위해를 줄 수 있는 해로운 물질로서 대통령령으로 정하는 폐기물을 말한다. 의료폐기물이란 보건 · 의료기관, 동물병원, 시험 · 검사기관 등에서 배출되는 폐기물 중 인체에 감염 등 위해를 줄 우려가 있는 폐기물과 인체 조직 등 적출물, 실험 동물의 사체 등 보건 · 환경보호상 특별한 관리가 필요하다고 인정되는 폐기물로서 대통령령으로 정하는 폐기물을 말한다.

표 4-11 폐기물의 구분

<table>
<tr><td rowspan="6">폐기물
'쓰레기 · 연소재 · 오니 · 폐유 · 폐산 · 폐알카리 · 동물의 사체 등으로서 사람의 생활이나 사업활동에 필요하지 아니하게 된 물질'</td><td colspan="3">생활폐기물
'생활폐기물'이란 사업장폐기물 외의 폐기물</td></tr>
<tr><td rowspan="5">사업장폐기물
"「대기환경보전법」, 「수질 및 수생태계 보전에 관한 법률」 또는 「소음 · 진동관리법」에 따라 배출시설을 설치 · 운영하는 사업장이나 그 밖에 대통령령으로 정하는 사업장에서 발생하는 폐기물'</td><td rowspan="2">사업장일반폐기물
사업장폐기물로서 지정폐기물과 건설폐기물을 제외한 폐기물</td><td>사업장생활계폐기물
폐기물을 1일 평균 300kg 이상 배출하는 사업장, 일련의 공사(건설공사는 제외) 또는 작업으로 폐기물을 5톤(공사를 착공하거나 작업을 시작할 때부터 마칠 때까지 발생하는 폐기물의 양을 말한다)이상 배출하는 사업장에서 발생하는 폐기물</td></tr>
<tr><td>사업장배출시설계폐기물
「대기환경보전법」, 「수질 및 수생태계 보전에 관한 법률」 또는 「소음 · 진동관리법」에 따른 배출시설 또는 「수질 및 수생태계 보전에 관한 법률」 제48조 제1항에 따른 폐수종말처리시설, 「하수도법」 제2조 제9호에 따른 공공하수처리시설, 「하수도법」 제2조 제11호에 따른 분뇨처리시설, 「가축분뇨의 관리 및 이용에 관한 법률」 제24조에 따른 공공처리시설, 「폐기물 관리법」 제29조 제2항에 따른 폐기물처리시설에서 발생되는 폐기물</td></tr>
<tr><td rowspan="2">지정폐기물
사업장폐기물 중 폐유 · 폐산 등 주변환경을 오염시킬 수 있거나 의료폐기물 등 인체에 위해를 줄 수 있는 유해한 물질로서 대통령령으로 정하는 폐기물</td><td>특정시설에서 발생되는 폐기물, 부식성 폐기물, 유해물질함유폐기물, 폐유기용제, 폐페인트 및 폐래커, 폐유, 폐석면, 폴리클로리네이티드비페닐 함유 폐기물, 폐유독물, 의료폐기물</td></tr>
<tr><td>의료폐기물
보건 · 의료기관, 동물병원, 시험 · 검사기관 등에서 배출되는 폐기물 중 인체에 감염 등 위해를 줄 우려가 있는 폐기물과 인체조직 등 적출물, 실험동물의 사체 등 보건 · 환경보호상 특별한 관리가 필요하다고 인정되는 폐기물로서 대통령령으로 정하는 폐기물</td></tr>
<tr><td colspan="2">건설폐기물
「건설산업기본법」 제2조 제4호에 해당하는 건설공사로 인하여 건설현장에서 발생하는 5톤이상의 폐기물(공사를 시작할 때부터 완료할 때까지 발생하는 것만 해당한다)로서 대통령령으로 정하는 것</td></tr>
</table>

2) 위반시 주요 내용

폐기물관리법을 위반하게 되면 허가 취소, 영업의 전부 또는 일부 정지, 폐기물의 반입정지 명령, 대집행(代執行), 과징금 처분, 벌금 및 과태료 등을 부과받게 된다. 특히 폐기물관리법 제8조에서는 폐기물의 투기 금지 등을 규정하고 있는데 누구든지 특별자치시장, 특별자치도지사, 시장・군수・구청장이나 공원・도로 등 시설의 관리자가 폐기물의 수집을 위하여 마련한 장소나 설비 외의 장소에 폐기물을 버리거나, 특별자치시, 특별자치도, 시・군・구의 조례로 정하는 방법 또는 공원・도로 등 시설의 관리자가 지정한 방법을 따르지 아니하고 생활폐기물을 버려서는 아니 되고 누구든지 이 법에 따라 허가 또는 승인을 받거나 신고한 폐기물처리시설이 아닌 곳에서 폐기물을 매립하거나 소각하여서는 아니 된다고 명시하였다.

벌칙으로 최대 7년 이하의 징역이나 7천만원 이하의 벌금, 최소 2년 이하의 징역이나 2천만원 이하의 벌금, 과태료는 1천만원 이하, 300만원 이하, 100만원 이하가 있다.

표 4-12 폐기물 분야 위반사례

폐기물관리법	위반사례	벌칙
제8조 폐기물의 투기금지	사업장폐기물의 무단투기	7년 이하 징역 또는 7천만원 이하의 벌금
	사업장폐기물 무단매립 또는 소각행위	7년 이하 징역 또는 7천만원 이하의 벌금
제13조 폐기물의 처리기준	처리기준을 위반하여 폐기물을 매립한자	3년 이하 징역 또는 3천만원 이하의 벌금
	처리기준을 위반하여 폐기물 처리	2년 이하 징역 또는 2천만원 이하의 벌금
제17조 사업장폐기물 배출자의 의무	지정폐기물 처리계획 확인 미이행	2년 이하 징역 또는 2천만원 이하의 벌금
	사업장폐기물 배출자 신고 미이행(지정폐기물 제외)	1천만원 이하의 과태료
제18조 사업장폐기물의 처리	사업장폐기물 부적정 처리	3년 이하 징역 또는 3천만원 이하의 벌금
	인수・인계내역 올바로시스템 미입력 또는 거짓입력	2년 이하 징역 또는 2천만원 이하의 벌금
제25조 폐기물처리업(수집・운반업, 처분업, 재활용업)	무허가 폐기물처리업 영업	5년 이하 징역 또는 5천만원 이하의 벌금
	폐기물처리업 변경허가 미이행	3년 이하 징역 또는 3천만원 이하의 벌금

	폐기물처리업 허가조건 위반	2년 이하 징역 또는 2천만원 이하의 벌금
	폐기물처리업 허가증 대여행위	2년 이하 징역 또는 2천만원 이하의 벌금
	폐기물 보관시설(승인받은 임시보관시설)외 보관	2년 이하 징역 또는 2천만원 이하의 벌금
	폐기물의 보관허용량 및 기간 초과	2년 이하 징역 또는 2천만원 이하의 벌금
	폐기물처리업 준수사항 위반	2년 이하 징역 또는 2천만원 이하의 벌금
제29조, 제30조 폐기물처리시설의 설치 및 검사	미승인 폐기물처리시설 설치	3년 이하 징역 또는 3천만원 이하의 벌금
	폐기물처리시설 설치신고 미이행	2년 이하 징역 또는 2천만원 이하의 벌금
	규모미만(25kg/hr) 폐기물소각시설 설치	2년 이하 징역 또는 2천만원 이하의 벌금
	폐기물처리시설 검사 미이행	3년 이하 징역 또는 3천만원 이하의 벌금
제46조 폐기물처리신고	폐기물처리 신고 미이행	2년 이하 징역 또는 2천만원 이하의 벌금
	폐기물처리 신고자 준수사항 위반	300만원 이하의 과태료

자료: 원주지방 환경청, 환경법령 요약 및 주요위반사례, 2022.5.

3) 주요 위반 사례

2021년 국회 국정감사 자료에 따르면 2016년부터 2020년까지 총 5,422건의 건설폐기물법 위반 현황이 적발되었다. 이는 건설현장에서 공기단축 및 비용절감 등을 이유로 분리배출을 지키지 않거나, 이를 혼합 보관하는 등 관행적인 불법행위가 여전히 있다는 것을 의미한다.[6] 위반건수 및 위반율을 보면 2016년 856건(7.1%), 2017년 784건(6.0%), 2018년 939건(7.4%), 2019년 1,267건(9.9%), 2020년 1,576건(11.3%)으로 나타났다.

위반내역은 보관기준 위반이 44%로 제일 많았고, 처리기준 위반 13%, 무허가 처리 1.5%, 관리대장 미작성 1.3%, 불법투기 0.6% 순이다. 보관기준 위반, 처리기준 위반, 관리대장 미작성이 58.3%로 나타난 점은 법을 잘 알지 못했거나 알면서도 관행 등의 이유로 그냥 간과하는 경우로 볼 수 있다. 그러나 무허가 처리 1.5%, 불법투기 0.6%는 법을 알면서도 법을 어겼다는 점에서 강한 조치가 필요한 부분이기도 하다.

---

6) 임종성 의원(국회 환경노동위원회), 2019년 국정감사 보도자료, 2021.10.5.

특히 대형 건설업체와 공공기관이 관리하는 건설공사 현장에서 반복적인 위반행위가 발생하고 있는데 위반 건수의 3.2%만 영업정지이고, 83.8%는 과태료 처분(위반사항 및 횟수에 따라 50만원~1,000만원)에 그쳐 솜방망이 처벌이 오히려 건설현장에서 반복적인 위반행위를 근절시키지 못하는 원인으로 지목되고 있다는 지적을 받고 있다.

또한 건설폐기물의 경우 사업장 일반폐기물과는 달리 배출자에 대한 교육의무가 없어 건설현장의 인식개선이 필요한 상황이다.

표 4-13 2016~2020년 건설폐기물 위반현황

연도	점검실적	위반내역							조치내역				
		계	무허가처리	불법투기	처리기준위반	보관기준위반	관리대장미작성	기타	계	영업정지	고발	과태료	시정명령등
합계	64,310	5,422	82	36	720	2,366	72	2,146	5,823	185	234	4,882	506
'16	12,027	856	19	7	149	195	7	479	945	36	46	738	116
'17	12,960	784	11	7	113	207	22	424	854	26	41	710	78
'18	12,593	939	13	7	134	376	19	390	1,020	36	36	863	85
'19	12,795	1,267	18	4	153	686	9	397	1,337	42	41	1,162	88
'20	13,935	1,576	21	11	171	902	15	456	1,667	45	70	1,409	139

그림 4-9 위반사례 1

위반사항	폐기물 불법소각 등 금지 위반
관련법령	폐기물관리법 제8조 제2항
벌칙조항	폐기물관리법 제63조 제2호
벌칙	고발(7년이하의 징역 또는 7천만원 이하의 벌금)
행정처분	–
위반내용	– 폐기물관리법 제8조 제2항에 따라, 누구든지 폐기물관리법에 따라 허가 또는 승인을 받거나 신고한 폐기물처리시설이 아닌 곳에서 폐기물을 매립하거나 소각해서는 안됨 – ○○식품(주)는 농·수·축산물을 가공하여 통조림을 생산·판매하는 제조업 등록 업체로 사업장 내 보관중인 폐지, 폐통조림 용기, 폐비닐 등 사업장 폐기물을 일반 소각로(2기)에서 예전부터 소각한 사실을 확인함

관련사진		

	불법소각시설 사진1	불법소각시설 사진2

	불법소각시설 하단부의 재	소각 잔재물

그림 4-10 위반사례 2

위반사항	폐기물처리업자의 준수사항 위반 –폐기물 부적정 보관
관련법령	폐기물관리법 제25조 제9항 제1호
벌칙조항	폐기물관리법 제66조 제9호
벌칙	고발(2년 이하의 징역 또는 2천만원 이하의 벌금)
행정처분	영업정지 1개월(1차)
위반내용	– 폐기물관리법 제25조 제9항 제1호에 따라, 폐기물처리업자는 환경부령으로 정하는 바에 따라 폐기물을 허가받은 사업장내 보관시설이나 승인받은 임시보관시설 등 적정한 장소에 보관해야 함 – ○○○(주)는 폐기물 종합재활용업 허가를 받은 이후, 폐비닐을 재활용해 플라스틱 제품을 제조하는 업체로 영업대상 폐기물인 폐비닐 약 50톤 가량을 허가받은 보관시설이 아닌 사업장 내 부지 위에 보관하여 폐기물 처리업자 준수사항을 위반한 사실을 확인함

관련사진		

	허가받은 보관시설 이외의 장소에 보관중인 영업대상폐기물(폐비닐)	허가받은 보관시설 이외의 장소에 보관중인 영업대상폐기물(폐비닐)

제 3 절 사회규제의 주요 내용과 특징

사회규제에서 중요한 요소는 인권과 노동 분야이며 특히 공급망 전체에 영향을 미치기 때문에 이에 대한 대비가 필요하다. 특히 노동에서의 인권 문제는 문제발생시 기업의 평판을 크게 손상시켜 해당기업에 대한 제품 불매운동으로 연결되기도 한다. 또한 중대재해처벌법, 산업안전보건법은 작업자의 생명에 직결되는 사안인 만큼 안전사고 예방을 위한 시설투자와 교육 및 점검을 통해 작업자의 안전을 지켜나가야 한다.

한국기업지배구조원의 ESG 모범규준에서도 인권의 중대성이 강조되고 있으며 K-ESG 가이드라인에서는 중견 · 중소기업의 경우 노동, 다양성 및 양성평등, 산업안전, 지역사회 등 4개 범주에서 9개 항목을 가이드라인으로 제시하고 있다. 따라서 인권 관련 UN 인권 이행원칙, 중대재해처벌법, 산업안전보건법 등의 내용을 살펴볼 필요가 있다.

표 4-14 중견 · 중소기업의 사회분야 기본 진단항목 세트

영역	범주	분류번호	진단항목
사회 (S) (9개 문항)	노동	S-2-2	정규직 비율
		S-2-6	결사의 자유 보장
	다양성 및 양성평등	S-3-1	여성 구성원 비율
		S-3-2	여성 급여 비율(평균 급여액 대비)
		S-3-3	장애인 고용률
	산업안전	S-4-1	안전보건 추진체계
		S-4-2	산업재해율
	지역사회	S-7-1	전략적 사회공헌
		S-7-2	구성원 봉사참여

자료: 관계부처 합동(2021), "K-ESG 가이드라인 v1.0".

1. 인권 UN 이행원칙

(1) 개 요

2011년 유엔 인권이사회(UNHRC, UN Human Rights Council)는 만장일치로 UN 기업과 인권 이행원칙(UNGPs, UN Guiding Principles on Business and Human Rights)을 승인하였다. 이 원칙에서는 기업이 국제 노동기준 준수를 포함한 인권 존중 책임을 다할 것을 요구하고 있으며, 이를 위해 공급망을 통해 인권에 대한 부정적인 영향을 평가하는 인권실천 점검의무(HRDD, Human Rights Due Diligence)를 실시하도록 하고 있다. 한국기업지배구조원의 ESG 모범규준 중 인권 관련 주요 내용은 다음과 같다.

첫째, 최고경영진은 인권경영에 대한 의지를 표명하고 이를 대내외 이해관계자에게 공개하여야 한다. 인권정책 대상 범위는 자사 근로자 외에도 협력사 및 파트너사의 근로자, 고객, 지역사회거주민 등 다양한 이해관계자를 보호할 수 있는 원칙을 담고 있어야 한다. 또한 인권 이슈를 전담하는 실무부서를 설치하여야 한다.

둘째, 기업은 인권영향평가를 실시하여 사업활동에서 발생할 수 있는 실제적·잠재적 인권 위험을 사전에 파악하여야 한다. 제품 생산 및 서비스 제공 전 과정의 가치사슬에서 발생할 수 있는 인권 위험영역에서의 인권 이슈를 파악하고 그 결과를 바탕으로 위험 예방 및 완화 조치를 마련하고 인권 위험을 해소해 나가야 한다.

셋째, 기업은 이해관계자가 인권과 관련된 고충을 수시로 전달할 수 있는 채널을 마련하여야 한다. 기업은 고충처리채널에 접수된 의견을 분석해 인권경영 시행 및 개선에 활용할 수 있다. 또한 인권경영의 효과성을 정기적으로 평가 및 관리하는 등 인권경영의 목표 및 계획과 연계된 정성·정량적 평가지표를 마련할 필요가 있다.

(2) 주요 사례

사례 1: 일본 아사히그룹 인권방침 주요 내용(2021년 3월 25일 승인)

- 인권방침의 대상은 아사히그룹 각사의 모든 임원 및 직원이다. 즉 아사히그룹 각사의 이사, 감사, 집행임원 및 기타 경영에 관련된 업무 집행에 종사

하는 자, 이들을 감독하는 자 외에, 아사히 그룹 각사와의 고용계약에 기초하여 그 직무에 종사하고 있는 자 및 그 외 외부에서 파견된 자, 파견사원을 말한다.

- 국제적으로 인정되는 '국제인권장전' 및 국제노동기구(ILO)의 '노동에서의 기본원칙 및 권리에 관한 선언'에 규정된 인권을 존중하며 유엔 글로벌 콤팩트 10대 원칙을 지지하며 '비즈니스와 인권에 관한 유엔 이행원칙'에 따라 사업활동을 영위한다. 만일 해당 나라 및 지역의 법 규제와 국제적인 인권 규범이 상이 또는 상반되는 경우에는 해당 나라 및 지역의 법령 및 규제의 범위 내에서 국제적으로 인정된 인권을 최대한 존중하는 방법을 추구한다.
- UN의 '기업과 인권에 관한 이행원칙'에 따라 아사히 그룹의 사업활동과 관련된 인권면에서의 부정적 영향을 특정, 예방, 경감하기 위해서 실사를 실시한다. 사업활동과 관련된 아래의 인권 과제에 대한 대응이 인권 책임의 중요한 요소임을 인식한다.
  - 차별: 우리는 개인의 인권과 다양성을 존중한다. 또한 국적, 인종, 민족, 종교, 사상, 성별, 연령, 장애, 성 정체성, 성적 지향, 고용 형태 및 기타 각국 및 각 지역의 법령으로 보호되는 특성에 의한 차별이나, 개인의 존엄을 해치는 행위를 하지 않는다.
  - 괴롭힘: 우리는 정신적, 육체적을 불문하고 상대에게 상처를 주는 언동 및 어떠한 괴롭힘도 하지 않는다.
  - 강제노동과 아동노동: 우리는 강제노동 및 아동노동을 하지 않는다. 또한 인신매매를 포함한, 어떠한 형태의 현대 노예도 허용하지 않는다.
  - 결사의 자유와 단체교섭권
  - 노동 안전 위생
  - 노동 시간과 임금
  - 공급망에 대한 영향: 우리는 비즈니스 파트너나 그 협력업체를 포함한 공급망 전체를 파악하기 위해 노력한다. 우리의 인권방침을 공급업체와 공유하고 그 준수 현황을 확인 및 평가한다. 또한, 공급망 전체의 인권존중을 촉진하기 위하여 공급업체 외의 이해관계자와도 연계한다.
  - 지역사회에 대한 영향
- 인권방침의 준수 현황을 계속 모니터링하여 필요에 따라서 개선한다. 아사히 그룹의 웹 사이트, 통합보고서 및 기타 커뮤니케이션 수단을 통해 인권방

침의 침투방안의 진척 상황 및 인권존중 촉진 노력을 정기적으로 공개한다.

사례 2: Apple의 협력업체 행동 수칙

- Apple은 노동, 인권, 환경, 윤리 강령을 최우선 순위에 두는 데 전념하고 있다. Apple 협력업체는 Apple을 위해 제품을 제조하거나 서비스를 수행하는 모든 곳에서 안전한 근무 조건을 제공하고, 근로자를 존엄과 존중으로 대우하며, 공정하고 윤리적으로 행동하고, 환경에 대한 책임을 다하는 방식을 사용해야 한다. Apple은 협력업체가 본 Apple 협력업체 행동 수칙(이하 '수칙')의 원칙과 요구 사항에 따라 모든 관련 법률 및 규정을 완벽하게 준수하도록 요구한다.

▶ Apple의 원칙

- 본 수칙은 UN 국제인권장전(International Bill of Human Rights) 및 국제노동기구(ILO, International Labour Organization)의 작업장에서의 기본원칙 및 권리에 관한 선언(Declaration on Fundamental Principles and Rights at Work)에서 규정된 바와 같이 국제적으로 인정된 인권에 기초하고 있다. Apple 은 전사적 인권 정책[링크]에 명시된 바와 같이 인권을 존중하는 데 심혈을 기울이고 있으며, Apple의 접근 방식은 UN 기업과 인권 이행원칙(UNGPs, UN Guiding Principles for Business and Human Rights)에 기초하고 있다.
- 국법과 국제인권기준에 차이가 있는 UNGP 프레임워크에 맞추어, Apple은 더 높은 기준을 따른다. 상충하는 경우 Apple은 국법을 존중하는 동시에 국제적으로 인정된 인권의 원칙을 존중한다. 또한, 국법과 Apple의 엄격한 환경, 보건, 안전 기준이 다른 경우, Apple은 더 높은 기준을 따른다. 국법과 Apple의 높은 기준이 상충하는 경우 Apple은 높은 기준을 존중하는 동시에 국법도 존중한다.
- Apple은 협력업체의 본 수칙 준수 여부를 평가한다. 위반 사항이 발견될 경우 Apple과 협력업체의 사업 관계가 악화될 수 있으며 최악의 경우 계약 해지에 이를 수도 있다. 본 수칙은 Apple 제품 또는 서비스를 제공하거나 Apple 제품에 사용되는 제품 또는 서비스를 제공하는 Apple 협력업체와 해당 협력업체의 자회사, 계열사, 하청업체 및 2차 협력업체(이하 각각 '협력업체')에 적용된다.

▶ 노동 인권

• Apple은 Apple 공급망에 속한 모든 근로자가 공정하고 윤리적인 작업장에서 근무할 권리를 가지고 있다고 믿는다. 근로자는 존엄성을 갖고 존중받으며 근무할 권리가 있고 Apple 협력업체는 가장 높은 인권 기준을 달성해야 한다.

▶ 차별 금지

• 협력업체는 채용 및 기타 고용 업무 시 연령, 장애, 민족, 성별, 결혼 여부, 국적, 정치 성향, 인종, 종교, 성적 지향성, 성 정체성, 노조 가입 또는 관련 국법 또는 현지 법률에 따라 보호되는 기타 상태 등을 근거로 근로자를 차별해서는 안된다.

▶ 미성년자 노동 금지

• 협력업체는 15세 이상, 해당 법정 최소 고용 연령 또는 의무 교육 완료 연령 중 가장 높은 기준보다 나이가 많은 근로자만 고용해야 한다.

• 청소년 근로자 보호
협력업체는 ILO 최저연령협약 제 138 호에 의거하여 근로자의 건강, 안전, 심리를 해칠 가능성이 있는 작업을 하지 않는다는 전제하에 법정 최소 근로 연령보다는 나이가 많지만 18세보다 어린 청소년을 고용할 수 있다. 청소년 근로자에게 초과 근무나 야간작업을 요구해서는 안 된다.

▶ 근무 시간

• 주당 근무 시간은 초과 근무를 포함하여 60시간으로 제한되어야 하며, 근로자는 긴급 상황 또는 예상 밖의 상황을 제외하고 7일마다 최소 1일의 휴무일을 가져야 한다. 정규 근무 시간은 48시간을 초과해서는 안 된다. 협력업체는 근무 시간과 휴무일에 관한 모든 관련 법규를 준수해야 하며, 모든 초과 근무는 자발적으로 이루어져야 한다.

▶ 고충 신고 시스템

• 협력업체는 경영진과 근로자 간의 자유로운 의사소통이 가능한 효과적인 수단을 갖추어 근로자들이 고충을 신고할 수 있도록 해야 한다.

▶ 보건 안전

• Apple은 근로자의 건강, 안전 및 복지를 중요하게 생각한다. 협력업체는 안전한 작업 환경을 제공 및 유지하고, 건전한 보건 안전 관리 방식을 사업에 통합해야 한다. 근로자는 위험한 작업을 거부하고 유해한 근로 조건을 신고할 수 있는 권리를 가져야 한다.

▶ 작업장 보건안전 관리

• 협력업체는 위해 요소 제거, 대체, 엔지니어링 제어, 관리 제어 및/또는 개인 보호 장비 등을 우선순위에 따라 처리하여 작업장의 보건 안전 위해 요소를 식별, 평가 및 관리해야 한다.

▶ 작업 및 생활 조건

• 협력업체는 근로자에게 언제든 이용할 수 있는 청결한 화장실과 음용수를 제공해야 한다. 협력업체가 제공하는 식사, 취사 및 저장 시설은 위생적이어야 한다. 또한 협력업체 또는 제3자가 제공하는 근로자 기숙사는 청결하고 안전하며 합당한 생활 공간을 제공해야 한다.

▶ 환경

• Apple은 환경을 보호하기 위해 최선을 다하며 환경적 책임을 기업 운영의 핵심으로 삼고 있다. 협력업체는 환경에 대한 책임을 다하는 사업 방식을 개발, 이행 및 유지해야 한다.

▶ 기업의 성실성

• 협력업체는 부패, 착취, 횡령 또는 뇌물 등으로 불공정하거나 부당한 이익을 도모해서는 안된다. 또한 해외부패방지법(FCPA, Foreign Corrupt Practices Act)이나 관련 국제 부패 방지 협약을 포함해 사업 운영 국가에서 적용되는 모든 부패 방지 법규를 준수해야 한다. 협력업체는 Apple 과의 사업과 관련하여 선물 제공 및 수수를 금지하는 정책을 마련해야 한다. 선물에는 현금뿐만 아니라 접대, 기프트카드, 제품 할인, 사업 외 활동과 같은 현금 등가물도 포함된다. 협력업체는 정책을 위반하는 모든 사항을 조사하고 보고하는 절차를 갖추어야 한다.

▶ 기업 비리 내부고발자 보호와 익명 불만 신고

- 협력업체는 관리자와 근로자가 작업장 고충을 신고할 수 있는 익명 불만 신고 수단을 제공해야 한다. 또한 내부고발자 비밀을 보호하고 보복을 금지해야 한다.

▶ 관리 시스템

- Apple은 효율적인 경영 시스템과 이행을 위한 노력이야말로 Apple 공급망의 사회 및 환경 복지를 풍성하게 할 수 있는 핵심 요소라고 확신한다. 따라서 Apple 협력업체는 본 행동 수칙 및 모든 하위 표준을 이행할 책임이 있다.
- 협력업체는 본 수칙과 법률 준수를 지원하고, 관련 작업 위험을 식별 및 최소화하며, 지속적인 개선을 실현할 수 있는 관리 시스템을 가능한 한 최대한 이행 및 유지해야 한다.

▶ 경영진의 책임과 의무

- 협력업체는 경영 시스템의 이행과 정기적인 검토를 책임질 기업 대표를 선임해야 한다. 또한 경영진에게 직접 보고하고 기업의 사회적 및 환경적 규정 준수 요건을 관리할 수 있는 책임과 권한을 지닌 기업의 사회적 책임(CSR, Corporate Social Responsibility)을 수립하거나 지속가능경영 대리인을 임명해야 한다.

2. 중대재해 처벌 등에 관한 법률(약칭: 중대재해처벌법)

(1) 중대재해처벌법의 개요

중대재해처벌법은 사업 또는 사업장, 공중이용시설 및 공중교통수단을 운영하거나 인체에 해로운 원료나 제조물을 취급하면서 안전·보건 조치의무를 위반하여 인명피해를 발생하게 한 사업주, 경영책임자, 공무원 및 법인의 처벌 등을 규정함으로써 중대재해를 예방하고 시민과 종사자의 생명과 신체를 보호함을 목적으로 한 법이다.

법 제정 배경에도 설명되어 있듯이 현대중공업 아르곤 가스 질식 사망사고, 태안화력발전소 압사사고, 물류창고 건설현장 화재사고와 같은 산업재해로 인한 사망사고와 함께 가습기 살균제 사건 및 4·16 세월호 사건과 같은 시민재해로 인한 사망사고 발생 등이 사회적 문제로 지적되어 왔다. 이에 사업주, 법인 또는 기관 등이 운영하는 사업장 등에서 발생한 중대산업재해와 공중이용시설 또는 공중교통수단을 운영하거나 위험한 원료 및 제조물을 취급하면서 안전·보건 조치의무를 위반하여 인명사고가 발생한 중대시민재해의 경우, 사업주와 경영책임자 및 법인 등을 처벌함으로써 근로자를 포함한 종사자와 일반 시민의 안전권을 확보하고, 기업의 조직문화 또는 안전관리 시스템 미비로 인해 일어나는 중대재해사고를 사전에 방지하려는 것이 중대재해처벌법의 목적이다.

이 법은 2021년 1월 26일 공포되었으며 공포 후 1년이 경과한 날부터 시행하도록 되어 있어 2022년 1월 27일부터 시행에 들어갔다.

개인사업자 또는 상시 근로자가 50명 미만인 사업 또는 사업장(건설업의 경우에는 공사금액 50억원 미만의 공사)에 대해서는 공포 후 3년이 경과한 날부터 시행한다.

(2) 중대재해처벌법 주요 내용

사업주 또는 경영책임자 등은 사업주나 법인 또는 기관이 실질적으로 지배·운영·관리하는 사업 또는 사업장에서 종사자의 안전·보건상 유해 또는 위험을 방지할 의무가 있고, 사업주나 법인 또는 기관이 제3자에게 도급, 용역, 위탁 등을 행한 경우 제3자의 종사자에 대한 안전 및 보건 확보의무를 부담한다(제4조 및 제5조).

사업주 또는 경영책임자 등이 안전 및 보건 확보의무를 위반하여 중대산업재해에 이르게 한 경우 사업주와 경영책임자 등을 처벌하고, 법인 또는 기관의 경영책임자 등이 처벌 대상이 되는 위반행위를 하면 그 행위자를 벌하는 외에 그 법인 또는 기관에 대해서도 벌금형을 부과한다(제6조 및 제7조).

사업주 또는 경영책임자 등이 안전 및 보건 확보의무를 위반하여 중대시민재해에 이르게 한 경우 사업주와 경영책임자 등을 처벌하고, 법인 또는 기관의 경영책임자 등이 처벌 대상이 되는 행위를 하면 그 행위자를 벌하는 외에 그 법인 또는 기관에 대해서도 벌금형을 부과한다(제10조 및 제11조).

사업주 또는 경영책임자 등이 고의 또는 중대한 과실로 이 법에서 정한 의무를 위반하여 중대재해를 발생하게 한 경우, 해당 사업주, 법인 또는 기관은 중대재해로 손해를 입은 사람에 대하여 그 손해액의 5배를 넘지 않는 범위에서 배상책임을 진다(제15조).

(3) 위반시 주요 내용

사업주 또는 경영책임자, 공공기관장이 제4조, 제5조 위반하여 중대산업재해 사망 발생시 1년 이상 징역 또는 10억원 이하의 벌금에 처한다. 이 경우 징역과 벌금을 병과할 수 있다. 사업주 또는 경영책임자, 공공기관장이 제4조, 제5조 위반하여 중대산업재해 6개월 부상 2명 발생, 1년 이내 질병 3명 발생시 1년 이상 징역 또는 10억원 이하의 벌금에 처한다. 이 경우 징역과 벌금을 병과할 수 있다. 형을 선고받고 그 형이 확정된 후 5년 이내에 죄를 저지른 자는 각 항에서 정한 형의 2분의 1까지 가중한다.

법인 또는 기관의 경영책임자등이 그 법인 또는 기관의 업무에 관하여 제6조에 해당하는 위반행위를 하면 그 행위자를 벌하는 외에 그 법인 또는 기관에 다음 각 호의 구분에 따른 벌금형을 과(科)한다. 다만, 법인 또는 기관이 그 위반행위를 방지하기 위하여 해당 업무에 관하여 상당한 주의와 감독을 게을리하지 아니한 경우에는 그러하지 아니하다.

1. 사망시 50억원 이하의 벌금
2. 부상, 질병시 10억원 이하의 벌금

표 4-15 중대재해처벌법 주요 내용

<table>
<tr><td rowspan="2">처벌내용
(중대산업재해)</td><td>사업주 및 경영책임자 등</td><td>-사망자가 발생한 경우: 1년 이상의 징역 또는 10억원 이하의 벌금
-부상 및 질병 발생한 경우: 7년 이하의 징역 또는 1억원 이하의 벌금</td></tr>
<tr><td>법인이나 기관</td><td>-사망자가 발생한 경우: 50억원 이하의 벌금
-부상 및 질병 발생한 경우: 10억원 이하의 벌금</td></tr>
<tr><td>손해배상</td><td colspan="2">-손해액의 5배를 넘지 않는 범위 내에서 배상 책임</td></tr>
<tr><td>시행시기</td><td colspan="2">-상시 근로자 50인 이상 사업장: 2022.1.27
-상시 근로자 50인 미만 사업장: 2024.1.27
*5인 미만 사업장은 중대산업재해 규정 적용 제외</td></tr>
</table>

자료: 고용노동부.

중대산업재해가 발생한 법인 또는 기관의 경영책임자등은 안전보건 교육을 이수해야 하는데 이행하지 아니한 경우에는 5천만원 이하의 과태료를 부과한다.

3. 산업안전보건법

(1) 산업안전보건법 개요

산업재해를 규율하는 기본 법이 바로 산업안전보건법이다. 대한민국 정부 설립 후 최초의 관련 법은 한국전쟁 중이던 1953년 제정된 근로기준법 제6장 '안전과 보건'부분에서 산업안전보건에 대한 10개 규정을 두었다. 이후 근로기준법의 위임을 받아 1961년 '근로보건관리규칙', 1962년 '근로안전관리규칙'이 각각 대통령령으로 차례로 제정됐다. 독립적인 법으로서의 산업안전보건법은 1981년 12월 31일 제정하여 1982년 7월 1일부터 시행되었으며 이후 1990년 '근로기준법' 및 '산업안전보건법' 각 개정으로 '산업안전보건법' 단일 체제가 되었다. 최근에 2019년 1월 전부 개정을 하여 2021년 1월부터 시행중이며 이후 일부 개정이 2차례 있었고 2021년 8월 17일 일부개정 내용은 2022년 8월부터 시행된다.

전부 개정된 산업안전보건법은 2018년 12월 태안화력발전소 하청업체 비정규직 김용균씨의 사망사고를 계기로 같은 해 말 국회를 통과하면서 2019년 1월 15일 법률 제16272호가 탄생한 것이다. 안타까운 일이지만 이런 이유로 28년 만의 전부개정 법률을 '김용균법'이라 불리기도 한다.[7]

2022년 1월부터 시행된 중대재해처벌법은 사업주 및 경영책임자 등의 안전 및 보건 확보 의무를 도입하고 강력한 처벌을 규정하고 있다는 측면에서 산업안전보건법을 보완하는 성격의 법률로 볼 수 있다.

산업안전보건법은 산업재해를 예방하고 쾌적한 작업환경을 조성함으로써 근로자의 안전 및 보건 증진을 목적으로 하는 법률이다. 이 법은 모든 사업장에 적용되며 안전보건 관리체제 구축, 사업장 안전보건 조치, 산재발생시 조치 사항 등을 주요내용으로 하고 있다. 안전보건 관리체제 구축과 관련해서 산업안전보건법은 상시 근로자 500인 이상인 주식회사 등에 대해 회사의 안전・보건 계획을 수립하고 이사회 보고 및 승인을 받도록 하고 있다. 또 사업의 종류, 상시 근로자수, 공사 금액에 따라 안전보건 관리책임자, 관리감독자, 안전관리자, 보건관

---

7) 내일신문 2020년 5월 28일자 기사.

리자, 안전보건 관리담당자 등의 선임을 의무화하고 있다.

(2) 산업안전보건법 주요내용

2019년 1월 전부개정을 통해 2021년 1월부터 시행중인 산업안전보건법의 주요 개정 내용은 다음과 같다.

첫째, 산업재해를 획기적으로 줄이고 안전하고 건강하게 일할 수 있는 여건을 조성하기 위하여 이 법의 보호대상을 근로자 노무를 제공하는 자(특수형태근로종사자 9개 직종 및 배달종사자 포함)로 확대하였다. 그동안 근로자로 인정받지 못해 산업안전의 사각지대에 놓여있었던 특수형태근로종사자나 배달앱 등을 통한 배달종사자까지 보호대상자로 포함하게 된 것이다. 특수형태근로종사자는 하나의 사업에 노무를 상시적으로 제공해 종속적 관계가 형성돼 있다고 판단되는 보험설계사, 건설기계 직접 운전자, 학습지교사, 골프장 캐디 등 9개 직종이 해당된다. 또한 최근 급격하게 확대되고 있는 이륜자동차로 물건을 수거・배달하는 배달종사자도 보호대상자에 포함되었다.

둘째, 근로자를 직접 고용한 사업주 외에도 특수형태근로종사자로부터 노무를 제공받는 자, 이동통신 단말장치로 물건의 수거・배달 등을 중개하는 자, 대표이사, 건설공사 발주자, 프랜차이즈 가맹본부 등에게도 산업재해 예방을 위한 의무를 부과하였다. 이를테면 총 공사금액 50억 이상 건설공사 발주자에게 공사 계획・설계・시공 등 전 과정에서 산업안전에 대한 조치 의무를 부여했으며, 가맹점 수가 200곳 이상인 프랜차이즈 가맹본부에도 가맹점 사업자와 그 소속 노동자에게 안전 및 보건 프로그램 교육과 정보제공을 의무화했다.

셋째, 근로자가 작업을 중지하고 긴급대피할 수 있음을 명확히 규정하여 근로자의 작업중지권 행사를 실효적으로 뒷받침하였다. 산업재해가 발생할 급박한 위험이 있는 경우에는 근로자가 작업을 중지하고 대피할 수 있음을 명확히 규정하고, 산업재해가 발생할 급박한 위험이 있다고 근로자가 믿을 만한 합리적인 이유가 있을 때에는 작업을 중지하고 대피한 근로자에 대하여 해고나 그 밖의 불리한 처우를 금지하도록 하였다.

넷째, 근로자의 산업 안전 및 보건 증진을 위하여 지금까지 사업주 자신의 사업장에서 도금작업 등 유해・위험성이 매우 높은 작업을 고용노동부장관의 인가를 받으면 도급할 수 있던 것을, 앞으로는 사업주 자신의 사업장에서 그 작업에 대한 도급을 원칙적으로 금지하였다.

또한 관계수급인 근로자에 대하여 도급인이 안전조치 및 보건조치를 하여야 하는 장소를 도급인의 사업장뿐만 아니라 도급인이 제공하거나 지정한 장소로 확대하여 도급인의 관계수급인에 대한 산업재해 예방 책임을 강화하였다.

종전에는 도급인의 사업장 내 22개 위험장소에 대해서만 도급인이 책임졌으나 관계수급인의 근로자가 도급인의 사업장 내 모든 장소와 도급인이 지배・관리하는 위험장소에서 작업을 하는 경우에도 도급인의 책임장소로 그 범위를 확대한 것이다.

다섯째, 근로자의 안전 및 건강에 유해하거나 위험한 화학물질을 국가가 직접 관리할 수 있도록 하였다. 현재 화학물질 및 이를 함유한 혼합물을 양도하거나 제공하는 자가 이를 양도받거나 제공받는 자에게 물질안전보건자료를 작성하여 제공하도록 하였으나, 앞으로는 해당 화학물질 등을 제조하거나 수입하는 자가 물질안전보건자료를 해당 물질을 양도받거나 제공받는 자에게 제공하도록 하는 외에 고용노동부장관에게도 제출하도록 함으로써 국가가 근로자의 건강장해를 유발하는 화학물질에 대한 관리를 강화하여 산업재해를 예방하고 건강장해를 유발하는 사고에 대하여 신속히 대응하도록 하였다.

여섯째, 법 위반에 대한 제재를 강화하였다. 안전조치 또는 보건조치 의무를 위반하여 근로자를 사망하게 한 자에 대하여 7년 이하의 징역 또는 1억원 이하의 벌금에 처하도록 하던 것을, 앞으로는 제1항의 죄로 형을 선고받고 그 형이 확정된 후 5년 이내에 다시 같은 죄를 범한 자는 그 형의 2분의 1까지 가중처벌을 할 수 있도록 하였다. 법인에 대한 벌금형은 10억원으로 상향하였다.

(3) 위반시 주요 내용

산업안전보건법은 안전보건을 위해 사업주 및 근로자가 지켜야 할 일을 규정하고 이를 위반시 벌칙을 부과하고 있다. 특히 산업안전보건법은 법인의 대표자나 법인 또는 개인의 대리인, 사용인, 그 밖의 종업원이 그 법인 또는 개인의 업무에 대해 위반행위를 하면 그 행위자를 벌하는 것 외에 사업주인 그 법인 또는 개인에게도 벌금형을 과한다(제173조).

산업안전보건법을 위반하게 되면 시정조치 명령, 작업의 전부 또는 일부의 중지, 허가의 취소, 영업 정지, 과징금 처분, 벌금 및 과태료를 부과받게 된다.

과징금은 업무정지가 이용자에게 심한 불편을 주거나 공익을 해칠 우려가 있다고 인정되면 업무정지 처분을 대신하여 10억원 이하의 과징금을 부과할 수 있으며, 도급금지 등 의무위반에 대해서도 10억원 이하의 과징금을 부과할 수 있다.(제161조)

벌금의 경우, 최대 7년 이하의 징역 또는 1억원 이하의 벌금, 최소 1년 이하의 징역 또는 1천만원 이하의 벌금이다. 특히 도급인의 안전조치 및 보건조치(제63조)를 위반하여 근로자를 사망에 이르게 한 자가 형을 선고받고 그 형이 확정된 후 5년 이내에 다시 죄를 저지른 자는 그 형의 2분의 1까지 가중한다. 과태료는 최대 1천만원 이하의 벌금(제171조) 및 500만원 이하의 벌금(제172조)이다.

예를 들어 상법 제170조에 따른 주식회사 중 대통령령으로 정하는 회사의 대표이사는 대통령령으로 정하는 바에 따라 매년 회사의 안전 및 보건에 관한 계획을 수립하여 이사회에 보고하고 승인을 받아야 한다.(제14조) 이를 위반하여 안전 및 보건에 관한 계획을 이사회에 보고하지 아니하거나 승인을 받지 아니한 자는 1천만원 이하의 과태료를 부과한다.(제175조)

산업안전보건법의 대통령령으로 정하는 회사란 상시근로자 500명 이상을 사용하는 회사나 건설산업기본법 제23조에 따라 평가하여 공시된 시공능력 순위 상위 1000위 이내의 건설회사를 말한다.

표 4-16 사업주가 꼭 알아야 할 주요 산업안전보건법

산업안전보건법	주요 내용	벌칙
안전보건계획 수립 및 이사회 보고·승인(제14조)	☑ 상시근로자 500명 이상 주식회사 또는 시공능력순위 상위 1,000위 이내 건설회사의 대표이사는 매년 회사의 안전·보건계획 수립(이사회 보고 및 승인) 및 이행	1천만원 이하 과태료
안전보건관리책임자 등의 선임(제15~19조)	☑ 사업의 종류, 상시근로자수, 공시금액별로 안전보건관리책임자, 관리감독자, 안전관리자, 보건관리자, 안전보건관리담당자 등 선임 ※선임 대상 업종 및 규모: 시행령 제24조, 별표 2, 3, 5참조	각 5백만원 이하 과태료
산업안전보건위원회(제24조)	☑ 안전·보건 관련 사항의 심의·의결을 위한 위원회 구성·운영 ※대상: 시행령 별표9 참조	5백만원 이하 과태료
안전보건관리규정 작성(제25조)	☑ 안전보건관리 조직, 교육 등의 사항이 포함된 규정 작성 ※대상: 시행규칙 별표2 참조	5백만원 이하 과태료
안전보건교육(제29조, 제77조)	☑ 정기(24시간 이상)·채용 시(8시간 이상)·작업내용 변경 시(2시간 이상)·특별교육(16시간 이상)실시 ※교육과정별 교육시간: 시행규칙 별표4 참조	5백만원 이하 과태료

	☑ 특수형태근로종사자 최초 노무 제공 시 안전보건교육 실시(2시간 이상)	※특별교육 3천만원 이하
위험성평가의 실시(제36조)	☑ 사업장의 유해·위험 요인을 찾아내어 평가·조치, 기록·보존 ※고용노동부 고시 「사업장 위험성평가에 관한 지침」 참조	–
안전보건표지 설치·부착(제37조)	☑ 유해·위험한 장소·시설·물질에 대한 경고, 비상 시 지시·안내 등을 위한 안전보건표지를 근로자가 쉽게 알아볼 수 있도록 설치·부착	5백만원 이하 과태료
안전·보건조치(제38조, 제39조)	☑ 산업재해 및 건강장해 예방을 위해 사업장 안전·보건조치 실시 ※산업안전보건기준에 관한 규칙 참조	5년 이하 징역 또는 5천만원 이하 벌금 (사망시 7년이하, 1억원 이하)
고객 폭언 등 건강장해 예방조치(제41소)	☑ 고객의 폭언 등으로 인한 고객응대근로자 등의 건강장해 예방을 위한 조치 실시	1천만원 이하 과태료
작업중지 및 대피(제51조)	☑ 산업재해가 발생할 급박한 위험이 있을 때 즉시 작업 중지 및 근로자 대피 등 안전·보건조치	5년 이하 징역 또는 5천만원 이하 벌금
중대재해 발생 시 조치(제54조)	☑ 즉시 해당 작업 중지 및 대피 등의 안전·보건조치 실시	5년 이하 징역 또는 5천만원 이하 벌금
	☑ 지체 없이 관할 지방고용노동관서의 장에게 보고	3천만원 이하 과태료
산업재해 발생 은폐 금지 및 보고(제57조)	☑ 산업재해 발생 은폐 금지	1년 이하 징역 또는 1천만원 이하 벌금
	☑ 발생 개요·원인 및 보고 시기, 재발방지계획 등을 관할 지방고용노동관서의 장에게 보고 ※산업재해조사표: 시행규칙 별지 제30호서식 참조	1천 5백만원 이하 과태료
도급인 안전·보건조치(제63조)	☑ 자신의 근로자와 관계수급인 근로자의 산업재해 예방을 위해 안전·보건조치 실시	3년 이하 징역 또는 3천만원 이하 벌금 (사망시 7년이하, 1억원 이하)
건설공사발주자 산재예방 조치(제67조)	☑ 건설공사 계획, 설계, 시공 단계에서 안전보건대장 작성 및 이행여부 확인	1천만원 이하 과태료
특수형태근로자 안전·보건 조치(제77조)	☑ 특수형태근로종사자의 산재예방을 위한 안전·보건조치	1천만원 이하 과태료
배달종사자 안전·보건조치(제78조)	☑ 이륜자동차로 물건을 수거·배달 등을 하는 사람의 산재 예방을 위한 안전·보건조치	1천만원 이하 과태료

가맹본부 산재예방조치(제79조)	☑ 가맹점 수가 200개 이상인 외식업 또는 편의점 가맹본부는 가맹점사업자와 그 소속 근로자의 산재예방을 위한 조치 실시	3천만원 이하 과태료
유해 · 위험 · 기계 · 기구 방호조치(제80조)	☑ 대상: 예초기, 원심기, 공기압축기, 금속절단기, 지게차, 포장기계(진공포장기, 래핑기 한정), 작동 부분 돌기, 동력전달 부분 또는 속도조절 부분, 회전기계에 물체 등이 말려 들어갈 부분이 있는것	1년 이하 징역 또는 1천만원 이하 벌금
안전인증(제84조)	☑ 대상: 프레스, 전단기 및 절곡기, 크레인 리프트, 압력용기, 롤러기, 사출성형기, 고소작업대, 곤돌라, 프레스 및 전단기 등의 방호장치, 추락 및 감전 위험방지용 안전모 등 보호구	3년 이하 징역 또는 3천만원 이하 벌금
안전검사(제93조)	☑ 대상: 프레스, 전단기, 크레인(정격하중 2톤 이상), 리프트 압력용기, 곤돌라, 국소배기장치(이동식 제외), 산업용 원심기, 롤러기(밀폐형 제외), 사출성형기(형 체결력 294KN 미만 제외), 차량 탑재형 고소작업대, 컨베이어, 산업용 로봇	1천만원 이하 과태료
물질안전보건자료(MSDS)(제110조, 제114조, 제115조)	☑ MSDS를 작성하여 고용노동부장관에게 제출 ☑ MSDS 대상물질 취급 시 작업장 내 근로자가 쉽게 볼 수 있는 장소에 게시	5백만원 이하 과태료
	☑ MSDS 대상물질을 담은 용기 및 포장에 경고표시	3백만원 이하 과태료
작업환경측정(제125조)	☑ 유해인자 등에 대한 작업환경측정 실시 ※ 작업환경측정 대상 유해인자: 시행규칙 별표21 참조	1천만원 이하 과태료
근로자 건강진단(제129조, 제130조)	☑ 일반건강진단 · 특수건강진단 등 실시 ※ 특수건강진단 대상 유해인자: 시행규칙 별표22 참조 ※ 시기 및 주기: 시행규칙 별표23 참조	1천만원 이하 과태료

자료: 고용노동부, 안전보건공단, 2021.

제 4 절 지배구조 규제의 주요 내용과 특징

K-ESG 가이드라인에서는 중견 · 중소기업의 경우 이사회 구성, 이사회 활동, 주주관리, 윤리경영 등 4개 범주에서 5개 항목, 정보공시 4개 항목에서 지배구조 가이드라인을 제시하고 있는데 여기서는 상법, 유가증권시장 공시규정, 자본시장과 금융투자업에 관한 법률, 기관투자자의 수탁자책임에 관한 원칙, 주식회사 등의 외부감사에 관한 법률 등을 살펴본다.

표 4-17 K-ESG 가이드라인 중 지배구조 분야 진단항목체계

영역	범주	분류번호	진단 항목
지배구조(G) (5개 문항)	이사회 구성	G-1-1	이사회 내 ESG 안건 상정
	이사회 활동	G-2-1	전체 이사 출석률
		G-2-4	이사회 안건 처리
	주주 권리	G-3-1	주주총회 소집 공고
	윤리경영	G-4-1	윤리규범 위반사항 공시

영역	범주	분류번호	진단 항목
정보공시(P) (4개 문항)	정보공시 형식	P-1-1	ESG 정보공시 방식
		P-1-2	ESG 정보공시 주기
		P-1-3	ESG 정보공시 범위
	정보공시 검증	P-3-1	ESG 정보공시 검증

자료: 관계부처 합동(2021), "K-ESG 가이드라인 v1.0".

1. 상 법

(1) 상법의 개요

우리나라 상법은 1962년 1월 20일에 제정되었으며 1963년 1월부터 시행되었다. 이후 2020년말 현재 20여 차례에 걸쳐 개정되었다. 특히 상법 중 회사 편의 개정이 14 차례로 가장 많았다. 사실 우리나라 최초의 근대적인 회사에 관한 기본법은 일제강점기인 1912년 "조선민사령(朝鮮民事令)"에 의하여 일본 상법 제2편이 의용(依用) 되었는데 이는 독일상법을 기초로 하고 있었다. 이후 1990년대 말부터는 글로벌 스탠더드에 부합하도록 미국 회사법의 여러 제도를 많이 수용하게 된다. 미국 회사법상의 제도 중 대표적인 것은 주식회사의 이사회제도와 함께 이사회의 권한을 강화하고 주주총회와 감사의 권한을 축소한 것이다. 주주총회의 권한 축소에 대한 대응책으로 주주의 보호를 위하여 유지청구제도와 대표소송제도 등을 신설하였다.

유지청구제도란, 이사가 법령 또는 정관에 위반한 행위를 하여 이로 인하여 회사에 회복할 수 없는 손해가 생길 염려가 있는 경우에는 감사 또는 발행주식의 총수의 100분의 1 이상에 해당하는 주식을 가진 주주는 회사를 위하여 이사에 대하여 그 행위를 유지(留止)할 것을 청구하는 제도이다.(제402조)

한편 편제 면에서 우리나라 상법은 총칙, 상행위, 회사, 보험, 해상, 항공운송의 6편으로 구성되어 있으며 우리가 일반적으로 이야기하는 회사편이 바로 회사법이다. 향후 하나의 법률보다는 개별 법률로의 입법화가 필요한 상황이다.

(2) 지배구조 관련 주요 내용

회사란, 제3편 회사 제169조에 다음과 같이 규정하고 있다. 이 법에서 회사란 상행위나 그 밖의 영리를 목적으로 하여 설립한 법인을 말한다.(제169조) 회사의 종류눈 합명회사, 합자회사, 유한책임회사, 주식회사와 유한회사의 5종으로 한다.(제170조) 주식회사의 경우 상법 제3절 회사의 기관에 지배구조 관련 조직으로 주주총회, 이사와 이사회, 감사 및 감사위원회에 대해 규정하고 있다.

특히 ESG가 사업운영 및 중장기 발전을 위한 중요한 요인으로 등장함에 따라 조직의 최고의사결정기구인 이사회에서 ESG 안건을 검토/심의/의결하도록 요구받고 있다. 조직은 이사회에서 ESG와 관련한 중요 안건을 보고받거나, 심의/의결할 수도 있으며, 이사회 산하 위원회를 설치하여 ESG 관련 안건을 다루도록 함으로써 이사회 역할 수행의 전문성과 효율성을 제고할 수 있다.

이사는 주주총회에서 선임한다. 이사는 법령과 정관의 규정에 따라 회사를 위하여 그 직무를 충실하게 수행하여야 한다. 이사는 재임중 뿐만 아니라 퇴임후에도 직무상 알게된 회사의 영업상 비밀을 누설하여서는 아니된다. 이사는 3명 이상이어야 한다. 다만, 자본금 총액이 10억원 미만인 회사는 1명 또는 2명으로 할 수 있다. 이사의 임기는 3년을 초과하지 못한다.

특히 이사회가 조직의 경영활동에 대한 감독과 견제의 기능을 효과적으로 수행하며, 경영진이 합리적이고 객관적인 의사결정을 내릴 수 있도록 제언하기 위해서는 사외이사의 독립성이 확보되어야 한다. 또한 사외이사 비율은 이사회가 경영진 등을 충분히 견제할 수 있는 수준에서 결정되어야 한다.

상장회사는 자산 규모 등을 고려하여 대통령령으로 정하는 경우를 제외하고는 이사 총수의 4분의 1 이상을 사외이사로 하여야 한다. 다만, 자산 규모 등을 고려하여 대통령령으로 정하는 상장회사의 사외이사는 3명 이상으로 하되, 이사 총수의 과반수가 되도록 하여야 한다.(상법 제542조의8)

이사회의 결의는 이사과반수의 출석과 출석이사의 과반수로 하여야 한다. 정관에서 달리 정하는 경우를 제외하고 이사회는 이사의 전부 또는 일부가 직접

회의에 출석하지 아니하고 모든 이사가 음성을 동시에 송수신하는 원격통신수단에 의하여 결의에 참가하는 것을 허용할 수 있다.

K-ESG 가이드라인에서는 경영진을 대표하는 대표이사와 이사회를 대표하는 이사회 의장이 동일하다면 경영진의 경영활동을 감독하고 견제하는 이사회의 역할을 제대로 수행할 수 없다. 금융회사의 지배구조에 관한 법률 제13조에는 이사회는 매년 사외이사 중에서 이사회 의장을 선임해야 하며, 사외이사가 아닌 자를 이사회 의장으로 선임하는 경우 그 사유를 공시하고, 사외이사를 대표하는 자(선임사외이사)를 별도로 선임하도록 하고 있다.

ESG 모범규준에서는 이사회에는 경영진과 지배주주로부터 독립적으로 기능을 수행할 수 있는 사외이사를 두어야 하며, 그 수는 이사회가 실질적으로 독립성을 유지할 수 있는 규모이어야 한다고 규정하였다. 특히 대규모 상장법인의 경우에는 전체 이사의 과반수(최소 3인 이상)를 사외이사로 구성하여야 한다. 사외이사는 사내이사에 비해 경영진과 지배주주로부터 독립적인 위치에 있으므로 경영진을 효과적으로 감독하고 경영진에게 객관적인 조언을 제공할 수 있다. 사외이사가 제대로 기능을 수행할 수 있으려면, 이사회의 의사결정과정에 실질적인 영향력을 행사할 수 있는 정도의 인원수 확보가 중요하다. 따라서 사외이사의 규모는 이사회가 경영진과 지배주주로부터 실질적인 독립성을 유지하고 경영의사결정과정을 감독견제할 수 있는 수준에서 결정되어야 한다.

※ 모범규준에서 대규모 상장법인이란 자산총액이 1조원 이상인 상장법인을 의미한다.(상법상 대규모 상장법인: 자산총액 2조원 이상)

한편 이사회를 구성하는 이사가 특정 성(性)에 치우치지 않는 것도 중요하다. 금융위원회는 2020년 2월 자본시장과 금융투자업에 관한 법률(약칭: 자본시장법) 개정을 통해 최근 사업연도말 기준 대규모 상장법인(자산총액 2조원 이상)의 이사회 내 이사 전원을 특정 성(性)의 이사로 구성하지 않도록 하였다. 개정 자본시장법은 2020년 8월에 시행되었는데 2년 간의 유예기간을 거쳐 2022년 8월까지 본격 적용된다. 물론 특정 성으로만 이사회를 구성해도 별도의 제재는 없다. 그러나 금융권에서는 ESG 경영의 지배구조 강화 차원에서 이에 적극 동참할 계획이다. 따라서 이사회에 여성이 없거나 2022년초 개최되는 정기주총에서 임기가 끝나는 회사들은 대부분 여성 사외이사를 선임하였다.

ESG 모범규준에서는 다양한 배경을 지닌 이사들로 이사회를 구성할 것을 권고한다. 이사회는 그 역할 및 책무를 다하기 위하여 지식 · 경험 · 능력 · 성별을 조화를 이루어 다양성을 충족하도록 구성되어야 한다. 이사회 내 다양성 확보를 통해 다양한 관점을 공유할 수 있고 효과적인 토론을 거친 객관적인 의사결정을 기대할 수 있다.

(3) 위반시 주요 내용

회사편 제7장에서는 회사의 의무와 이를 위반시 벌칙을 규정하고 있다. 주요 내용은 다음과 같다.

- 발기인, 이사 기타의 임원 등의 특별배임죄: 10년 이하의 징역 또는 3천만원 이하의 벌금(제622조)
- 사채권자집회의 대표자 등의 특별배임죄: 7년 이하의 징역 또는 2천만원 이하의 벌금(제623조)
- 주요주주 등 이해관계자와의 거래 위반의 죄: 5년 이하의 징역 또는 2억원 이하의 벌금(제624조의2)
- 회사재산을 위태롭게 하는 죄: 5년 이하의 징역 또는 1천500만원 이하의 벌금(제625조)
- 주식의 취득제한 등에 위반한 죄: 2천만원 이하의 벌금(제625조의2)
- 부실보고죄: 5년 이하의 징역 또는 1천500만원 이하의 벌금(제626조)
- 부실문서행사죄(제627조), 납입가장죄(제628조), 초과발행의 죄(제629조), 발기인, 이사 기타의 임원의 독직죄(제630조) 등: 5년 이하의 징역 또는 1천500만원 이하의 벌금

2. 유가증권시장 공시규정

(1) 유가증권시장 공시규정의 개요

유가증권시장 공시규정은 2005년 1월 21일 제정된 이후 2021년 12월말 현재 28차례 개정이 있었다. 특히 2021년 1월 금융위원회·금융감독원·한국거래소는 기업공시제도 종합개선방안을 발표한 바 있는데 2019년부터 자산 2조원 이상 유가증권시장 상장법인에게 의무화 되었던 '기업지배구조 보고서' 제출 의무를 2022년에는 자산 1조원 이상 기업, 2024년에는 자산 5,000억원 이상 기업, 2026년에는 전체 유가증권시장 상장법인으로 단계적으로 확대한다는 내용이다. 이에

따라 한국거래소는 2021년 10월 기업지배구조보고서 공시 대상 확대 등을 포함한 유가증권시장 공시규정 및 동 시행세칙 개정을 예고하였고, 2021년 11월 24일 개정하였고 2021년 12월 13일자로 시행되었다.

주요 내용은 최근 사업연도말 연결재무제표 기준 자산총액 1조원 이상인 유가증권시장 상장법인에 대하여 기업지배구조보고서 제출을 의무화하였고 기업지배구조보고서 제출기한을 매년 5월 31일까지로 일원화하였다. 따라서 2022년부터는 자산총액 1조원 이상의 유가증권시장 상장법인의 경우에도 기업지배구조보고서 준비 및 공시가 필요하다. 한국거래소는 다음과 같은 기업지배구조 핵심지표 15개를 제시하면서 이에 대한 준수여부를 기업지배구조보고서에 공개하도록 하였다.

① 주주총회 4주 전 소집공고 실시
② 전자투표 실시
③ 주주총회 집중일 이외 개최
④ 배당정책 및 배당실시 계획을 연 1회 이상 주주에게 통지
⑤ 최고경영자 승계정책(비상 시 선임정책 포함) 마련 및 운영
⑥ 내부통제정책 마련 및 운영
⑦ 이사회 의장과 대표이사 분리
⑧ 집중투표제 채택
⑨ 기업가치 훼손 또는 주주권익 침해에 책임이 있는 자의 임원 선임을 방지하기 위한 정책 수립 여부
⑩ 6년 초과 장기 재직 사외이사 부존재
⑪ 내부감사기구에 대한 연 1회 이상 교육 제공
⑫ 독립적인 내부감사부서(내부감사업무 지원 조직)의 설치
⑬ 내부감사기구에 회계 또는 재무 전문가 존재 여부
⑭ 내부감사기구가 분기별 1회 이상 경영진 참석 없이 외부감사인과 회의 개최
⑮ 경영 관련 중요정보에 내부감사기구가 접근할 수 있는 절차를 마련하고 있는지 여부

또한 한국거래소는 2020년 3월의 '기업지배구조보고서 가이드라인'을 개정하였다. 주요 개정사항은 다음과 같다.

첫째, 최고경영자 승계정책과 관련하여 최고경영자 유고 시 대응방안을 정한

규정만 기재하는 것으로는 부족하고, (1) 승계정책의 수립 및 운영주체, (2) 후보(집단)선정, 관리, 교육 등 승계정책 주요내용, (3) 교육현황 등을 필수적으로 기재하도록 명시하였다.

둘째, 주주권익 침해에 책임이 있는 자 등에 대한 임원 선임 방지 정책과 관련하여 횡령, 배임행위 외에 자본시장법상 불공정거래행위도 침해사유로 포함하고, 주주권익 침해행위를 한 임원(미등기임원 포함)의 선임을 방지하기 위한 명시적 기준 또는 절차 수립 등 공시를 의무화하였다.

셋째, 내부감사부서의 독립성 판단기준으로서 "내부감사부서 구성원의 지위 보장을 위해 인사평가 및 인사이동 등에 있어 감사위원회(위원장)의 동의 등이 요구되어 경영진이 단독으로 권한을 행사할 수 없는 경우"를 명시하였다.

넷째, 배당정책을 포함한 중장기 주주환원정책 및 주주환원에 관한 향후 계획을 공시하도록 하여 배당 외에 주주환원정책으로 공시 범위를 확대하였다.

(2) 유가증권시장 공시규정 주요 내용

공시규정의 목적은 자본시장과 금융투자업에 관한 법률 제391조에 따라 한국거래소가 개설한 유가증권시장에서 기업내용의 신고·공시 및 관리에 관하여 필요한 사항을 정하는 것이다. 유가증권시장주권상장법인은 공시의무사항을 이행함에 있어 그 사실 또는 결정내용을 적시에 성실히 신고하여야 하며, 이미 신고한 내용을 변경 또는 번복하지 않도록 주의의무를 다하여야 한다.

공시하기 이전에는 그 내용이 증권시장에 풍문 또는 보도 등으로 누설되거나 유포되지 아니하도록 하여야 한다. 이를 위반함으로써 발생하는 사항에 관하여는 해당 유가증권시장주권상장법인이 그 책임을 진다. 이 규정에 따른 신고의무를 성실히 이행하지 아니하거나 이미 신고한 내용을 번복 또는 변경하여 공시불이행, 공시번복 또는 공시변경의 유형에 해당되면 불성실공시법인으로 지정된다.

유가증권시장주권상장법인이 거래소에 신고하여야 할 사항은 문서로 작성하여 세칙으로 정하는 바에 따라 이를 제출하여야 한다. 다만, 법 제436조에 따른 전자문서의 방법으로 제출하는 경우에는 규정에 따라 제출하여야 한다.

거래소는 유가증권시장주권상장법인을 불성실공시법인으로 지정하는 경우 벌점부과 이외에 10억원 이내에서 공시위반제재금을 부과할 수 있으며 공시매체 등에 그 사실을 게재한다. 또한 유가증권시장주권상장법인이 발행한 주권 등에 대하여 매매거래를 정지할 수 있다.

3. 자본시장과 금융투자업에 관한 법률(약칭: 자본시장법)

(1) 자본시장법의 개요

자본시장법은 '자본시장과 금융투자업에 관한 법률'의 약어로 자본시장통합법, 자통법으로도 불린다. 자본시장의 공정성・신뢰성・효율성을 높이기 위해 2007년 제정, 2009년 2월부터 시행 중인 우리나라 자본시장의 기본법에 해당한다. 기존의 증권거래법, 선물거래법, 간접투자자산운용업법, 신탁업법, 종합금융회사에 관한 법률, 증권선물거래소법 6가지를 통폐합하여 제정된 법이다.

이 법은 제1조에서 자본시장에서의 금융혁신과 공정한 경쟁을 촉진하고 투자자를 보호하며 금융투자업을 건전하게 육성함으로써 자본시장의 공정성・신뢰성 및 효율성을 높여 국민경제의 발전에 이바지함을 목적으로 한다고 규정하고 있다.

라임・옵티머스 등 사모펀드 사태 재발방지 및 투자자 보호 강화, 모험자본 공급이라는 사모펀드 본연의 역할 제고를 내용으로 2021년 4월 자본시장법이 개정되었고 2021년 10월 19일 국무회의에서 자본시장법 시행령 개정안이 의결되었으며, 2021년 10월 21일부터 자본시장법 및 하위법규 개정안이 시행되었다.[8)]

일반투자자와 전문투자자가 참여할 수 있는 사모펀드를 구분하고, 불완전판매 방지 등 일반투자자에 대한 보호장치를 확충한다. 기관전용 사모펀드에 대한 규제는 대폭 완화한다. 그동안은 일반투자자가 모든 사모펀드에 투자할 수 있지만, 개정뒤에는 기관전용 사모펀드에는 참여할 수 없다. 투자자 범위의 경우 그동안 전문투자자와 최소투자금액(3억원) 이상 투자하는 일반투자자로 나눴으나 이번 개정에 따라 해당 기준은 일반 사모펀드에만 적용한다.

또한 일반투자자를 대상으로 하는 일반사모펀드에 대해서는 투자자 보호제도가 강화된다. 운용사가 사모펀드를 판매할 때 법에 따라 펀드운용사 명칭, 투자목적・전략, 운용위험, 환매 관련 사항 등을 빠짐없이 기재한 핵심 상품설명서를 제공해야 한다. 또 판매사는 핵심 상품설명서가 일반투자자의 눈높이에 맞게 작성됐는지를 시행령에 명시된 방법에 따라 사전 검증해야 한다.

---

8) 금융위원회 2021년 10월 19일자 보도자료.

판매사와 수탁사는 펀드 판매 후에도 핵심 상품설명서대로 운용되는지에 대한 감시를 함으로써 옵티머스-라임 등과 같은 사모펀드 사태를 방지할 수 있게 하였다. 개정된 기관전용 사모펀드는 법에 금지된 사항만 어기지 않으면 되는 '네거티브 규제' 방식으로 바뀌며 자율성이 대폭 확대된다. 기관전용 사모펀드는 기관투자자와 이에 준하는 자로 투자자 범위를 신설했다. 기관전용사모펀드에 참여할 수 있는 투자자에는 1년 이상 500억원 이상의 금융투자상품 잔액을 갖춘 비상장법인과 금융권 재단 등도 모두 포함된다.

한편, 앞에서 살펴보았듯이 지본시장법은 2020년 2월 일부 개정을 통해 제165조의20에서 이사회의 성별 구성에 관한 특례에 관한 내용을 신설했다. 즉, 최근 사업연도말 현재 자산총액이 2조원 이상인 주권상장법인의 경우 이사회의 이사 전원을 특정 성(性)의 이사로 구성하지 않도록 하였다.

(2) 위반시 주요 내용

금융위원회는 금융투자업자에 대한 과징금으로 위반금액을 초과하지 아니하는 범위에서 과징금을 부과할 수 있다. 또한 시장질서 교란행위에 대한 과징금으로 5억원 이하의 과징금을 부과할 수 있다. 다만, 그 위반행위와 관련된 거래로 얻은 이익(미실현 이익을 포함한다.) 또는 이로 인하여 회피한 손실액에 1.5배에 해당하는 금액이 5억원을 초과하는 경우에는 그 이익 또는 회피한 손실액의 1.5배에 상당하는 금액 이하의 과징금을 부과할 수 있다.

벌칙으로 1년 이상의 유기징역 또는 그 위반행위로 얻은 이익 또는 회피한 손실액의 3배 이상 5배 이하에 상당하는 벌금 등이 규정되어 있다. 이익 또는 회피한 손실액이 50억원 이상인 경우에는 무기 또는 5년 이상의 징역, 5억원 이상 50억원 미만인 경우에는 3년 이상의 유기징역을 가중한다.

벌칙으로 5년 이하의 징역 또는 2억원 이하의 벌금 등이 있고 과태료는 1억원 이하 등이 규정되어 있다.

4. 기관투자자의 수탁자책임에 관한 원칙

(1) 기관투자자의 수탁자책임에 관한 원칙의 개요

기관투자자의 수탁자책임에 관한 원칙 즉, 스튜어드십 코드는 기관투자자의 주주권 행사 지침으로 미국, 영국, 일본 등 전 세계 20개국에서 이미 다양한 형태로 시행되고 있었다. 우리나라에서 도입된 것은 2015년 금융위원회의 업무계획에 반영되면서 시작되었는데 민간주도의 필요성이 제기되면서 한국기업지배구조원이 민간금융기관, 자본시장연구원, 학계 등이 포함된 스튜어드십 코드 제정위원회를 만들어 2016년 12월 스튜어드십 코드를 제정하기에 이른다.

한편, 2015년 1월 국민연금법 개정을 통해 기금을 관리 · 운용하는 경우 투자대상과 관련하여 ESG 요소를 고려할 수 있도록 국민연금기금의 책임투자에 대한 법적 근거를 마련하였고 이를 반영해 2016년 4월 국민연금기금 운용지침에도 책임투자를 이행할 수 있는 조항을 신설하였다.

> 국민연금법 제102조(기금의 관리 및 운용)
> ④ 제2항제3호에 따라 기금을 관리 · 운용하는 경우에는 장기적이고 안정적인 수익 증대를 위하여 투자대상과 관련한 환경 · 사회 · 지배구조 등의 요소를 고려할 수 있다.

그리고 2018년 7월에 국민연금이 수탁자 책임에 관한 원칙을 도입하기에 이른다. 또한 2019년 1월에는 기금운용위원회가 도입한 원칙과 지침의 충실한 이행을 위하여 내부기준인 국내주식 수탁자 책임활동 가이드라인을 제정하였고 2019년 12월에는 적극적 주주활동을 위한 가이드라인을 제정하여 넓은 범위의 주주권 행사를 위한 구체적인 이행방안이 마련되었다.

2020년 7월에는 국민연금기금 수탁자 책임 활동 연차보고서를 발간하여 기금의 수탁자 책임 활동 성과를 투명하게 공시하였다. 국민연금기금 수탁자 책임에 관한 원칙은 7가지가 있다.

〈원칙 1〉 기관투자자는 고객, 수익자 등 타인 자산을 관리 · 운영하는 수탁자 책임을 충실히 이행하기 위한 명확한 정책을 마련해 공개해야 한다.

이를 위해 기금의 운용은 수익성, 안정성, 공공성, 유동성, 운용 독립성의 원칙을 따르며, 국민연금법을 비롯하여, 국민연금기금운용지침(이하, '기금운용지침'), 국민연금기금 수탁자 책임 활동지침(이하, '수탁자 책임 활동지침'), 국민연금기금운용규정(이하, '기금운용규정') 등을 준수하도록 하였고 기금은 충실한 수탁자 책임 활동을 위해 투자대상기업의 재무요소 외에 환경 사회 지배구조 등 비재무적 요소도 주기적으로 점검한다고 하였으며 의결권 행사 등 기금의 수탁자 책임 활동에 대한 내용이 정리된 수탁자 책임 활동 보고서를 발간하도록 했다.

〈원칙 2〉 기관투자자는 수탁자로서 책임을 이행하는 과정에서 실제 직면하거나 직면할 가능성이 있는 이해 상충 문제를 어떻게 해결할지에 관해 효과적이고 명확한 정책을 마련하고 내용을 공개해야 한다.

〈원칙 3〉 기관투자자는 투자대상회사의 중 장기적인 가치를 제고하여 투자자산의 가치를 보존하고 높일 수 있도록 투자대상회사를 주기적으로 점검해야 한다. 특히, 비재무적 요소 관련 투자대상기업 점검은 국민연금공단 인터넷 홈페이지에 게시된 기금운용본부의 ESG 평가모형의 지표 등을 기반으로 점검하고 점검 결과 기업가치 훼손 등으로 기금 수익에 중대한 영향을 미칠 수 있다고 판단되는 경우 수탁자 책임 활동을 이행하도록 하였다.

〈원칙 4〉 기관투자자는 투자대상회사와의 공감대 형성을 지향하되, 필요한 경우 수탁자 책임 이행을 위한 활동 전개 시기와 절차, 방법에 관한 내부 지침을 마련해야 한다.

〈원칙 5〉 기관투자자는 충실한 의결권 행사를 위한 지침·절차·세부기준을 포함한 의결권 정책을 마련해 공개해야 하며, 의결권 행사의 적정성을 파악할 수 있도록 의결권 행사의 구체적인 내용과 그 사유를 함께 공개해야 한다.

〈원칙 6〉 기관투자자는 의결권 행사와 수탁자 책임 이행 활동에 관해 고객과 수익자에게 주기적으로 보고해야 한다.

〈원칙 7〉 기관투자자는 수탁자 책임의 적극적이고 효과적인 이행을 위해 필요한 역량과 전문성을 갖추어야 한다.

(2) 현안과제

첫째, 국민연금법 개정방향 중 기금 관리·운용에 관한 사항이다.

현재 국민연금법 제102조 4항에 따르면 기금을 관리·운용하는 경우에는 장기적이고 안정적인 수익 증대를 위하여 투자대상과 관련한 환경·사회·지배구조 등의 요소를 고려할 수 있다고 규정되어 있다. 이에 대해 2021년 11월 18일 최혜영 의원 대표발의안에서는 환경·사회·지배구조 등의 요소를 고려해야 한다고 의무화할 것을 제안하였다. 2022년 4월 26일 보건복지위원회에서 검토회의를 진행한 바 있다. 유사한 개정안으로 2021년 8월 5일 이낙연 의원 등이 발의한 안은 2021년 11월 11일 보건복지위원회에서 검토회의를 하였다.

둘째, 수탁자책임활동에 관한 지침개정(안) 중 대표소송 관련이다.

대표소송은 회사가 이사에 대하여 책임을 추궁할 소를 제기하여야 하는데도 제기하지 아니한 때 회사를 위하여 주주(모회사의 주주)가 제기하는 소송을 말한다.(상법 제403조 내지 제406조의2) 즉, '선관주의 의무'(선량한 관리자의 주의 의무: 일반적으로 보통 사람이 어떤 행위를 할 때 일정한 주의를 기울일 의무를 말한다)를 가진 이사가 회사에 손해를 끼친 경우 주주들이 책임을 물을 수 있도록 한 것이다. 지침개정(안)은 2020년 12월 상법 개정안이 통과되면서 주주활동에 모회사의 주주가 자회사의 이사를 대상으로 제기하는 '다중대표소송'이 추가된 내용을 반영하고 소송 실무는 국민연금공단 기금운용본부가 맡되, 소송제기 의사결정은 기금운용위 산하의 수탁자책임 전문위원회가 담당하도록 하고 있다. 당초 지침개정(안)은 2021년 12월의 국민연금 기금운용위원회에서 결론을 낼 예정이었다. 그러나 한국경영자총협회, 한국상장회사협의회 등 경제단체들은 지침개정으로 국내 상장사들을 상대로 소송압박에 나설 수 있다고 우려하며 강력하게 반발하면서 2022년 기금운용위원회에서 다시 논의할 예정이다. 2022년 1월 20일 대한상공회의소 등 경제단체 7곳이 대표소송 관련 지침 개정에 대한 우려를 정부에 다시 전달한 바 있다. 그동안 국민연금이 실제로 소송에 나선 적은 없었다.

셋째, 최대 현안인 기후변화 이슈에 대한 정책이다.

2021년 5월 개최된 제6차 국민연금기금운용위원회에서는 국민연금기금 투자제한전략 도입방안을 심의・의결하였다. 특히 탄소배출 감축의 필요성에 공감하고, 석탄채굴・발전산업에 대한 투자제한전략(네거티브 스크리닝, Negative Screening)을 도입하기로 한 것이다. 국민연금기금은 탈석탄 선언을 시작으로 국내・외 석탄발전소 신규 건설을 위한 프로젝트 투자를 하지 않고, 투자제한전략 적용을 위한 준비단계로써 단계별 실행방안을 수립할 계획이다.

5. 주식회사 등의 외부감사에 관한 법률

주식회사 등의 외부감사에 관한 법률은 1980년 12월 제정되었으며 1981년 1월부터 시행되었다. 일정규모 이상의 주식회사에 대하여 외부감사인에 의한 회계감사를 실시함으로써 내부감사제도의 단점을 보완하고 적정한 회계처리를 유도하여 이해관계인의 보호와 기업의 건전한 발전에 기여하려는 제도이다.

이후 2017년 전부 개정을 거쳐 2018년 11월부터 시행되고 있다. 이 법은 외부감사를 받는 회사의 회계처리와 외부감사인의 회계감사에 관하여 필요한 사항을 정함으로써 이해관계인을 보호하고 기업의 건전한 경영과 국민경제의 발전에 이바지함을 목적으로 한다고 규정하고 있다.(제1조)

외부감사의 대상은 주권상장법인, 해당 사업연도 또는 다음 사업연도 중에 주권상장법인이 되려는 회사, 그 밖에 직전 사업연도 말의 자산, 부채, 종업원수 또는 매출액 등 대통령령으로 정하는 기준에 해당하는 회사 및 대통령령으로 정하는 기준에 해당하는 유한회사이다.

해당 대상은 재무제표를 작성하여 회사로부터 독립된 외부의 감사인(재무제표 및 연결재무제표의 감사인은 동일하여야 한다)에 의한 회계감사를 받아야 한다. 단, 공공기관의 운영에 관한 법률에 따라 공기업 또는 준정부기관으로 지정받은 회사 중 주권상장법인이 아닌 회사 등은 외부의 감사인에 의한 회계감사를 받지 아니할 수 있다.(제4조)

법을 위반하게 되면 과징금, 벌칙, 과태료 등을 부과받게 된다. 예를 들어 회계처리기준을 위반하여 거짓으로 재무제표를 작성·공시하거나 감사인 또는 그에 소속된 공인회계사가 감사보고서에 기재하여야 할 사항을 기재하지 아니하거나 거짓으로 기재한 경우에는 10년 이하의 징역 또는 그 위반행위로 얻은 이익 또는 회피한 손실액의 2배 이상 5배 이하의 벌금에 처한다. 과태료는 5천만원 이하, 3천만원 이하, 1천만원 이하, 500만원 이하 등이 있다.

02
PART

ESG 경영 실무

제 5 장 지속가능경영 실무
제 6 장 환경 · 에너지 ESG 경영 실무
제 7 장 안전보건 ESG 경영 실무
제 8 장 사회책임 ESG 경영 실무

제 1 부

기업경영의 변화

제 2 부

ESG 경영 실무

제 3 부

ESG 성과보고와 ESG 평가

제 4 부

거버넌스(지배구조)의 개선

CHAPTER 05

지속가능경영 실무

제 1 절 기업의 사회적 책임

CSR은 기업의 사회적 책임(Corporate Social Responsibility)의 약자로 1953년 발간된 Bowen의 저서 '사업가의 사회적 책임들(Social Responsibilities of Businessmen)에서 처음 등장하였다. CSR는 기업이 생산 및 영업활동에 있어 환경경영, 윤리경영, 사회공헌과 노동자를 비롯한 지역사회 등 사회 전체의 이익을 동시에 추구하며, 이를 바탕으로 의사결정과 경영활동을 하는 것이다. 캐롤(Carroll)은 CSR 피라미드 통해 기업의 책임을 수익을 창출해야 하는 경제적 책임, 사회의 법을 지켜야 하는 법적 책임, 법적으로 요구하지 않더라도 옳고, 바르고, 공정한 경영활동을 해야 하는 윤리적 책임, 공동체, 교육, 문화예술 분야 등에 기업이 가진 자원을 사용함으로써 사회적으로 바람직한 행동을 해야 하는 자선적 책임으로 구분하였다. CSR은 책임의 대상이 누구인가에 따라 각각 다른 전제가 있고, 기업의 본질과 역할에 대한 다른 견해를 보여 왔으며, 이후 다양한 논의를 거치면서 큰 틀에서 합의점을 찾고 있다. 지금까지 논의는 기업 책임의 대상을 주주에 한정하는 관점, 주주 이외의 이해관계자로 확대하는 관점, 사회적 책임이 기업 가치를 높인다고 보는 실리적, 통합적 관점의 세 가지 흐름을 보이고 있다.

표 5-1 CSR에 대한 정의[1)]

연구자	정의
McGuire et al.(1988)	경제적 및 법적 의무를 넘어선 전체 사회에 대한 의무
Carroll(1991)	경제적 책임, 법적 책임, 윤리적 책임, 자선적 책임 등 네 가지 책임으로 구성
McWilliams & Siegel (2001)	기업이 갖고 있는 직접적인 이해관계와 법이 정한 규제 요건을 충족시키는 것을 넘어서 좋은 사회를 만들기 위한 기업의 행동
McFarland(1982)	개인, 조직, 사회의 각종 제도가 상호 의존적이라는 사실을 인식하고 기업이 도덕적, 윤리적, 경제적 가치를 기준으로 행동하는 것
Blomm & Gundlach (2001)	기업이 이해관계자에게 지는 책임은 법적인 것을 넘어선 의무이며, 이러한 의무를 이해하는 것은 기업이 장기적으로 사회에 미칠 긍정적 영향을 최대화하고 잠재적인 위협을 최소화하는 것

1) 기업의 사회책임경영(CSR)의 정의와 역할, 상장협연구 제57호, 안병훈, 장대철, 2008/4.

Mohr et al.(2001)	사회에서 발생할 수 있는 위험을 사전에 제거하거나 최소화하고, 장기적으로 긍정적인 효과를 최대화하기 위하여 행동하는 것
Maignan & Ferrell (2000)	다양한 이해관계자가 기업에게 요구하는 경제적, 윤리적, 재량적 책임을 이행하는 것
Petkoski & Twose (2003)	종업원과 가족, 지역사회 등과 함께 삶의 질을 향상시켜 사업을 번창시키는 동시에 사회발전을 달성하고 궁극적으로는 지속가능한 경제발전에 기여하는 기업의 활동

▶ 주주중심 접근법

이는 전통적인 CSR 관점으로 기업을 법적 구성체로 보고 법을 준수하면서 주주의 가치를 실현하는 데 초점을 둔다. 기업 지배구조에 있어 영미식 기업 지배구조 원칙을 따르는 것으로 밀턴 프리드먼(Milton Friedman)은 기업의 사회적 책임을 비즈니스를 잘하는 것이라고 설명한다. 특히 소유와 경영의 분리, 소유와 책임의 분리라는 원칙 차원에서 주주중심의 관점은 책임을 져야 하는 실체가 없다고 가정하고 기업은 법적으로만 존재하기 때문에 기업의 책임이란 있을 수 없으며 기업을 경영하는 사람(경영자)에게만 책임이 남게 된다고 보았다. 결국 경영자의 책임은 주주가치 실현에 최선을 다하는 것이다. 이 관점은 기업의 주인이 누구이며, 주주 대리인 문제(princial-agent problem)가 논점이 된다.

▶ 이해관계자 접근법

이는 기업을 다양한 사회 구성원과의 계약 집합체로 보고 기업활동에 영향을 주고 받는 다양한 이해관계자에 대한 균형된 만족을 제공하는 것에 초점을 둔다. 기업 지배구조에 있어 유럽식 기업 지배구조 원칙을 따르는 것으로 실제 기업을 둘러싼 다양한 이슈의 급증에 따라 기업의 책임 범주를 주주 이상으로 넓게 보고 다수의 이해관계자에 대한 책임을 고려한다. 이해관계자 접근 관점이 힘을 받는 이유는 다음 두 가지이다. 첫째는 다양한 이해관계자에 대한 책임을 기반으로 마땅히 기업이 윤리적이고 책임지는 경영을 해야 한다는 것이다. 둘째는 기업이 이해관계자에 대한 책임을 다하면 기업의 가치가 높아져 사회적, 환경적 성과는 물론 경제적 성과를 높일 수 있다는 것으로 이러한 책임은 하나의 도구가 될 수 있다는 점이다. 이 접근은 많은 다양한 이해관계자에 대한 대응 우선순위 설정의 당위성 확보와 기업의 존재의 이유와 관련한 책임의 정도 문제가 논점이 된다.

▶ 통합적 접근법

이는 이해관계자 이론 중 도구론을 배경으로 발전한 것으로 주주중심 접근과 이해관계자 접근이 융합되는 형태이며, 이해관계자에 대한 책임과 기업가치의 긍정적 상호관계를 가정하여 기업의 목적을 장기적인 기업 가치의 실현에 둔다. 이는 위험 감소와 기회 창출을 동시에 모색하는 것으로 경제적, 법적 책임이 기본적으로 충족된다는 전제하에 위험관리 차원에서 다양한 이해관계자와의 신뢰를 구축하고, 이를 통해 규제비용 감소, 생산성 향상, 기업 브랜드 가치 제고, 우수 인재 확보 및 바람직한 조직 문화 형성 등 효과를 기대한다는 것이다. 결국 경제적 성과와 사회 환경적 성과를 함께 제고하기 위하여 비즈니스의 판을 바꾸는 것이라 할 수 있다.

실제 이러한 접근하에서는 창조적인 비즈니스 아이디어를 개발함으로써 경제적 성과와 사회적 성과를 동시에 도출하는 다양한 해법을 찾을 수 있을 것으로 기대된다. 2004년 코펜하겐에서 개최된 EPER(유럽오염물질배출등록제) 회의에서 당시 세계지속가능발전기업협의회(WBCSD)의 회장이던 비요른 스티그슨(Björn Stigson)은 다음과 같은 화두를 던진다.[2] "Business cannot succeed in a society that fails", 즉 실패한 사회에서 비즈니스는 없다는 것이다. 특히 이 메시지는 비즈니스를 통해 부를 창출하지 않는 기업에게 미래가 없으며, 지속가능한 발전을 위해 기업이 공공정책 분야로 비즈니스를 확장해야 한다는 것을 언급한 가운데 나온 것이어서 당시 커다란 화제를 불러일으켰다. 오랜 경륜의 기업가이자, 지속가능한 발전을 추구하는 글로벌 기업 리더들의 대표가 그동안 정부의 영역이었던 사회문제 해결에 기업의 참여를 제안했기 때문이다. 이후 기업은 지속가능한 발전을 목적으로 기후변화 대응과 친환경 제품 개발에 적극적인 자세를 보여왔다. 이에 비해 빈곤 해결, 양극화 해소 등 사회문제 해결을 통한 이윤 창출에는 상대적으로 소극적이었고 활동은 공유가치창출(CSV)을 중심으로 전개되었다.[3]

최근 ESG가 강조되면서 사회문제 해결을 시장화하는 활동이 기업의 비즈니스의 파이(Pie)를 키운다는 차원에서 주목받고 있다. 특히 사회 경제적 문제를 해결하기 위해 창의와 혁신을 요구한 UN 지속가능발전목표(SDGs)는 기업이 우리

---

2) 김지환, [ESG 인사이드(2)] 사회문제 해결은 새로운 비즈니스이다, 뉴스투데이, 2022.1.23

3) 글로벌 제약회사인 노바티스의 경우 빈곤국에서의 비즈니스 성공을 위해 지역 주민들이 건강한 삶을 살도록 교육의 기회를 제공하고, 이를 통해 개선된 건강에 대한 인식을 바탕으로 의약품에 대한 접근성을 높여 이윤을 창출하였다.

사회와 커뮤니티를 발전시킬 수 있는 비즈니스의 나침반이 되고 있다. 기업이 성장하기 위해서는 개선된 사회가 필요하며, 사회가 성공해야 비즈니스가 가능하다는 것이 이미 우리 주변에서 실현되고 있다.

빈곤, 건강, 교육, 기후변화 및 환경파괴와 같은 광범위한 사회문제 속에서 기업이 새로운 비즈니스를 찾으려면 보다 창의적인 접근이 필요하다. 이러한 접근은 기업에게 비즈니스 기회를 확인하고, 지속가능성의 가치를 높이며, 이해관계자와의 관계를 강화함은 물론 사회와 시장을 안정시킬 수 있는 기회를 제공해 줄 수 있을 것이다.

그림 5-1 지속가능경영 패러다임의 변화[4)]

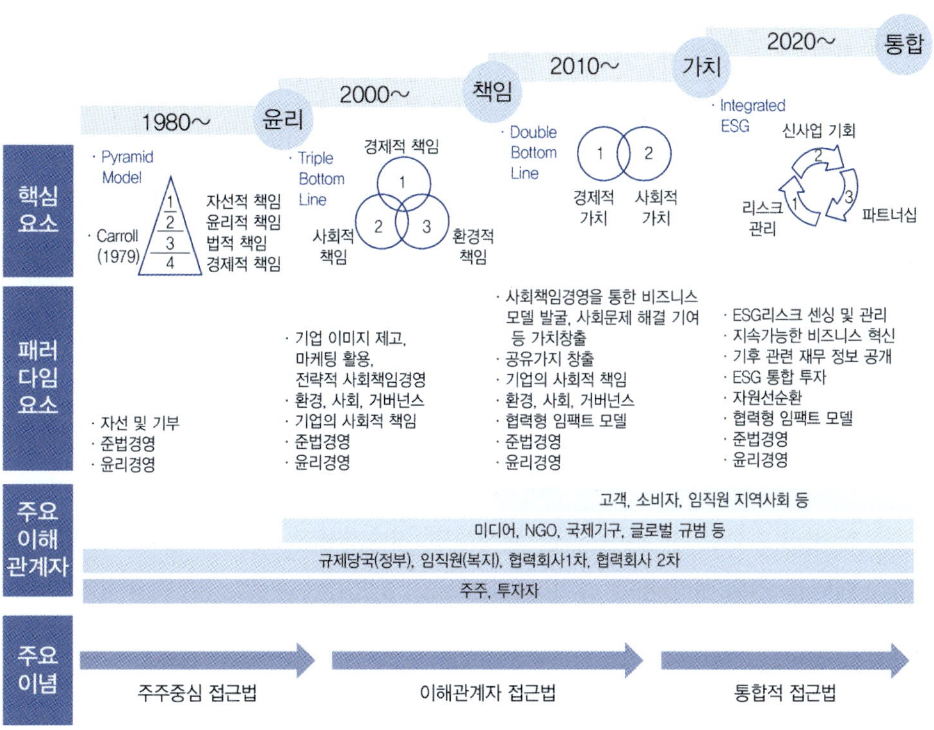

4) 이준희, 한국기업들의 ESG 경영을 위한 변화, ESG 경영의 개념과 접근 방법, Deloitte Insights, 2020.11.

제 2 절 기업 지속가능성

1. 기업 지속가능성(Corporate Sustainability)

지속가능한 발전(Sustainable Development, SD)은 미래세대가 그들의 욕구를 충족할 수 있는 기반을 저해하지 않는 범위 내에서 현 세대의 요구를 충족시키는 발전이다. 이러한 개념은 인류가 자연과 공존하면서도 인구증가와 경제성장 속에 파생되는 전 지구적인 문제를 해결하여 풍요로운 삶을 누리고자 하는 의지에서 비롯되었다. 이 용어가 공식적으로 처음 알려진 것은 1987년 개최된 세계환경개발위원회(World Commission on Environment and Development, WCED)에서 제시된 '우리 공동의 미래(Our Common Future)'[5]를 통해서다. 이후 지속가능한 발전은 오랜 기간 다양한 논의를 통해 환경뿐 아니라 사회, 경제 분야 전체의 지속가능성 유지와 관련된 것으로 폭넓게 해석되고 있다.

기업에서의 지속가능성에 대한 논의는 지속가능한 발전(Sustainable Development)에서 출발한 것으로 인류와 사회가 지속하기 위해서는 후손들이 사용할 수 있는 자원을 아끼고 그들이 생활할 수 있는 자연을 보호하여 잘 물려줘야 한다는 환경적 개념에서부터 시작되었다. 당초 지속가능성은 자원경제학이나 생태학 등 다양한 분야에서 매우 광범위하게 사용되어 온 개념이다. 예를 들어 수산자원, 산림자원 등 재생가능한 자원을 어떡하면 지속가능하게 생산량을 최대로 높일 수 있을까에 대한 답을 찾기 위한 것으로 궁극적으로 단기적 생산과 장기적 생산의 합을 최대화할 수 있는 양을 결정하면 지속가능한 상태가 된다는 개념이다. 이 개념을 기업에 적용한 것이 기업 지속가능성이다. 기업 지속가능성이란 경제적·환경적·사회적 측면의 기업성과를 달성하여 기업이 장기적으로 존속할 수 있는 균형 상태를 말한다. 기업 성과에 시간 개념을 도입하여 단기적 성과와 장기적 성과의 합을 최대로 할 수 있는 상태가 기업 지속가능성이 된다. 이 개념은 기업이 추구해야 하고 도달해야 하는 목표를 뜻한다.

기업 지속가능성은 기업의 사회적 책임과는 달리[6] 환경 영역에서 출발하여 경

5) 브룬트란트 보고서

6) 기업의 사회적 책임은 경제 영역에서 출발하여 사회 영역으로 확장하면서 기업투명성, 기업윤리, 투명성, 투명경영, 사회공헌, 지배구조와 같은 논의를 흡수해 왔고 이후 자연환경에 대한

제 영역으로 확장하였고, 결국에는 트리플버틈라인(Triple Bottom Line, TBL)의 세 가지 영역을 모두 아우르는 개념으로 확장함으로써 지속가능경영이란 개념으로 발전했다.

2. ESG와 지속가능경영, CSR, CSV

CSR과 기업 지속가능성 양쪽 모두에서 ESG는 중요한 이슈이다. CSR은 기업이 해야 할 책임이자 도달해야 할 목표이다. 따라서 환경, 사회, 주주에 대한 ESG 책임을 중시한다. 반면, 기업의 지속가능성은 ESG를 경제적 성과와 균형을 이루어야 하는 비재무적 성과의 대상으로 본다. 기업의 지속가능성은 CSR을 계속기업(Going concern)[7]의 조건으로 보고 지속가능성을 목표로써 중시한다. 지속가능성은 트리플버틈라인과 맥을 같이 하면서 경제, 환경, 사회의 세 가지 성과 간 균형을 넘어 서로 도움이 되는 상호 강화에 관심을 둔다.[8] 이는 기업이 달성해야 하는 지향점이자 가치이다.

ESG는 친환경 경영, 사회적 책임 경영, 지배구조 개선 등을 통해 지속가능한 발전을 추진하는 요소로써 CSR과 CSV(Creating Shared Value)와 달리 환경가치와 지배구조 측면을 별도로 분류[9]하고, 사회적 자기 구속력이라는 차별성을 갖고 있다.[10] 기존 기업에서의 CSR은 사회 문제의 해결에 있어 실질적인 도움이 되지 못하는, 단지 기업의 행동이라는 한계를 가지고 있다.[11] 이에 반해 CSV는 이러한 CSR의 한계를 보완하는 개념으로써 기업 활동을 통해 사회적 가치를 창출할 뿐만 아니라 기업의 경제적 수익을 추구하는 것을 핵심으로 하고 있다. 즉 혁신을 통해 사회문제를 해결하며, 공동의 가치를 도모한다는 것이다.[12]

결국 ESG 경영은 지속가능성을 기업이 달성해야 하는 지향점이자 가치로 설정하고 CSR을 목표로 하며, 이러한 목표를 달성할 수 있는 전략이나 과제로

책임을 포함하여 완결된 모습을 형성해가고 있다.

7) 본래의 목적을 달성하기 위해 일시적으로 존속하는 것이 아니라 계속해서 존재하는 기업
8) 이수열, 지속가능경영전략－이론과 실제－
9) 환경(SDGs 목표 12~15번), 사회(SDGs 목표 1~11번), 지배구조(SDGs 목표 16~17번).
10) 이혜미. UN SDGs 및 소비자 중심의 ESG 경영을 위한 전략적 성과관리 방안, 소비자정책동향, (118), 2021
11) 유선욱. 공유가치창출(CSV) 활동의 지속가능발전목표(SDGs) 접근에 대한 연구-수행 사례에서 나타난 사회적 이슈, 수혜자, 협력자에 대한 분석을 중심으로, 사회과학연구, 32(2), 2020
12) Porter, M, E, & Kramer, M. R. Creating shared value. HBR, 2011

SDGs를 아젠다로 하여 실행 체계를 구축하고 일관되게 추진하는 것이다.

제 3 절 기업의 지속가능성 통합 전략 수립

1. 통합 전략 수립의 개요

(1) 동기와 원인분석

성공적인 지속가능성 통합을 위해 기업은 실용적인 전략 정의 및 이행이 요구된다. 전략 개발은 기본적으로 시장이나 환경과 같은 외부 여건에 의해 좌우될 수 있다. 통상 기업은 자원기반 관점(resource-based view)에서 핵심역량의 최적 배치를 통해 가치와 경쟁력 창출을 위한 방안을 마련한다. 그런데 지속가능성 통합 전략은 이러한 과정에서 기업이 미래 세대에게도 동일한 가능성을 보장하도록 장기 지향적인 관점을 포함한 확장된 목표를 수립하는 것이 요구된다. 이는 미래를 위해 경제적, 환경적, 사회적 자본의 확대가 중요하기 때문이다. 그러나 용어 및 규칙에 있어 경제와 환경, 경제와 사회, 환경과 사회 간의 지속가능성 내재화에 있어 상충 요인을 고려할 때 지속가능성 통합 전략 수립은 반드시 세심하고 면밀한 검토가 수반되어야 한다.

우선 지속가능성의 요구 사항으로 기업 전략에 내재화하는 동인이 무엇인지를 분석할 필요가 있다. 지속가능성 통합 전략을 이행하기에 앞서 다양한 동인을 고려해야 만이 새롭고, 적응할 수 있는 전략이 재정의될 수 있기 때문이다. 기업은 지속가능성 내재화에 따라 조직에 미치는 내적, 외적 영향과 내외부 동인, 그리고 이를 상호 연결시키는 연결동인, 지원 및 방해 요인 등을 종합적으로 분석해야 한다. 이러한 분석은 전략을 개발하고 이행하는 데 있어 도전과제가 무엇이고, 어떠한 행동을 해야 할지를 사전 검토하는 기회를 제공한다. 특히 지속가능성의 맥락에서 법규와 이해관계자 요구 사항을 고려하는 것은 ESG 전략의 보다 효과적인 추진을 담보할 수 있다. 그 결과 기업은 다음과 같은 선택을 할 수 있게 된다.

그림 5-2 기업 지속가능성을 위한 동인과 요인들

조직에 미치는 영향
내적: 비즈니스 모델, 조직 구조와 전략
외적: 산업 유형, 산업내에서 구조와 포지션

외부 동인
• 법준수

연결 동인
• 기업평판
• 사회적, 환경적 책임

내부 동인
• 품질경영
• 비용 절감 및 경제적 성과
• 경쟁우위
• 혁신
• 리스크 관리

지원 및 방해요인
• 관리 통제 및 승인
• 이해관계자 참여
• 조직적 학습 및 지식
• 투명성과 소통
• 경영태도 및 행동
• 조직문화
• 복잡성
• 투자

첫째, 경제적, 환경적, 사회적 성과에 관한 목표를 포함할 수 있도록 기업 전략을 재조정한다.

둘째, 특정 지속가능성을 기업 전략의 일부로 설정한다.

셋째, 총체적인 ESG 전략 수립의 전제조건으로서 기업 전략을 재정의한다.

(2) 지속가능성 내재화 성과 관리

이처럼 전략수립의 단계에서 지속가능성을 고려하게 되면 이후 지속가능성 통합 전략 목표 달성을 위한 선제적 관리가 진행된다. 지속가능성 내재화 성과 관리를 위한 단계적 접근은 5단계로 구성된다. 각 단계에는 비즈니스 모델의 구성요소, 기업 전략 개발, 비즈니스 프로세스 정의 및 자원 배치 등이 포함된다. 지속가능성 내재화 성과를 증진하기 위해서는 목적이 있는 행동이 계획되고, 이행되며, 모니터링돼야 한다. 전반적으로, 비즈니스의 역동성, 취해진 의사결정, 그리고 결과 등 모든 것이 인식되어야 한다. 이는 조직의 경계 안에서 상호 인과관계에 대한 포괄적인 관점을 취하기 위해서다. 관련 이해관계자와의 커뮤니케이션도 프로세스에서 핵심적인 역할을 한다. 이는 투명성에 대한 요구가 증가하

그림 5-3 지속가능성 내재화 성과 관리를 위한 단계적 접근[13)]

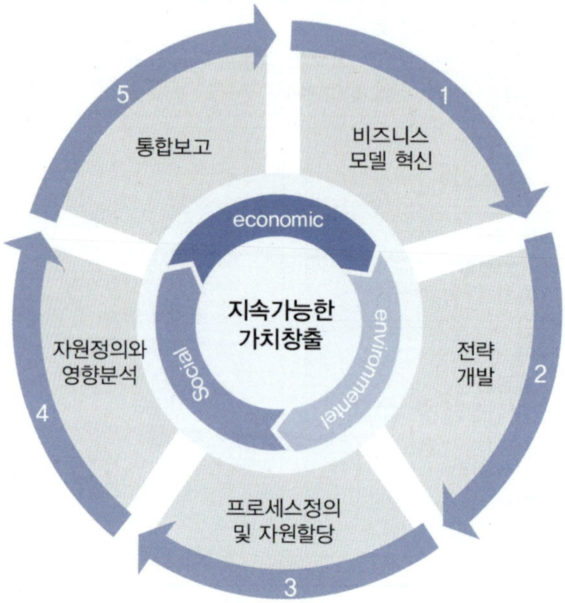

기 때문이다. 내부 및 외부 커뮤니케이션은 조직에서 이미 잘 정립된 활동으로, 그 목표는 표준화된 재무적 데이터 보고를 넘어선 비 재무적 성과에 대한 정보도 제공하기 위함이다.

2. 통합전략의 기준선으로서 비즈니스 모델 혁신

기업의 지속가능한 발전을 위해 조직은 구체적인 목표와 가치를 명확히 제시해야 하며, 이를 임직원 모두 이해하고, 받아들이며, 동참해야 한다. 비즈니스 모델이란 기본적으로 기업이 운영되는 방식이다. 기업이 ESG 경영을 정당화하려면 경제적, 환경적, 사회적 관점이 비즈니스 모델에 반영되어야 한다.

경제적 관점에서 기업은 기업의 가치를 높이고 제품 및 서비스의 수익성을 높이는 것뿐만 아니라 친환경적, 친사회적 경영을 경제적으로 이행해야 한다. 환경적 관점에서는 기업의 모든 활동이 생태계에 영향을 미친다는 점을 고려하여 생

13) Nicole Oertwig et al., Integration of Sustainability into the Corporate Strategy, 2017.

산활동, 제품의 사용 및 서비스로 인한 환경에 부정적인 영향을 최소화해야 한다. 사회적 관점에서는 관심이 집중되고 있는 사회문제의 해결을 통해 진정한 경쟁 우위를 제공할 수 있어야 한다. 이러한 활동은 수익을 창출하고 기업 리스크 및 운영 비용을 줄이는 것으로 결국 사회적 압력과 경제적 압력 사이의 긴장 완화를 통해 사회와 기업이 동시에 가시적인 혜택을 누리도록 하는 것이다.

비즈니스 모델 혁신은 기본적으로 기업의 각 요소와 모듈을 결합하는 것부터 시작하여, 제품 및 서비스를 생산하고, 가치를 창출하게 된다. 또한 창출된 가치는 고객관계 강화 및 경쟁우위 확보와 수익으로 연결된다.

그림 5-4 비즈니스 모델 혁신의 구성 요소[14)]

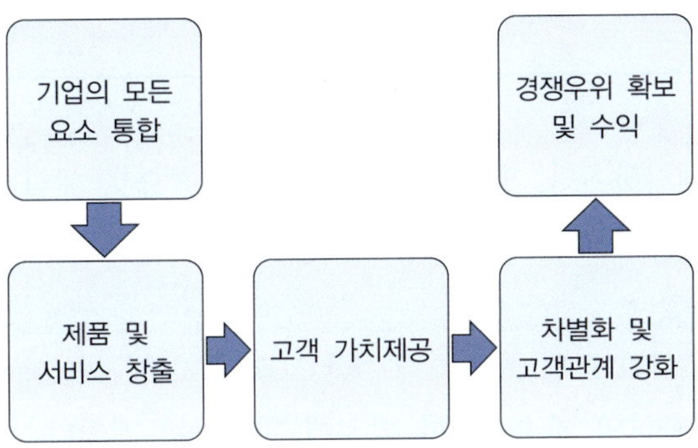

지속가능성 통합전략의 일부인 비즈니스 모델 혁신의 중심에는 지속가능성이 있다. 왜냐하면 미래의 사회는 효율성을 잃지 않으면서 혁신적인 제품과 프로세스, 서비스를 요구하기 때문이다. 여기서 중요한 것은 비즈니스 모델 혁신이 제품과 프로세스 혁신에 그치지 않고 기업의 장기적인 경쟁우위 확보와 연결되어야 한다는 점이다. 따라서 비즈니스 모델 혁신은 기업을 지속가능하게 변화시키고 ESG 등 새로운 도전 과제에 대처할 수 있는 중요한 수단이 된다. 즉 이러한 혁신은 비즈니스 영역을 환경을 넘어 서비스형 제품(Product-as-a-Service[PaaS]), 사회적 문제 등으로 확장 시킨다.

기술적, 사회적, 조직적 관점에서 지속가능한 비즈니스 모델 전형은 대표적인 지속가능한 비즈니스 모델 혁신 사례이다. 이들 사례는 기존 비즈니스에 지속가

14) Nicole Oertwig et al., Integration of Sustainability into the Corporate Strategy, 2017.

그림 5-5 지속가능한 비즈니스 모델 혁신 전형[15)]

능성을 내재화하거나, 또는 비즈니스를 근본적으로 재설계하거나, 그리고 통합 전략 개발에 있어 경제적, 환경적 및 사회적 측면을 반영하는 견고한 출발점을 제공할 수 있다.

결국 비즈니스 모델 혁신은 우수한 고객 가치 제공을 통해 경쟁 우위를 창출하고 기업과 사회의 지속가능한 발전에 기여하는 것이다.

3. 효율적인 전략 개발 프로세스의 적용

지속가능성 통합 전략 개발은 이해관계자의 요구 사항을 충족하면서 기업의 경제적 성공을 보장하고 경쟁 우위를 확보할 뿐 아니라 지속가능성의 가치를 창출하기 위한 조건을 만드는 것이다. 그러나 전략개발에 있어 복잡성과 불확실성이 커지고 있는 상황에서 기업은 어떡하면 효율적으로 지속가능성 통합 전략 개발을 할 수 있을까? 이를 위해 다음과 같은 프로세스가 제시되고 있다.

(1) 현황 파악과 제품 및 시장 분석

먼저 전략적 선택을 위한 출발점은 기업 목표와 비즈니스 환경에 대한 현 상황

15) Nicole Oertwig et al., Integration of Sustainability into the Corporate Strategy, 2017.

을 파악하는 것이다. 이 단계에서 중요한 것은 비즈니스 환경, 기업 목표, 수익 창출 등 전통적 관점은 물론 환경적 · 사회적 관점에서의 기업의 현황 관련 정보를 수집하는 것이다.

다음 단계는 제품과 시장이 전체 비즈니스에 미치는 영향을 분석하고 정량화하는 것이다. 환경적 사회적 관점에서의 원인과 영향에 대한 관계도 반드시 분석되어야 한다. 이 단계에서 기업이 성장 잠재력을 잃지 않고 지속가능성의 도전과제를 어떻게 해결할지가 결정된다. 이러한 분석을 통해 기업은 시장 현황을 평가하며 비즈니스 모델을 통한 추정 수익률을 도출하게 된다.

(2) 전략적 선택 평가와 세부 전략 목표 도출

세번째 단계는 전략적 선택을 평가하는 것이다. 이 단계에서는 지속가능성을 전략적 의사결정 프로세스에 통합하는 데 따른 중요한 결정을 하게 된다. 이때 위험요인과 기회요인, 시장 침투, 제품 차별화, 시장 확장 또는 다양화와 관련된 시나리오를 고려함으로써 평가가 이루어진다. 전략적 의사결정 과정에서 지속가능성 전략 프로필은 방향 설정을 위한 수단으로 유용하다.

또한 이전 단계에서의 평가를 기반으로 수행된 전략적 선택에 대해 세부 전략 목표를 도출하게 된다. 짧아지는 제품 수명주기, 하락하는 가격, 신기술 개발 압력, 글로벌화와 더불어 시장과 이해관계자의 기업 지속가능성에 대한 요구 증가는 기업의 전략 개발에 있어 복잡성과 불확실성을 증가시키고 있다. 이러한 상황

표 5-2 지속가능성 전략 프로필

전략	활동
리스크 완화	• 낮은 수준의 지속가능성 기준 준수 • 지속가능성 규칙 및 지침 준수에 중점
합법화	• 경쟁력 향상을 위해 사회에 지속가능성을 약속 • 지속가능성에 대한 외부 홍보에 중점
효율성	• 비용 효율적 프로세스에 중점 • 적정기술, 건강 및 안전, 생태학적 지속가능성 등에 대한 투자에 약속 • 지속가능성에 대한 프로세스 기반 분석 및 평가
총체적 접근	• 고도로 발전된 지속가능성 지향 • 지속가능성의 내부화 및 문제의 지속적인 개선 • 지속가능성 측면에서 성과 창출 목표를 제시 • 시장 영향 확대를 지향

하에서 효율적인 전략 개발 프로세스는 지속가능성 전략의 내재화를 촉진하는데 기여할 것이다.

4. 프로세스 정의 및 자원할당

프로세스 정의와 자원할당은 회사의 전략 및 운영목표를 달성하는데 있어 매우 중요하다. 이를 통해 기업의 효율성(efficiency)과 효과성(effectiveness)을 높일 수 있기 때문이다. 프로세스 관리를 위해 다음 두 가지를 살펴봐야 한다. 첫째, 전략 수립을 위해 어떤 프로세스가 필요하며, 어떠한 목표가 전략적으로 구현되어야 하는지, 즉 목표가 지향하는 바가 무엇인지를 결정해야 한다. 여기서는 프로세스의 변경에 따른 기업 전략의 변경도 포함된다. 둘째, 프로세스를 통해 고객 또는 이해관계자 관점에서 어떤 기대와 요구 사항이 충족되어야 하는지를 결정해야 한다. 이처럼 프로세스 정의에는 고객의 요구 사항을 분석하는 것부터 그 결과를 고객에게 전달하는 것까지가 포함된다. 프로세스 관리 차원에서 기업 전략과 참조 고객은 프로세스를 조정하는 중요한 요소이다. [그림 5-6]은 통합 관리를 통한 기업 전략과 조작화(operationalization)를 보여준다.

지속가능성 전략을 포괄적으로 개발하고 이행하기 위해서는 관련된 다양한 관리 규칙의 적용에 따른 복잡성을 최소화해야 한다. 이때 다양한 기업 활동의 상호 관계를 시각화하기 위한 접근 방법으로 엔터프라이즈 모델(enterprise model)을 활용할 수 있다.[16]

프로세스 관리는 프로세스를 지속가능성 전략에 맞추는 프로세스 설계부터 시작하는데, 이때 부가가치 창출 프로세스와 함께 달성해야 할 목표를 확정 짓는다. 프로세스 설계가 이루어지면 프로세스를 상세설계하고, 모델링 하며 문서화한다. 프로세스를 이행하는 과정에서 평가는 목표 달성 여부에 따라 이행된다. 마지막으로 전체를 통제하는 프로세스에서는 실질적인 프로세스 통제가 이어지며, 이는 전략의 지속적 발전에 영향을 미치게 된다.

지속가능성 통합 프로세스 관리를 통해 도전과제와 기회를 발견하는 것은 전적

---

16) 기업 또는 조직에 대한 관련 프로세스, 구조, 상호 관계를 설명하는 것으로(Vernadat, 1996) 애플리케이션은 기업 아키텍처의 일러스트레이션, 운영 문제의 근본 원인 분석, 전략 개발, 프로세스 최적화 또는 비즈니스 협업 관리 등 다른 주제로까지 확장이 가능하도록 설계되었다(Sandkuhl et al., 2013).

그림 5-6 기업 전략과 프로세스 관리 간의 연계[17)]

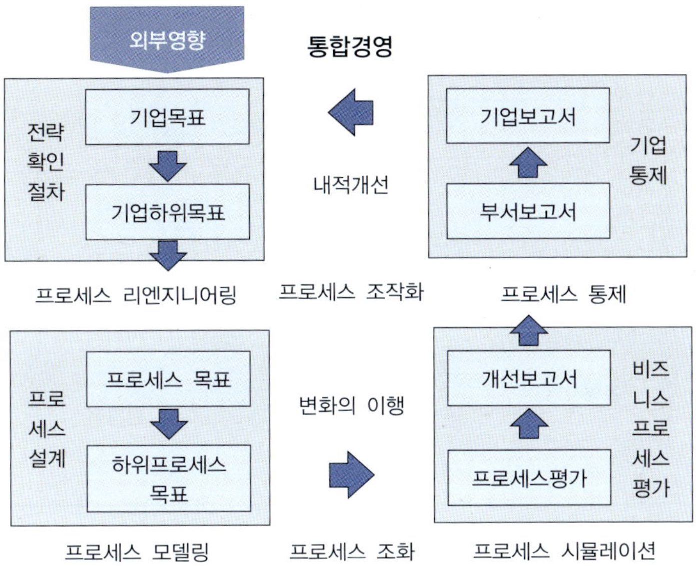

으로 계획수립에 얼마나 정통한가에 달려 있다. 이때 엔터프라이즈 모델 등이 총체적인 기업의 지속가능성 목표 추구에 도움을 줄 수 있다.

5. 자원의 정의와 영향 분석

제품과 서비스를 제공하기 위해 조직은 인적자원, 지식자원, 천연자원, 사회구조와 같은 다양한 자원을 기계, 기반 시설 및 금융 자산과 결합하게 된다. 지속가능한 조직은 자산을 유지 또는 가능한 증가시키기 위해 노력한다. 결과적으로 비즈니스 프로세스의 설계는 비즈니스 운영과 그에 필요한 자원, 성과, 그리고 경제적, 사회적, 환경적 차원의 영향 간의 상호 관련성을 만드는 것이다([그림 5-7] 참조).

결과적으로, 비즈니스 프로세스의 설계는 가지고 있는 자산(capital assets)의 증가 외에도 자산의 효과적이고 효율적이며 유익한 사용을 지향해야 한다. 이러한 맥락에서 자본기반 접근(capital-based approach)은 다양한 유형 자원을 적절하게

17) Nicole Oertwig et al., Integration of Sustainability into the Corporate Strategy, 2017.

그림 5-7 기업 지속가능성을 위한 참조 모델[18)]

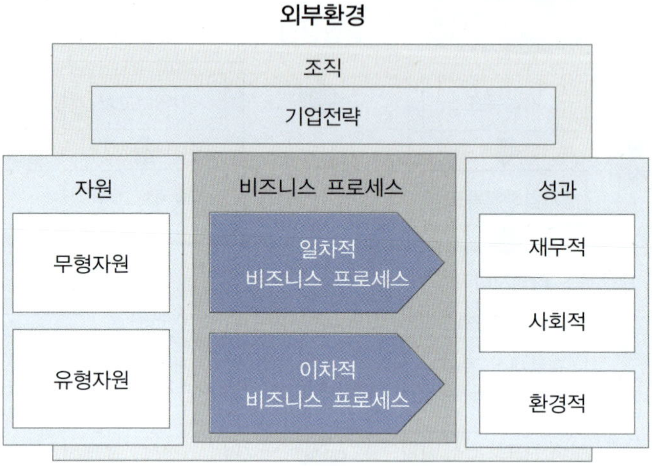

사용하는 것이며, 기본적으로 유형 자원과 무형 자원을 구분하여 조직성과를 개선할 수 있도록 비즈니스 프로세스에 적용하는 것이다.

자원(유형 및 무형)을 정의하는 것은 다양한 자원 카테고리 내에서 상호 관련성을 분석하기 위한 기반을 구축할 뿐만 아니라 자원에 대한 지속가능성 성과를 증진할 수 있는 활동 영역 파악에 도움이 된다.

6. 프로세스 모델 속에서 할당을 통한 실행계획 수립 및 모니터링

아무리 뛰어난 지속가능성 전략이라도 완전히 실행되지 않는다면 오히려 위기를 불러올 수 있다. 성공적인 지속가능성 전략의 구현을 위해서는 운영 계획을 수립하고, 질적 및 양적 측면을 감시하며, 문제의 원인을 추적하기 위한 평가가 가능해야 한다. 지속가능성에 대한 정보를 소통하기 위해서는 다양한 행위자, 평가 방법, 운영 데이터 간의 상호 작용을 이해해야 한다. [그림 5-8]은 지속가능성에 대한 설명, 분석, 모니터링과 특히 엔터프라이즈 모델링에서의 상호 관계에 대한 개념을 담은 프레임워크를 보여준다. 이 프레임워크의 적용에 있어, 우선 계획수립 단계에서부터 개개 지속가능성 전략과 목표, 모니터링, 이행을 체계적

18) Nicole Oertwig et al., Integration of Sustainability into the Corporate Strategy, 2017.

그림 5-8 모델 기반 프레임워크 기업 지속가능성 성과 관리[19]

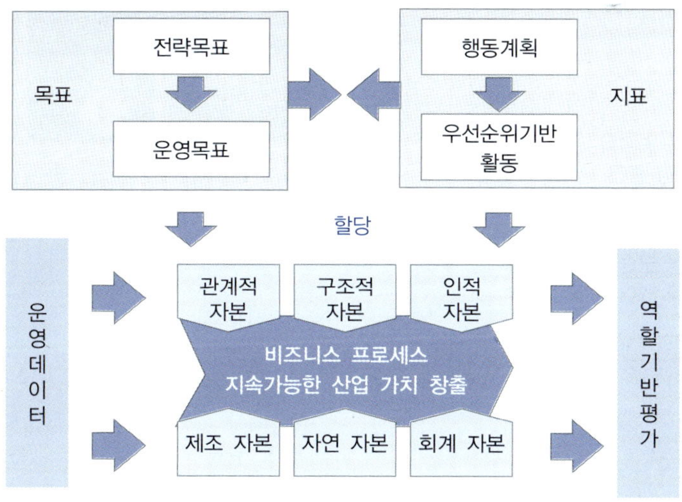

으로 내재화하는 것이 필요하다.

엔터프라이즈 모델에서는 기업의 전략적 목표, 제품, 조직화, 프로세스, 유무형 자원 및 상호 관계의 모든 측면을 기술한다. 지속가능성을 특성 짓는 변수가 모델링 되었다면 전략적 목표 달성을 위한 세부 실행계획을 수립하게 된다. 이러한 다차원적 지속가능성 시스템을 통합하기 위해서는 우선순위 설정 메커니즘, 다른 차원에서의 지속가능성을 검토를 위한 클러스터링 메커니즘, 또한 이들 간의 관계를 설명하는 메커니즘이 모두 필요하다.

예를 들어 희소 자원을 기업이 최대한 활용하기 위해서는 우선순위 설정이 필요하다. 이를 위해 '행동 필요성/시급성' 및 '실현 가능성'의 각 차원에 따라 우선순위를 설정하는 2차원 매트릭스가 사용될 수 있다. 각 차원은 낮음, 중간 및 높음에 대한 평가에 따라 어떤 조치가 시급하고 구현하기가 얼마나 어려운지를 확인할 수 있다.

이렇게 우선순위가 결정되면 이에 따른 적절한 지표가 개발되어야 한다. 계획된 조치 및 전략적 목표와 함께 적절한 지표가 정해지면 운영 데이터 사용을 통한 모니터링이 실현된다.

19) Nicole Oertwig et al., Integration of Sustainability into the Corporate Strategy, 2017.

그림 5-9 우선순위 매트릭스(예)

1. 에너지사용 최적화
2. 물질 효율성 증진
3. 폐기물 감축
4. 친숙도 증진
5. 지속가능성 달성에 대한 소통
6. 사회복지에 있어 지역적 약속

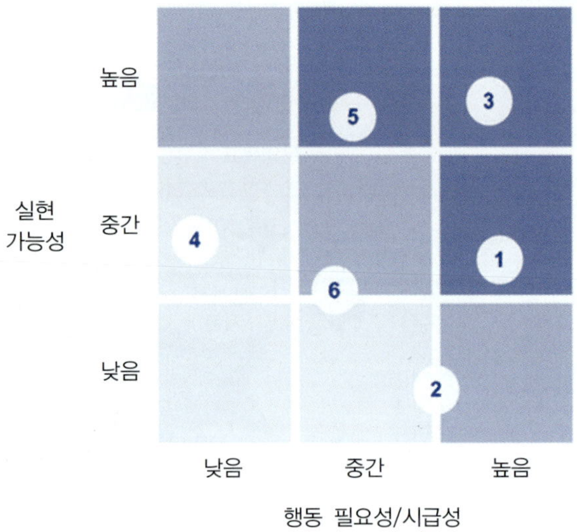

7. 통합 보고

기업은 다양한 보고서(예: 지적 자본 보고서, 환경 보고서, 기업의 사회적 책임 보고서 또는 지속가능성보고서)를 통해 경영 성과가 내외부에 노출된다. 이러한 정보의 과부하 속에서 다양한 보고서의 포괄적인 통합은 충분히 가치가 있는 작업이다. 통합 보고는 준비를 위한 내부 업무를 줄일 뿐만 아니라 기업의 비재무 보고에 대한 EU 지침인 '계정 현대화 지침'의 표준화와도 일치한다. 대기업의 경우 이해관계자에게 비재무 데이터와 정보를 제공해 온 반면 중소기업의 경우는 지속가능한 전략을 구현하기 위한 노력과 성과를 보고할 수단이 부족한 실정이다.

통합보고서는 회사의 재무 및 비재무(ESG) 성과를 제시하고 설명하는 단일 문서이다. 기존의 재무 정보 외에 기업의 지속가능성에 대한 내용이 주목됨에 따라 통합보고와의 연계성을 도출하기 전에 '지속가능성보고'를 둘러싼 현상을 구체적으로 논의하는 것은 의미가 있다. 지속가능성보고서는 기업이 내부 및 외부 자원을 다룰 때 수행하는 환경적, 사회적, 경제적 약속을 문서화 한 것이다. 지속가능성보고서는 이해관계자의 증가하고 있는 정보에 대한 요구를 충족시킨다.

기업 지속가능성 성과 관리를 위해 제안된 통합 모델 기반 프레임워크와 단계

표 5-3 기본 원칙과 콘텐츠 요소

기본 원칙	콘텐츠 요소
가. 전략적 초점과 미래 지향점	가. 조직개요 및 외부환경
나. 정보의 연결성	나. 거버넌스
다. 이해관계자 관계	다. 비즈니스 모델
라. 중대성	라. 위험과 기회
마. 간결성	마. 전략 및 자원 배분
바. 신뢰성 및 완전성	바. 실적
사. 일관성 및 비교 가능성	사. 전망
	아. 준비 및 발표의 기초
	자. 일반 보고 지침

그림 5-10 기업의 지속가능경영 성과 관리 체계[20]

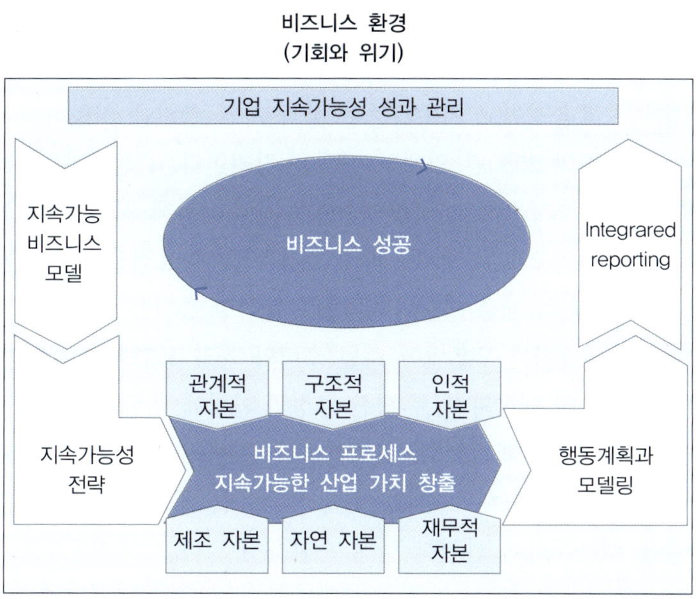

별 접근 방식은 [그림 5-10]과 같이 요약될 수 있다. 통합기반 모델은 지속가능성 비즈니스 모델, 지속가능성 전략, 성과 관리 및 보고의 이행 및 발전에 초점을 맞추어야 하며, 또한 관리자 역시 다양한 관리 분야가 지속가능성 주제에 대해 증가하는 복잡성을 해결하도록 방법 모색을 지원할 수 있어야 한다. 그러나 복잡

20) Nicole Oertwig et al., Integration of Sustainability into the Corporate Strategy, 2017.

한 가치 창출 네트워크의 성능을 관리, 평가, 제어할 수 있도록 범위를 전체 공급망으로 확장하기 위해서는 지속가능성 성과 관리에 있어 추가적인 활동이 필요하다. 즉 데이터의 처리에 있어 데이터의 선택, 결합, 집계에 대한 모든 서비스를 검토해야 한다는 것이다. 따라서 LCA(Life Cycle Assessment)와 같은 여러 평가 방법 외에도 안정적인 조종, 제어 및 모니터링이 가능한 연결 메커니즘이 필요하다.

제 4 절 순환경제(Circular Economy)

1. 정 의

순환경제란 의도 및 설계를 통해 재생되거나 재생되는 산업 시스템을 말한다. 순환경제는 효율적이고 지속가능한 삶과 자원 관리를 지향하며, 지속가능한 발전을 위한 UN의 2030년 의제의 이행을 장려한다. 순환경제라는 용어는 폐쇄루프경제(closed-loop economy)를 의미한다. 순환경제 시스템의 근본은 생태경제학과 산업생태학으로 경제시스템과 환경 간의 상호작용을 연구한다. 산업화 초기에 원자재 채굴, 제품 생산량 및 물품 출하량 증가를 주 목표로 삼았던 선형경제(linear economy)는 무분별한 자원 소비와 환경 오염을 초래했다. 반면에, 순환경제에서는 자원 채굴과 제품 생산 공정의 환경에 대한 영향을 고려한다. 원료를 보다 효율적이고 효과적으로 사용해야 하며, 제품의 수명이 길어야 하고, 폐기물 배출은 가능한 한 피해야 한다. 또한 재활용을 최고 우선순위에 두고 폐기물과 배출물을 재가공하여 안전한 물질 순환을 유지하고 오염물질을 제거해야 한다. 즉, 순환경제는 폐기물이 다른 유기체에 유해한 영향을 주지 않고 생물-지질-화학공정에 의해 변형되는 천연물질 순환을 모델링한다. 따라서, 그것은 효율성의 증가뿐만 아니라, 자연 친화적이고 자원을 절약하는 경제 시스템이라 볼 수 있다.

2. 범 위

순환경제는 폐기물 관리를 넘어 물질과 제품 수명주기의 모든 단계를 포괄한다. 또한 상품의 재고와 그에 따른 물질적 흐름을 바라보는 장기적인 관점뿐만 아니라, 원자재, 제품 및 폐기물의 세계적인 흐름을 고려 한다. 순환경제는 모든 사회경제적 신진대사를 포함한다. 즉 인류 생활권 내의 모든 원자재와 제품의 흐름이 고려되는데, 인간에 의해 형성되고 영향을 받는 생활 공간뿐만 아니라 자연과 교환되는 흐름도 포함한다. 또한, 한 국가 내에서만 순환경제 시스템을 도입하기란 쉽지 않다. 따라서 수입 상품의 환경 영향과 폐기기한까지 수명 주기 전체에서의 환경적 영향을 글로벌 수준까지 고려하여 범위에 포함한다. 현재 공급망 및 루프의 유형에는 4가지가 있을 수 있다.

표 5-4 공급망 및 루프의 유형[21]

구분	내용
닫힌 글로벌/로컬/지역 루프	(글로벌 루프) 사용후 제품 또는 부품은 수집되어 동일 또는 유사한 제품의 생산에 사용하기 위해 제조하는 국가로 보내짐 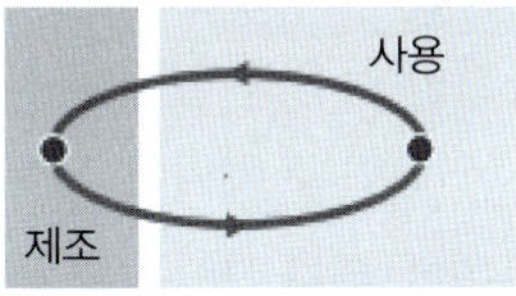
	(지역적 닫힌 루프) 제품은 주로 사용되는 국가에서 유지 관리됨. 일부 사용후/중고 제품은 지역 시장에서 수집, 재설계/재제조되어 현지 시장에 판매 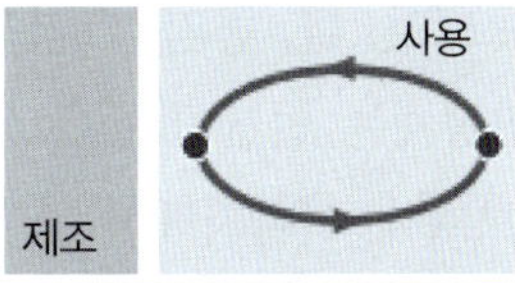
부분적으로 열린 지역/지역 루프	사용이 끝난 제품이나 부품을 수거하여 동일한 지역의 제조 시설로 반환하여 동일하거나 유사한 제품을 생산하는 데 사용 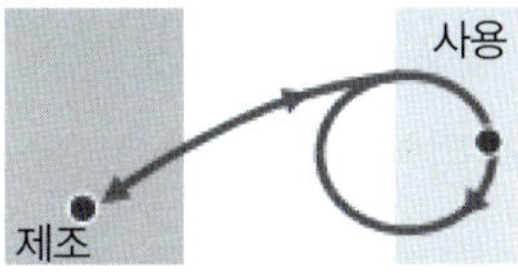

21) WEF, Towards The Circular Economy: Accelerating the scole-up across global supply chains, 2014.

열린 캐스케이드	일부 가치 있는 제품의 경우 수명이 종료된 자재를 수집하여 유통 시장에 판매. 이 시장에서는 자재 흐름/사용후 처리에 대해 규제가 없어 상당한 누출이 발생 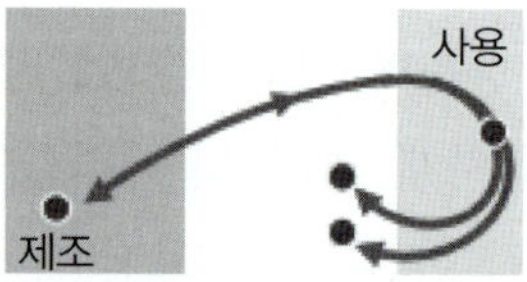
선형	사용이 끝난 제품은 소비가 일어나는 국가의 매립지 또는 소각로에서 폐기 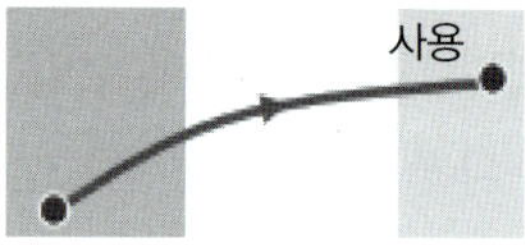

3. 목 표

순환경제는 수명 종료(end of life) 개념을 복원(restoration)으로 대체하고, 재생 에너지의 사용으로 전환(shift)하며, 재사용을 저해하고, 생물권으로 회귀하는 독성 화학물질의 사용을 없앰은 물론, 재료, 제품, 시스템, 비즈니스 모델의 우수한 설계를 통한 폐기물 제거를 목표로 한다. 순환경제는 자연자원과 기후는 물론 건강에도 도움이 된다. 또 1차 원료를 절약하고 2차 원료로 대체함으로써 재료와 제품의 수명주기를 늘리고 폐기물 발생량과 폐기물 관리 비용을 감소시키게 된다. 보호해야 할 천연자원에는 암석권(광물 자원)과 생물권(바이오매스), 토지, 식물 재배용 토양, 물, 공기, 그리고 그 밖의 생태계(예: 대기권 및 바다)가 포함되어 있다. 순환경제는 인간이 좋은 삶을 영위할 수 있게 환경을 보호해야 하며, 인간의 건강 보호에 이바지해야 한다. 예를 들어, 폐기물 생성과 관리 중에 기후와 환경을 보호하는 폐기 방법을 사용하고 물질 순환 과정에서 오염물질을 선별적으로 제거함으로써 천연자원과 건강을 보호한다. 나아가 순환경제는 가능한 한 오랫동안 제품, 재료 및 물질의 가치와 기능을 유지할 수 있도록 원자재를 확보하는 데 목적이 있다.

4. 순환경제의 원칙

순환경제는 [그림 5-11]과 같이 몇 가지 간단한 원칙에 기초한다. 첫째, 그 중앙의 순환경제는 폐기물 제거하도록 설계되어 있다. 순환경제에서는 더 이상 폐기물은 존재하지 않는다. 제품은 분해되어 재사용하는 싸이클에 최적화되어 설계된다. 이러한 순환적인 구성 및 제품 주기는 순환경제를 정의하고 내장된 대량의 에너지와 노동력이 손실되는 선형경제에서의 폐기와 차별화됨을 보여준다.

둘째, 순환성에서는 제품에서의 소모되는 구성품과 내구성이 있는 구성품을 엄격하게 구분한다. 지금과는 다르게 순환경제에서는 소모되는 구성품이 대부분 생물학적 성분이나 또는 최소한 독성이 없고 유익하거나, 직접 또는 연속적 사용

그림 5-11 순환경제 개념도[22)]

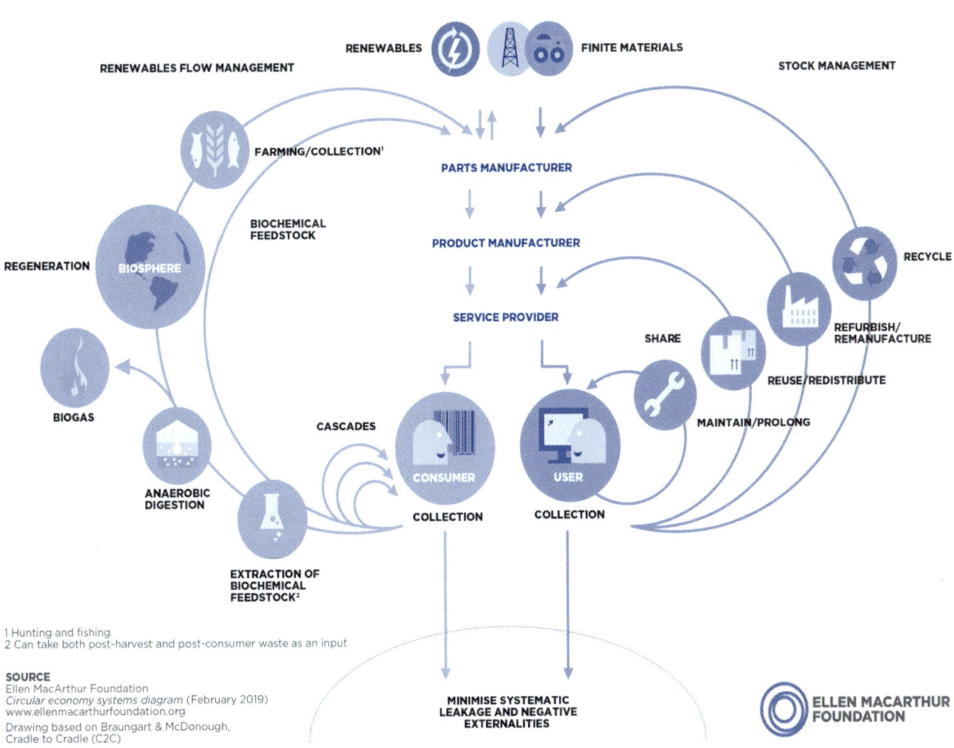

22) Circular Economy System Diagram, Ellen MacArthur Foundation, 2019.

으로 생물권에 안전하게 되돌릴 수 있는 영양소로 만들어진다. 반면에 엔진이나 컴퓨터와 같은 내구성 있는 구성품은 금속이나 플라스틱과 같이 생물권에는 적합하지 않지만 기술적 영양소로 만들어진다. 이들은 처음부터 재사용을 위해 설계되었으며, 기술의 급속한 발전에 따라 제품을 업그레이드할 수 있도록 설계 되었다.

셋째, 이 순환을 돌리는데 필요한 에너지는 본질적으로 재생가능 에너지여야 하는데 자원 의존도를 줄이고 시스템 복원력을 높일 수 있기 때문이다. 기술적 영양소의 경우 순환경제는 소비자 개념을 사용자 개념으로의 대대적인 대체를 한다. 이러한 대체를 위해서는 제품이 주는 기능(performance)에 기반을 두어 비즈니스와 고객 간의 새로운 계약이 요구된다. 지금의 구매 및 소비 경제와는 달리 내구성 제품은 가능한 한 임대, 랜탈 또는 공유된다. 제품 판매의 경우, 기본 사용 기간이 종료된 후 회수를 보장할 뿐아니라 이후 해당 구성품, 또는 원료의 재사용을 보장하기 위한 인센티브 또는 계약을 맺을 수 있다.

이러한 원칙은 모두 차익거래의 기회(arbitrage opportunity), 즉 중고 자재와 미사용 자재 간의 가격 차이를 이용하는 방법을 제공하는 등 가치 창출의 4가지 원천을 주도한다.

5. 순환의 생산력

순환경제는 1차 재료가 적절한 품질의 2차 재료로 대체될 수 있도록 동일하거나 더 높은 가치 주기의 재료를 관리함으로써 1차 재료를 절약하는 것을 목적으로 한다. 단, 순환경제의 목표를 달성하기 위해서는 캐스케이딩 사용(cascading use)과 자재 최종 폐기가 필요하다. 2차 원재료 생산과 재사용이 순환경제 핵심이다. 요구되는 재료의 품질이나 기능성에 따라 산업을 서열화하고 캐스케이딩 재료 사용을 장려함으로써 폐기물을 최대한 피하고 고부가가치 사이클을 만들 수 있는데, 재료의 종류 및 재가공 공정에 따라 재료 품질이나 기능성이 1차 재료에 필적할 수 있다. 하지만 기능성이 회복할 수 없을 정도로 상실되거나 불순물이 축적될 수 있는 저품질 재활용품을 생산하지 않도록 주의해야 하고, 해당 경우에는 최종 폐기 과정을 밟을 수 있도록 해야 한다.

순환되는 회수(inner circle) 생산력은 선형 생산 시스템과 비교하여 재료 사용을 최소화하는 것으로 나타난다. 원이 작을수록, 즉 제품을 재사용, 재생산 및 재제조할 때 변경해야 하는 횟수가 줄어들고 다시 사용하는 속도가 빠를수록 제품에 여전히 남아 있는 재료, 노동, 에너지 및 자본의 몫, 관련된 외부성(예: 온실가스(GHG) 배출, 물 및 독성)에 대한 잠재적 절감액이 더 높아진다.

시간에 따른 순환의 생산력은 연속적인 순환(수리, 재사용 또는 전체 재제조) 또는 각 사이클의 시간을 최대화하는 것을 의미한다. 각각의 연장된 주기는 새로운 제품 또는 부품을 만드는 데 있어 새로운 재료, 에너지 및 노동을 필요로 하는 것을 피하게 한다. 캐스케이드 사용(Cascading)의 생산력은 가치사슬을 거쳐 다양하게 재이용될 수 있다는 것을 의미한다. 예를 들면 면 의류의 경우 면 섬유가 생물계로 바로 돌아가기 전 먼저 중고 의류로 재사용된 다음 가구 산업에 가구의 섬유 충전재를 거치고, 나중에 섬유 충전재가 건설용 단열재로 재사용됨으로써 각 산업에서 천연 면 소재의 투입을 대체하는 경우를 들 수 있다.

마지막으로 오염되지 않은 투입물의 생산력은 오염되지 않은 재료 흐름이 특히 기술적 재료의 품질을 유지하면서 수집 및 재공급의 효율성을 증가시켜 제품 수명을 연장하고 재료 생산성을 증가시킨다.

그림 5-12 순환경제의 유형별 효과[23)]

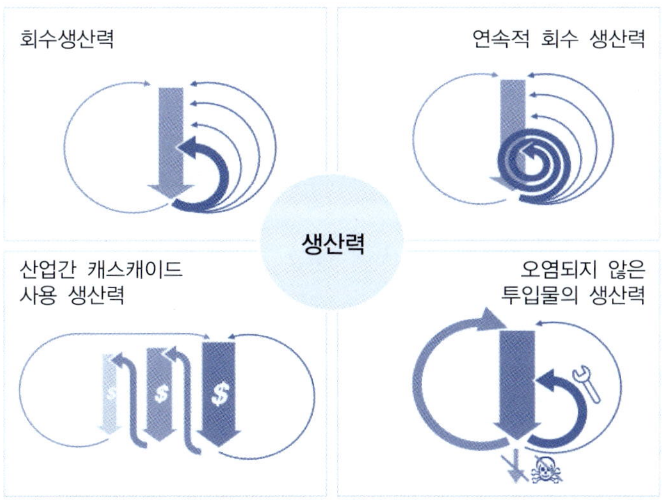

23) WEF, Towards the Ciroular Economy: Accelerating the Scale-up across global supply chains, 2014.

재료의 생산성을 높이는 이 네 가지 방법은 이러한 순환이 정착되는 짧은 기간 동안 재료의 수요를 줄이는 일회성의 효과만이 있는 것이 아니다. 그들의 힘을 지속하는 것은 필요로 하는 재료의 사용 속도를 바꾸는 데 있다. 따라서 기존의 선형경제의 통상적인 비즈니스 사례를 넘어서는 실질적으로 누적된 이점을 추가할 수 있다.

6. 순환경제를 통한 사회문제 해결[24)]

앞서 언급한 바와 같이 순환경제(Circular Economy)란 기존의 'Take-Make-Waste'의 선형경제(Linear Economy)와는 달리 폐기물이 발생하지 않고, 자원의 가치가 가능한 한 보존되게 하는 것이다. 따라서 순환경제에 대한 총체적인 접근은 우리 모두에게 더 좋은 미래로 가는 길을 제시해 줄 것이라는 기대를 갖게 한다.

그런데 순환경제의 개념은 우리가 생각하는 것보다 더 많은 것을 담고 있다. 순환경제가 UN이 정한 지속가능발전목표(SDGs, Sustainable Development Goals)

그림 5-13 순환경제가 SDGs에 기여할 수 있는 방법

24) 김지환, [ESG 인사이드 (8)] 순환경제가 제시하는 사회문제 해법, 뉴스투데이, 2022.4.20.

와 밀접한 관계가 있다는 것은 이미 잘 알려져 있다. 건강하고 안전한 물관리(목표 6), 에너지의 친환경적 생산과 소비(목표 7), 좋은 일자리 확대와 경제성장(목표 8), 지속가능한 생산과 소비(목표 12) 및 육상 생태계 보전(목표 15) 등의 목표들은 순환경제와 직접적으로 연결되어 있다. 이외에도 순환경제는 순환사회(Circular Society)와도 관계가 있다는 점이 최근 부각되고 있다. 즉 순환경제가 간접적으로는 사회적으로 관련된 다른 목표도 지원할 수 있다는 것이다.

(1) 순환경제와 빈곤 문제 해결

순환경제를 통해 양질의 일자리를 창출하려는 이니셔티브가 전 세계적으로 시도되고 있다. 인도네시아 자카르타에 기반을 둔 사회환경단체인 XSProject는 폐기물을 혁신적인 디자인의 제품으로 탈바꿈하는 업싸이클링 비즈니스로 커뮤니티 구성원에게 다양한 업사이클 제품 제조 일자리를 제공하고 있다. 또한 20년 역사의 아르헨티나 도시 농업 프로그램은 빈곤 문제는 물론 식량 불안정 해결에 기여하고 있다. 이 프로그램은 도시 토지의 36%가 유휴지라는 점에 착안하여 주민들을 대상으로 지속가능하고 유기적인 도시 농장과 녹지를 가꾸도록 교육시켰고, 그 결과 버려진 공간이 유익한 녹지 공간으로 탈바꿈했다. 특히 로사리오(Rosario)시의 경우 4만 명의 주민에게 식량을 제공하는 800개의 원예 그룹이 형성되어 식품의 수입 의존도를 줄여 식량 안보를 개선함은 물론 채소 유통에서 발생하는 온실가스 배출량을 95%까지 줄이는 효과를 얻었다.

(2) 건강과 웰빙을 위한 순환경제

유해 화학물질에 따른 대기, 수질, 토양 오염과 이로 인한 사망 및 질병을 감소시키려는 SDG를 생각할 때 농업은 주된 관심 분야이다. 미국의 경우 농업에서의 대기 오염으로 매년 16,000명 이상이 사망하며, 이 중 80%는 육류, 유제품 및 달걀의 생산과 관련이 있다고 한다. 축산업은 건강, 환경문제뿐만 아니라 사회정의 및 환경적 인종 차별과도 깊은 관련이 있다. 미국 노스캐롤라이나 주의 경우 주 인구의 10%가 양돈장 인근에 거주하고 있는데 분뇨의 방치로 인해 호흡기 질환, 천식에 시달리고 있으며, 악취로 고통을 받고 있다. 순환경제에서 분뇨는 자원이며, 합성 비료에 대한 지속가능한 대안이다.

스페인의 가축 사료 제조업체인 Alia는 2020년 시범 프로젝트로 농식품 부문의 부산물을 동물 사료로 전환하는 동시에 농장 폐기물을 유기 비료로 전환하였고, 이를 기반으로 한 농업 시스템 채택은 대기, 수질, 토양은 물론 인근 주민의 건강 문제도 해결할 수 있었다.

(3) 순환경제는 물질관리에만 국한되는 것은 아니다

순환경제는 물질적 사용을 넘어 온실가스를 배출하여 대기, 수질, 토양을 오염시키는 기존의 선형경제의 폐해를 개선할 수 있다. 통합된 방식으로 시행된다면 더 공정하고 평등한 세상을 만드는 데 도움이 될 수 있으며, 자원에 대한 더 평등한 접근, 소수자 간의 형평성, 다양하고 안전한 좋은 일자리를 가져올 수도 있다. 순환경제는 일부 SDG, 특히 환경 또는 경제 분야의 SDG와 깊은 연관성이 있지만 다른 것들과의 연결은 엄청난 잠재력이 있음을 보여준다. 통합적 방식으로 적용될 때 순환경제는 SDG 달성을 주도할 수 있다. 뿐만 아니라 순환 전략을 설계하고 적용할 때 우리는 물질적 자원에 대한 순환뿐만 아니라 우리가 가진 자원으로 모든 사람의 요구를 충족시키는 방법도 함께 고려하는 것이 필요하다.

제 5 절 CSV

1. CSV의 정의

기업과 사회의 상호 의존성과 관련하여 포터(Porter)는 ① 기업이 정상적인 사업을 영위하는 과정에서 사회에 영향을 미치는 '안에서 밖으로(inside-out) 관계', ② 외부의 사회조건이 기업에 영향을 주는 '밖에서 안으로(outside-in)관계'로 구분하고 이러한 상호 의존성의 관점에서 기업과 사회에 가치가 있는 공유가치를 창출해야 지속가능성을 높일 수 있다고 주장하였다. 포터(Porter)는 CSR을 크게 대응적 CSR(Responsive CSR)과 전략적 CSR(Strategic CSR)로 구분하였다. 대응적 CSR은 기업의 이해관계자들이 사회적 관심사에 순응하는 선량한 기업 시민과 같은 행동을 하거나, 기업이 가치사슬에서 활동 중 발생하는 문제를 줄이는 운영 등을 말한다. 전략적 CSR은 inside-out과 outside-in 두 차원이 협력하여 공유가치를 창출하는 전략을 말한다. 특히 outside-in은 고객과 산업생태계를 대상으로 하는 전략경영으로 지속가능한 경쟁력과 밀접한 관련이 있다. 이러한 전략적 CSR은 산업생태계가 지속가능한 경쟁력을 가지게 한다. 따라서 지속가능한 경쟁력을 위해서는 사회와 기업 모두에게 도움이 되는 선도적 혁신 기회를 가치사슬에서 발굴해야 한다.[25)]

포터는 기업이 직면한 단기 성과에서 벗어나 공유가치를 창출하는 전략을 장기투자와 연구개발의 전략으로 활용해야 지속가능한 경쟁력을 확보할 수 있다고 주장하였다. 포터와 크레이머(Porter & Kramer)는 전략적 CSR의 중대성을 제기하였다. 즉 포터와 크레이머는 CSR이 비용의 개념이 아닌 기회, 혁신, 경쟁 우위의 원천이 될 수 있다는 것을 주장하였다.

2. CSV와 지속가능한 경쟁력

기업의 경제적 활동은 경제적 가치를 창출하는 과정이자 동시에 사회적 가치를 창출하는 과정이다. 공유가치창출(CSV, Creating Shared Value)은 기업이 혁신을 통해 사회의 요구와 문제를 해결하는 과정에 있어 사회적 가치와 경제적 가치를 동시에 창출하는 것으로 기업의 비즈니스 성공과 사회발전을 연계시키는 전략적 CSR(Strategic CSR)의 일환이다. CSV의 핵심은 가치창출 활동이 기업의 핵심역량 향상 및 경쟁력 제고와 연관되어야 하며, 지속가능해야 한다는데 있다. 기업의 경제적 가치, 즉 이윤은 기업이 특정한 사회문제를 지속 해결할 수 있는 동력이며, 이를 통해 실패한 시장을 정상적인 시장으로 돌려놓을 수 있을 뿐만 아니라 사회문제 해결로부터 촉발한 기업의 이윤 창출활동과 연관되어 지속적이고 장기적으로 문제 해결을 모색할 수 있다.[26)]

많은 연구자들은 사회문제를 기업의 경제활동과 전략에 연계하는 특징에 있어 CSV와 CSR의 차이를 설명해 왔다. 기업이 CSR과 CSV를 실행할 때 그 차이는 〈표 5-5〉와 같다. CSV전략은 기본적으로 기업의 사회적 책임 활동과 상호 보완적 관계에 있다. 양자는 사회적 문제를 해결하고자 하는 방법론에 차이를 가진다. 그 핵심은 기업의 이윤이 사회적 문제를 해결하는 동인인가에 있다. CSV는

---

25) Porter, M. E. & M. R. Kramer(2006), "Strategy and Society: The Link Between Competitive Advantage and Corporate Social Responsibility", Harvard Business Review, December 2006.

26) 이두희 외, 공유가치창출(CSV)을 통한 지역산업의 지속가능한 경쟁력 강화방안, KIET, 2013.12.

기업의 이윤을 확보하면서 사회적 문제를 해결하고자 하는 것으로 만일 기업이 사회적 문제 해결을 비용 지출을 통해 실현한다면 이러한 기업행동은 반응적인 사회적 책임 활동이라고 할 것이다.

표 5-5 CSV와 CSR 비교[27]

<table>
<tr><th colspan="2"></th><th>CSR</th><th>CSV</th></tr>
<tr><td colspan="2">목적</td><td>-시민의식을 전제로 한 자선 활동</td><td>-비용에 대비한 사회·경제적 편익 또는 효용</td></tr>
<tr><td colspan="2">가치</td><td>-선행(doing good)</td><td>-투입비용 대비 높은 사회경제적 가치</td></tr>
<tr><td colspan="2">추진이유</td><td>-기업의 독자적 판단이나 정부, 시민단체 등의 외부 압력에 대응
-평판 관리 측면이 강하며 기업의 수익추구와는 무관</td><td>-수익추구 및 기업경쟁력 강화의 필수 요소로 인식
-기업의 자원 및 전문지식을 이용하여 사회·경제적 가치를 동시에 추구</td></tr>
<tr><td colspan="2">인식</td><td>-이윤극대화와 관계없는 활동</td><td>-이윤극대화를 위한 필수요소</td></tr>
<tr><td colspan="2">추진 방식</td><td>-외부관계자와 내부의 재량에 의해 의제 설정(수직적 조직구조)</td><td>-기업의 특정 상황에 맞게 내재적으로 설정(수평적 조직구조)</td></tr>
<tr><td colspan="2">예산</td><td>-기업의 CSR 예산(매출액 대비 1% 미만)에 한정</td><td>-기업전체 예산(매출액 전체)에 CSV 반영</td></tr>
<tr><td colspan="2">한계</td><td>-CSR 예산 규모에 따라 활동 폭이 제한될 수 있음</td><td>-CSV 활동에 대한 낮은 인식 수준</td></tr>
<tr><td rowspan="5">전략적 고려 사항</td><td>핵심역량과의 연관성</td><td>핵심역량과는 별도로 기능</td><td>원칙적으로 핵심역량 기반 사업</td></tr>
<tr><td>사업실시 책임자</td><td>사회공헌부서 책임자</td><td>최고경영자의 관심과 책임</td></tr>
<tr><td>접근방식</td><td>부분적(modular) 접근방법</td><td>전체적(holistic) 접근방법</td></tr>
<tr><td>가치사슬</td><td>정당성 혹은 평판을 위한 마케팅 지향적 구성</td><td>전사적 경영전략을 바탕으로 구성</td></tr>
<tr><td>조직구조</td><td>사업부제 내 별도부서에서 실시 가능</td><td>기존사업과 충돌 예상 폭이 클수록 별도의 사업부제에서 실시해야 함(프로세스, 인센티브, 고객가치 등에서)</td></tr>
</table>

27) 이두희 외, 공유가치창출(CSV)을 통한 지역산업의 지속가능한 경쟁력 강화방안, KIET, 2013.12.

주요 인력	사회적 공헌 전문가 필요	사회적 가치창출의 혁신적 사고를 지닌 인물이 사업부제 핵심 인력,정부와 시민단체와 공동작업 가능한 인력
기업의 전략적 방향과의 일치성	기업 전체의 전략적 방향과 분리(decoupling) 가능	기업전체의 전략적 방향과 일관성 중요
장단점	지속성 및 영향력의 한계, 단기적인 접근가능하나 전략적 방향성을 잃을 수도 있음	기존사업의 핵심역량과 충돌가능성, 장기적인 전략적 접근필요, 지원 및 인력 요구, 식스시그마 등 다른 매니지먼트 패러다임과의 충돌가능성

3. CSV 과정과 요인, 평가

공유가치는 ① 제품과 시장의 재인식, ② 가치사슬에서 생산성 재정의, ③ 지역 클러스터 개발 가능성, ④ 기업전략 및 경쟁 여건의 4가지 방법을 통해 창출할 수 있다.

(1) 제품과 시장의 재인식

제품과 시장을 재인식하는 것은 사회적 니즈(needs)를 새로운 시장으로 인식하고 기본적 욕구를 충족시키는 저소득층의 구매가 가능한 제품을 개발하는 것이다.[28] 기업은 사회적 필요에 따라 신흥시장 발굴과 확장을 통해 수요조건을 개선하면서 CSV를 실현할 수 있다. 즉 기업은 특정 시장에서 어려움을 겪는 기업이 어떤 사회적 문제로 고통을 받고 있으며, 그 고통을 제거하는, 즉 사회적 문제를 해결하는 과정에서 새로운 시장 창출 기회를 찾고, 이를 통해 경제적 이익과 어떻게 연결될 수 있는가에 대해 답을 찾음으로써 경쟁우위를 확보하고 공유가치를 창출할 수 있다는 것이다.[29]

---

28) Intel과 IBM의 전력 소모를 최소화할 수 있는 디지털 지능 전선 묶음 장치 개발, P&G의 저소득국가에서 소비자의 일회용 포장을 선호하는 사회적 니즈에 맞춘 일회용 샴푸 판매, HP의 보건 및 교육분야의 문제를 해결하기 위한 기술적인 솔루션 개발과 클라우드 컴퓨팅 서비스로 저렴한 교육 지원 등

29) 이두희 외, 공유가치창출(CSV)을 통한 지역산업의 지속가능한 경쟁력 강화방안, KIET, 2013.12.

(2) 가치사슬에서 생산성 재정의

가치사슬에서 생산성을 재정의하는 것은 제품 개발에 있어 기본 기능을 유지하면서 저가의 비용구조를 달성하는 것이다. 기업은 기업이 처한 경쟁환경 속에서 교육과 기술 등 가치사슬 혁신 요소들을 개선함으로써 CSV를 실행할 수 있다. 불필요한 배송을 줄이고 획기적으로 에너지를 절감하는 등 전반적인 공급망을 개선하는 것, 또한 구매와 유통 등 경영활동 과정에 저소득층을 직・간접적으로 참여시켜 이들의 경제적 자립을 지원하는 것 등이 그 예가 될 수 있다. 기업마다 사업의 범위와 특성에 따라 다양한 사회문제를 안고 있다. 특히 기업은 산업의 가치사슬 내에서 사회적 이슈를 파악하고 이에 대한 경제적 가치와 사회적 가치를 추구함으로써 생산성을 높일 수 있다. 이를 위해 기업은 필수 자원을 확보하여 경제적 및 사회적 발전을 추구할 수 있도록 가치사슬에서 투입 및 배분의 질과 양, 비용 그리고 신뢰를 향상할 수 있어야 하며, 가치사슬의 각 단계에서 발생하는 사회 및 환경적 영향을 고려하여 생산성과 연계된 사회적 가치의 목표를 설정할 필요가 있다.

(3) 지역 클러스터 개발 가능성

기업은 기업이 속해 있는 지역의 협력업체와 원료, 물류, 환경 인프라 등을 공유하고 산업 클러스터를 개발하고 형성함으로써 CSV를 실행할 수 있다. 기업은 경쟁력을 확보하고 사회와 함께 성장하기 위해서는 신뢰할 수 있는 지역 공급업체, 인프라, 재능 있는 인력 등과 함께 클러스터를 구축해야 한다. 이는 기업이 지역사회로부터 연구시설, 물류, 통신, 신뢰할 수 있는 인력, 공급사슬, NGO 등 다양한 주체와 사회적 자본을 결집시켜 효율적인 생산 기반을 구축하고 시너지를 발휘하면서 생산성 향상을 기대할 수 있기 때문이다.[30] 기업의 지역사회와의 연계는 지역산업의 경쟁력을 지속해서 강화하는데 이는 주류 소비자가 신규진입 기업 제품을 대량으로 구매하는 파괴적 혁신의 핵심이기도 하다. 결국 CSV는 새

---

30) 지역 클러스터를 활성화 시켜 공유가치를 창출한 사례로 네슬레가 있다(Porter & Kramer, 2011). 네슬레는 지역 NGO와 공급자들이 긴밀하게 협조하여 지역 공급자들의 생산력이 증대될 수 있도록 농수로 개선, 비료, 재고 등의 문제를 해결하고 지역 클러스터의 경쟁력에 기여하면서 공유가치를 창출하였다(이유택, 2012). 대표적인 사례로, 네슬레가 지방 낙농업 종사자들의 종합적인 지원을 도와 매년 30개 국가로부터 신선한 원유 5백만 톤 이상을 안정적으로 공급받고 있는 사례이다.

로운 형태의 혁신 특히 파괴적 혁신을 이룰 방안이 될 수 있다.

(4) 기업전략 및 경쟁 여건

기업 경영자는 사회적 투자가 기업의 경쟁력 향상으로 연결되어 더 큰 공유가치가 창출하는 선순환 구조를 이루도록 가치전략을 수립하는 것이 필요하다. 이는 사회적 가치를 반영한 가치사슬을 수립하는 기업의 가치전략를 재편하는 것을 뜻한다. 공유가치는 기업이 어떤 사회적 목적을 장기적으로 추구할 것인가에 달려있다. 기업의 사회적 문제 해결이 장기적 접근을 통해서만 성과를 도출할 수 있기 때문이다. 따라서 CSV전략은 사회의 여러 이해관계자가 겪고 있는 다양한 사회적 문제를 기업의 핵심역량 및 전문적인 자원을 이용해 해결하려는 인간적 접근방식이며 사회적 문제가 있는 곳에 경제적 이익이 있다는 기업가적 사고방식이라 할 수 있다.[31] 이상의 CSV 과정과 요인을 기반으로 평가지표는 〈표 5-6〉과 같이 정리될 수 있다.

그림 5-14 CSV개념을 적용한 포터의 다이아몬드 모형[32]

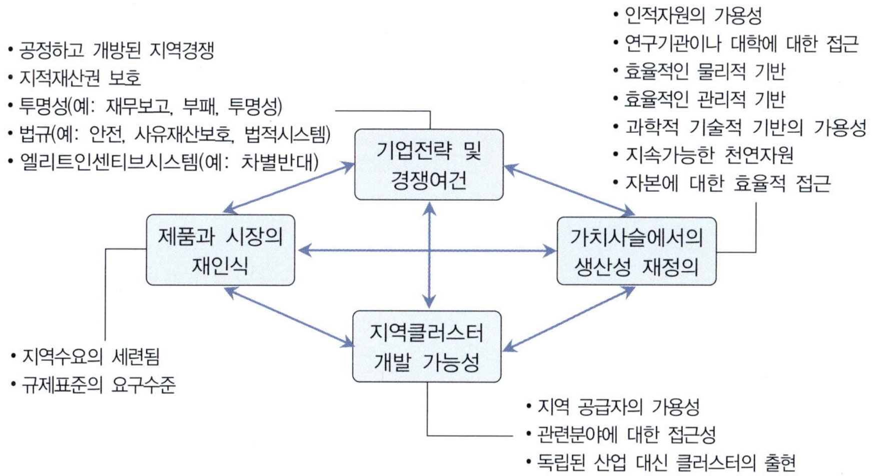

31) DBR, 349호 CSV: 진짜 목표인가 세탁용인가, 김태영, 2013.
32) 이두희 외, 공유가치창출(CSV)을 통한 지역산업의 지속가능한 경쟁력 강화방안, KIET, 2013.12.

표 5-6 CSV에 있어 가치별 평가지표 예[33]

공유가치창출	가치	평가지표
기업전략 및 경쟁여건	사회	사회적 편익 극대화 인식 및 전략
	경제	기업의 이윤 극대화 인식 및 전략
제품과 시장의 재인식	사회	사회후생 및 복지, 인권 등
		빈곤 및 지역공동체의 니즈 해결
		저소득층(BOP)의 소득증대, 저가품 보급 등 저소득층 후생 증대
	경제	소비자(수요자)와 제품개발, 사후관리(AS) 등
		국내외 시장개척 및 확대, 대규모 소비시장 확대, 마케팅
		제품의 가격, 혁신을 통한 가격경쟁력 확보
		소비자의 소득, 소비자(수요자) 수준에 만족하는 품질
가치사슬에서 생산성 재정의	사회	노동환경, 노동법 준수 등으로 기업이미지 제고
		노동자 후생, 인력개발 등으로 노동생산성 증가
		동반성장, 상생협력, 대중소 기술협력 또는 공동시장 개척
	경제	가치(공급)사슬과 연관된 자원(인적, 물적, 자본 자원) 생산성
		산업 기반시설, 연구개발(R&D) 및 인프라를 활용한 생산성
		비용절감, 불필요한 배송 개선, 에너지와 생산설비 등 절감
		생산량 증대, 규모의 경제를 통한 생산량 확대
지역 클러스터 개발 가능성	환경	환경보존, 종다양성, 환경규제 준수
		환경법규 준수, 지속가능성 확보, 친환경 기술개발 및 적용
		기후변화 등 에너지문제에 적극 대응, 재생에너지 활용 등
	경제	공급업체 간 협력 및 네트워크 효과로 생산성 향상과 비용절감
		기업지원 서비스와 제품 및 공정 혁신 등 혁신역량 강화
		비용절감, 가격, 물류와 금융 및 공동연구 등 혁신과 클러스터 통합 비용 및 가격 우위
		지역소득 증대, 이해관계자와 공급업체간 협업 생산량 증대

33) 이두희 외, 공유가치창출(CSV)을 통한 지역산업의 지속가능한 경쟁력 강화방안, KIET, 2013.12.

제 6 절 4차산업혁명 기술과 ESG의 연계

1. 순환경제에서 디지털 기술의 활용

디지털 기술(Digital Technology)의 발전은 지난 몇 년간 산업의 구조를 바꾸고, 기업의 업무 프로세스와 비즈니스 모델에서부터 경쟁환경의 변화까지 기업의 모든 것을 빠르게 변화시키고 있다. 존 챔버스(John Chambers) 전 시스코(Cisco Systems) CEO는 "새로운 디지털 기술 수용을 위해 기업과 조직 전체를 바꾸는 방법을 찾지 못하면 향후 10년 이내에 전체 기업의 40%가 없어질 것"이라고 전망했다. 많은 기업들이 빠르게 진화하고 있는 디지털 기술을 받아들여 조직의 구조를 변화시키고, 이로 인해 일하는 방식과 사업 방식이 진화하면서 새로운 비즈니스 모델과 가치창출의 기회를 경쟁적으로 모색하고 있다. 이른바 산업생태계 자체가 디지털 기술로 인해 재구성되는 '디지털 변혁' 즉 '디지털 트랜스포메이션(Digital Transformation)'의 시대를 맞고 있는 것이다.

이러한 현상은 비단 비즈니스 환경에서만 일어나는 것은 아니다. 정부, 공공기관, 대학 등과 같은 다른 조직에서도 유사한 변화들이 발견되고 있다. 이렇듯 우리의 주변에서 일어나고 있는 디지털 트랜스포메이션은 정치, 경제, 사회, 문화 등 우리 사회의 모든 부분에서 변화를 이끌고 있으며, 그 영향력이 어디까지 미칠지는 현재로선 짐작하기조차 어려운 상황이다. 다만, 데이터 홍수의 시대에 빅데이터, 인공지능 등의 기술과 맞물리면서 디지털 트랜스포메이션에 대한 경영자들의 관심이 점차 증가하고 있으며, 이에 따라 경영학의 핵심 연구주제로 떠오르고 있는 것은 엄연한 사실이다.

가상현실 및 증강현실(Virtual Reality: VR 및 Augmented Reality: AR), 인공지능(Artificial Intelligence: AI), 모바일 기술(Mobile Technology), 블록체인(Blockchain), 빅데이터(Big Data), 사물인터넷(Internet on Things: IoT), 소셜미디어(Social Media), 클라우드 컴퓨팅(Cloud Computing) 등 디지털 트랜스포메이션의 대표적인 기술들이 조직의 업무 및 환경과 어떻게 상호작용하는지, 이를 통해 어떤 가치를 창출하며 비즈니스 혁신 및 사업의 전환을 이뤄갈 수 있는지, 이로 인한 또 다른 기회와 위험요인들은 어떤 것들이 있는지 등에 대한 광범위한 고찰이 필요하다.

정보 통신 기술 산업이 구축하고 있는 인터넷과 새로운 물결의 역량은 순환경제에서 영감을 받은 비즈니스 모델을 확장하기 위해 필수적인 중요한 비즈니스 역량을 제공할 것이다. 사물인터넷은 투명성, 소유권, 품질 및 가치에 대한 우려를 해결하면서 원료를 매끄럽고 자동적으로 재통합시켜 경제 시스템으로 돌려보낼 수 있게 하는 원료, 부품, 제품의 디지털 '라이프 스토리'를 보여준다. 또한 수집된 데이터와 획득한 지식은 더 큰 혁신을 위한 길을 열 것이며 본질적으로 순환경제 기회에 대한 이해관계자의 관심을 더욱 가속화시킬 것이다.

기술의 발전으로 인해 전환이 가속화될 수 있는 기회가 더욱 많아진다. 정보 및 산업 기술은 이제 온라인 상태가 되거나 대규모로 배포되어 회수 루프를 구축할 수 있다. 이러한 기술의 발전을 통해 자재 추적을 개선하고, 효율적인 협업 및 지식을 공유할 뿐만 아니라, 개선된 순방향 및 역방향 물류 설정(즉, 초기 제품 설계 및 자재 혁신이 2차 재료 흐름의 후속 처리와 원활하게 연결됨)이 가능하다.

▶ 무선 주파수 식별(RFID)

순환 비즈니스 모델의 성공을 위해서는 재료, 부품 및 제품의 위치와 상태를 추적하는 기술이 핵심적인데 이를 통해 처리 비용을 절감할 수 있기 때문이다. RFID를 사용하면 재료 재사용을 높일 수 있다. 예를 들어 수명이 다한 의류 및 직물을 분류하는 데 RFID 기술을 사용하면 각 유형의 직물을 지금 보다 더 적합하고 가치가 높은 응용 분야에 적용할 수 있다. RFID의 광범위한 채택은 기술 가격 하락을 촉진시킬 수 있다.

▶ IoT(Internet on Things)

Cisco는 이미 많은 '사물'이 인터넷에 연결되어 있다고 말한다. 이러한 연결은 PC 및 노트북, 모바일 스마트 장치, 새로운 연결 비즈니스 및 제조 설비와 같은 가정 및 사무실 IT 장치 형태로 제공된다. 미래에는 컨테이너 선박과 건물에서부터 바늘, 책, 펜, 나무, 신발에 이르기까지 모든 것이 연결될 것으로 보인다. 이러한 상호 연결성은 이전에는 상상할 수 없었던 추적 효율성을 가능하게 한다.

▶ 고도의 제조 및 처리 기술

이 기술은 더 낮은 비용으로 순환 비즈니스 모델을 채택하기 위한 새로운 패러다임을 연다. 예를 들어, 3D 프린팅은 제조 공정에서 낭비를 줄이고, 재고 기반의 생산 시스템(make to stock)에서 주문 생산(make to order)으로 이동함으로써

Connected Boulevard 사례

니스 시에서 Cisco와 Think Global Alliance는 Connected Boulevard라는 만물 인터넷 개념을 선보이고 있다. 이 시도는 Cisco Wi-Fi 네트워크로 연결된 도시의 하이브리드 인프라를 통해 일상 생활에서 데이터를 캡처하는 수백 가지 센서와 감지 장치를 도시에 설치하는 것이다. 데이터는 상황 인식 위치 분석(context-aware locatioin analytics)을 통해 실시간 정보로 처리되고 지식으로 변환된다. 이 도시는 교통 흐름의 개선, 오염 감소를 기대할 수 있으며 안개 및 비와 같은 실시간 기상 조건은 물론 보행자 및 교통량을 가지고 가로등 밝기를 보정함으로써 잠재적으로 전기 요금을 20~80% 절약할 수 있다.

제품 재고를 줄일 수 있다. 고도의 회수처리 기술(예: 혐기성 소화, 생물 공장에서 폐기물을 먹는 미생물 및 조류 배양, 양조장에서 나오는 폐수에서 단백질 필터링)은 생물학적 폐기물 흐름에서 가치를 추출하는 방식을 개선한다.

2. ESG와 데이터의 중대성

ESG는 단순히 좋은 의도와 강력한 마케팅 캠페인 그 이상이다. 대신 데이터 수집, 분석 및 보고는 강력한 ESG 프로그램의 가장 중요한 구성 요소이다. ESG 노력은 단순히 열망하는 것이 아니라 정량화 가능하고 측정 가능하며 전략적이어야 한다.

그러나 모든 데이터가 좋은 데이터는 아니다. 데이터 및 분석 혁명을 위한 서두름 때문에 많은 조직이 고품질 데이터와 저품질 데이터를 구분하지 않고 무심코 데이터를 수집한다. 데이터 품질은 데이터가 목적에 적합하고 분석 요구 사항을 충족하느냐에 따라 결정된다. 품질이 낮은 데이터는 수동 입력 오류, 비효율적인 프로세스, 관련성이 없어진 오래된 데이터, 공통 데이터 표준의 부재, 열악한 데이터 거버넌스 등으로 인해 발생한다. 낮은 품질의 데이터는 ESG 평가 기관의 낮은 등급, 부정적인 브랜드 영향 및 조직 위험 증가를 포함하여 ESG 이니셔티브의 신뢰성에 심각한 부정적인 영향을 미칠 수 있다.

표 5-7 데이터 품질의 결정 요소[34)]

구분	정의
완전성	데이터가 있는지 여부를 측정
정확성	데이터는 현실을 반영
타당성	데이터는 표준, 지침 또는 정의를 준수
고유성	동일한 엔터티 또는 이벤트에 대한 중복 레코드가 없음
일관성	데이터 표시는 데이터 세트 전체에서 일관됨
적시성	데이터는 예상하고 필요할 때 사용할 수 있음

3. 측정항목 및 공개

2020년 1월, 세계경제포럼(World Economic Forum) 내 조직인 IBC(International Business Council)는 ESG 보고를 위한 공통 지표를 정의하기 위한 이니셔티브를 시작했다. 이 프로젝트의 목표는 조직이 ESG 이니셔티브를 측정하고 전체 가치사슬을 따라 이해관계자에게 가치를 제공하는 명확하고 일관된 접근 방식을 갖도록 하는 것이었다.

IBC는 UN의 지속가능한 개발 목표(SDGs)에 부합하는 일련의 핵심적이고 확장된 이해관계자 자본주의 지표를 만들었다. 21개의 핵심 지표는 많은 조직에서 이미 수집하고 있는 내부 활동에 중점을 둡다. 34개의 확장된 지표는 현재 수집될 가능성이 적고 전체 가치사슬을 따라 확장된다. 이러한 지표는 함께 조직이 ESG 이니셔티브의 형태와 범위를 결정하는 방법을 더 잘 이해하는 데 도움이 될 수 있다. 〈표 5-8〉, 〈표 5-9〉, 〈표 5-10〉, 〈표 5-11〉은 IBC에서 결정한 이해관계자 자본주의 지표의 기본 틀이다.

34) ESG Data: What should you collect and why?, INTELEX Insight Report, 2020.

표 5-8 거버넌스 관련 핵심 측정치와 공개[35)]

<table>
<tr><th>주제</th><th colspan="2">범주</th></tr>
<tr><td rowspan="4">거버넌스 목적</td><td colspan="2">핵심 지표 및 공개</td></tr>
<tr><td>목적 설정</td><td>비즈니스가 이해 관계자를 위한 가치를 창출하기 위해 경제, 환경 및 사회적 문제를 해결하는 방법</td></tr>
<tr><td colspan="2">확장된 측정항목 및 공개</td></tr>
<tr><td>목적 중심의 관리</td><td>전략, 정책 및 목표에 포함된 명시된 목적</td></tr>
<tr><td rowspan="5">거버넌스 주체의 품질</td><td colspan="2">핵심 지표 및 공개</td></tr>
<tr><td>거버넌스 기구 구성</td><td>ESG 역량, 독립성, 임기, 성별, 이해관계자 대표성 등을 다루는 리더십</td></tr>
<tr><td colspan="2">확장된 측정항목 및 공개</td></tr>
<tr><td>전략적 이정표에 대한 진행 상황</td><td>달성이 예상되는 이정표와 장기적 가치에 기여하는 방법</td></tr>
<tr><td>보수</td><td>리더십 보상 정책과 그들이 전략, 목적 및 장기적 가치에 기여하는 방법</td></tr>
<tr><td rowspan="2">이해관계자 참여</td><td colspan="2">핵심 지표 및 공개</td></tr>
<tr><td>이해관계자에게 영향을 미치는 중요 이슈</td><td>주요 이해관계자간의 중요 주제 및 결정 방법</td></tr>
<tr><td rowspan="6">윤리적 행동</td><td colspan="2">핵심 지표 및 공개</td></tr>
<tr><td>부패방지</td><td>반부패 교육 데이터, 부패 사건 데이터, 부패 근절을 위한 이니셔티브</td></tr>
<tr><td>윤리 준수 및 보고 메커니즘</td><td>윤리적 행동에 대한 조언을 구하고 비윤리적 행동을 보고하는 메커니즘을 설명</td></tr>
<tr><td colspan="2">확장된 측정항목 및 공개</td></tr>
<tr><td>로비활동에 대한 전략 및 정책을 조정</td><td>공공 정책 로비활동 참여와 관련된 문제</td></tr>
<tr><td>비윤리적 행위로 인한 금전적 손실</td><td>법률 및 규정 위반과 관련된 법적 소송으로 인한 손실</td></tr>
<tr><td rowspan="4">위험 및 기회 감독</td><td colspan="2">핵심 지표 및 공개</td></tr>
<tr><td>위험과 기회를 비즈니스 프로세스에 통합</td><td>ESG와 관련된 중요 문제를 포함하여 위험에 대한 접근 방식을 보여주는 공개</td></tr>
<tr><td colspan="2">확장된 측정항목 및 공개</td></tr>
<tr><td>자본 할당 프레임워크의 경제, 환경 및 사회적 주제</td><td>자본 할당 결정에 있어 리더십 고려 사항</td></tr>
</table>

35) ESG Data: What should you collect and why?, INTELEX Insight Report, 2020.

표 5-9 환경 관련 핵심 측정치와 공개[36)]

<table>
<tr><th>주제</th><th colspan="2">범주</th></tr>
<tr><td rowspan="6">기후 변화</td><td colspan="2">핵심 지표 및 공개</td></tr>
<tr><td>온실가스(GHG) 배출량</td><td>GHG 프로토콜 scope 1 및 scope 2 배출을 tCO2e으로 보고. 물질 상류 및 하류(GHG 프로토콜 범위 3) 배출량을 추정 보고</td></tr>
<tr><td>TCFD 구현</td><td>TCFD의 권장 사항을 이행. 구현을 위한 최대 3년의 일정을 공개. 파리협정에 따라 온실가스 배출 목표를 공개</td></tr>
<tr><td colspan="2">확장된 측정항목 및 공개</td></tr>
<tr><td>파리협정 준수를 위한 GHG 배출 목표</td><td>파리협정에 부합하는 GHG 목표에 대한 진행 상황. 사회적 비용 추정 및 추정 근거를 포함하여 가치사슬에 따른 GHG 배출의 영향 공개</td></tr>
<tr><td colspan="2" style="display:none"></td></tr>
<tr><td rowspan="5">자연 손실</td><td colspan="2">핵심 지표 및 공개</td></tr>
<tr><td>토지 이용 및 생태적 민감성</td><td>보호지역 또는 핵심 생물다양성 구역(KBA)의 내부 또는 인근 지역의 수와 면적 보고</td></tr>
<tr><td colspan="2">확장된 측정항목 및 공개</td></tr>
<tr><td>토지 이용 및 생태적 민감성</td><td>사업장 및 전체 공급망의 토지 이용을 보고</td></tr>
<tr><td>토지 이용 및 전환의 영향</td><td>가치 사슬을 따라 토지 이용 및 생태계 전환의 영향을 보고</td></tr>
<tr><td rowspan="4">담수 가용성</td><td colspan="2">핵심 지표 및 공개</td></tr>
<tr><td>물 부족 지역의 물 소비 및 취수</td><td>WRI Aqueduct water risk atlas tool에 따라 베이스라인 물 스트레스가 매우 높은 지역에서 소비된 양 및 각 비율을 보고</td></tr>
<tr><td colspan="2">확장된 측정항목 및 공개</td></tr>
<tr><td>담수 소비의 영향 및 철수</td><td>공급망에 걸친 영향을 보고</td></tr>
<tr><td rowspan="3">대기 오염</td><td colspan="2">확장된 측정항목 및 공개</td></tr>
<tr><td>대기 오염</td><td>가치사슬에 걸친 배출량 또는 인구 밀도가 높은 인근 지역의 배출량 추정치의 중요한 사항을 보고</td></tr>
<tr><td>대기 오염의 영향</td><td>가치사슬에 걸친 대기오염 영향을 보고</td></tr>
<tr><td rowspan="3">수질 오염</td><td colspan="2">확장된 측정항목 및 공개</td></tr>
<tr><td>성분</td><td>비료 소비에 있어 질소 및 인/칼륨의 양을 추정하고 보고</td></tr>
<tr><td>수질 오염의 영향</td><td>가치 사슬에 따른 수질 오염의 영향을 보고</td></tr>
</table>

36) ESG Data: What should you collect and why?, INTELEX Insight Report, 2020.

고형 폐기물	확장된 측정항목 및 공개	
	일회용 플라스틱	일회용 플라스틱의 소비된 양을 보고하고 중요한 용도를 공개
	고형 폐기물 처리의 영향	고형 폐기물 처리의 사회적 영향을 보고
자원 가용성	확장된 측정항목 및 공개	
	전체 조직에 대한 자원 순환성 측정항목 보고	측정에 사용된 방법론적 접근 방식을 공개

표 5-10 사회 관련 핵심 측정치와 공개[37)]

주제	범주	
존엄성과 평등	핵심 지표 및 공개	
	다양성과 포용	다양성 지표에 의한 종업원의 비율
	급여 평등	여성 대 남성, 소수 민족 대 주요 민족 등 평등 우선 영역에 대한 위치별 보수 비율
	임금수준	지역 최저 임금 대비 신입사원 기본급의 비율, 기타 모든 직원의 평균 연봉 대비 CEO 연봉의 비율
	아동, 강제 노동 사고 위험	상당한 사고 위험이 있는 것으로 간주되는 사업장 및 공급업체에 대한 설명
	확장된 측정항목 및 공개	
	급여 격차	성별 및 다양성에 따른 평균 임금 격차 중간층급여와 급여가 가장 많은 개인의 비율
	차별 및 괴롭힘 사건(건수) 및 금전적 손실 총액	사고 건수와 법적 절차로 인한 손실
	결사의 자유 및 단체 교섭 위험	단체 교섭 및 권리가 위험에 처한 공급업체 평가에 따라 적용 받는 인력
	인권검토, 고충처리 및 현대판 노예제도	인권 검토 대상 사업장, 보고된 고충, 위험에 처한 공급업체
건강과 웰빙	핵심 지표 및 공개	
	건강과 안전	업무와 관련된 사망자 수 및 비율. 높은 업무 관련 부상. 기록 가능한 업무 관련 부상. 작업 관련 부상의 주요 유형. 근무 시간. 비직업적 의료 서비스와 접근 범위에 대한 설명

37) ESG Data: What should you collect and why?, INTELEX Insight Report, 2020.

	확장된 측정항목 및 공개	
	업무 관련 사고가 조직의 수익창출에 미치는 영향	사고의 수 · 유형. 사건당 고용주 수
	직원 복지	사망자 수. 기록 가능한 부상 및 작업 유형. 모범 사례 프로그램에 참여하는 직원. 부재자 비율
미래를 위한 기술	핵심 지표 및 공개	
	교육 제공	보고 기간 동안 근로자가 받은 1인당 평균 교육시간(성별 및 근로자 유형별). 정규직 직원 1인당 평균 교육 및 개발 비용
	확장된 측정항목 및 공개	
	미충원된 숙련된 직업군 수	미충원된 직업군의 수와 회사가 후보자를 교육하기 위해 미충원된 숙련된 직업군의 수
	교육의 수익화 효과-교육 개입의 결과 수입 능력 증가	급여 대비 투자 비율; 훈련 및 개발의 효율성.

표 5-11 경제적 성과관련 핵심 측정치와 공개[38)]

주제	범주	
고용과 부의 창출	핵심 지표 및 공개	
	절대 고용인 수 고용률	다양성 지표와 지표에 따른 신규 직원 채용과 이직률
	경제적 기여	발생주의에 따라 생성되고 분배되는 직접적인 경제적 가치. 정부로부터 받은 총 재정 지원
	금융투자기부금	CapEx(Capital Expenditure)에서 감가상각비를 뺀 금액. 자사주 매입에 배당금을 더한 금액
	확장된 측정항목 및 공개	
	인프라 투자 및 지원 서비스	정성적 공개, 커뮤니티에 대한 영향. 현물/무료/상업적인지 여부
	경제에 미치는 주요 간접 영향	외부 벤치마크 및 이해 관계자 우선 순위에 따른 긍정적 또는 부정적 영향의 예
더 나은 제품과 서비스의 혁신	핵심 지표 및 공개	
	총 R&D 비용	연구 개발과 관련된 총 비용
	확장된 측정항목 및 공개	
	입증된 사회적 가치(%)	사회적 혜택 및 지속가능성에 대한 제품 및 서비스의 수익 비율
	활력 지수	지난 5년 동안 추가된 제품 라인의 총 수익을 총 매출로 나눈 백분율

38) ESG Data: What should you collect and why?, INTELEX Insight Report, 2020.

	핵심 지표 및 공개	
	납부한 총 세금	조직에서 지불한 총 글로벌 세금
	확장된 측정항목 및 공개	
커뮤니티 및 사회적 활력	총 사회적 투자	ESG 노력에서 "S"에 사용되는 회사의 자원
	납부된 추가 세금	다른 납세자를 대신하여 징수된 총 추가 글로벌 세금
	중요한 지역 국가에서 지불한 총 세금	세금 납부 및 추가 납부

4. ESG 경영을 위한 4차산업혁명 기술 혁신의 역할[39)]

(1) 기술 혁신은 어떻게 ESG 리스크를 해결하는가

4차산업혁명 기술 혁신은 탄소 배출을 줄이고, 지속가능한 미래를 창출하는 등 ESG 목표 달성을 위한 중요한 요소이다. "ESG 경영을 위해 왜 기술 혁신에 투자하나"라는 질문에 대해 가장 어울리는 답은 "ESG 리스크를 감소시키기 위해서"일 것이다. 이는 ESG가 그동안 기업이 리스크와 기회를 생각하는 방식을 근본적으로 바꾸어 놓았기 때문이다. 지금까지 기업 리스크 대응 전략은 예측 가능하고, 동시대적이며, 알 수 있는 위협 요소를 기반으로 수립되었다. 그러나 ESG 리스크는 어떠한가?

이 리스크는 당장 눈앞이 아닌 수십 년 뒤에 나타날 수도 있고, 글로벌 공급망 깊숙이 숨어 인식하지 못할 수도 있다. 예를 들어 당장 기후 변화 문제에 대응하지 않는다면 수십 년 후에 지구는 한 번도 경험해 보지 못한 대재앙을 맞이할 수도 있고, 또한 글로벌 공급망에서 강제 노동 등의 인권 유린이 파악하기도 힘든 공급망 최말단의 하청업체에서 일어날 수도 있다.

전 세계적으로 규제와 법률은 이러한 중대한 문제들을 근절하도록 점점 더 강화되고 있으며, 급기야 기업이 스스로 문제를 해결하기 위한 방법을 찾게 만들고 있다. 기후변화 대응을 위해 데이터 수집 및 보고, 탄소 배출량 감소, 프로세스 자동화, 실사(Due Diligence) 등의 골치 아픈 과제를 해결해야 하는데, 이를 수행할 수 있는 스마트하고 청정한 기술이 있다면 그 수요는 아마도 폭발적일 것이다. 또한 이러한 리스크를 도전과제로 인식하면서 인센티브와 비전을 갖고 기술

39) 김지환, [ESG 인사이드 13] ESG 경영을 위한 기술혁신의 역할, 뉴스투데이, 2022.8.10.

개발을 준비해온 기업에게는 엄청난 기회가 열릴 것이다. 어디 이뿐인가. 오염물질 및 폐기물 감축을 위한 공정 효율 제고 등에서의 혁신적인 기술과 관련 특허 등은 이에 대한 연구개발과 투자를 진행한 기업의 ESG 등급 개선에 긍정적인 영향을 미칠 것이다. 그러나 ESG 리스크에 대한 솔루션으로서 기술 혁신은 생각만큼 단순하지 않다. 기술 혁신에 따른 반대급부가 있기 때문이다. 예를 들어 이들 기술을 지원하기 위해서는 데이터 센터가 필수인데 이러한 대규모 기술 응용 프로그램에는 상당한 자원이 소요될 뿐만 아니라 많은 양의 이산화탄소도 배출된다. 이와 같은 상반된 영향 사이의 균형을 모색하는 것은 오늘날의 기술 혁신가에게 중대한 도전이 될 것이다. 따라서 기술 혁신의 기회를 수용할 때 더 큰 위협을 만들지 않도록 하는 것이 중요하다.

환경 특허를 포함한 ESG 혁신의 대부분은 에너지 부문에서 비롯된다. 석유 및 가스산업은 환경 위기의 주요 원인 제공자로 비난을 받아 왔다. 따라서 ESG 펀드에서도 자주 제외된다. 그러나 이 산업군에 속한 기업이 ESG 등급이 높은 기업보다 탁월한 기술 혁신을 이룰 수 있다는 점을 인식해야 한다. ESG 리스크에 책임이 있는 산업 일수록 리스크 완화를 위해 최선을 다하기 때문이다. 기술 혁신은 초기에 대규모 투자 및 비용이 발생하지만 수익은 개선된 성과, 긍정적인 기업 이미지 및 상업화로 장기적으로는 그 비용을 상쇄할 것으로 기대된다.

(2) ESG 경영을 위한 기술 혁신의 모습

기후변화로 인한 전 지구적 규제 준수의 압박이 거세지고 있지만 기술 혁신의 상용화라는 기회 또한 늘어나고 있는 것도 사실이다. 한 치를 내다볼 수 없는 시장 상황 하에서 기업이 지속 성장을 이룩하기 위해서는 과제를 해결하고 가치창출 기회를 모색하는 데 도움이 되는 혁신적인 기술의 도입을 서둘러야 할 것이다. 특히 기후변화 대응과 관련하여 배출량 감소 및 데이터 보고가 의무화되고 있는 가운데 인공지능(AI), 디지털 트윈, 산업용 사물 인터넷(IIoT, Industrial Internet of Things), 자동화와 같은 기술 혁신은 ESG 경영에 크게 이바지할 수 있을 것으로 기대된다.

에너지 소비를 줄이고 폐기물을 감축하는 것은 ESG 경영의 핵심 중 하나이다. 데이터 센터는 시설 운영은 물론 온도제어시스템 가동을 위해 다량의 전기가 소요되며, 이로 인해 탄소배출이 증가한다. 따라서 데이터 센터는 이러한 문제를

표 5-12 기술 혁신의 ESG 경영 기여 분야[40]

분야	내용	사용 기술
공급업체 소싱 및 물류	공급망 탄력성을 높이고 ESG 지표에 대한 보고 및 추적을 개선	• 디지털 트윈 • 물류 최적화 • 물리적 기후 위험 • 공급망 관리 • 배송 일정 • 재고 관리 • 소스 추적성 • 위기 관리
순환경제	재제조, 수리 및 재활용에 적합한 제품 및 서비스를 설계	• 제품 탄소 발자국 • 수명 주기 분석 • 새로운 공정 설계 • 가상 시운전 (Virtual Commissioning)
넷 제로 (Net-zero)	에너지 배출량과 비용을 줄여 넷 제로(Net-zero)를 가속화	• 탄소 회계 보고 • 마이크로그리드 에너지 저장 • 전력 구매 계약 • 산업 에너지 관리 • 스마트 물 관리 • 에너지 효율성을 위한 VFD • 지속적인 배출 모니터링
운영 및 유지보수	장비 및 시스템의 효율성, 품질 및 생산성을 제고	• 실시간 자산 성능 모니터링 및 시각화 • 품질 감지 • 프로세스 최적화 • 전체 장비 효율성 • 예측 유지보수 • 원격 모니터링 • 페이퍼리스 작업
권한이 부여된 인력	기술 도구 및 솔루션으로 참여 및 포괄성을 향상	• 작업자 교육 • 업무 프로세스 분석 • 가상 교육 • 작업 지침 지원 • 안전 준수 • 위험 경고 및 감지 • 비상 정지 • 디버깅을 위해 AR 검사 • 인체공학적 위험 완화 • 몰입형 가상 학습

해결하기 위해 3~5년마다 효율이 개선된 서버 교체, 애플리케이션에 사용하기 위한 초절전용 반도체 설계, 공조 장치의 효율성 향상, AI를 활용한 에너지와 물 사용 최적화 등의 노력을 한다. 또한 AI는 클라우드 컴퓨팅과 함께 공간에 제약을 받지 않는 데이터 작업을 가능하게 하며 게다가 재생가능 에너지를 활용할 경우 데이터 워크로드에서 생성되는 탄소배출량을 줄일 수도 있다. 미국 IT 마켓 리서치 업체인 IDC는 초거대 데이터 센터(Hyper-Scale Data Center)에서 효율적인 클라우드 컴퓨팅을 적용할 경우 2021년에서 2024년 사이에 탄소배출량을 10억톤 이상 줄일 수 있을 것으로 전망하고 있다.[41] 효율성을 개선하고 배출량을 줄이며 ESG 경영을 혁신할 수 있는 기술 혁신의 예는 〈표 5-13〉과 같다.

---

40) World Economic Forum, 8 innovations in advanced manufacturing that support enhanced ESG reporting. 2022.01.

41) 선도적인 IT 기업들은 제품 전 과정 관리 및 매립되는 폐기물을 줄이기 위해 혁신적인 솔루션을 구현하고 있다. 예를 들어 구글은 서버를 재사용 및 재활용할 수 있도록 설계했다. 애플은 매년 120만대의 디바이스를 분해하여 재사용하거나 리퍼브 또는 재제조하여 제품으로 판매하며, 또한 배터리에서 희유금속인 코발트를 회수하여 재활용한다.

표 5-13 ESG 경영을 지원하는 기술 혁신

혁신	내용
인더스트리 4.0	기업 문화에 내재된 인더스트리 4.0(Industry 4.0)은 지속 가능성과 프로세스 개선을 지원
낭비를 줄이는 AI 기반 품질 관리	AI는 자산 성능에 대한 통찰력을 제공하여 분석을 위해 데이터를 클라우드로 전송하는 프로세스를 단축
사람과 지구의 웰빙을 개선하는 디지털 도구	작업장의 디지털 장치는 공정의 효율성을 개선하고 낭비를 제거하며 작업자의 램프업 시간 (ramp-up time)을 단축
데이터 기반 의사 결정을 위한 실시간 성능 데이터	IIoT(산업용 사물인터넷)는 여러 시스템에 대한 실시간 통찰력을 제공하여 기계 성능을 관리하고 에너지 수요를 감축
예측 분석	IIoT 솔루션과 결합된 예측 분석은 수요를 예측하여 에너지 소비를 감축
제품 탄소 발자국 자동 계산	IIoT 솔루션은 공급망 전체에서 제품 탄소 발자국을 계산하여 제품 발자국을 감축
공급망 복원력을 위한 디지털 트윈	디지털 트윈은 의사 결정을 자동화하여 공급망의 복원력을 향상

AI의 적용 분야는 더 다양하다. AI의 데이터 관리 기능은 환경 사고에 사전 대응할 수 있을 뿐만 아니라 인간이 생태계에 미치는 잠재적 영향을 예측할 수 있다. 이러한 기능은 생물다양성, 생태적 지속가능성, 대기의 질, 재난재해 복원력 등을 포함한 환경 보호 및 보존에 기여할 수 있다.

표 5-14 지속가능성을 위한 AI 기여 분야[42)]

기후 변화	생물다양성과 보전	해양 건강	물 문제	건강한 공기	일기 예보 및 재해 복원력
실시간으로 에너지 사용을 최적화하는 머신러닝	토지 사용의 변화와 자연 재해의 영향을 감지	원격으로 바다를 모니터링하여 불법 조업으로부터 서식지를 보호	지역적 물 사용량을 계획하고 정보기반의 정책 결정	실시간으로 대기질 및 환경 데이터를 기록	당국이 조치를 취하고 대피를 준비하는 데 도움이 되도록 기상 조건에서 가능한 위험 요소를 모니터링

42) Better, Smarter, Cleaner: How ESG Inspires Technology Innovation, INTELEX Insight Report, 2022.

에너지 사용을 최적화하는 스마트 빌딩	침입종을 감지하고 모니터링	오염 및 온도에 대해 바다를 모니터링	날씨, 토양 및 지하수 상태를 모니터링하여 가뭄을 예측	현재 오염 수준을 감지하고 영향을 받는 지역 주민에게 정보(경고) 제공	인프라 및 기타 시스템에 대한 기상 이변의 영향을 모델링
안전을 높이고 교통 흐름을 개선하는 스마트 운송	예측 분석으로 밀렵 방지 일정을 계획	인간 활동이 해양생태계에 미치는 영향을 연구	폐수 관리를 모니터링하고 보존 우선 순위를 결정	모니터링 차량, 레이더 센서, 카메라를 통한 대기 오염 감소	
	작물 재배의 최적 시간을 결정				
녹색 교통 네트워크 개발	삼림 벌채를 모니터링		효율적인 CO_2 제거 솔루션 개발		

(3) ESG 경영을 지원하기 위한 기술 혁신 과제

ESG 경영에 있어 데이터 수집, 분석, 보고, 프로세스 효율성 개선 등을 위해 다양한 혁신 기술의 뒷받침이 필요한데 이러한 지원은 단일 기술이나 애플리케이션으로는 해결될 수 있는 것은 아니다. ESG 경영은 환경, 안전, 사회, 인권, 거버넌스에 대한 기업의 중요 관심사에 대해 통합적이고 총체적인 관점을 제공할 수 있도록 특정 요구 사항을 충족하는 기술들의 체계적인 접근이 필요하다. 기업이 ESG 경영에 필요한 다양한 요구를 충족하기 위해서는 우리 기업도 다음과 같은 기술의 도입이 시급하다.

▶ ESG 데이터 수집 자동화 및 리포팅 기술

먼저, ESG 데이터 수집을 자동화하여 규제 준수에 대한 보고를 쉽게 하고 운영의 최적화를 지원하는 기술이 필요하다. 기업은 ESG 데이터의 시계열 분석을 하고, 공급망에 걸친 모든 이해관계자의 핵심성과지표(KPI)를 측정하고 추적할 수 있어야 하며, 또한 GRI(Global Reporting Initiative) 및 CDP(탄소 정보 공개 프로젝트)의 요구에 따른 지속가능경영 성과를 보고할 수 있어야 한다. 또한 경쟁사와의 비교를 통해 ESG 경영 역량에 대한 기업의 현 위치를 확인하는 것도 필요하다. 특히 기업이 지속가능성 성과 지표(Sustainability Performance Indicators)에 따라 대기, 수질, 폐기물에 대한 데이터를 수집하여 조직 전체의 지속가능성 이니셔티브를 보고할 수 있는 애플리케이션은 수요자 입장에서는 효율적인 데이터 운영에 있어 큰 도움이 될 수 있으며, 개발자 입장에서는 커다란 비즈니스 기회가 될 것이다. 이미 MSCI, BlueMark, Intelex 등 기업들은 이러한 애플리케이션 개발을 통해 선도적으로 투자자와 기업에게 독자적으로 ESG 성과를 검증하는 서비스를 제공하고 있다.

▶ 건강 및 안전관리 소프트웨어

다음 이해관계자인 직원의 건강 및 안전을 우선시하는 프로그램이 필요하다. 건강 및 안전을 관리하는 소프트웨어를 통해 조직이 근로자를 보호하고 강력한 안전 문화를 조성하며, 사고 보고와 관리에 대한 규정 준수 및 보고 의무를 충족하도록 지원하는 것은 ESG 경영의 핵심 중 하나이다. Wolters Kluwer사의 경우 자체 개발한 건강 및 안전관리 소프트웨어(Health & Safety Software)를 활용하여 안전한 작업장, 향상된 생산성, 장기근속자 건강 관리, 사고 예측 및 예방을 위한 정교한 인텔리전스을 제공함으로써 현장에서 종업원의 건강하고 생명 존중의 작업환경의 구현을 모색하고 있다.

▶ 생산 및 공급망의 효율성 및 투명성 개선 기술

생산 및 공급망의 효율성과 투명성을 개선하기 위한 기술이 필요하다. 이 기술은 특히 에너지 소비 및 오염물질 배출에 직접적인 영향을 미치는 폐기물을 감소하는데 이바지할 수 있다. 품질 관리 소프트웨어는 기업이 지속적인 개선과 프로세스 효율성 개선을 지원함으로써 품질 문화와 ESG 경영을 촉진할 수 있다. 특히 공급업체 관리 소프트웨어는 복잡한 공급망에 대한 시각화를 제공함으로써 제품 품질과 함께 점점 더 엄격해지는 글로벌 규정을 준수할 수 있도록 지원하고 있다.

CHAPTER 06

환경 · 에너지 ESG 경영 실무

제 1 절 환경 · 에너지 경영 개요

1. 환경 · 에너지 경영이란?

(1) 개 요

1962년 생물학자인 레이첼 카슨(Rachel Carson)은 『침묵의 봄』이라는 책을 발간했다. 그녀는 이 책에서 DDT와 같은 무분별한 살충제 사용으로 인간을 포함한 자연 생태계가 파괴되고 있다고 지적하였다. 봄이 왔지만 독성물질에 의해 새가 사라진 침묵의 봄이 되었다는 것이다. 작가이기도 한 카슨의 『침묵의 봄』은 현대 환경운동의 효시로 알려질 만큼 개발과 환경에 대해 진지하게 생각하는 계기가 되었다.

인간의 복지 및 후생을 증진하면서 동시에 지구 생태계의 손상 없이 후손들에게도 피해를 물려주지 않을 삶의 방식은 없는 것인가? 지금 그리고 향후 세기에는 이 같은 두 가지 공통의 목표달성을 위한 방안으로 환경적으로 건전하고 지속가능한 개발(ESSD, Environmentally Sound and Sustainable Development) 개념이 등장하게 되었다.

ESSD 개념은 1980년대에 구체화되어 전 산업계에 영향을 미치기 시작하였는데 그 중요한 계기가 된 것이 UN의 WCED(World Commission on Environment and Development)에 의해 1987년 발간된 '우리 공동의 미래(Our Common Future)'라는 보고서이다. 이 보고서에서는 지속가능한 발전(sustainable development)을 "미래 세대가 그들의 욕구를 충족시킬 능력을 저해하지 않는 범위 내에서 현 세대의 욕구를 충족시키는 개발"로 정의하였다. 이 개념의 핵심은 모든 정책대안과 이니셔티브의 평가에 있어서 세 가지 기본적인 가치, 즉 3E의 상호관계를 고려하여야 한다는 것이다. 그 세 가지는 환경(Ecology/Environment), 경제(Economy/Employment), 그리고 사회적 평등(Equity/Equality)이다.

1992년 브라질 리우에서 개최된 유엔환경개발회의(UNCED)를 기점으로 [그림 6-1]의 왼쪽과 같은 종래의 제로섬(zero-sum)원리에서 오른쪽과 같이 어느 한편의 희생만이 있는 것이 아니라 양쪽 모두에게 이익을 주는 win-win전략으로 전환하게 되었다.

그림 6-1 경제개발과 환경보호의 관계

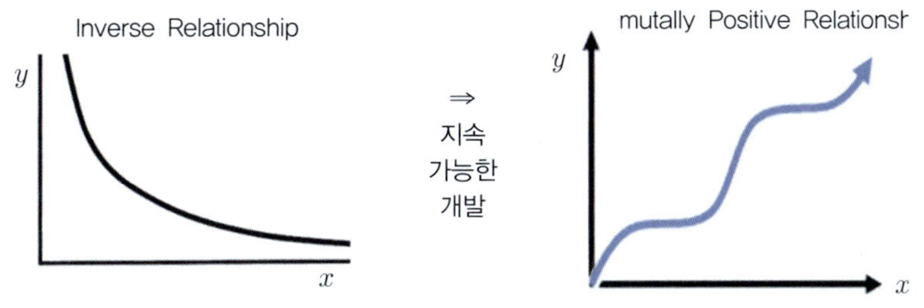

y = development, x = protection

환경경영(E.M.)이란?

'환경경영'은 '환경(Environment)을 고려한 경영'이라고 정의할 수 있다. 그러나, 이 같은 정의로는 '한경경영'이 무엇인지 여전히 알 수 없게 한다. '환경'은 무엇이고 환경경영의 관리 대상은 무엇인가? 그리고, '환경 · 에너지 이슈'를 ESG 경영에서 다루는 데 고려할 수 있는 추가 내용은 무엇인지 살펴보고자 한다.

국제적으로 여러 전문가들이 수년간의 토론을 거쳐 내린 '환경'과 '환경경영(시스템)'에 대한 정의는 다음과 같다.

- **환경**(Environment): 조직이 운용되는 주변여건(공기, 물, 토양, 천연자원, 식물군(群), 동물군, 인간 및 이들 요소 간의 상호관계를 포함)
- **환경경영시스템**(EMS, Environmental Management System): 환경측면을 관리하고, 준수의무사항을 충족하며, 리스크 및 기회를 다루기 위한 경영시스템의 일부

위 정의에 의하면, '환경'은 이해가 될 듯하다. 다만, '환경경영(시스템)' 정의에서 사용된 환경측면(Environmental aspects)은 우리에게 익숙한 단어가 아니다. '환경측면'은 쉽게 말해 '환경적으로 문제될 만한 것'을 의미한다. 제철공장은 '온실가스(이산화탄소) 배출이 많다'는 점, 식음료 회사는 '물을 많이 사용 한다'는 것 등이 환경측면을 의미한다고 할 수 있다. 환경경영을 위해서는 조직의 환경 문제를 찾아야 하는 이유-그 문제될 수 있는 환경측면을 집중 관리하면 되니까-가 여기에 있는 것이다. ESG/지속가능보고서에 나타나는 중대성(Materiality)평가와 사실상 같은 것이라 보면 될 것이다.

'환경측면'에 대해 자세히 살펴보기 전에 '환경경영(시스템)'이 무엇인지 다시

한 번 살펴보자. 위 정의에서와 같이 '환경경영(시스템)'은 ① 환경측면을 관리하고, 즉 환경적으로 문제되는 것을 집중 관리하고, ② 준수의무사항을 충족하며 즉, 지켜야 할 법령 등 요구사항을 준수하며, ③ 리스크와 기회를 다루는 것이다. 환경경영시스템 국제표준(ISO 14001)[1)]이 2015년에 개정되어 나오기 전에는 '리스크와 기회를 다룬다'는 세 번째 개념은 존재하지 않았다. 환경경영(시스템)이 조직의 특정 부서만 담당하는 게 아니라 모든 임직원이 합심해서 궁극적으로는 조직의 경영성과에 도움 되는 것이어야 한다는 점을 강조하고 있다. 조직의 존속 그리고 지속적 개선을 위해서는 리스크(위협)을 줄이고 기회를 포착하는 행위로 이어져야 한다는 점이 다시 강조되고 있다. 리스크 관리와 기회 활용에 대해서는 이 책 '조직의 환경 리스크 및 기회'에서 상세히 다룰 예정이다.

환경·에너지 관련 요구사항(Requirements)을 준수하는 것이 환경·에너지경영의 중요한 부분임을 언급하였다. 각종 법 규정의 요구사항 뿐 아니라(요구사항 ①), 조직 및 기업이 정한 요구사항(요구사항 ②), ISO 표준 등 국제적으로 요구되고 있는 사항(요구사항 ③), 내 제품을 구매해 주는 업체 요구사항(요구사항 ④), 이 외에도 업종·산업별 단체에서 요구하는 지침 또는 협약 요구사항(요구사항 ⑤) 등 어느 하나 소홀히 다룰 수 없는 사항이다.

환경·에너지 이슈에 대해 현재 한국은 다양한 법을 통해 정책을 실행하고 있어, 해당 법 규정의 제·개정 내용을 파악하는 일은 환경·에너지경영을 하는 데 필수적이다. 법령 미준수는 벌칙이나 과태료 등 불이익으로 이어지고, 조직에게 회생할 수 없는 곤경을 준 경우를 많이 보아왔다. 조직의 경제적 성과를 중시하는 것과 동등한 수준으로 비재무적 기업 가치를 중시하는 ESG 경영의 관점에서 법령 등 앞서 언급한 5가지 요구사항 미준수는 조직에게 비즈니스의 지속성에 마이너스 요인으로 작용하게 된다.

환경경영(EM)과 에너지경영(EnM)은 밀접히 관련된다. 환경문제의 상당부분이 바로 에너지와 연관되기 때문이다. 에너지를 만들고(예: 발전·지역난방), 그것을 운송하고(예: 천연가스 수입, 그리고 대규모 저장단지에서 각 가정 및 공장 등에 공급) 에너지를 소비(예: 가정용 냉난방 및 공장의 생산공정 사용)하는 일련의 과정에서 환경에 적지 않은 영향을 줄 수밖에 없다. 그런 점에서 환경문제는 대기오염·기후변화·수질오염·고형 폐기물 처리 등에서 에너지를 생산하고 소비하는 데 직접

1) ISO 14001에 의한 시스템 구축은 이미 다수 기업에서 채택하고 있다. ESG 경영의 환경 이슈를 ISO 14001 환경경영 업무 규정에 포함시켜 관리할 것을 이 책은 권장하고 있다.

관련된다.

에너지경영 관련 국제표준인 KS A ISO 50001은 '에너지경영(시스템)'에 대해 다음과 같이 정의하고 있다.

- **에너지경영(시스템)**: 에너지 방침, 목표, 에너지 세부목표, 실행계획 및 프로세스를 달성하는 경영시스템/EnMS, Energy Management System: management system to establish an energy policy, objectives, energy targets, action plans and process(es) to achieve the objectives and energy target

위 에너지경영(시스템) 정의에서 보듯이 환경경영(시스템)정의에 있는 '리스크와 기회를 다룬다'는 언급은 없다. 환경경영(시스템)표준인 KS I ISO 14001 : 2015 표준은 리스크와 기회를 평가하고 필요한 경우 이에 대한 조치를 취하도록 요구사항으로 규정하고 있다.

'환경측면'은 '환경적으로 문제될 만한 것'을 의미한다고 하였다. 환경경영의 출발이 되는 '환경측면'에 대해 더 알아보자. 그리고 '에너지측면'에 대한 별도 언급은 없는데 그 이유는 무엇인지?

(2) 환경 · 에너지 측면과 영향

환경측면은 조직의 '활동 · 제품 · 서비스'로 구분해 설명할 수 있다. KS I ISO 14001 표준은 환경측면을 다음과 같이 정의하고 있다. 다음 〈표 6-1〉은 환경측면을 3 가지로 구분하여 그 예를 보여준다.

- **환경측면**(Environmental aspects): 환경과 상호작용하거나 상호작용할 수 있는 조직의 활동 또는 제품 또는 서비스 요소

표 6-1 환경측면의 3 요소(예)

구분	환경측면	실제&잠재 환경영향
제품(예) • 에어컨(소비자운영)	냉매 사용	냉매 유출 시 지구온난화 및 오존층 파괴
서비스(예) • 차량운행	연료 사용	재생 가능한 화석연료 고갈
활동(예) • 보일러 가동	난방용 기름 사용	재생 불가능한 천연자원 고갈

조직의 활동 · 제품 · 서비스는 크건 작건 환경에 영향을 미친다. 좋은 영향일 수 있고 그렇지 않을 수 있으며 실제 영향을 미칠 수 있고 잠재적으로 영향을 미칠 것으로 예상할 수 있다. 환경경영은 좋고 나쁘고 실제적이고 잠재적인 영향을 야기하는 모든 환경측면을 경영관리의 대상으로 하고 있다. 실제 영향을 미치는지를 확인할 수 없지만(예: 홍길동이 호흡 과정에서 배출한 이산화탄소가 집 근처 식물의 탄소동화작용에 활용될지 아니면 대기 중으로 올라가 지구온난화를 일으킬지 알 수 없음) 잠재적인 영향을 미칠 것으로(예: 식물 탄소동화작용과 지구온난화 2 가지 모두에 영향을 미친다는 것으로 생각함) 예상하는 것이다.

조직의 활동 · 제품 · 서비스가 야기하는 환경영향은 위 〈표 6-1〉에서처럼 매우 다양하다. 환경경영(시스템)에서 환경에 미치는 영향을 정리하면 다음 8 가지로 요약할 수 있다. 환경경영은 이 8 가지의 환경영향 종류와 관련된 것만 취급한다. 예를 들어 터널공사로 인한 자연환경 훼손이나 신규 아파트 단지 조성으로 인한 도롱뇽 · 두꺼비 서식지 파괴 또는 청결한 상태를 유지하기 위한 거미줄 제거 같은 청소 등은 환경경영(시스템)에서 일반적으로 다루지 않는다. 다만, ESG 경영에서의 최근 추세는 '자연환경 보존'에 대해서도 사회책임(SR) 및 지역공동체 참여 및 개발(Community involvement and development) 차원에서 그 범위에 포함시키는 경향이 강해지고 있다는 점이다. 환경경영에서 환경측면이 야기하는 환경영향의 종류 즉, 영향범주(Impact category)는 다음과 같이 요약할 수 있다.

환경경영에서 '환경적으로 문제될 만한 것'을 '환경측면'이라면, 에너지경영에

표 6-2 환경경영의 영향범주(Impact category)

영향 범주	비고
자원소모	재생 불가능한 자원소모를 중요시
지구온난화	이산화탄소로 대표되는 온실가스 배출을 줄이려는 시도로 배출권 거래제가 대표적
오존층 파괴	오존층파괴물질이 함유된 제품 생산을 억제하려는 노력
산성화	토양, 하천/강, 바다의 산성화로 인한 피해를 최소화하고자 함
부영양화	질소, 인 등 영양물질 과다 유입으로 물고기가 사멸
광화학산화물형성	질소산화물, 황산화물이 햇빛과 반응하여 대기오염 유발
인간독성	인간에 독성
생태독성	인간 뿐 아니라 동식물 등 생태계에 독성

※ 대표적 영향범주는 인간 독성 및 생태 독성을 제외한 6가지에 집중

서 '에너지측면'은 무엇인가? 이와 관련 에너지경영 국제표준인 KS A ISO 50001는 '에너지 → 에너지 이용(최종 에너지 사용) → 중요 에너지 이용'이라는 용어를 사용한다.

에너지 즉, 에너지원은 전기, 연료, 증기, 열, 압축 공기 및 기타 유사한 매체 등 다양한 형태를 갖는다. 이 같은 에너지(원)을 사용해서 필요한 소비/사용을 하게 된다. 기계를 작동하게 하거나 온도를 높이는 열을 내도록 하는 데 사용할 수도 있다. 때로는 환기, 조명, 난방, 냉방, 운송, 데이터 저장, 생산 프로세스에 에너지를 이용(최종 에너지 소비)하게 된다. 에너지를 가장 많이 사용하는 데가 어디인가? '중요 에너지 이용(SEUs, Significant Energy Use)'을 파악하는 게 중요해진다.

KS A ISO 50001 표준은 중요 에너지 이용(SEUs)에 대해 다음과 같이 정의하고 있다.

- **중요 에너지 이용**(SEUs, Significant Energy uses): 중요 에너지 소비 및(또는) 에너지 성능 개선을 위해 잠재성이 높은 부분을 알게 해 주는 그런 에너지 사용부분

환경경영에서 '중대한 환경측면' 파악과 이에 대한 집중 관리를 통해 환경영향 최소화를 달성하려고 하듯이 에너지경영에서는 '에너지(원)'를 파악하고 여러 에너지(원) 중 '중요 에너지 이용에 관련되는 에너지(원)'을 파악, 집중 관리하는 것이 에너지경영의 출발이라고 볼 수 있다. SEUs의 예로는 특정 설비, 시스템, 프로세스 또는 장비가 될 수 있다.

2. 환경에 대한 조직의 책임

조직이 어디에 위치해 있든, 조직의 의사결정 및 활동은 환경에 항상 영향을 미친다. 이러한 영향은 조직의 자원(원부자재) 사용, 조직의 활동이 이루어지는 장소, 오염 및 폐기물의 발생 그리고 자연 서식지에 대한 조직 활동의 영향과 관련될 수 있다.

자원 고갈, 각종 오염, 기후변화, 서식지 파괴, 동식물 종의 감소, 생태계 파괴, 도시 및 농촌의 인간 정착지 악화를 포함한 많은 환경적 변화와 도전에 직면해 있는 게 오늘날의 조직 현실이다. 그리고 인구 및 소비 증가는 안전 및 보건, 행복에 또 다른 위험요인을 증가시키고 있다. 지속가능하지 않은 생산과 소비의 양

및 방식을 줄이고 이를 최소화시키는 선택을 꾸준히 확인할 필요가 있으며 1 인당 자원 소비가 지속가능하다는 것을 보장하도록 하여야 할 것이다. 환경 · 에너지 이슈는 전지구적, 지역적 및 개별 국가적으로 상호 연계되어 있어 이를 효과적으로 해결하기 위해서는 포괄적, 체계적 및 집단적 접근 방식이 필요하다.

ISO 14000 시리즈 환경표준 및 ISO 50001 에너지경영 표준 같은 기술적 도구는 조직이 환경 및 에너지 이슈를 체계적으로 다루는 것을 돕는 전체 프레임 워크로 사용할 수 있다. ESG 경영을 위해서는 어떤 환경 · 에너지 이슈가 존재하는지 알아보자.

3. ESG 경영과 환경 · 에너지 이슈 및 원칙

ESG 경영 관련 환경 · 에너지 이슈는 매우 다양하다. 환경 · 에너지 이슈가 다양한 만큼이나 여러 기구 및 단체에서 제공하는 기준도 강조점을 달리하고 있다. 이하에서는 ISO 14001&50001 표준의 환경 · 에너지 이슈를 중심으로, ISO 26000 사회책임 표준의 환경 · 에너지 이슈 그리고 각종 이니셔티브 이슈를 살펴보자.

(1) KS I ISO 14001 : 2010 표준의 환경 및 에너지 이슈

2015.9 발간된 국제 표준 ISO 14001(환경경영시스템)은 '환경(측면)'을 시스템에 의해 관리할 것을 규정하고 있다. 개인이 자신의 생각과 이를 행동으로 옮기는 것처럼 조직도 계획을 세우고 계획한 것을 실행하고 처음 생각한 계획대로 실행했는지 검토해 보고 다음에는 더 잘 하려는 흐름을 따라 움직인다. PDCA(Plan-Do-Check-Acr)의 순환 사이클을 조직의 환경경영에 도입한 표준이 ISO 14001 이다.

ISO 14001 표준은 환경경영을 PDCA 사이클을 통해 지속적 개선으로 이어 지도록 하기 위해 31가지의 항목을 규정하고 있다. 조직이 처한 내부 및 외부 여건으로부터 이슈를 찾고 조직과 이해관계에 있는 사람의 니즈와 기대사항을 파악해서 환경경영의 나아갈 방향을 정하고, 방향을 구체화한 조직 방침도 만들면서 –앞에서 살펴본 것처럼–환경측면을 고려해서 돈과 인력 시간계획이 반영된 환경경영추진계획을 마련하게 된다. 다음에는 그대로 실행해 보고 성과가 좋은지 평가하고 자체 반성(내부심사)과 잘 못 된 점의 시정조치를 통해 지속적 개선을 추구하게 된다.

환경 · 에너지 이슈를 잘 관리할 수 있도록 구조화된 것이 ISO 14001 표준이고 ISO 50001표준이다. 두 국제 표준은 환경 · 에너지 주요이슈를 다음과 같이 제안하고 있다(7가지 대분류이슈, 31가지 세부이슈).

- Plan/계획 단계: 조직 상황 진단(4.조직상황) → 방향 설정(5.리더십) → 실행 계획(6.기획)
- Do/실행 단계: 인적 및 재정 자원 제공(7.지원) → 실행(8.운용)
- Check/점검 단계: 모니터링 · 측정, 내부심사&경영검토(9.성과평가)
- Act/개선 단계: 부적합 시정(10.지속적 개선)

(2) KS A ISO 26000 : 2010 표준의 환경 · 에너지 이슈

2010년에 공표된 ISO 26000 사회책임 표준은 ① 오염 예방, ② 지속가능한 자원 이용, ③ 기후변화 완화 및 적응, ④ 환경보호, 생물 다양성 및 자연 서식지 보호의 4가지를 제시하고 있다.

- 오염예방: 다음을 포함한 오염예방을 통해 환경성과를 개선할 수 있다.
  - 대기 배출: 납, 수은, 휘발성유기화합물(VOCs), 아황산가스, 질소산화물(NOx), 다이옥신, 미세먼지 및 오존 파괴물질 같은 오염물질
  - 수계 방출: 해양환경을 포함한 지표수로 직접, 의도적 또는 우발적 배출, 의도하지 않은 지표수의 유출 또는 지하수로의 침투를 통해 물 오염 야기
  - 폐기물: 대기 · 수계 · 토양 및 대기권 밖 오염을 일으키는 액체 · 고체 폐기물의 발생
  - 독성 및 유해화학물질의 사용 및 폐기: 독성 및 유해화학물질을 이용 또는 생산하는 조직은 이의 배출로 급성 · 만성적 영향을 통해 생태계 및 인간 보건에 악영향을 미칠 우려
- 지속가능한 자원 이용: 자원의 가용성을 미래에도 보장하기 위하여, 현재의 소비 및 생산 방식과 규모는 지구의 수용능력 내에서 운영되도록 바꿀 필요가 있다.
  - 에너지 효율: 건물 · 수송 · 생산 프로세스 · 기기 및 전자장비 · 서비스 제공 또는 다른 목적을 위해 필요한 에너지 수요를 줄이는 에너지효율 프로그램을 실행하여야 함.

– 물 보존, 사용 및 물에 대한 접근: 식수의 안전하고 믿고 마실 수 있는 공급 및 위생 서비스에 관한 접근은 인간의 근본적인 욕구이고 기본인권임. 물을 보존하고 사용을 줄이고, 재사용하며, 영향권 내에서 물 보존을 촉진하여야 함.

– 원자재 이용에서의 효율: 조직의 활동 또는 조직의 서비스 전달에 이용된 생산 프로세스 또는 완제품을 위한 원자재 사용으로 초래된 환경영향을 줄이기 위해 원자재 효율 프로그램을 실행하여야 함

- **기후변화 완화 및 적응**: 이산화탄소(CO_2) 및 아산화질소(N_2O) 같은 인간의 활동에서 발생한 온실가스 배출은 자연 및 인간의 환경에 중대한 영향을 미치는 전지구의 기후변화 원인 중 하나로 인식되고 있다. 조직의 온실가스배출 최소화(완화) 및 변화하는 기후에 대한 기획(적응)의 두 측면은 조직에 시사점을 준다.
- **환경보호, 생물 다양성 및 자연 서식지 복원**: 1960년대 이후로 인간 활동은 그 어떤 기간 보다 급속하고 광범위하게 생태계를 변화시켜 왔다. 자연자원에 대한 수요가 빠르게 증가하면서 지구상의 서식지 및 생물종 다양성에 상당한 그리고 때로는 회복할 수 없는 손실을 가져왔다. 향후 20~30년 내에는 지구 생물종의 25%가 멸종하게 된다는 제3차 생물다양성 전망 보고서는 지구가 인간만이 사는 곳이 아님을 경고하고 있다 할 것이다.

(3) GRI standard의 환경 · 에너지 이슈

1989년 발생한 원유 운반선인 발데즈호의 기름 유출 사건을 계기로 1997년에 설립된 지속가능성 보고를 목적으로 만들어진 단체가 GRI(Global Reporting Initiative)이다. 경제 · 사회 · 환경의 정보 공시 가이드라인을 2016년 표준(Standard)이라는 명칭으로 변경하였다.

국제표준화기구(ISO)에서 제정한 환경성과평가(ISO 14031, EPE, Environmental Performance Evaluation)표준이 존재하지만, GRI표준은 ISO 14031에서 다루는 환경에 사회 및 경제를 추가 포함시켰으며 국내외 많은 회사에서는 지속가능보고서(또는 환경보고서)를 발간할 때 GRI 표준을 대부분 사용하고 있다. ESG 경영의 평가기관들도 GRI표준을 직간접적으로 채택하고 있는 것이 현실이다. 한국의 K-ESG 가이드라인의 중대성 평가(Materiality Test)개념도 GRI표준 내용을 참고

할 정도로 산업계 활용도는 높은 편이다.

GRI표준은 ① 일반 공시 방법을 규정한 일반 표준(Universal 표준), ② 산업/업종별 표준(Sector 표준, '22.7현재 40개 표준 중 3개 제정), 그리고 ③ 주제별 표준(Topic 표준)으로 크게 3가지로 구분할 수 있다.

GRI표준에서 제시하고 있는 환경 · 에너지 이슈는 총 7가지(① Material/물질 · 원부자재, ② Energy/에너지, ③ Water and Effluents/물 및 수계 배출물, ④ Biodiversity/생물종 다양성, ⑤ Emissions/대기 배출물, ⑥ Waste/폐기물, ⑦ Supplier Environmental Assessment/공급업체 환경평가)이다.

(4) K-ESG 가이드라인 표준의 환경 · 에너지 이슈

2021.12에 한국 정부의 관계부처 합동으로 제정한 K-ESG 가이드라인 v1.0은 다음과 같이 17가지 항목을 환경 · 에너지 이슈로 제시하고 있다.

- **환경목표**: 환경경영 목표 수립, 환경경영 추진체계
- **원부자재**: 원부자재 사용량, 재생 원부자재 비율
- **온실가스(GHG)**: GHG배출량(Scope 1&2), GHG배출량(Scope 3), GHG배출량 검증
- **에너지**: 에너지 사용량, 재생 에너지 사용비율
- **용수**: 용수 사용량, 재사용 용수 비율
- **폐기물**: 폐기물 배출량, 폐기물 재활용 비율
- **오염물질**: 대기오염물질, 수질오염물질
- **환경 법 및 규제 위반**: 환경 법/규제 위반
- **환경 라벨링**: 친환경 인증제품 및 서비스 비율

K-ESG 가이드라인의 '환경'항목은 9개 범주 총17개 그리고 추가 세부 항목으로 구성되어 있다. 이 중 '환경목표(범주)와 '환경경영 목표 수립(항목)'을 보면, 세부항목의 내용을 다음과 같이 규정하고 있다. 즉, '조직은 중대성 평가(Materiality Test)를 통해 조직의 사업운영 및 외부환경에 중요한 영향력을 행사하는 핵심이슈를 도출할 수 있다. 조직은 사업운영에 해당하는 모든 직 · 간접 환경 규제를 관리해야 함과 동시에 사업성과와 연계된 핵심이슈에 대해서는 목표에 의한 성과관리가 필요하다.'

표 6-3 환경경영 목표수립 이슈와 관련 하위 핵심이슈(예)

에너지사용량 절감	재생에너지 투자 확대	온실가스 배출량 감축	탄소중립 기술 개발
폐기물 발생량 저감	생분해 플라스틱 도입	재사용 용수 확대	원자재 효율적 투입
삼림 및 토양 복원	생물 다양성 증진	친환경 공급망 구축	대기, 수질, 토양오염 감소
유해물질 감소	제품환경 라벨링		

표 6-4 국내외 환경 · 에너지 이슈의 환경경영시스템 요구사항 반영(대비표)

ISO SR(환경)	ISO 14001(환경)		GRI Std.	K-ESG G.	MSCI
	기획/P	4. 조직상황			
		5. 리더십 환경방침			
		6. 기획 환경측면 준수의무 환경목표 목표달성 기획	⑦ 공급업체 환경평가	법규제 위반/16 목표수립/1 친환경인증/17 추진체계/2	환경관련 기획 (3)
	실행/D	7. 지원 자원, 역량, 인식, 의사소통			
오염예방 지속가능 자원 기후변화 완화 등		8. 운용(관리) 운용 기획& 관리	① Material/물질 ② Energy/에너지 ③ Water등/ 물(수계) ⑥ Waste/폐기물 ⑤ Emissions/ 대기배출물	(재생)원부자재/ 3, 4 (재생)에너지/8, 9 (재사용)용수/10, 11 폐기물(재활용)/ 12, 13 (대기, 수질)오염물 질/14, 15 온실가스/5, 6, 7	천연자원(3가지) 오염, 폐기물(3) 기후변화(4가지)
	점검/C	9. 성과평가 모니터링 등 내부심사 경영검토			
	조치 A	10. 개선 시정(조치)			
환경보호, 생물종	기타		④ Biodiversity/ 생물종		
4	31		7	17	13

조직이 수립할 수 있는 환경 분야 목표와 관련된(K-ESG 가이드라인 v1.0, 2021.12.) 핵심이슈에는 〈표 6-3〉에서와 같은 14가지 이슈가 해당된다.

환경 · 에너지 이슈를 종합적으로 고려해 볼 때, 이들 다양하고 수많은 이슈는 궁극적으로 앞에서 살펴본 환경 영향범주(〈표 6-2〉, 영향범주)의 어느 하나 또는 둘 이상의 환경영향으로 나타나고 있음을 알 수 있다.

지금까지 살펴 본 국내외 대표적인 기준 및 평가항목을 상호 비교한 결과, 환경경영의 표준인 ISO 14001의 요구항목에 환경 · 에너지 이슈를 모두 포함시켜 관리할 수 있음을 알 수 있다(〈표 6-4〉 참조). 이 모든 이슈들은 해당 조직과 관련 있는 '환경측면(EA)' 또는 '중대한 에너지 사용(SEUs)'에 근거하여야 한다는 것도 잊어서는 안 될 것이다.

조직의 환경측면 파악에 근거하여 도출된 환경 · 에너지 이슈를 어떻게 관리할 것인가? 첫째는, 중요하고 시급한 환경측면(SEA, Significant Environmental Aspects)을 결정한 후 그것을 철저히 관리할 필요성이 있고, 다른 하나는 SEA에는 포함되지 않았지만 모든 환경측면 관리에 필요한 어떤 환경 및 에너지 경영 원칙을 설정해 이들 원칙이 잘 지켜지는지를 주기적으로 점검하는 일이다.

집중적으로 관리할 중대한 환경측면(significant environmental aspects)을 몇 개 선정하는 방법 즉, 중대한 한경측면에 대해 다루기 전에, 지금까지 살펴본 대표적인 환경 · 에너지 이슈에 효과적으로 대응하기 위해 ISO 26000(사회책임) 표준에서 환경과 관련하여 제시하고 있는 4가지 이슈에 대한 원칙을 살펴보자.

(5) 환경 · 에너지 경영원칙

조직은 다음의 환경 및 에너지 경영 원칙을 존중하고 촉진하여야 할 것이다

- **오염의 사전예방**(PP, Prevention of Pollution): 환경 · 에너지 경영에 대한 관심이 증대하기 전에는 사후처리에 초점을 둔 최종배출구 처리 방식(End-of-Pipe)이 사용되었다. 사후처리방식은 개선하는 데 한계를 갖게 된다. 제품의 설계단계에서부터 사용 또는 폐기단계를 고려하는 PP방식은 조직의 비용-효과를 고려할 때, 단기 비용 뿐 아니라 그 조치로 인한 장기 비용 및 편익까지 제공하는 이점을 갖는다는 점이다.
- **전과정 사고**(Life cycle thinking): 환경경영이 등장하면서 중시된 가장 두드러진 특징은 전과정 사고(思考)이다. 원료 획득 → 운송 → 제조/가공 → 유통

→사용→재활용/폐기 의 전 과정을 거쳐 모든 제품의 수명주기가 다하게 된다. 특정 Life cycle 단계에서 어떤 제품이 환경적으로 좋다 해도 다른 단계에서는 환경적으로 취약한 경우를 많이 보게 된다[예: 캔 음료는 PET용기 음료에 비해 무거워 운송 단계에서 연료소비가 많아 환경오염 배출이 높을 수 있지만, PET용기에 비해 재활용율이 높다는 점은 자원소비(원료 획득)단계에서 보다 더 '환경친화적이다'라고 말할 수 있을 것임. 이런 점에서 전체 환경영향의 총량을 고려하는 것이 합리적이라는 전과정 사고가 환경·에너지경영에서 요구되고 있음]

'전과정 사고' 접근방식의 주된 목적은 제품과 서비스의 수명 주기, 즉 원재료 채굴 및 에너지 생성으로부터 생산 및 사용을 거쳐 수명 종료 폐기 또는 회수에 이르는 전과정을 통해 제품과 서비스의 사회-경제적 성과를 개선하는 것 뿐 아니라 환경영향을 줄이기 위한 것이다.

다음 [그림 6-2]에서 보듯이 전과정 사고에 근거한 전과정평가(LCA)는 투입물과 배출물의 데이터를 정량적 및 정성적으로 평가하여 총량 환경부하를 최소화시키기 위한 평가기법으로써, 이같은 평가결과에 대한 인증서를 요구하고 있는 게 최근의 추세이다.

- **환경 리스크 관리**(Environmental Risk Managament): 조직은 조직의 할동에 따른 환경 리스크 및 영향을 평가하고, 피하고, 줄이고, 완화하기 위해 리스크에 기반을 둔 지속가능성 관점을 이용한 프로그램을 실행하여야 할 것이

그림 6-2 LCA(Life Cycle Assessment, 전과정 평가) 개념도

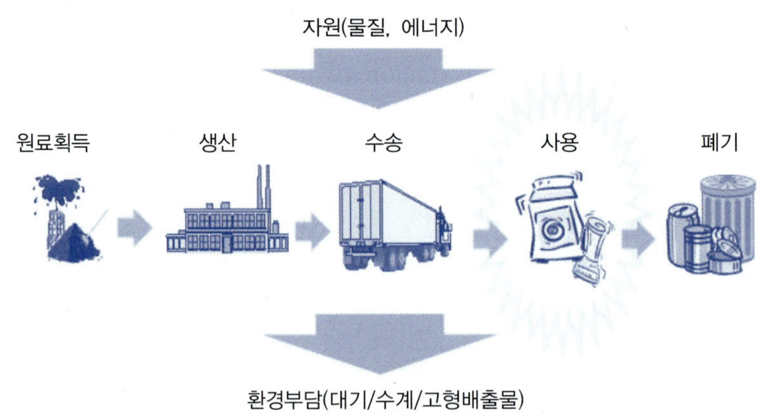

다. 조직은 사고 발생으로 인한 환경, 보건 및 안전에 대한 영향을 줄이고 완화하기 위해 그리고 환경 사건에 대한 정보를 해당 당국 및 지역사회와 소통하기 위해, 인식 제고 활동 및 비상사태 대응 절차를 개발하고 실행하여야 할 것이다.

4. 환경 · 에너지경영 활동 및 기대

환경과 관련하여 조직이 갖게 되는 사회책임을 규정한 ISO 26000 표준은 환경경영의 4가지 이슈별 기대되는 경영활동을 다음과 같이 제시하고 있다.

(1) 지속가능한 자원 이용

조직의 모든 활동과 관련해서, 조직은

- 에너지, 물 및 기타 사용된 자원의 출처를 식별하여야 할 것이다.
- 에너지, 물 및 기타 자원의 현격한 사용에 대해 측정, 기록 및 보고를 하여야 할 것이다.
- 우수 관행 지표 및 다른 벤치마크를 고려하여, 조직의 에너지, 물 및 기타 자원의 사용을 줄이는 자원 효율성 조치를 실행하여야 할 것이다.
- 가능한 경우, 재생 불가능한 자원을 대체할 수 있는 지속가능하고 재생 가능한 자원 및 환경에 대한 영향이 적은 자원으로 보완 또는 대체하여야 할 것이다.
- 가능한 한 재활용 재료를 이용하고 물을 재사용하여야 할 것이다.
- 유역(watershed) 내 모든 이용자에게 공정한 접근을 보장할 수 있도록 수자원을 관리하여야 할 것이다.
- 지속가능한 조달을 촉진하여야 할 것이다.
- 확대된 생산자 책임(EPR)의 채택을 고려하여야 할 것이다.
- 지속가능소비를 촉진하여야 할 것이다.

(2) 기후변화 완화 및 적응

변화하는 기후조건에 적응하려는 활동 사례는 다음 사항을 포함한다.

- 변화하는 기후, 기후 불확실성 및 홍수, 강풍, 가뭄, 물 부족 또는 폭염을 포함하는 악천후 가능성의 증가를 고려하여 토지 활용 · 구역화 · 기반시설 설계 및 유지를 기획
- 인간 보건에 필수적인 식수, 위생, 식량 및 기타 자원의 안전을 보장하면서, 이러한 자원이 필요한 이들의 접근성을 높이는 농업, 산업, 의학 및 다양한 기타 기술 및 기법을 개발
- 홍수에 대한 취약성을 감소시키는 지역적 조치를 지원. 이는 범람을 관리하는 데 도움이 되는 습지의 복원 및 도시지역의 자연배수가 안 되는 표면 이용의 감소를 포함
- 교육 및 다른 수단을 통해 사회의 회복력을 위한 적응 및 예방조치의 중요성 인식을 제고하는 폭넓은 기회를 제공

(3) 환경보호, 생물다양성 및 자연 서식지 복원

조직의 모든 활동과 관련해서, 조직은

- 생물다양성 및 생태계 서비스에 대한 잠재적인 부정적 영향을 식별하고, 이 영향을 제거하거나 최소화하는 조치를 취하여야 할 것임
- 실행 가능하고 적절한 경우, 조직의 환경영향에 대한 비용의 내부 처리를 위해 시장 메커니즘에 참여하며, 생태계를 보호하면서 경제적 가치를 창출
- 자연생태계 손실을 피하며, 다음으로 생태계 복구에 힘쓰며, 마지막으로 앞의 두 가지 활동이 불가능 또는 완전히 효과적이지 않은 경우, 시간의 경과에 따라 생태계 서비스에서 순이득을 가져다 줄 활동을 통해 손실을 보장하는 데 우선순위를 두어야 할 것임.

제 2 절 환경 · 에너지 이슈의 ESG 경영 도입과 실행

1. 도입 절차

환경 · 에너지 이슈를 ESG 경영에 도입하기 위해서는 현재 우리 조직의 상황

이 어떠한지를 파악하여야 한다. 환경 · 에너지 이슈의 ESG 경영 내재화를 통해 달성하려는 최종 목표 대비 현재 수준이 큰 차이가 난다면, 해야 할 일이 많을 것이다. 달성하려는 목표와의 차이를 파악하기 위해 일반적으로 GAP Analysis (차이 분석)방법을 사용한다.

그림 6-3 GAP분석 개념

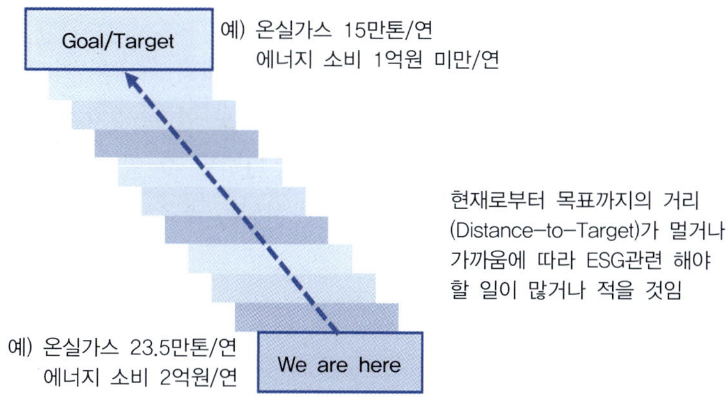

GAP분석은 간략하게 할 수도 있고 상세하게 할 수도 있다. 정밀한 진단이 필요한 경우, 정량 또는 정성적 GAP분석을 함께 채택할 수 있다. 요구사항별로 대비하여 현재 우리 조직이 관련 항목에 대해 어느 정도 준비된 것이 있는지 없는지를 파악할 수도 있고(방법 1, Yes · No 방법), 이를 좀 더 정성적으로 파악할 수도 있으며(방법 2) 관련 정보를 추가로 기록('비고'에 기록)하여 향후 운용에 참고할 수 있는 보다 진전된 방법(방법 3)을 채택할 수도 있다.

그림 6-4 환경 · 에너지 GAP분석 방법(예)

진단/평가 항목(예)	방법 1(Yes/No)	방법 2 (5가지 scale/척도 사용)	방법 3(방식2+내용)
• ESG핵심이슈 및 KPI	있다 □ 없다 □	매우나쁨□ 미흡□ 보통□ 우수□ 매우우수□	5첨 척도 + 내용 및 현황, 특이사항 등 기록
• 재생에너지 사용비율	있다 □ 없다 □	매우나쁨□ 미흡□ 보통□ 우수□ 매우우수□	
• 인권 리스크 평가	있다 □ 없다 □	매우나쁨□ 미흡□ 보통□ 우수□ 매우우수□	
• 사외이사 전문성	있다 □ 없다 □	매우나쁨□ 미흡□ 보통□ 우수□ 매우우수□	
• ,............	있다 □ 없다 □	매우나쁨□ 미흡□ 보통□ 우수□ 매우우수□	

GAP분석에서 기준이 되는 평가 항목은 조직의 상황에 따라 국내외 ESG 이니셔티브에서 제시하는 다양한 기준을 사용할 수 있다.

2. ESG 경영과 환경 · 에너지 이슈 계획(Plan)

(1) 조직이 처한 상황 파악

1) 개 요

조직에 대한 초기 진단은 담당자가 앞에서 언급한 국내외 여러 ESG 이니셔티브 요구사항별로 5점 척도로 평가를 실시할 수도 있다. 평가는 1점(매우 낮음)~5점(매우 높음)의 리커드 척도(Likert Scales)로 나타낼 수 있다. 4점 수준을 인증 취득 수준으로, 4.5점 수준을 환경성과가 발현되는 수준으로 기준 삼아 평가할 수도 있다.

표 6-5 조직에 대한 요구사항 대비 진단 척도(예, 리커트 5점 척도)

구분	내용	설명
1점	매우 낮음	• 해당 요구사항 관련, 문서 절차가 수립&실행되지 않는 경우 • 법&규제적 요구사항을 준수하고 있지 않는 경우
2점	낮음	• 해당 요구사항 관련, 문서 절차가 있으나 실행 않는 경우 • 법&규제적 요구사항을 인식하고 있으나 준수하지 않는 경우
3점	보통	• 해당 요구사항과 관련, 문서 절차가 있으며 일부 이행 • 법&규제적 요구사항을 인식하고 있으나 일부만 준수
4점	높음	• 해당 요구사항 관련, 문서 절차가 있으며 그에 따라 이행 • 법&규제적 요구사항 준수 절차가 수립/이행
5점	매우 높음	• 해당 요구사항 관련, 문서 절차가 있으며 주기적 모니터링 • 법&규제적 요구사항 준수 절차가 수립/이행, 모니터링

다음은 앞서 언급한 GAP분석에서 사용한 결과를 활용, 종합 진단 결과를 보여준다.

그림 6-5 K-ESG가이드라인 대비 GAP분석 초기진단 결과 요약(예)

• 환경목표: 환경경영 목표 수립, 환경경영 추진체계
• 원부자재: 원부자재 사용량, 재생 원부자재 비율
• 온실가스(GHG): GHG배출량(Scope 1, 2&3) GHG배출
• 에너지: 에너지 사용량, 재생 에너지 사용비율
• 용수: 용수 사용량, 재사용 용수 비율
• 폐기물: 폐기물 배출량, 폐기물 재활용 비율
• 오염물질: 대기오염물질, 수질오염물질
• 환경 법 및 규제 위반: 환경 법/규제 위반
• 환경 라벨링: 친환경 인증제품 및 서비스 비율

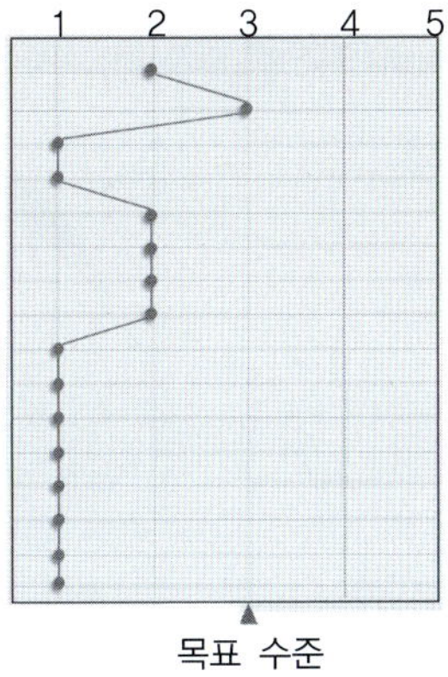

[그림 6-6]과 [그림 6-7]은 조직이 처한 상황 파악으로 시작된 환경 · 에너지 경영의 출발이 조직의 리스크와 기회로 이어지는 전체 PDCA 순환 사이클을 보여준다.

그림 6-6 환경경영시스템의 PDCA 사이클 순환 흐름도

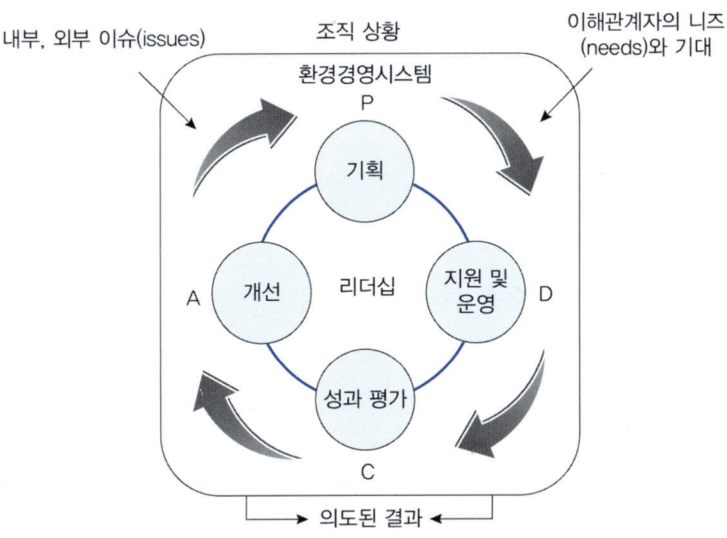

그림 6-7 에너지경영시스템의 PDCA 사이클 순환 흐름도

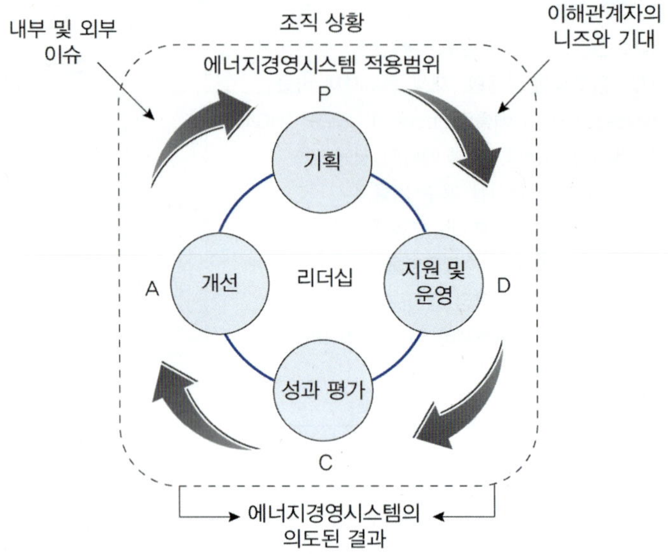

환경 · 에너지경영은 전직원의 리더십을 중심에 두고(5항 리더십), 조직의 내부 및 외부 이슈 그리고 이해관계자 니즈와 기대사항을 고려해서(4항 조직상황), 리스크를 줄이고 기회를 포착할 중장기 추진계획(목표 정하고, 인력 · 교육 · 기술 · 예산 · 시간계획 및 인프라 등)을 마련, 역할 분담(6항 기획 및 7항 지원), 실행(8항 운영), 계획 대로 잘 되는지 모니터링/측정, 성과평가를 통해(9항 성과평가), 자체 점검(내부심사)과 경영검토를 통해 환경 · 에너지 이슈의 ESG 경영 능력을 지속적으로 개선(10항 지속적 개선)하는 과정이라 할 수 있다.

조직의 내부 및 외부 이슈를 파악하고, 이해관계자가 누구인지를 확정한 후 이들의 니즈와 기대사항 뿐 아니라 법령 등 준수해야 할 내용을 찾아내어, 이들 파악된 조직의 환경 · 에너지 이슈를 ESG 경영 범위에 포함시킬지를 정하는 일이다.

표 6-6 조직상황 파악과 환경 · 에너지경영 기회 활용의 관계

• 내부 및 외부 이슈 파악(4.1항) • 환경 · 에너지경영시스템과 관련 있는 이해관계자 누구 ?(4.2항) 예) 회사 임직원,고객사,협력사, 주주, 투자자, 정부, 주민 등 • 이해관계자 니즈 및 기대사항 파악 (4.2항) • 니즈와 기대에서 비롯된 준수의무 사항 파악(4.2항)	➡	• 리스크&기회 다룰 조치(6.1항) [의도하는 것] 조직의 환경 · 에너지경영 시스템이 최종 달성하려는 결과를 성취할 수 있고, 바람직하지 않은 환경 · 에너지 영향을 감소&방지할 수 있으며, 최종 지속적 개선을 달성. 다룰 & 취급할 필요가 있는 Risk와 기회(Opportunity)을 결정하고 이에 대한 어떤 실행을 하라 !

환경 · 에너지경영의 궁극적 목적이 비교 우위의 경쟁력을 확보하고 이를 확대, 유지해 나가는 것이라고 볼 때, 초기단계에서 파악된 조직상황(4.)과 이해관계자 니즈 및 기대사항이 기획(6.)에 합리적으로 반영됨으로써 조직의 새로운 기회 창출로 이어지도록 하여야 할 것이다. 성과평가(9.)를 통해 리스크 감소와 기회 창출에의 기여 정도를 파악할 수도 있지만, 시행착오를 줄이기 위해서 이 둘의 관계를 조직 실정에 맞게 그때그때 조정/정립해 나가야 할 것이다.

2) 조직 내외부 이슈 파악

조직의 상황과 관련이 있는 내부 및 외부 이슈의 사례는 다음과 같다.

표 6-7 외부 이슈(예)

구분	이슈(예)
정치	운용되고 있는 정치체제의 유형. 예를 들어 민주주의, 독재, 비즈니스 개발의 정치적 간섭 수준, 효과적으로 권력을 행사하는 장치인의 의지
경제	연료, 가스 및 물과 같은 유틸리티 그리고 주거, 도로, 철도, 바다 및 항로를 포함하는 기반시설과 수송의 가용성
재무	인식된 재무시스템, 그리고 재무적 자원의 가용성 및 접근성
경쟁	필요한 경우 지속가능성, 에코디자인 및 에코라벨링과 같이 경쟁력 있는 지위를 유지하기 위해 채택될 수 있는 유사한 목적 및 개념을 가진 지역의 다른 조직
공급망 관리	공급만 관리: 공급자 가용성, 공급용량 및 능력, 기술수준 및 고객 요구사항

표 6-8 내부 이슈(예)

구분	이슈(예)
조직의 지배구조	등록 및 보고를 포함하는 국가 및 계약상의 지베체계 계층, 매트릭스, 수평, 프로젝트 기반을 포함하는 구조의 유형, 합작 투자와 계약 서비스 그리고 모기업 관계, 역할과 책임 그리고 권한
법률 준수	법적 신분 및 동향
방침, 목표, 전략	목적, 비전, 비즈니스, 기타 목표 및 전략 그리고 그것들을 달성하기 위해 필요한 자원
용량 및 능력	자원과 적격성의 관점에서 조직 용량, 능력 및 지식(예, 자본, 시간, 사람, 언어, 프로세스, 시스템 그리고 기술 및 그들의 유지보수)
정보시스템	정보흐름 및 의사결정 프로세스(공식 및 비공식 모두) 그리고 그들의 완성에 걸린 시간

3) 이해관계자, 이해관계자 기대사항 등 파악

이해관계자(Interested parties)란 조직의 의사결정 또는 활동에 영향을 줄 수 있거나, 영향을 받을 수 있거나 또는 그들 자신이 영향을 받는다는 인식을 할 수 있는 사람 또는 조직을 말한다. 조직의 어떤 결정이나 활동으로 이(利)롭거나 해(害)로운 영향을 받거나 받는다고 생각하는 사람 또는 조직을 말한다.

이해관계자는 조직이 운영되는 상황의 일부분이며, 조직의 상황을 검토할 때 고려되어야 할 것이다. 이해관계자 규명과 그들과의 관계 증진은 의사소통을 가능하게 하며, 이는 상호 이해 · 신뢰 및 존중 관계를 구축하기 위한 가능성을 이끌어 낼 수 있다. 이러한 관계를 공식화할 필요는 없다.

조직은 환경경영시스템을 만들고 운영할 때 투입 요소로 관련 이해관계자의 니즈와 기대를 규명하여야 한다. 의무적이고 명시된 니즈와 기대를 파악하는 것 뿐 아니라 일반적으로 시사하고 있는 사항(예: 정상적으로 기대되는 사항)을 파악하는 것이 중요하다. 다음은 이해관계자와 그들의 니즈 및 기대사항을 보여 준다. ESG 경영에서 일반적으로 거론되는 이해관계자는 다음의 5가지로 볼 수 있다. ① 주주 및 투자자, ② 노동조합 포함 근로자 및 임직원, ③ (중앙)정부 및 지자체 등 등 규제기관, ④ 지역주민, ⑤ 협력업체 및 고객사 이다.

파악된 이해관계자의 니즈와 기대사항은 조직의 환경 · 에너지경영시스템 적용범위 설정, 환경 · 에너지방침 수립, 조직이 다룰 필요가 있는 환경측면, 준수의무사항 및 리스크와 기회 포착을 위해 활용될 것이다. 이것들은 조직의 환경 ·

표 6-9 이해관계자와 그들의 니즈 및 기대사항(예)

관계	이해관계자(예)	니즈 및 기대(예)
책임에 의한	투자자	조직이 투자에 영향을 미칠 수 있는 리스크와 기회의 관리에 대한 기대
영향에 의한	비정부기구(NGO)	NGO의 환경목표를 달성하기 위한 기업의 협력에 대한 니즈
근접(가까움)에 의한	지역사회, 주민	사회적으로 수용가능한 성과, 정직 그리고 완전성에 대한 기대
의존에 의한	직원	안전하고 건강한 환경에서 작업하는 것에 대한 기대

에너지 성과목표를 수립할 때의 고려사항들이다.

니즈(needs)와 기대사항(expectations)을 규정하는 하나의 정해진 방법은 없다. 조직은 조직의 범위, 성격, 규모에 적절하고, 상세함, 복잡성, 비용, 신뢰할 만한 데이터의 가용성 면에서 적합한 접근 방법을 사용하여야 할 것이다.

4) 법규 준수 사항 파악

환경 · 에너지경영에서 조직에 적용되는 규제 내용이 무엇인지를 파악하고 이를 준수하는 것은 매우 중요하며 기본적인 일이다.

준수하여야 할 법령 등 요구사항이 규제기관(예: 환경부 등)에 의해 만들어진 것이라면, 조직은 대기질 기준, 방류수 수질 기준, 폐기물 처리 규제, 시설 운영에 대한 인허가 요구사항 등과 같은 적용 가능한 넓은 분야의 법률에 대한 정보와 관련 지식을 확보하여야 할 것이다. 여기에 추가하여 조직이 자발적으로 준수하려고 하는 경우, 조직은 고객 요구사항, 자발적 규칙(code) 및 지역단체 또는 공공기관과의 협약과 같은 관련 니즈와 기대에 대해 더 넓은 정보와 지식을 얻어야 할 것이다.

수많은 법령은 그것도 수시로 개정되고 있어 이를 적시에 파악하기란 쉬운 일이 아니다. 다음과 같은 방법(양식)은 환경 관련 법령을 파악하는 데 유용하게 활용할 수 있을 것이다.

환경 법령 등 준수업무를 PDCA사이클에 따라 구분하고(예: 대기배출시설 및 방지시설에 대한 설치 및 인허가 등), 해당 법령 조문 내용 요약, 업무별 담당자 그리고 주기적인 모니터링을 위한 평가방법/주기/평가 담당자를 양식을 활용하여 효

표 6-10 조직의 업무와 환경관련법 연계/파악 방법(양식 활용 예)

구분	항목	점검내용	담당	관련 법규	평가			코멘트	평가 방법	평가 주기	평가 담당	확인대상 (문서 or 현장)
					적합	보완	위반					
Plan	인허가	배출시설(휘발성유기화합물 포함)의 설치 허가 및 신고는 되어 있는가(변경, 가동개시 포함)?		법 제23조								
		환경기술인이 임명되어 있는가?		법 제40조								
		환경기술인이 자격기준을 만족하고 있는가?		영 제39조								
		[비산먼지 발생사업]비산먼지 발생사업이 신고되어 있는가(변경 포함)?		시행규칙 제58조								
		[중소기업]측정기기 부착·운영 신청이 되어 있는가?		시행규칙 제37조의2								
	환경측면	설비 투자시(신·증설)환경측면 파악 및 영향평가가 실시되었는가?										
	환경법규	제·개정되는 대기환경보전법이 파악, 검토 및 활용되고 있는가?										
	환경목표	대기 오염물질 배출량 목표가 설정되어 있는가?										
Do	문서화	배출시설 및 방지시설의 운영기준이 수립되어 있는가?										
	운영관리	배출시설에는 측정기기가 적법하게 설치되어 작동되고 있는가?		법 제32조								
		측정기기(적산전력계, 굴뚝자동측정기 등)가 부착되어 있는가?		영 제17조								
		휘발성유기화합물의 배출 여부 및 농도에 대한 검사/측정결과를 기록, 보존하고 있는가?		법 제44조								
		[도료 공급/판매자]도료가 휘발성유기화합물 함유 기준을 만족하고 있는가?		법 제44조의2								
		[관리대상 공기조화기]공기조화기를 1년마다 점검하고 있는가?		시행규칙 제14조의5								
		환경기술인이 신규(1년 이내) 또는 보수 교육(3년)을 받았는가?		시행규칙 제125도								
		방지시설의 설치가 누락된 경우는 없는가?		법 제26조								
Check	측정 및 모니터링	오염물질을 자가측정 또는 대행측정을 하고 있는가?		법 제39조								
		오염물질 측정대행업체가 신고 또는 허가를 받은 업체인가?		법 제26조								
		[비산배출 저감대상]정기점검 및 조사를 3년마다 받고 있는가?		시행규칙 제51조의2								
		[도료]휘발성유기화합물 함유 기준을 만족하고 있는가?		법 제44조의2								
		배출시설 및 방지시설의 점검 및 수리가 계획적으로 실시되고 있는가?										
	평가	준수평가가 주기적으로 실시되고 있는가?										
Act	운영일지	배출시설 및 방지시설 운영기록부를 기록, 관리하고 있는가?		시행규칙 제36조								
	기록관리	배출시설 및 방지시설 운영기록부는 법적 보존기간(1년)을 준수하고 있는가?		시행규칙 제36조								
		배출시설 및 방지시설 운영기록부에 자가측정 결과가 기록되어 있는가?		시행규칙 제52조								
		[관리대상 공기조화기]공기조화기 냉매관리기록부가 법적 보존기간(3년)을 준수하고 있는가?		시행규칙 제14조의5								
		[관리대상 공기조화기]공기조화기 냉매관리기록부 사본을 매년 1월말까지 제출하였는가?		시행규칙 제14조의5								

[범례]

1. 평가방법: a=내부심사, b=문서 및 또는 기록검토, c=시설검사, d=인터뷰(현장중심), e=프로젝트 또는 업무검토, f=일상적인 샘플분석 또는 테스트 결과 및 또는 검증샘플링/테스트, g=시설 시찰 및 또는 직접적인 관찰, h=평가팀 정기평가
2. 평가주기: D=일간, W=주간, M=월간, T=분기, S=반기, Y=년간
3. 평가담당: 1=운영담당자, 2=환경관리인, 3=환경부서장, 4=내부심사원

과적으로 준수의무사항을 모니터링 할 수 있을 것이다. 위 양식(예)는 법령 위주로 되어 있으나, 필요한 경우 납품하려는 업체의 요구사항 등 변경, 수정, 추가하여 사용할 수 있을 것이다. 환경법령에 에너지 관련 법령을 추가하여 하나로 파악하고 개정사항 관리, 개정결과의 해당 임직원에게 송부하는 방법은 시간과 비용을 절약할 수 있을 것으로 보인다.

5) 중대한 환경측면

수많은 환경측면을 모두 다 관리하기란 사실상 불가능한 일이다. 중대한 환경측면에 해당하는 것을 골라내야 한다.

중대한 환경측면과 관련된 환경영향을 찾아내려는 것은 관리 또는 개선이 필요한 부분을 규명하고 환경 인자를 토대로 경영활동의 우선순위를 설정하기 위해 필요하다. 중대한 환경측면 파악은 한 번으로 끝나는 게 아니라 계속되는(On-going)프로세스이다.

모든 조직에게 적합한 환경측면 및 환경영향의 규명 그리고 중대성 규명을 위한 획일적인 접근방법은 없다. 그리고 중대성은 조직 및 조직의 상황에 따른 상대적인 개념이다. 한 조직에는 중대하지만 다른 조직에게는 그렇지 않을 수도 있다. 따라서 이같이 다양한 환경측면 및 관련 환경영향에 대해 조직은 중대하다고 고려할 환경측면과 관련된 환경영향을 규정하는 기준과 방법을 수립하여야 하고, 이 기준과 방법은 반드시 문서로 만들어 두어야 한다. 중대성 평가 기준은 한경측면(예: 형태 · 크기 · 빈도) 또는 환경영향(예: 규모 · 심각성 · 지속시간 · 노출)과 관련될 수 있다. 준수의무사항에 대한 정보와 내부 및 외부 이해관계자의 관심사항을 포함하는 다른 사항들이 중대성 기준을 수립할 때 고려될 수 있다. 어느 경우이건 채택된 기준이 중대한 환경측면을 중대하지 않은 사소한 환경측면으로 만들려는 용도로 사용되어서는 안 될 것이다.

중대성의 수준(또는 가치)을 설정할 때, 발생가능성(확률/빈도)과 그 결과(심각성/강도)의 두 가지 조합에 기반을 두고 있어야 할 것이다. 다음 예는 중대성 평가를 이해하는 데 도움을 준다.

어떤 활동, 제품 및 서비스에 대한 환경영향 평가는 '평가 대상의 선정'(1단계), '환경측면 파악'(2단계), 환경측면별 '환경영향 규명'(3단계), 그리고 '환경영향의 중요도 평가'(4단계) 등으로 나누어 진행된다.

(주)SW에서 사용하는 '벙커C유 보일러 가동'을 평가의 대상(1단계)으로 하여 4

표 6-11 중대한 환경측면 도출(예)

환경측면 파악 (2단계)	환경영향 파악 (3단계)	환경영향 주요도 평가(4단계)			
		심각성	발생 가능성	계	중요도
B-C유 사용	천연자원의 감소	3	3	9	○
연소	대기오염 발생	5	3	15	○
B-C유 유출	수질오염, 토양오염 발생	6	1	6	
화재 발생	수질오염, 토양오염 발생	7	1	7	
보일러 청소	수질오염 발생	1	2	2	

단계 평가를 수행한 결과는 위 표와 같다. 여기에서 발생가능성과 심각성을 평가기준으로 중요도 평가를 수행한 결과는 9점이 넘는 'B-C유 사용--이로 인한 자원 감소'와 '연소-이로 인한 대기오염 발생'의 두 경우를 중대한 환경측면으로 확정하게 되는 것을 보여 준다.

중요도 평가는 조직의 실정을 잘 아는 내부 전문가들이 모여 발생가능성과 심각성을 고려하여 결정할 수 있으며, 반드시 외부 전문가를 활용하여 수행할 필요는 없다. 조직의 상황에 따라 7점 이상을 중대한 환경측면 최종 결정 기준으로 채택할 수도 있다. 어느 경우에나 평가기준의 합리성과 타당성을 확보하도록 하여야 할 것이다.

(2) 조직의 환경 · 에너지 경영 범위

환경 · 에너지 이슈에 대한 ESG 경영 범위를 어디까지 할 것인가 하는 점이다. 예를 들어 신규 편입된 제2공장을 제외한 본사와 제1공장만 할 것인지 아니면 사업본부별(예: B2C 가전본부 또는 B2B 소재본부)로 할 것인지. 조직은 환경경영시스템의 경계와 적용 가능성을 정의함에 있어 자유와 유연성을 가진다. 경계 및 적용 가능성은 전체 조직 또는 조직의 특정 부분을 포함할 수 있다.

범위를 정할 때 조직은 조직의 활동, 제품 및 서비스에 대해 영향력을 행사(발휘)할 수 있는 관리범위 또는 영향을 고려하여야 할 것이다. 중대한 환경측면을 갖거나 가질 수 있는 활동, 제품, 서비스 또는 설비를 제외시키거나 조직의 준수의무사항을 회피하고 이해관계자를 호도하는 방식으로 적용범위가 결정되지 않는다는 것이 보장되어야 한다. 이것은 환경 · 에너지경영의 성공과 조직의 명성에 대한 신뢰에 매우 중요하다. 부적절하게 좁거나 배타적인 적용범위는 이해관계자와 환경 · 에너지경영의 신뢰를 약화시키고 환경 · 에너지경영의 의도된 결과를 달성하기 위한 조직의 능력도 약화시킬 수 있다.

조직은 환경 · 에너지경영의 적용범위를 결정할 때 외부에서 제공된 활동(예: 조직에 들어와 상주하는 협력업체), 제품 및 서비스도 고려하여야 한다.

(3) 환경 · 에너지 방침

환경방침과 에너지방침을 별개로 작성할 필요는 없다. ISO표준은 환경방침에 규정되어야 할 내용을 다음과 같이 제시하고 있다.

표 6-12 환경 · 에너지 방침

환경방침	에너지방침
조직 활동, 제품, 서비스 성격, 규모 및 환경영향을 포함한, 조직 목적&상황에 적절할 것.	조직의 목적에 적합해야 함
환경목표를 설정하는 틀을 제공할 것.	목표 및 에너지 세부목표를 설정하고 검토하기 위한 틀을 제공
조직의 상황에 관련이 있는 오염예방과 그 밖의 구체적인(specific) 의지를 포함한, 환경보호에 대한 의지를 포함할 것	목표 및 에너지 세부목표를 달성하는데 필요한 자원과 정보의 가용성을 보장하기 위한 의지를 포함
	에너지 성과에 영향을 주는 에너지 효율 제품 및 서비스의 조달 지원
	에너지 성과 개선을 고려한 설계 활동을 지원

(4) 조직의 환경 리스크 및 기회

1) 기획 개요

기획은 의도된 결과를 낳기 위한 것을 말한다. [그림 6-8]은 기획(Planning)이 의도된 결과를 낳기 위해 시도된 것임을 보여 준다.

다른 사람의 도움 없이 혼자 물구나무 서는 모습만을 기획자의 의도에 따라 필요한 것만을 보여 주는 그림이다.

기획 프로세스는 조직이 환경 · 에너지 이슈에 대한 ESG 경영을 실행하기 위한 가장 중요한 분야를 파악하고(덜 중요한 부분으로 파악된 부분은 의도적으로 배제), 여기에 자원을 집중하도록 도와줄 수 있다. 또한, 기획 프로세스는 조직의 준수의무사항 및 다른 환경 · 에너지 방침 의지의 충족 그리고 환경 · 에너지 목

그림 6-8 기획의 의도성

자료: EBS 클래스e, 기획의 세계.

표의 수립 및 달성에 도움을 줄 수 있다. 조직은 다루어질 필요가 있는 리스크와 기회를 규명하는 프로세스를 가져야 할 것이다.

환경·에너지경영은 리스크와 기회를 다룸으로써 조직, 이해관계자 및 환경에 가치를 제공한다고 앞에서 언급하였다. 견고하고 신뢰할 수 있는 환경·에너지 경영(시스템)은 조직의 장기 생존력을 강화시켜 준다. 다루어질 필요가 있는 리스크(위협)와 기회를 관리하지 않을 경우, 조직은 의도된 결과를 달성할 수 없으며 사고사건 등을 포함한 환경·에너지여건에 대응할 수도 없을 것이다. 다음은 다루어질 필요가 있는 조직에 영향을 미치는 리스크와 기회의 예를 보여 준다.

기후 관련 재무공시를 제시하고 있는 TCFD 기준과 TCFD의 권고를 채택하고 있는 ISSB의 표준(안)인 S1 & S2는 중대성평가 절차에 따라 Risk와 기회를 도출하고 이에 대한 적절한 관리 조치를 취할 것을 요구하고 있다.

표 6-13 조직에 영향을 미치는 리스크와 기회(예)

- 환경측면, 예를 들어 아주 적은 양의 유출은 토양 또는 지하수를 거의 오염시키지 않아 환경관점에서 중대한 것으로 규명되지 않았음에도 불구하고 환경을 고려하는 기업이라는 조직의 이미지에 손상을 줄 수 있음
- 중대한 환경측면, 오염 사건과 같은 것은 조직의 중대한 환경측면 관리 능력에 대한 의문을 제기하여 조직에 대한 신뢰를 약화시킴
- 준수의무사항 미충족, 벌금, 시정조치 비용, 그리고 운용을 위한 사회적 라이센스의 잠재적 손실을 일으킬 수 있음.
- 환경여건, 기후변화가 조직의 폐수처리 설비 운용에 영향을 미칠 수 있는 용수의 가용성 저하를 야기하는 것과 같은 환경에 영향을 주는 사건을 포함함
- 숙달된 직원의 충원 없이 조직의 업무 능력에 대한 급격한 확장을 요구하는 고객의 요구. 이러한 요구는 환경적 유해의 결과로 나타날 수 있는 잠재적 오류를 유발할 수 있음

다루어질 필요가 있는 리스크와 기회의 결과는 조치계획, 환경 · 에너지목표 수립 그리고 부정적 환경영향과 기타 바람직하지 않은 효과를 예방하기 위한 관련 운용관리를 위한 활용 자료가 될 수 있다. 다음 표는 앞에서 살펴본 〈표 6-1〉 활동, 제품 및 서비스 그리고 그들과 관련된 환경측면 및 환경영향 뿐 아니라 리스크와 기회를 다루기 위한 조치의 예를 보여 준다.

표 6-14 환경측면, 환경영향, 리스크와 기회 및 필요 조치(예)

구분	환경 측면	실제&잠재 환경영향	다루어질 필요가 있는 리스크와 기회	조치 계획
제품(예) • 에어컨 (고객운영)	냉매 사용	냉매 유출 시, 지구온난화 및 오존층 파괴	*리스크(잠재 부정 영향) –냉매 사용에 대한 부정적 여론 형성 * 잠재 유용 효과 –유자격 기술자 제공 새로운 서비스	대안의 냉매를 위한 연구소와 파트너십 수립
서비스(예) • 차량운행	연료 사용	재생 불가능한 화석연료 고갈	*리스크(잠재 부정 영향) –높은 연료 비용 *기회(잠재 유용한 효과) –대체연료 사용	연료 사용 절감을 위한 환경목표 수립
활동(예) • 보일러 가동	난방용 기름 사용	재생 불가능한 천연자원 고갈	*리스크(잠재 부정 영향) –오일 사용 증가 –오일 비용 인상 *기회(잠재 유용 효과) –태양에너지 보일러 교체	*연료비 모니터링, 손익분석 수행 *태양광에너지 교체위해 환경목표 수립

2) 리스크 및 기회의 도출과 필요 조치

환경 · 에너지경영을 위한 리스크(위협)와 기회는 어떻게 도출할 수 있는가? 파악된 환경측면 중에서 중대한 환경 · 에너지 이슈로 등재된 것은 리스크 또는 기회로 작용할 소지가 크다. 리스크와 기회로 작용할 소지가 높은 이슈에 대해서는 무엇인가 조치를 취해야 할 것이다.

다음은 리스크와 기회가 어떻게 도출되고, 도출된 리스크와 기회에 대해 필요한 조치를 취하는 과정을 설명해 주고 있다.

표 6-15 리스크 및 기회 도출과 필요 조치

활용 자료(투입물)	과정	결과물 및 필요 조치
• 환경측면	중대성 기준을 정하여 환경측면 평가	–중대 환경측면 –중대 환경측면과 관련하여 다루어질 필요가 있는 리스크와 기회
• 준수 의무사항	리스크와 기회가 있는지를 규명하기 위한 결과 평가	–준수의무사항과 관련하여 다루어질 필요가 있는 리스크와 기회

리스크 및 기회 도출과 이에 대한 필요한 조치를 왜 하여야 하는가?:

[그림 6-9]는 TCFD 권고(안) 그리고 ISSB S1&S2 기준을 고려한 국내 C사의 Risk 및 기회 파악 → 영향 → 대응(조치)방향에 대한 사례를 보여 준다.

그림 6-9 리스크&기회와 조치(대응)방향(예)

리스크

	영향	대응 방향
규제	온실가스 규제 강화에 따라 화석연료 등 에너지 가격 상승이나, 탄소 배출권 비용 증가가 예상되며, 탄소 국경 조정 제도 도입 시, 유럽 수출 제품의 수익성 저하	저탄소 에너지, 재생에너지 전력으로 단계적으로 전환하고, 주요 투자 의사결정 시 탄소 비용 리스크를 고려하기 위한 기준과 프로세스 도입
시장	글로벌 고객사가 가치사슬(Scope 3) 탄소 감축 목표를 설정하고, 자사에 납품하는 제품의 탄소 발자국 감축 요구를 충족하지 못함으로 인해 사업 기회 상실	원재료 조달에서 판매 제품의 폐기에 이르는 가치사슬 전반의 온실가스 배출 측정 및 진단 기반을 구축하고, 제품 Life Cycle 온실가스 감축을 위해 공급사 및 파트너와의 협력 체계 구축
평판	기후변화에 따른 물 부족 심화로 인해 지역사회로부터 용수 과다 사용에 따른 수자원 보존을 위협하거나, 플라스틱 폐기장 사용 증대로 생태계 파괴를 야기하는 기업으로 인식되어 평판 훼손	물 부족 심각 지역에 우선순위를 두고 용수 원단위 절감 투자 및 리스크 진단 프로세스 도입, 폐기물 재사용·재활용 강화를 통해 자원 순환형 비즈니스 구현

기회

	영향	대응 방향
제품 서비스	건강에 대한 관심과 함께 가치 소비를 중시하는 사회적 트렌드 속에서 관련 법 규제가 강화됨에 따라 친환경 원재료와 친환경 생산 과정을 통해 친환경 식품에 대한 소비자 니즈 증대	제품 Life cycle 관점의 환경 영향 평가를 토대로 친환경에 대한 소비자 니즈가 높은 제품군부터 단계적으로 탄소 발자국을 감축하기 위한 제품 혁신 프로그램 추진(e.g. 대체육 기반 식품)
시장	플라스틱 등 석유화학 기반의 산업용 원료나 소재 사용으로 인한 환경 파괴의 심각성이 중대함에 따라 바이오원료 기반으로 석유화학 소재를 대체하는 기술과 제품에 대한 시장 증대	60여 년간 축적된 미생물 발효 기술을 기반으로 천연원료를 활용한 생분해성 플라스틱 등 석유화학 소재 대체물질 개발을 통해 친환경 바이오 소재 비즈니스 창출
에너지 전환	기술의 급격한 진보와 함께 기업이 직접 재생에너지 전력을 조달할 수 있는 제도적 기반이 마련됨에 따라, 중장기 에너지·탄소 비용을 절감하면서, 청정에너지를 사용할 수 있는 기회 증대	외부 파트너와 협력을 통한 재생에너지 전력으로 전환하기 위한 사업모델 혁신(재생에너지 장기 구매계약 체결 등을 통해 탄소배출권 확보와 중장기 에너지 조달 비용 최소화)

3. ESG 경영과 환경 · 에너지 이슈 실행(Do)

환경 · 에너지 경영의 실행 및 운영 단계에서는 조직의 환경 · 에너지방침에 근거하여 수립한 목표, 세부목표 및 추진계획에 따라 자원의 배분, 관련 인원의 교육훈련, 의사소통, 문서화 및 문서관리, 운영관리, 비상사태 대비 및 대응을 위한 환경 · 에너지 이슈에 대한 ESG 경영시스템의 각종 절차를 마련하고 이 절차에 따라 운영활동을 수행한다. 환경 · 에너지 경영의 실행 및 운영 단계는 다음을 포함한다.

- 자원, 역할, 책임 및 권한: 환경 · 에너지 경영의 운영을 위해 필요한 자원을 배분하고, 담당자의 역할과 책임 및 권한을 부여
- 적격성, 교육훈련 및 인식: 환경 · 에너지 경영의 관련 업무를 수행하는 인원들이 적격함을 보장하고, 필요한 경우 교육훈련을 수행
- 의사소통: 환경 · 에너지 경영의 원활한 운영을 위해서 조직 내부 및 외부의 이해관계자들과 의사소통
- 문서화: 표준에서 요구하거나 조직이 필요하다고 판단한 사항을 문서로 작성
- 문서관리: 적절한 절차에 따라 문서의 발행, 배포, 개정 및 승인을 관리
- 운영관리: 환경 · 에너지 경영시스템 운영이 조직의 환경 · 에너지방침, 목표 및 세부목표와 일관성이 있게 수행되도록, 운영기준을 포함하는 문서화된 절차를 수립하여 그에 따라 운영활동을 실행 및 유지하고, 필요에 따라 이 절차를 외부 이해관계자에게 의사소통
- 비상사태 대비 및 대응: 비상사태가 발생한 경우 환경영향을 최소화하기 위한 대응절차를 수행하고, 발생할 가능성이 높은 비상사태에 대해서는 대비절차를 마련하고 주기적으로 훈련

이하에서는 ESG정보공개 및 의사소통, 자원제공과 문서화, 문서관리 그리고 비상사태 대비 및 대응을 중심으로 상세하게 설명한다.

(1) ESG정보 공개 및 의사소통

의사소통은 환경 · 에너지경영에서 중요한 요구사항 중 하나이다. 의사소통을 통해 조직은 중대한 환경측면, 환경성과, 준수 의무사항과 지속적 개선을 위한 권고사항과 관련된 정보를 포함하여 환경 · 에너지경영시스템과 관련된 정보를

제공하고 얻을 수 있다. 의사소통은 조직 내외부에서의 양방향 프로세스이다.

외부의사소통의 하나로 ESG 경영에서 중요시 되는 내용 중 하나가 바로 ESG 정보공개이다. 현재 국내에서 온실가스 배출과 관련하여 시행 중인 2 가지 제도인 배출권거래제(ETS)와 목표관리제(TMS)에 해당하는 조직은 배출량 관련 정보를 관련 법에 의거 공개하고 있다.

ETS와 TMS 적용을 받는 약 1,200 개 내외의 국내 조직(업체 및 공공기관)의 온실가스 관련 정보 공개의 구체적 내용은 현재 시행 중인 '기후위기 대응을 위한 탄소중립 · 녹색성장 기본법 시행령'에 규정되어 있다. 이 법의 전신인 '저탄소녹색성장기본법(탄소중립기본법 시행과 더불어 폐지)' 시행령(제35조)은 원칙적으로 온실가스 배출 명세서를 공개하도록 규정하고 있다. 다만, 공개되는 명세서 정보에의 접근은 정부(관장기관), 검증기관 심사원 및 해당 업체만 가능하며, 비공개 요청도 가능하도록 규정하고 있다. 다음은 명세서의 주요 항목을 보여 준다.

표 6-16 온실가스 배출량 관련 명세서 항목

1. 관리업체 총괄정보	업체(법인)에 대한 일반정보 등
2. 사업장 일반 정보	사업장에 대한 일반정보 등
3. 사업장별 배출시설 현황	배출시설 정보 등
4. 사업장 배출량 현황(총괄)	사업장 배출량 현황 등
5. 배출활동별 배출량 현황(세부)	배출활동별 배출량 현황
6. 생산품 및 공정별 원단위	생산품 및 공정별 원단위
7. 사업장 온실가스 에너지 이동 등 정보	온실가스 이동 등
8. 사업장 배출시설별 온실가스 감축실적	사업장 배출시설별 온실가스 감축실적

금융위원회는 2021년 1월, 기업의 공시 부담 감소 및 투자자 보호 강화를 위한 '기업공시제도 종합 개선방안'을 발표하면서, "지속가능경영 보고서 공시 활성화" 방안으로 'ESG 정보공개 가이던스' 제정을 추진할 것임을 밝힌 바 있다. 이에 한국거래소는 같은 달 'ESG 정보공개 가이던스'를 제정하여 발표하였다. ESG 가이던스는 기업이 자율적으로 지속가능(경영)보고서, 통합보고서 등의 이름으로 ESG 정보를 공개하는 경우 이를 위한 기본원칙 등에 대한 가이드를 제공하는 것을 목적으로 하고 있다.

한국거래소가 발표한 ESG 가이던스는 자산총액 2조원 이상인 기업은 기업지배구조 핵심원칙에 대한 준수와 이를 준수하지 않는 경우 그 사유 등을 기재한 기업지배구조 보고서 제출을 2026년부터 의무화하고 점차 이를 확대할 예정으로 시행 중이다.

ESG가이던스의 ESG 정보공개원칙은 6가지 원칙, 즉 ① 이해관계자가 기업의 성과를 평가할 수 있도록 그 정보가 정확할 것(정확성 Accuracy), ②이해관계자가 쉽게 이해할 수 있는 방법으로 정보가 제공될 것(명확성 Clarity), ③ 기업의 목표와 성과를 비교할 수 있고, 이를 다른 기업의 성과와도 비교할 수 있을 것(비교가능성 Comparability), ④ 기업의 유리한 정보뿐만 아니라 불리한 정보도 보고서에 포함하여 정보의 완전성을 보장할 것(균형 Balance), ⑤ 정보는 검증이 가능하도록 정의, 수집 및 기록될 것(검증가능성 Verifiability), ⑥ 정보를 적시에 제공할 것(적시성 Timeliness)을 요구하고 있다. 다음 표는 '환경' 관련 정보 공개 항목을 보여준다.

표 6-17 금융위원회/한국거래소 ESG정보공개 중 환경분야 공개 항목

구분	항목	지표	비고
환경	온실가스배출 (3)	직접 배출량(Scope 1)	회사가 소유하고 관리하는 물리적 장치나 공장에서 대기중으로 방출하는 온실가스 배출량
		간접 배출량(Scope 2)	회사 소비용으로 매입 또는 획득한 전기, 냉난방 및 증기배출에 기인한 온실가스 배출량
		배출 집약도	활동, 생산 기타 조직별 미터법의 단위당 배출된 온실가스 배출량
	에너지사용 (3)	직접 에너지 사용량	조직이 소유하거나 관리하는 주체의 에너지 소비량
		간접 에너지 사용량	판매제품의 사용 및 폐기처리 등 조직 밖에서 소비된 에너지 소비량
		에너지 사용 집약도	활동, 생산 기타 조직별 미터법의 단위당 필요한 에너지 소비량
	물사용 (1)	물 사용 총량	조직의 물 사용 총량
	폐기물배출 (1)	폐기물 배출 총량	매립, 재활용 등 처리 방법별로 폐기물의 총 중량
	법규위반 · 사고 (1)	환경 법규 위반 · 사고	환경 법규 위반 · 환경 관련 사고 건수 및 조치 내용

(2) 문서화된 정보 및 문서관리

'문서'와 '기록'은 구별된다. 출석 또는 결석은 기록에 해당하며(원칙적으로 수정이 불가), 출석일수를 85% 이상 확보해야 학점이 인정된다는 내용을 규정한 학교 규칙은 문서(수정 가능. 예: 80%로 수정할 수 있음)이다. '문서화'는 환경경영시스템을 수립, 운영 및 유지함에 있어 필요한 사항들을 문서의 형태로 작성하는 것을 의미한다. 하드 카피로 보관할 수도 있지만, 오늘날에는 대부분 전자형태의 매체로 컴퓨터 등에 저장해서 사용하고 있다. 어떠한 형태이든 접근성을 고려하면서 동시에 보안상의 문제도 대응하여야 한다.

문서화는, 특정 정보를 문서로 기록하고 활용함으로써, 문서화하지 않았을 경우에 발생할 수 있는 혼란 등에 의한 나쁜 영향(환경에 대한 영향 포함)을 미연에 방지하고, 법규나 외부 이해관계자의 요구에 대해 제출할 수 있는 증거를 사전에 준비하며, 환경경영시스템 내의 모든 활동이 일관성 있게 수행되도록 하는 등의 효과를 얻기 위한 것이다.

문서관리에서 가장 중요한 점은 '필요한 문서'를 적절한 장소에 비치하여 쉽게 열람할 수 있도록 하는 것이다. '필요한 문서'란 환경 · 에너지 이슈에 대한 ESG 경영시스템의 운영에 필요한 문서의 최신판을 의미하며, '쉽게 열람할 수 있다'라는 것은 필요한 문서를 찾기 쉽게 비치하여 사용자에게 혼란을 주지 않는 것이라 할 수 있다. 외부 출처 문서는 [그림 6-10]에서와 같은 승인 등 절차를 통해 아무 문서나 조직에서 유통되어 사용되는 혼란이 없도록 하여야 할 것이다.

그림 6-10 내부 및 외부 출처 문서의 작성/승인/검토 및 갱신

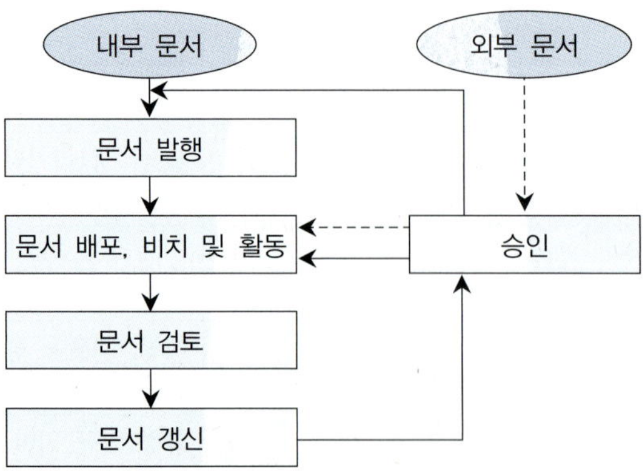

(3) 환경경영추진계획

환경 · 에너지이슈에 대한 ESG 경영추진계획에는 다음 사항이 포함될 수 있다.

그림 6-11 목표, 세부목표 및 ESG 경영 추진계획의 관계(예)

환경 · 에너지 목표: VOC(휘발성유기화합물) 감소
환경 · 에너지 세부목표: 다음 3분야에서 '21년 12월초 현재 배출량(8 ton/연)을 '23년 12말까지 50% 감소

분야	현재 배출량(ton/y)	목표 배출량(ton/y)
Body 도장공장	6.0	2.5
폐수처리공장	1.5	1.3
지게차 운행	0.5	0.2

ESG 경영 추진계획:

분야	담당	달성 기한	project 상세 내역
Body 도장공장	갑	'23.6.30	프로젝트 A
폐수처리공장	을	'23.12.31	프로젝트 B
지게차 운행	병	'22.12.31	프로젝트 C

(4) 비상사태 대비 및 대응

비상사태 대비 및 대응은 환경 · 에너지 이슈의 실행(Do)단계에서 필수적으로 요구된다. 비상사태란 정상운영이거나 비정상운영(설비 교체, 점검 등)이 아닌 상황에서, 경영시스템이 절차대로 운영이 되지 않는 등의 내부 요인이나 천재지변 등 외부 요인으로 인해, 규정된 것 이상의 나쁜 환경영향이 발생하는 상황을 말한다.

대비와 대응은 구분된다. 대비란 발생할 가능성이 있는 비상사태를 파악하여 관련 인원에게 교육 및 훈련을 실시하며, 비상연락망 구축, 장비(소화기 등) 비치 등의 사전 활동을 하는 것을 의미하며, 비상사태 대응이란 실제 비상사태가 발생하였을 경우 미리 마련된 대비절차에 따라 발생한 환경영향을 완화하거나 제거하는 활동을 말한다.

환경적인 비상사태가 발생하면 대부분 법규 기준치 이상의 환경오염물질이 배출되거나 주변 환경(대기, 수계, 토양, 생태계 등)에 영향을 끼칠 수 있으므로, 이러한 환경영향과 연계하여 발생할 가능성이 있는 잠재적인 비상사태의 파악을 위

해서는 다음 사항들을 고려하여야 한다.

① 조직의 과거 비상사태 발생 기록
② 조직의 환경경영 관련 활동 중 정상상태를 벗어날 가능성이 있는 것(예: 유류저장고의 화재, 액체 폐기물의 누출, 대기오염 방지장치의 작동 정지 등)
③ 발생할 경우 조직에 큰 영향을 줄 수 있는 천재지변(예: 태풍, 폭우/폭설 등)
④ 조직 주변의 다른 조직에서 발생하여 조직에 영향을 미칠 수 있는 비상사태(예: 정전, 주변 유류저장고의 화재, 가스 및 용수 공급 중단, 도로공사 등)

파악한 잠재적인 비상사태들은 다음을 참고로 하여 그 중요도를 파악할 수 있다.

① 과거의 비상사태 기록에 근거하여 발생할 가능성이 높은 것
② 조직 내·외부의 이해관계자들이 대비할 것을 요청한 것
③ 발생할 경우 그 피해가 크거나 복구가 어려운 것
④ 발생할 경우 복구에 드는 비용 및 자원이 큰 것

수립된 비상사태 대비 및 대응 절차는 주기적인 훈련을 통해 그 효율성을 검토하고, 필요할 경우에 개정하여야 한다. 또한, 실제로 비상사태가 발생하였고 그에 대한 대응절차를 수행한 경우에는 반드시 그 효율성을 검토하여 개선에 반영하여야 한다(다음의 실행사항과 실행결과 참조).

구분	내용
실행 사항	① 조직의 잠재적인 비상사태의 유형을 파악 ② 유형별로 파악한 비상사태의 중요도 파악 ③ 각 비상사태별 대비 및 대응 절차를 마련 ④ 주기적인 교육 및 훈련 실시 및 관련 기록 유지 ⑤ 주기적인 비상사태 대비 및 대응 절차 검토 및 개선
실행 결과	① 비상사태별 대비 및 대응 절차 ② 주기적인 교육 및 훈련 기록 ③ 주기적인 비상사태 대비 및 대응 절차 검토 기록

제 3 절 환경 · 에너지 이슈의 ESG 경영 점검 및 지속적 개선 외

1. 환경 · 에너지 이슈 ESG 경영 점검

점검(Check)은 모니터링 및 측정과 이에 대한 분석, 그리고 내부 심사와 경영 검토를 포함한다. 상시 모니터링 체제를 구축함으로써 기준 대비 현재 상태를 언제나 파악할 수 있도록 하여야 할 것이다. 정상에서 벗어나는지 여부를 상시 확인할 수 있도록 하고, 각종 측정 결과에 대한 분석을 통해 앞으로 발생 가능성이 있는 환경적 부작용을 예측할 수 있을 것이다.

내부심사는 자체 점검을 통해 반성할 수 있는 기회를 찾아내는 것이다. 조직의 내 · 외부 이슈파악에서부터 시작되어 점검단계까지 오면서 수행된 모든 환경 · 에너지 관련 활동에 대해 내부심사 결과를 포함하여 조직의 최고경영자 및 간부 직원이 참석하는 경영검토를 통해 주기적인 성과를 평가하여야 할 것이다. [그림 6-12]는 점검단계가 어떻게 구성되어 있는지를 보여 준다.

점검단계를 구성하는 각 프로세스를 간략히 정리하면,

- 모니터링 및 측정: 조직의 실행 및 운영 관련 활동이 환경방침, 목표 및 세부목표에 적합하게 관리되고 있는지를 파악하기 위하여 적합한 방법이나 장비를 사용하여 주기적인 모니터링이나 측정을 수행
- 기록관리: 환경경영시스템의 적합성을 판단하기 위한 각종 평가의 자료로 활용하고, 대내외에 증거를 제공하기 위한 기록을 체계적으로 관리
- 준수평가: 조직의 환경경영시스템이 법규 및 조직이 동의한 그 밖의 요구사항을 잘 준수하고 있는지를 주기적으로 평가
- 내부심사: 조직의 환경경영시스템 전반에 걸친 자체 심사를 통해 개선점을 파악하여 경영검토의 자료로 활용하며, 지속적인 개선을 위한 정보를 발굴
- 경영검토: 조직의 지속적인 적절성(suitability), 충족성(adequacy) 및 효과성(effectiveness)을 보장하기 위하여 계획된 주기로 조직의 환경경영시스템을 검토

이하에서는 내부심사와 경영검토에 대해 설명하고자 한다.

그림 6-12 환경 · 에너지 이슈의 ESG 경영 점검 단계

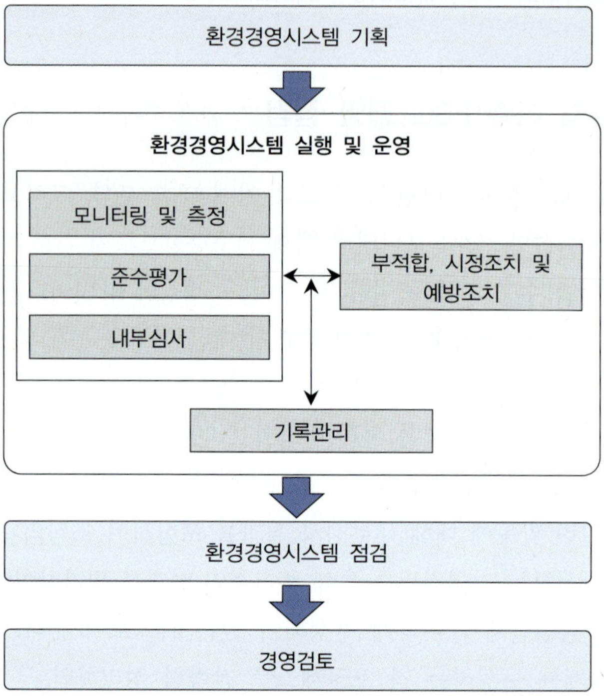

(1) 내부심사

내부심사는 조직 스스로 환경 · 에너지 이슈에 대한 ESG 경영시스템의 운영 실태 및 운영 성과를 평가해 봄으로써, ESG 경영시스템의 전반적인 효과성과 장 · 단점을 파악하여 지속적인 개선을 달성하기 위한 절차이다. 내부심사는 조직 스스로 적격한 인원을 심사원으로 선정하여 실시해야 하며, 심사기간 동안 만 일시적/한시적으로 하는 활동들이 결국 시스템에 치명적인 결함이 된다는 것을 인식하고, 평상시의 운영 상태 그대로를 심사하여 개선방향을 찾아내는 것이 매우 중요하다.

내부심사 프로그램을 마련할 때에는 다음 사항들을 고려하여야 한다.

① 심사 목적: 내부심사의 주된 목적은 시스템이 기준에 맞게 운영되고 있는지를 검토하는 것이고 동시에 시스템 개선사항을 파악하고자 하는 것임.

② 심사 범위: 기본적으로 내부 심사는 조직이 설정한 시스템 범위 내 모든

제품, 활동 및 서비스에 대해 수행되어야 하며, 계획-실행-점검-조치(PDCA)의 모든 절차에 대해 수행하여야 함.

③ 심사 주기: 조직은 시스템의 운영상태와 변동사항 등을 감안하여 적절한 내부 심사 주기를 결정하는데, 보통 1년에 1회 실시하며 필요한 경우 년 2회 실시하는 경우도 있음.

④ 심사 기준: 심사 기준은 방침, 목표/세부목표, 업무규정(매뉴얼) 및 각종 절차서 등의 내부 기준들과, KS I ISO 14001 : 2015 및 ISO 50001 : 2015 표준 요구사항, 법규 및 기타 요구사항, 그리고 각종 이니셔티브 기준(예: K-ESG가이드라인, TCFD권고, SASB Standards 기준 등)이 있음.

⑤ 심사 방법

- 심사 수행 인원 선정: 내부심사는 조직 내부 또는 외부 인원이 수행할 수 있다. 내부 인원이 수행할 경우에는 심사 대상이 되는 업무와 관련이 없는 인원을 확보하여, 내부심사의 객관성과 공정성을 확보하여야 한다. 또한, 심사를 수행하는 인원이 해당 심사를 수행할 수 있는 능력을 갖추었는지에 대한 적격성을 평가해야 한다.
- 심사 수행 절차: 심사 절차는 기획, 심사수행, 결과보고, 기록유지의 순으로 구성되며, 각 절차에 대한 책임을 갖는 담당자와 각 절차의 요구사항을 규정해야 한다.

⑥ 심사 결과보고: 내부 심사를 수행한 인원은 심사 결과를 최고경영자에게 보고해야 한다. 일반적으로 이러한 결과는 보고서 형식으로 제출하게 된다.

(2) 경영검토

경영검토는 최고경영자가 환경경영시스템을 수립하고 운영한 성과를 판단하고, 개선점을 찾아내기 위한 최종 점검 절차이다. 경영검토에는 조직의 시스템을 변경하거나 개선하고 필요한 자원을 제공할 수 있도록 의사결정할 수 있는 인원들이 참여하여야 한다. 조직은 정해진 주기에 따라 정기적으로 경영검토를 실시하고 관련 기록을 남겨야 하며, 경영검토 결과는 ESG 경영시스템의 지속적개선을 위한 자료로 활용하여야 한다.

경영검토는 단순히 보고서 결재를 위한 서면 검토보다는, 경영진과 담당자들이 참여하는 회의를 통해 검토하는 것이 바람직하다. 경영검토를 통해 결정해야 할 사항은 다음과 같다.

① 시스템이 요구사항에 적합하고 정해진 절차대로 정확하게 운영되는지, 그리고 수립한 시스템이 효과적인지 여부를 판단

② 조직의 자원(원부자재, 인원, 재정 등의 추가 투여 및 삭감 등)변경을 고려

③ 시스템의 변경 사항(방침, 목표 및 세부목표, 기타 시스템 요소들의 변경 필요성 등)을 검토

문서로 남겨야 하는 경영검토 기록에는 회의 자료, 참석자 명단, 발표/배포 자료, 결정사항의 기록 등이 있으며, 경영검토 기록은 보고서, 회의록, 컴퓨터 파일 등의 형태로 작성할 수 있다. 경영검토를 통해 도입할 수 있는 지속적인 개선의 사례에는 다음과 같은 것들이 있다.

- 유해물질이 적거나 없는 원자재로의 대체
- 법규 요구사항 파악 프로세스 개선으로 새로운 법규 요구사항을 시기적절하게 도입
- 폐기물 저감을 위해, 원자재 및 원자재 취급 방법에 대한 교육훈련을 개선
- 수자원의 재사용을 위한 폐수처리공정 도입
- 사무실 복사기의 기본 설정을 양면복사로 하여 종이 절약
- 자동차 연료 절약을 위해 수송 루트 재검토
- 분진 저감을 위해 보일러 연료를 대체 등

경영검토에서 최고경영자의 역할은 매우 중요하다. 다음 사항들은 최고경영자 경영검토 관련 수행해야 할 사항을 보여 준다;

- 경영검토주기 결정
- 경영검토회의 개최 및 참여
- 변경이 필요한 환경경영시스템 요소에 어떤 변경을 어떻게 도입할 것인지를 결정
- 결정사항을 환경경영시스템에 반영토록 함(환경방침, 목표, 세부목표 및 추진계획, 각종 절차 등의 변경 포함)
- 결정사항이 환경경영시스템에 적절하게 반영되었는가를 검토

(3) 환경 · 에너지 이슈의 ESG 경영 지속적 개선

지속적 개선은 환경 · 에너지 경영의 마지막 단계(PDCA사이클의 A단계)이다. 지속적 개선에서 중시하여야 할 사항 중 하나는 '조직은 조직의 환경 · 에너지경영시스템의 의도한 결과를 달성하기 위해 개선의 기회를 규명하고, 필요한 활동을 실행하여야한다'는 점이다. 리스크 관리와 기회의 이용으로 환경 · 에너지 경영이 성숙한 다음 단계를 준비해야 한다는 의미이기도 하다.

지속적 개선을 위해서는 시정(조치)가 뒤따라야 한다. 화재 시 진화 작업은 당장 요구된다. '시정'을 통해 피해를 줄일 수 있을 것이다. 더 나아가 지속적 개선을 위해서는 '시정'에 그치지 않고, '시정조치'가 요구된다. A공장에서 발생한 앞의 화재사고가 B공장에서 발생하지 말라는 법이 없다. 장소적 확대와 시간적 연장을 통해 필요한 조치가 추가적으로 없어도 되는지를 살펴보고 확인하는 시정조치가 요구되는 이유이다.

환경 · 에너지 이슈에 대한 ESG 경영시스템이 효과적으로 운영되어 목표로 하는 성과를 달성하기 위해서는, 시스템이 갖고 있는 실제 또는 잠재적인 부적합에 대해서 시정조치나 예방조치를 실행할 수 있어야 한다.

부적합은 시스템이 의도대로 운영되지 않거나, 조직이 수립한 목표를 달성하지 못할 경우에 발생할 수 있다. 이런 부적합사항이 현재 존재하거나 앞으로 발생할 가능성이 높은 경우에는, 적절한 시정조치 및 예방조치를 실시해야 할 것이다. 이에는 다음 사항들이 포함되어야 할 것이다.

① 현존하는 부적합을 식별, 부적합으로 인한 환경영향 완화, 제거 절차

- 만약 부적합사항이 발견되었다면, 그로 인한 환경영향을 완화하거나 제거하는 절차가 우선적으로 취해져야 할 것이다.

② 부적합의 원인을 조사하고, 재발 방지를 위한 조치를 취하는 절차

- 부적합으로 인한 환경영향을 완화하거나 제거하기 위한 조치를 취한 이후에는, 부적합의 원인을 명확하게 규명하고, 부적합이 재발하지 않도록 그 원인을 없애는 조치를 취해야 할 것이다.

③ 잠재적인 부적합의 발생을 예방하기 위한 조치를 취하는 절차

- 현재는 부적합이 아니지만, 향후 부적합 가능성이 높은 잠재적 부적합의 경우 부적합으로 발전하기 전에 예방하는 조치를 취하여야 할 것이다.

④ 시행한 시정조치 및 예방조치의 기록

• 시정조치 및 예방조치를 취했다면, 이를 상세히 기록함으로써 추후 시스템의 지속적인 발전을 위한 유용한 자료로 활용되도록 하여야 한다.

⑤ 시행한 시정조치 및 예방조치의 효과성 검토

• 시정조치와 예방조치가 효과적으로 이루어졌는지를 검토

지속적 개선은 끊임없는 변화의 과정이다. 단기간의 개선 성과에 집착하는 것은 바람직하지 않다. 변화 과정에서 위상(Phase)을 달리하는 도약을 하기 위해서는 잠시 주춤하는 숨고르기가 필요할 수 있다. 지금의 개선은 또 다른 지속적 개선(continual improvement)을 위한 inputs이며 시작일 뿐이다.

그림 6-13 지속적 개선의 추구

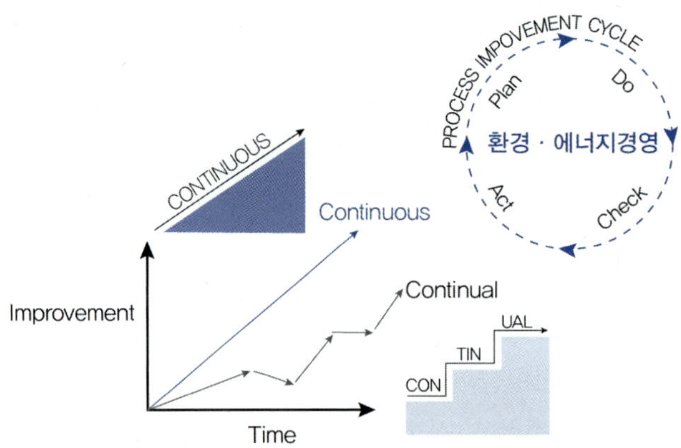

100℃가 되기 전까지 액체상태를 유지하던 물이 전혀 다른 상태의 위상을 달리하는 기체로 변화하듯 지속적 개선 노력은 단순히 좋은 기업에서 존경받는 위대한 기업(Good to Great)[2)]으로의 변신을 가능케 할 것이다.

2. 경쟁우위 확보로써의 환경경영 전략

아직도 적지 않은 기업들은 여전히 환경문제를 단순히 비용부담으로 인식하고

2) J. Collins의 저서. 『좋은 기업에서 위대한 기업으로, Good to Great』.

있다. 이상주의자들의 논리로 취급하면서 대체적으로 규제 대응, 사후 대응적이고, 운영중심적(Operationally-focused)인 경영사고에 머무르고 있는 게 사실이다. 이러한 경영사고로는 Frances Cairncross가 지적한 바와 같이 산업계가 맞이한 그 어느 기회보다도 큰 새로운 비즈니스 기회를 놓치게 된다.

성공적 비즈니스를 위해 기업은 사전예방적(preventive)이고 경쟁우위 전략중심(Strategically-focused in Competitive Advantage)의 경영사고로 전환하여야 할 것이다. 즉, 거대한 비즈니스의 대가는 새로운 경쟁우위를 창출하는 방법으로써 그리고 경쟁에 새바람을 넣는 근원으로써 ESSD 접근방식을 택하는 장기적 시야를 갖는 기업에게만 돌아갈 것이다.

환경문제에 대해서 기업들이 취하고 있는 전략을 구분하여 보면 〈표 6-18〉과 같다. 선진기업들의 경우를 볼 때, 환경문제의 경쟁 우위화 추진에 보다 적극적인 태도를 보여야 할 것으로 보인다.

환경이슈를 통한 경쟁적 우위를 확보하는 처방은 그리 간단한 것은 아니다. 왜냐하면 경쟁자체에는 무한한 방법이 존재하기 때문이다. 그러나, 환경 · 에너지 측면에서 우위를 확보할 수 있는 근원을 찾아보면 다음에서와 같이 6가지의 경쟁우위 근원을 동시에 추구하던지, 아니면 어느 일부분에 집중하여 경쟁성을 확보하여야만 살아남을 수 있을 것이다.

표 6-18 환경에 대한 기업의 대응 태도 발전

[반응적/Reactive]
- 단기적 생각 & 이윤 집착
- 인간관계 중심
- 환경에 대한 믿음 결여 및 조치에 주저
- 정부압력이 있을 경우에만 대응조치

→

[협동적/Cooperative]
- 환경개선을 위해서 규제당국과 협력
- 표준 준수를 위해 실질적 접근 방식 채택
- follower나 leader 아님

↓

[진취적/Proactive]
- 우수환경업무성과 및 규정 준수
- 새로운 rule 스스로 추진
- 규제기관과 대중에게 공개
- 총괄경영(TQM)에 환경업무 성과 도입(TQEM)

←

[예방적/Preventive]
- 총괄적 비즈니스 개념으로 기업을 다시 생각
- 제품, 공정 등 재Design
- 환경/지속가능보고서 작성
- 환경은 위협이 아니라 New 비즈니스 기회 인식

(1) 비용 우위(Cost Leadership)

가장 확실한 우위 전략이다. Tom Peter가 지적한 바와 같이 2000년대의 이윤추구 가능기업은 'Lean(Thrifty in Management), Green and Clean'을 특성화하여야 한다. 비용우위 확보는 'Green'을 기업의 가치 사슬(Value-chain)에 조화시켜 비용 절감을 통한 경쟁우위를 확보하는 전략이다.

-에너지 효율성을 통한 비용우위
-사전예방 프로그램을 통한 비용 우위
-물류시스템 개선을 통한 비용 우위

(2) 차별화(Differentiation)

환경·에너지측면에서 차별적인 제품 및 서비스 전략을 택하여 소비자의 '그린' 관심을 만족시키고, 그로 인한 수요를 창출한다. D화학회사는 제품 감시/책임(Product Stewardship) 프로그램을 통하여 제품 책임(PL)과 관련된 많은 문제점을 해결하였으며, E가전제품 기업은 그린마케팅을 도입한 차별화 정책을 통하여 재정적 어려움을 극복하였다.

(3) 경쟁성 레버리지(Leveraging Competencies)

기업의 환경기술과 환경친화적 공정을 경쟁우위 전략으로 승화하여 변화하는 기회로 보다 빨리 적응할 수 있도록 기술력을 높이는 전략이다. 사례로써 S사의 태양에너지 전기기술 개발, W사의 폐기물 처리기술 개발 등은 그들이 기존에 지니고 있던 경쟁성 있는 요소들을 그린시대에 맞게 빨리 개발하여 이 분야에서 세계시장을 장악하고 있는 좋은 사례이다.

(4) 기술혁신과 표준화 설정(Innovation & Standard Setting)

환경적으로 친숙한 조치 즉, 환경친화기술 개발 및 제품 생산을 먼저 취하는 것에 의하여 기업이 경쟁우위를 확보하는 것이다. 한편 관련 기술을 국내외 표준으로 제정함으로써 비관세 기술장벽의 소지가 높은 분야를 선점하고, 채택된 표준으로 로얄티 지급부담 뿐 아니라 새로운 수입원을 창출할 수 있다.

(5) 대체(Substitution)

환경친화적 · 자원절약적 제품 또는 공정으로의 전환은 그린시대의 기업에게 큰 경쟁우위를 가져다 준다. P사는 정부와 협의하여 이자가 싼 'Green Fund'를 마련하여 GAS와 전기를 많이 쓰는 타 기업과 일반가정들에 에너지 절약 장치를 설치/주선해 줄 뿐 아니라, 수요중심 관리를 통해 수요자 측에서도 절약할 수 있도록 도와주었으며, 자신도 전력생산을 감축할 수 있게 되었다.

(6) 협력(Collaboration)

환경개선 기술개발은 경우에 따라서는 매우 큰 자본투자를 필요로 한다. 이 경우 Joint Venture, R&D Consortia 등은 기업이 자본투자의 어려움을 극복하면서 환경측면에서 경쟁우위를 갖게 해줄 수 있는 전략이 된다.

3. 중소중견 조직의 ESG 경영 도입과 운영

(1) 개 요

'중소기업'은 자산총액이 5천억원 미만으로 연간 매출액이 업종에 따라 400억~1,500억 이하인 조직으로 규정하고 있다(중소기업기본법 시행령 제3조/별표1). 또한 '중견기업 성장촉진 및 경쟁력 강화에 관한 특별법'은 '중견기업'을 위 중소기업에 해당하지 않는 기업으로써 자산총액이 5조원 이상인 기업 또는 법인(외국법인 포함)이 해당 기업의 주식 또는 출자지분의 30%이상 직 · 간접적으로 소유하면서 최다출자자인 기업이라고 정의하고 있다(〈표 6-19〉 참조). 〈표 6-19〉에서 보듯이 대기업은 전체의 1%에도 못 미치고, 중견기업의 수도 1.4%로써 대부분이 중소기업임을 알 수 있다.

2020년말 기준 [ESG 경영보고서] 또는 [지속가능보고서]를 발간한 기업은 전체 대기업의 0.05%인 138 개로 조사되었다. 다수를 차지하는 중소기업에게 ESG가 도입될 수 있도록 하기 위해서는 직간접적인 제도적 지원과 여건 마련이 뒤따라야 할 것으로 보인다. 대기업에서의 지속가능경영보고서 발간 실적과 중소중견기업의 ESG 경영 관심은 구분하여 생각할 필요가 있다. 중소중견기업의 지속가능 또는 ESG 경영에 대한 관심은 최근들어 크게 증대되고 있는 게 사실이다.

표 6-19 2020 중견기업 기본통계

'20년 결산 기준	기업 수(개)		종사자 수(만명)		매출액(조원)	
		비중		비중		비중
합계	384,107	100.0	1,139.9	100.0	4,781	100.0
대기업	2,982	0.8	225.5	19.8	2,346	49.1
상호출자	1,687		159.6		1,448	
기타대기업	1,295		65.9		899	
중견기업	5,526	1.4	157.8	13.8	770	16.1
제조업	1,977	35.8	64.2	40.7	390	50.6
비제조업	3,549	64.2	93.5	59.3	380	49.4
중소기업(소상공인제외)	375,599	97.8	756.6	66.4	1,664	34.8
중기업	106,131		376.0		1,143	
소기업	269,468		380.6		522	

그럼에도 불구하고 다음 표에서 보듯이 중소기업의 ESG에 대한 인식이나 ESG의 주요 이슈의 하나인 탄소중립에 대한 대응은 여전히 낮은 수준이다.

ESG이슈에 대한 중소·중견기업의 대응 실적과 이의 증빙에 대한 대기업의 구체적 요구는 앞으로 계속 강화될 전망이다. 고객사(대기업)의 공급망 조달 요구사항에 무관심할 중소중견기업은 결코 없을 것이다. 이하에서는 중소중견기업의 ESG 경영 도입 필요성을 간략히 정리하고, 도입 절차에 대해 살펴보기로 한다.

(2) 중소중견기업의 ESG 경영 도입 필요성

중소중견기업에게 환경·에너지 이슈를 포함한 ESG 경영 도입은 새로운 도전과 부담요인으로 받아들여질 수 있다. 'ESG를 잘 모르기 때문'인 측면도 있는 게 사실이다. 그러나 ESG 경영에서 다루어야 할 이슈들은 그동안 중소중견기업에게 핵심이슈가 아니었을 뿐 크거나 작거나 정도상의 차이는 있을지언정 고민의 대상이었음도 부인할 수 없다. 늘 있어 왔던 게 마치 갑자기 나타난 것(Gradually and Suddenly)처럼 ESG는 우리에게 다가와 있는 것이다.

ESG 이슈를 들여다보면 사실 전혀 새로운 것이 아닌 것임을 알 수 있다. 환경법규 기준 이상으로 조직의 자체 준수기준을 설정해서 관리해 왔고, 영업/마케팅팀으로부터 들은 고객의 소리를 조직의 업무 프로세스에 반영하려고 노력하였으며, 임직원 및 협력사 관리에 있어서도 고충처리와 '갑질'하지 않도록 주문해 온

것도 한 두 번이 아니었을 것이다.

ESG 경영이 비재무적 Risk를 줄일 수 있다고는 하나, 재무적 성과 없는 조직이 존재할 수 없다는 점에서 ESG 경영은 결국 재무성과를 지켜내는 방패가 될 수 있다 할 것이다. ESG 경영의 수많은 이슈－때로는 우리 조직에 관련성이 거의 없는 ESG 이슈도 존재하는 게 사실이며, B2B기업과 B2C기업의 ESG 대응은 다를 것이다－에 다 대응할 필요가 없을 것이다.

투자자 중심으로 2005년 시작된 ESG 논의는 17년이 지난 지금도 ESG 경영을 위한 Rule-setting이 진행 중이다. ESG 이슈를 잘 돌보고 보살피는 선제적 대응을 통해 이기는 조직 「Who Cares Wins」의 경쟁력을 확보하려는 기회로 삼아야 할 것이다.

고객사인 대기업의 동반성장 지원사업에 적극 참여하고, 중소중견기업에 대한 각종 정부 및 유관단체의 ESG 교육과 지원방안을 활용함으로써 비교적 적은 부담으로 초기 ESG 경영으로의 진입을 시도할 수 있을 것이다. 이를 계기로 축적된 지식과 정보를 바탕으로 자체 운영방안 마련을 추가함으로써 ESG 경영의 내재화와 나아가 경쟁력 제고로 이어지도록 하여야 할 것이다.

(3) 중소중견기업의 ESG 경영 도입 절차

ESG 이슈를 조직의 경영 프로세스에 반영한다는 것은 ESG 경영 프로세스(업무)를 개발하고 system화 한다는 의미라 말할 수 있다. 고객의 요구사항이 많아 비즈니즈 전반에 반영할지 여부는 전적으로 조직의 자유와 그 조직이 처한 상황에 달려있다 할 것이다. 몇 가지 핵심 target 중심으로 ESG 도입을 할 것인지 상세하게 할 것인지에 따라 도입 절차도 세분화할 수 있을 것이다.

PDCA사이클에 따라 ESG 이슈를 조직 경영에 내재화하기 위해서는 다음과 같은 절차를 고려해 볼 수 있을 것이다.

- 1단계(초기 ESG 검토): ESG가 무엇인지 기초 정보 파악 외부 전문가를 초빙하기 보다는 정부 및 유관단체 온 & 오프라인 교육 등 활용하여 ESG 도입 기초정보 파악
- 2단계(ESG 계획): 조직의 상황 분석, 이해관계자 파악 및 그들의 needs와 기대사항 파악, 헌장/강령/방침 등 ESG 관련 가치체계 수립(중소중견기업의 경우 '방침' 하나만 제정하여 사용할 수도 있을 것임), CEO의 의지 표명(다소 형식적

이긴 하나, 임직원에게 필요하면 대외적으로 협력사까지 포함하여 ESG 시작을 알리고 공론화함), 담당(자)지정 및 업무 규정(복잡한 매뉴얼 형태를 반드시 요구하는 것은 아님) 작성, 필요 시 예산 지원 등 Support사항 정리, 필요 조치 사항이 있는지 파악(우리 조직의 리스크 평가 및 기회 요인으로 삼겠다는 부분을 좀 더 구체화/명확히 함)

- 3단계(ESG 실행): 위 Plan단계의 조치사항 실행, 데이터 수집 등 모니터링 포함. 2단계에서 파악된 핵심 ESG 이슈에 대한 (중대성평가 결과 반영 등) 우선순위를 통해 리스크 및 기회별 대응조치 수립 및 해당 지표에 따른 데이터 수집/검증/분석 및 평가와 정리, 지속적인 모니터링으로 추세 분석 및 다음 단계인 성과평가의 기초 작업 수행
- 4단계(ESG 점검): 2단계 대로 3단계가 잘 되고 있는지 점검, 좀 더 비용효과적인 방안이 있는지 검토 포함, 자체 검토 기회 부여(완벽한 내부심사를 요구하는 것이 아님), 어떤 기준&계획 대비 미달 시 부족한 부분을 시정(조치), 취해진 조치의 효과성 검토
- 5단계(ESG 개선): 일정 기간(예: 도입 후 10개월 또는 1년) 지난 후 2단계 ESG 운영기간에 해야 할 사항을 규정하고 앞 서 시행한 부족한 개선사항을 업무 규정에 반영 등 지속적 후속 개선 조치 시행

1단계(초기 ESG 검토): 담당(자)을 지정하여 초기 ESG 기초정보를 파악한다. 외부전문가를 초빙하는 것도 좋은 방법이지만, 다양한 전문가들의 의견을 들을 필요가 있다는 점에서 산업통상자원부, 중소벤처기업부, 중소기업중앙회, 대한상공회의소 및 적지 않은 이 분야 관련 단체에서 시행하는 온&오프라인 교육 및 시범사업, 지원 및 컨설팅사업 등 참여를 통한 기초 정보 파악이 선행되어야 할 것이다.[3]

---

3) ① 산업통상자원부 수출 중소·중견기업 ESG 역량 확보를 위한 시범사업 추진 및 정부 여러 부처가 합동으로 작성한 K-ESG 가이드라인 활용, ② 중소벤처기업부 '중소벤처 24'의 CSR사회적 책임경영 https://www.smes.go.kr/csr/index.do, ③ 대한성공회의소 '중소중견기업의 ESG 관련 교육' 기본편, 심화편, 업종 사례별 소개 등 무료 온&오프라인 교육을 활용한 정보 수집, ④ 한국생산성본부 지속가능경영추진단의 각종 교육 및 컨설팅 서비스, ⑤ 무역보험공사, 무역협회, 코트라 등과 함께 ESG 대응이 시급한 수출 중소·중견기업 대상으로 한 ESG 지원협의회, ⑥ 중소벤처기업진흥공단, 탄소중립 혁신 바우처, ⑦ 한국경제신문사와 연세대 동반경영연구센터, IBS컨설팅이 공동으로 개발한 '대한민국 ESG 평가모델', 기타 기업지배구조원, 사회적가치연구원 등 전문 연구기관 및 SK 등 주요 대기업 홈페이지 정보 활용.

또한 해당 업종에 따라 중요시되는 ESG 이슈가 무엇인지를 전문 평가기관에서 제시하는 것을 참고할 수도 있다. 이의 대표적인 것으로는 환경 · 에너지관련 평가기준으로 TCFD를, 사회 및 거버넌스 부문은 SASB Standards 또는 GRI 보고기준을 참고하면서, 국내 현실을 반영한 K-ESG 가이드라인을 참고하는 것이 현 시점에서 바람직할 것으로 보인다.

2단계(ESG 계획): ESG 관련 조직의 내부 및 외부 이슈를 파악하는 일부터 시작한다. ESG 관련 주요 이해관계자가 누구인지 파악하는 일이 중요하다. 대부분의 경우 고객사(우리 회사 제품 또는 서비스를 납품받을/구매해 줄 회사)의 ESG 요구사항을 파악하는 일은 매우 중요하다. 고객은 조직의 프로세스(업무)가 산출하는 가치를 기꺼이 써 주는 고마운 사람들이기 때문이다. 넓은 범위에서의 이해관계자의 needs와 기대사항을 제대로 이해하고 이들과의 관계를 강화하여 얻어진 정보를 ESG 경영에 반영한 사업(업무 프로세스)이 비로소 고객만족으로 이어질 것이며, 비로 이것이 기업생존의 법칙이다.

다수의 조직에서 이미 시행 중에 있는 환경안전방침 또는 품질방침이 존재하는 경우 나머지 ESG 이슈를 포괄하는 방침(예: '윤리경영 방침/헌장')을 작성, 대내외적으로 공표하는 것도 한 방법이 될 수 있다. CEO의 ESG에 대한 의지를 방침에 담아야 할 것이다. 조직의 이미지 제고를 위한 한 방편으로 ESG 경영을 도입하는 것은 ESG 자체가 의미하듯 자칫 그린워싱 또는 사회워싱으로 간주될 수 있다. 진정성 있는 ESG 추진 의지를 방침에 포함시켜 필요한 협력사까지 커뮤니케이션함으로써 공급망에서의 분쟁 원료가 원천적으로 조직에 들어오지 못하도록 하여야 할 것이다.

최소한의 담당(자)을 지정하는 일은 불가피하다. 대기업의 경우에도 적은 수의 인원으로 ESG 업무를 전담(또는 겸직)케 하고 있다. 조직 전체의 ESG 업무 내재화를 위해서는 핵심 부서 출신 인원이 참여하는 ESG 기능 조직(예: TF형태의 Cross-functional Team)을 비상설로 운영함으로써 가용 인력 부담을 최소화할 수 있을 것으로 보인다. ESG 기능조직에 참여하는 부서별 인원을 통해 ESG 해당 업무의 실행이 이루어질 수 있는 ESG 의견 수렴과 확산의 커뮤니케이션의 장으로 활용할 수 있을 것이다.

ESG 업무 규정을 만드는 일도 빼 놓을 수 없다. 기존의 조직 내 문서를 최대한 활용하면서 문서의 추가 작성은 최소화되어야 할 것이다. 조직에서 할 수 있는 일과 그렇지 못해 Outsourcing이 필요한 업무를 구분하되, Outsourcing의 경우에도 담당자를 지정하여 장기적으로는 ESG 업무의 자립도를 높여가야 할 것이다.

핵심 ESG 이슈에 따라 단기 및 장기 목표를 수립하고, 이에 따른 추진계획(세부 목표별 담당자 및 부서, 기간, 필요 예산 등 포함)을 마련하여야 할 것이다.

3단계(ESG 실행): 조직 내외에 의사소통함으로써 ESG가 전(全) 조직 차원에서 수행됨을 보장하여야 할 것이다. 인적·물적·시간적·예산적 지원과 Infra를 제공하고 교육훈련을 통한 핵심 전문가를 양성한다. ESG의 특징인 구체적 데이터를 수집하고, 데이터 검증/분석/평가를 통해 ESG의 실행상황을 정기/비정기적으로 모니터링하여야 할 것이다. 신뢰성 있는 데이터 확보를 위한 내부 ESG데이터 품질관리 방안도 마련될 필요가 있다. 보고서 작성에는 시간과 비용이 소요된다. 보고서 검증을 위한 능력있는 검증기관 파악, 검증기준을 무엇으로 하고, 검증비용과 검증에 소요되는 기간도 감안하여 진행하여야 할 것이다.

4 & 5단계(ESG 점검 및 지속적 개선): 주기적인 평가와 내·외부 검증을 통해 ESG 경영를 지속적으로 개선한다.

CHAPTER 07

안전보건 ESG 경영 실무

제1절 안전보건경영 개요

제 1 절 안전보건경영 개요

1. 안전보건경영이란?

(1) 개 요

'안전보건경영'이란 안전보건 방침(Occupational Health and Safety Policy)을 달성하기 위해 사용되는 경영이라고 정의할 수 있다. 여기서 '산업안전보건'이란 조직의 업무(일)를 수행하는 과정에서 발생하는 즉, 업무와 관련된 안전 및 보건을 말하며, 조직이 제공하지 않은 개인 휴가 중 발생할 수 있는 안전(사고) 및 질병 등은 이에 해당하지 않는다. '방침'은 최고경영자에 의해 공식적으로 표명된 조직의 의도 및 방향으로 대부분의 조직에서는 환경 또는 품질 등과 합쳐서 '안전환경방침' 등으로 사용하고 있다.

조직 '안전'이슈는 다양하다. 산업안전보건 뿐 아니라, 화학물질 안전, 제품 안전, 식품 안전 등 조직에 따라 다르다. 안전보건경영은 안전과 관련된 요구사항(Requirements)을 준수하는 것이 우선되어야 할 것이다. 법(률)의 요구사항 뿐 아니라(1), KS ISO 표준 등 국제표준에서 정하고 있는 요구사항(2) 그리고 조직이 자체 정한 요구사항(3), 납품하려는 업체의 요구사항(4), 나아가 단체/협회에서 요구하는 산업별 요구사항(5) 등 어느 하나 미준수할 수 없는 중요한 사항이다.

안전 이슈에 대해 현재 한국은 각각 별개의 법을 통해 정책을 실행하고 있어,

표 7-1 안전 관련 법

구분	관련 법	비 고(정부 부처)
작업장 안전 및 보건	• 산업안전보건법	고용노동부
	• 중대재해 처벌 등에 관한 법률	법무부
화학물질 안전	• 화학물질관리법 • 화평법	환경부
제품 안전	• 제조물책임법	공정거래위원회
분야별; * 식품 * …	• 식품위생법 • …	식품의약품안전처 …

해당 법 규정의 제·개정 내용을 파악하는 일이 우선되어야 한다. 산업안전보건과 관련된 이슈만을 이 교재에서는 다루고 있다.

'산업안전보건(Occupational health and safety)'에 대한 국제적 정의는 아직 존재하지 않는다. 1995년 4월 국제노동기구(ILO)와 세계보건기구(WHO) 합동회의에서 '산업보건'에 대해 다음과 같이 정의하였을 뿐, '산업안전'을 포함한 '산업안전보건'에 대한 국제적 정의는 다른 자료를 참고하여야 할 것이다.

1995년 4월, ILO/WHO 합동위원회의 '산업보건'에 대한 정의

산업보건은 다음의 것을 목표로 하여야 한다. 모든 직업에 있어 근로자의 최고도의 신체적·정신적 그리고 사회적 안녕의 증진과 유지, 근로자 전체에 대하여 그들의 작업조건에 기인한 위험으로부터의 이탈방지, 건강에 불리한 요인에 기인한 위험으로부터 취업 중의 근로자 보호, 근로자의 생리적·심리적 능력에 적당한 직업적 환경 배치와 유지. (요약하면)사람에 대한 작업의 적응과 그 작업에 대한 각자의 적응이다.

안전보건경영에서 간과해서는 안 될 점 중 하나는 단순히 사고 및 상해를 당하거나 직업병에 걸리는 것을 방지하는 데 그치지 않고, 정신적 사회적 위험요인까지 파악하고 이를 적극적으로 관리할 것을 규정하고 있다. 즉, 안전보건경영의 글로벌 국제표준인 KS Q ISO 45001 : 2018은 '위험요인은 물리적, 화학적, 생물학적, 정신 사회적, 기계적, 전기적이거나 또는 운동 및 에너지에 근거할 수 있다'라고 정하고 있다.

(2) ESG 경영과 안전보건 이슈

안전보건경영은 근로자의 최상 수준의 신체적, 정신적, 사회적 복지의 촉진 및 유지, 그리고 노동조건으로 인한 건강 손상을 방지하는 것이다. 건강에 대한 리스크로부터 근로자를 보호하고, 작업환경을 근로자의 생리적 및 심리적 욕구에 맞추는 것과 관련된다.

노동과 관련된 질병, 부상 및 사망이 사회에 주는 재정적, 사회적 부담은 매우 크다.[1] 근로자에게 유해한 우발적이고 만성적인 오염과 여타의 작업장 위험요인은 지역사회와 환경에도 영향을 미칠 수 있다. 안전 및 보건 이슈는 위험한 장비,

1) 2020년 한국 산업재해 사망자수 2,062명.

프로세스, 관행 및 물질(화학적, 물리적 및 생물학적)에서 발생한다.

(3) 안전보건경영에의 기대 및 관련 활동

안전보건은 생명과 직결된다. ESG 경영을 위한 안전보건 이슈를 다루는 데 우리가 기대할 수 있는 것은 다음과 같은 내용으로 이에 국한되지는 않는다.

조직은

- 강력한 안전보건 기준을 제정, 시행하고 이를 통해 조직의 성과가 달성됨으로써 최종적으로는 근로자 및 조직에게 서로 도움이 된다는 원칙에 기초해서 산업안전 및 보건 정책을 개발, 실행 및 유지하여야 할 것이다.
- 제거, 대체, 공학적 통제, 관리적 통제, 작업절차 및 개인보호장비 등과 같은 통제 체제를 포함한 안전 및 보건관리의 원칙을 이해하고 적용하여야 할 것이다.
- 조직의 활동과 관련된 보건 및 안전 리스크를 분석하고 통제하여야 할 것이다.
- 근로자는 항상 모든 안전관행을 따라야 할 것이라는 요구사항에 대해 상호소통하고, 근로자가 적절한 절차를 따르고 있음을 보장하여야 한다.
- 개인보호장비를 포함하여 비상사태 대처는 물론이고, 업무상 부상·질병 및 사고 예방에 필요한 안전장비를 제공하여야 할 것이다.
- 모든 안전 및 보건 사고와 문제를 최소화하거나 제거하기 위해 그것을 기록하고 조사하여야 할 것이다.
- 산업안전 및 보건(OSH) 리스크가 여성(임산부, 최근 출산 또는 모유 수유를 하는 여성)과 남성, 장애를 가졌거나 경험이 없는 등 특수한 상황에 있는 노동자 또는 청소년 노동자에게 다르게 영향을 미칠 수 있기 때문에 각자에 맞는 구체적인 방식을 다루어야 할 것이다.
- 하청계약 근로자 뿐 아니라 파트타임 및 임시직 근로자에게도 동등한 안전 및 보건 보호를 제공하여야 할 것이다.
- 스트레스 및 질병의 원인이 되거나 유발하는 작업장에서의 심리·사회적 위험을 제거하기 위해 노력하여야 할 것이다.
- 모든 직원에게 관련 사안에 대해 적절한 훈련을 제공하여야 할 것이다.
- 조직의 보건, 안전 및 환경시스템은 관련 근로자의 참여에 기초해야 하며,

다음과 같은 근로자의 권리를 인정하고 존중하여야 할 것이다.

- 보건 및 안전에 대한 리스크와 이러한 리스크를 다루는 데 활용된 우수 실천 사례에 대해 적절한 시기에 충분하며 정확한 정보를 얻을 권리
- 근로자 노동과 관련된 보건 및 안전의 모든 측면을 자유롭게 문의하고 상담을 받을 권리
- 근로자의 삶이나 건강 또는 타인의 삶과 건강에 위급하거나 심각한 위험을 줄 것으로 합리적으로 여겨지는 노동을 거절할 권리
- 근로자 조직, 사용자 조직 및 전문지식을 보유한 다른 사람으로부터 외부 자문을 구할 권리
- 관련 당국에 보건과 안전 사안을 보고할 권리
- 사건 및 사고 조사를 포함하여 보건 및 안전에 대한 의사결정 및 활동에 참여할 권리
- 위의 어떠한 사항을 실행할 때 보복의 위협으로부터 자유로울 권리

2. 도입 절차

안전보건경영을 조직에 도입하기 위해서는 현재 우리 조직의 상황이 어느 상태인지를 파악하여야 할 것이다. 안전보건경영을 도입하여 달성하려는 목표・수준 대비 큰 차이가 있는 것으로 파악된 경우, 해야 할 일이 많을 것이기 때문이

그림 7-1 GAP분석 개념

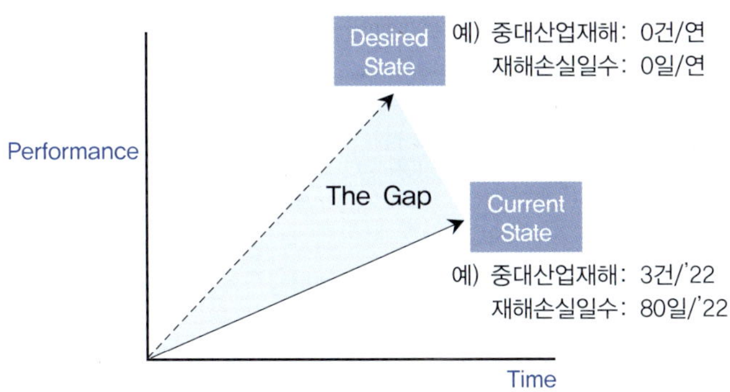

다. 이를 위해 GAP Analysis(차이 분석)방법을 사용할 수 있다.[2)]

(1) ESG 경영과 안전보건 이슈 계획(Plan)

1) 조직이 처한 상황 파악

안전보건 이슈 또한 ESG 경영의 다른 이슈와 마찬가지로 그 출발점은 우리 조직이 처한 상황이 어떤지를 이해하는 것이다.

이하에서는 먼저 조직 내·외부 이슈를 파악하고, 그러한 이슈와 관련, 현재 우리 조직과 관련성이 있을 것으로 예상되는 이해관계자(Interested parties)가 누구이며, 그들의 니즈와 기대사항이 무엇인지를 찾아보는 방법을 살펴볼 것이다. 뿐 만 아니라 새롭게 제정되거나 수시로 변경되는 많은 법령들을 준수하기 위한 적시 법령 파악과 준수 관리 대응 방법도 같이 검토해 볼 것이다.

[그림 7-2]는 조직이 처한 상황 파악으로 시작된 안전보건경영의 출발이 어떻게 우리 조직의 리스크와 기회로 이어지는지, 전체 PDCA 사이클을 보여준다.

그림 7-2 안전보건경영 PDCA 순환 사이클

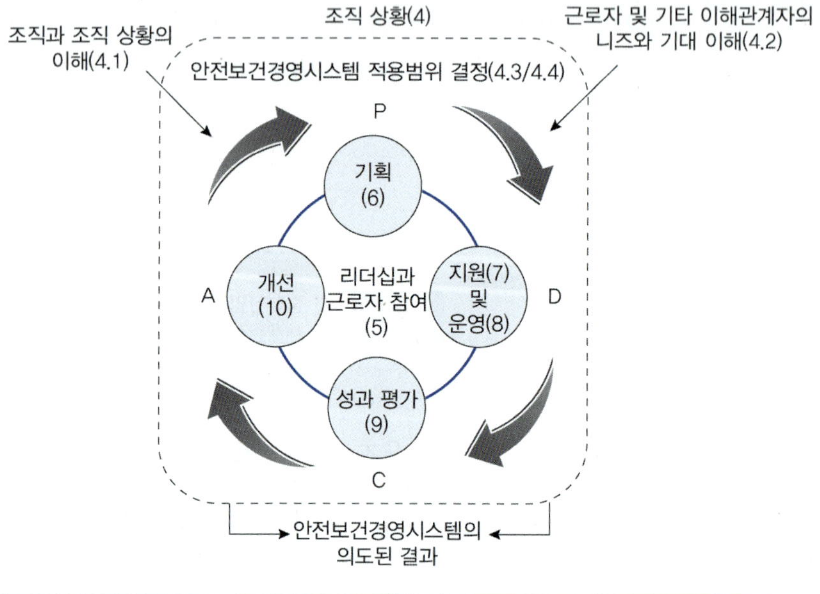

비고: 괄호 안의 숫자는 이 표준의 각 절을 의미한다.

2) GAP분석의 방법(이 책에서는 3가지를 제시함)에 대해서는 '환경·에너지 ESG 경영 실무'를 참조.

즉, 안전보건경영을 실제로 담당하고 움직이는 근로자와 리더(사용자)가 중심이 되어(5. 리더십과 근로자 참여), 조직이 처한 상황(4. 조직 상황)을 반영하여, 안전보건방침 등 나아갈 길을 정하고(6. 기획), 기획한 중장기 추진계획에 따라 자원(인력 · 교육 · 기술 · 인프라 · 예산 · 시간 등)을 제공/배분하면서(7. 지원), 실제 실행을 통해 성과를 만들어 보려 시행착오를 거듭하고(8.운용), 운용에 대한 상시 모니터링과 측정 그리고 내부심사와 경영검토를 통해 제대로 실행되는지를 점검하고(9. 성과평가), 잘못된 점에 대해서는 시정조치를 취하는 노력(10. 지속적 개선)을 달성하는 과정이라할 수 있다.

안전보건경영의 PDCA(Plan-Do-Check-Act)사이클의 계획(Plan)단계에 해당하는 3가지 주요 사항(조직상황-리더십 및 근로자 참여-기획)은 〈표 7-3〉과 같이 상호 관련성을 갖는다고 할 수 있다.

2) 조직의 리스크 및 기회요인

① 개 요

조직의 내부 및 외부 이슈 파악을 통해 조직이 처한 현재 상황을 이해하고, 이해관계자가 누구이며, 이들의 니즈와 기대사항이 파악되어 우리 조직의 안전보건경영시스템을 어떤 사업장에 적용할지를 결정하였다고 볼 때, 앞으로 남은 일은 조직의 안전보건 위험요인(Hazard)이 무엇인지를 찾아내야 할 것이다.

그림 7-3 안전보건경영 '기획(Plan)단계'의 업무 관련성

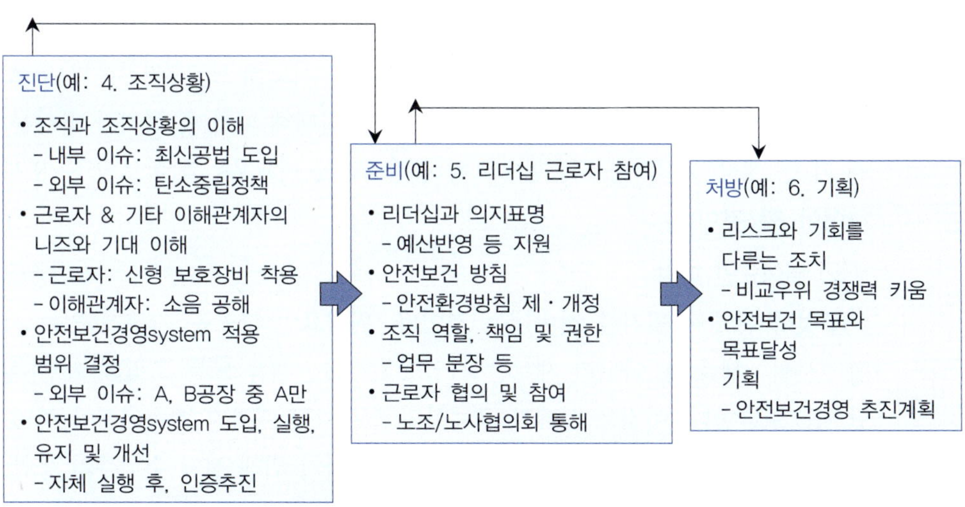

안전보건경영시스템을 구축하여 이행하고자 하는 목적 중의 하나는 조직의 안전보건과 관련된 위험을 사전에 인지하여 제거하거나 감소시키고자 하는 것이다. 그러나 각 사업장에는 작업을 수행하는 방법과 절차, 위치, 설비 및 안전보건에 따라 많은 위험이 존재하고 있기 때문에 관리하여야 할 위험의 우선 순위를 정하여 관리대상을 선정하는 것이 출발점이다. 위험의 우선순위를 정하기 위한 일련의 과정을 리스크평가라고 한다.

리스크평가의 첫 단계는 작업 활동에 따른 각각의 위험요소들을 분석하여 위험의 종류와 그 특성을 규명하는 것인데 이 과정을 위험파악(Hazard Identification)이라 한다. 파악된 위험을 대상으로 사전에 설정된 방법과 기준에 따라 정량화하는 다음 과정은 리스크평가(Risk Assessment)에 해당한다.

수없이 많은 위험요인 중 실제로 사고 발생으로 이어질 가능성이 높은 것도 있고 거의 일어날 가능성이 없는 위험요인도 있을 것이다. 또한 한 번 터지면 큰 피해로 이어지는 위험요인이 있는가 하면, 실제 피해는 별로 없게 되는 경우도 있을 것이다. 따라서 위험요인(Hazard)을 발생가능성(Probability)과 피해 정도의 심각성(Severity)을 모두 고려하여 이 두 가지가 모두 높은 경우를 집중적으로 관리하는 것은 당연한 일이다. 바로 Risk평가를 수행함으로써 제한된 예산과 인력으로 위험요인을 효율적, 효과적으로 제어할 수 있도록 하여야 할 것이다.

Risk평가 결과에 잘 대응할 수 있는 조치를 취함으로써 조직에게 기회 요인으로 작용할 수 있게 될 것이며 이는 조직이 바라는 바일 것이다. 호시탐탐 기회를 노리는 맹수처럼 Risk의 양면인 위협(Threats)요인과 기회(Opportunities)요인을 잘 포착하는 일이야 말로 조직 경쟁력 우위 확보와 유지에 결정적이라 할 것이다.

자체적으로 좋은 성과가 예상되는 기회 요인을 시도해 보고, 이같은 시도로 인한 작은 성공사례를 조직 내 다른 부서로 점차 확대해 나가며, 협력사 참여를 통해 더 큰 성공적 결과를 도출함으로써 경쟁조직에 비교우위를 확보할 수 있도록 하여야 할 것이다.

② 위험요인 파악

무엇이 문제가 될지를 찾아내는 것이다. 위험요인 파악은 기존에 있는 사업장・시설・제품 뿐 아니라 새로운 사업장・시설・제품 또는 조직의 개념 설계 단계도 포함한다. 이것은 설계가 구체화되고 운영될 때까지 계속되어야 하며 현재・변화하고 있는 그리고 미래의 활동을 반영하기 위해 전체 수명주기 동안 진행되어야 한다.

위험요인 파악은 조직이 위험요인을 평가, 우선순위 지정 및 제거하거나 안전보건 리스크를 줄이기 위하여 작업장에, 그리고 근로자에게 있는 위험요인을 인식하고 이해하는 것을 돕는다.

위험요인은 물리적 · 화학적 · 생물학적 · 정신 사회적 · 기계적 · 전기적이거나 또는 운동 및 에너지에 근거할 수 있다.

조직의 위험요인 파악 프로세스는 다음 사항을 고려하여야 한다.

a) 일상적 및 비일상적인 활동 및 상황

- 일상적인 활동 및 상황은 일상적인 작업과 정상적인 업무 활동을 통해 위험요인을 초래한다.
- 비일상적인 활동 및 상황(예: 여름 휴가 동안 잠시 shut-down했던 생산라인을 다시 가동)은 가끔 또는 비계획적으로 발생한다.
- 단기간 또는 장기간의 활동은 다른 위험 요인을 초래할 수 있다.

b) 인적 요인

- 인간의 능력, 한계 및 기타 특성과 관련된다.
- 인간이 안전하고, 편하게 사용하기 위하여 도구, 기계, 시스템, 활동 및 환경에 정보가 적용되어야 한다.
- 업무, 근로자 및 조직의 세 가지 측면을 다루어야 하며, 이것이 안전보건에 어떻게 상호 작용하고 영향을 미치는지를 다루어야 한다.

c) 새로운 또는 변경된 위험요인

- 환경변화의 결과로써 작업 프로세스가 악화되거나, 수정/변화될 때 발생할 수 있다.
- 작업이 실제로 어떻게 수행되는지를 이해(예: 근로자 관련 위험요인을 관찰하고 논의)해야 안전보건 리스크가 증가되었는지 또는 감소되었는지 파악할 수 있다.

d) 잠재적 비상상황

- 즉각적인 대응을 필요로 하는 비계획적이거나 예정에 없는 상황을 포함한다(예: 작업장에서 화재가 발생한 기계, 작업장 주변 또는 근로자가 업무 관련 활동을 수행하는 다른 장소에서 발생하는 자연재해)
- 업무 관련 활동을 수행하는 장소에서의 긴급한 대피를 요구하는 민간 소요 사태 같은 상황을 포함한다.

e) 인원

- 조직의 활동으로 영향을 받을 수 있는 작업장 주변의 인원(예: 지나가는 사람, 계약자 또는 인접한 이웃)
- 이동하면서 일하는 근로자 또는 다른 장소에서 업무 관련 활동을 수행하기 위해 이동하는 근로자와 같이 조직의 직접적인 통제를 받지 않는 장소에 있는 근로자(예: 집배원, 버스 운전기사, 고객 사업장에서 근무하거나 그곳으로 가기 위해 이동하는 서비스 직원)
- 재택근로자, 또는 혼자 일하는 사람

f) 위험요인에 대한 지식 및 정보의 변화

- 위험요인에 대한 지식, 정보 및 새로운 이해의 출처는 출판된 문헌, 연구 및 개발 사항, 근로자로부터의 피드백 및 조직이 자체 운영한 경험에 대해 검토한 사항으 포함할 수 있다.
- 이러한 출처는 위험요인 및 안전보건리스크에 대한 새로운 정보를 제공할 수 있다.

③ 리스크 및 기회 평가

안전보건경영시스템에 대한 리스크 평가 프로세스는 일상적인 업무 및 의사결정(예: 최대 작업량, 구조 조정)뿐만 아니라 외부 쟁점(이슈)(예: 경제적 변화)도 고려해야 한다. 방법론은 매일의 활동(예: 작업량의 변화)에 영향을 받는 근로자에 대한 지속적인 상담, 새로운 법적 요구사항 및 기타 요구사항에 대한 모니터링 및 의사소통(예: 규제 개혁, 안전보건에 관한 단체협약 개정), 기존의 그리고 변화하는 요구사항을 충족시키는 자원 확보(예: 새롭게 개선된 장비 또는 소모품에 대한 교육이나 조달)등을 포함할 수 있다.

④ 리스크 및 기회를 다루기 위한 조치의 기획

조직은 다음 사항을 기획하여야 한다.

a) 다음 사항에 대한 조치

- 리스크와 기회를 다룸
- 법적 요구사항 및 기타 요구사항을 다룸
- 비상 상황에 대한 대비 및 대응

b) 다음 사항에 대한 방법

- 조치를 안전보건경영시스템 프로세스 또는 기타 비즈니스 프로세스에 통합,

실행
- 이러한 조치의 효과성을 평가

조직은 조치를 취하기 위한 기획 시 관리 단계 그리고 안전보건경영시스템의 결과를 반영하여야 한다. 또한, 조직은 조치를 기획할 때 모범 사례, 기술적 선택, 그리고 재무, 운용 및 비즈니스 요구사항을 고려하여야 한다.

계획된 활동은 주로 안전보건경영시스템을 통해 관리되어야 하며 환경, 품질, 비즈니스 연속성, 리스크, 재정 또는 인적자원 관리를 위해 수립된 다른 비즈니스 프로세스와 통합하여야 한다. 결정된 조치를 이행하는 것은 안전보건경영시스템의 의도된 결과를 달성할 것으로 기대된다.

안전보건 리스크 및 기타 리스크의 평가 결과, 통제 필요성이 확인된 경우, 계획 활동은 이러한 활동이 운영되는 방식을 결정한다. 예를 들어, 이러한 통제를 작업 지시 또는 역량 향상을 위한 조치로 통합할지 결정할 수 있다. 다른 통제는 측정 또는 모니터링의 형태를 취할 수 있다.

(2) ESG 경영과 안전보건 이슈 실행(Do)

1) 위험요인 제거 및 안전보건 리스크 감소

관리 단계는 안전보건을 강화하고, 위험요인을 제거하며, 안전보건 리스크를 감소 또는 관리하기 위한 체계적 접근방법을 제공하기 위한 것이다. 합리적으로 실행 가능한 수준으로 안전보건 리스크 감소를 성공시키기 위해 여러 가지 관리 방법들을 조합하는 것이 일반적이다.

다음은 이에 대한 몇 가지 예를 보여 준다.

제거: 위험요인 제거, 유해한 화학물질 사용을 중단, 새로운 작업장을 계획할 때 인간공학적 접근법을 적용, 부정적인 스트레스를 주는 단조로운 일을 제거, 하나의 지역에서 지게차 트럭을 제거

대체: 덜 위험한 것으로 위험물을 대체, 온라인 지침으로 고객 불만에 응답하는 것으로 변경, 안전보건 리스크 요인에 대처, 기술적 발전을 적용(예: 유성페인트를 수성페인트로 대체, 미끄러운 바닥 재료 변경, 장비의 전압 요구사항을 낮춤)

기술적 관리, 작업 재구성, 또는 양쪽 모두: 사람들을 위험요인으로부터 격리, 집단 방호 조치(예: 격리, 기계 보호, 환기시스템) 시행, 기계적 취급 다룸, 소음 감소,

가드레일을 사용하여 높은 곳에서 추락을 방지(혼자 일하는 사람, 건강에 좋지 않은 근무시간 및 작업량을 피하고 희생을 방지하기 위한 작업 재구성)

교육 훈련을 포함한 행정적인 관리: 정기적인 안전 설비 검사 수행, 왕따 및 괴롭힘을 방지하기위한 훈련 수행, 하도급자의 활동에 따른 안전 및 보건 협력 관리, 유도 훈련 수행, 지게차 운전면허 관리, 보복에 대해 두려움 없이 사고와 부적합 및 희생을 신고하는 방법에 대해 지침을 제공, 작업자의 작업 패턴(예: 교대제) 변경, 위험에 처한 것으로 확인된 근로자(예: 청력, 손목 진동, 호흡기 질환, 피부 질환 또는 노출 관련)에 대한 건강 또는 의료 감시 프로그램 관리, 근로자에게 적절한 지침을 제공(예: 출입 통제 프로세스)

개인보호구(PPE): 개인보호구 사용 및 유지보수를 위한 의류 및 지침(예: 안전화, 보안경, 청력 보호, 장갑)을 포함하여 적절한 개인보호구를 제공

2) 변경 관리

조직은 다음 사항을 포함하는, 안전보건 성과에 영향을 주는 계획된 임시 및 영구적인 변경의 실행과 관리를 위한 프로세스를 수립하여야 한다.

① 새로운 제품, 서비스 및 프로세스, 또는 기존 제품, 서비스 및 프로세스의 변경 사항:
  - 작업장 위치와 주변 환경
  - 작업 조직
  - 작업 조건
  - 장비
  - 노동력

② 법적 요구사항 및 기타 요구사항의 변경

③ 위험요인 및 관련된 안전보건 리스크에 대한 지식 또는 정보의 변경

④ 지식과 기술의 발전

3) 비상 시 대비 및 대응

안전보건 관련 비상사태가 발생하면 대부분 법규 기준치 이상의 안전보건오염물질이 배출되어 주변 안전보건(대기, 수계, 생태계 등)에 영향을 끼칠 수 있으므로, 이러한 안전보건영향과 연계하여 발생할 가능성이 있는 잠재적인 비상사태의 파악을 위해서는 다음 사항들을 고려하여야 한다.

① 조직의 과거 비상사태 발생 기록
② 조직의 안전보건경영 관련 활동 중 정상상태를 벗어날 가능성이 있는 것 (예: 유류저장고의 화재 등)
③ 발생할 경우 조직에 큰 영향을 줄 수 있는 천재지변(예: 태풍, 지진, 폭우, 폭설, 산사태 등)
④ 조직 주변의 다른 조직에서 발생하여 조직에 영향을 미칠 수 있는 비상사태 (예: 정전, 주변 유류저장고의 화재, 가스 및 용수 공급 중단, 도로공사 등)

조직은 다음 사항을 포함하여 위에서 파악한 잠재적인 비상 상황에 대비하고 대응하는데 필요한 프로세스를 수립, 실행 및 유지하여야 한다.

① 응급조치 제공을 포함하여 비상 상황에 대응하는 계획 수립
② 대응 계획에 대한 교육 훈련 제공
③ 대응 계획 능력에 대한 주기적인 시험 및 연습
④ 시험 후 그리고 특히 비상 상황 발생 후를 포함하여 성과를 평가하고 필요한 경우 대응 계획을 개정
⑤ 모든 근로자에게 자신의 의무와 책임에 관한 정보를 의사소통 및 제공
⑥ 계약자, 방문자, 비상 대응 서비스, 정부기관 및 적절하게 지역사회와 관련 정보를 의사소통
⑦ 모든 관련 이해관계자의 니즈와 능력을 반영하고, 해당되는 경우 대응 계획 개발에 이해관계자의 참여를 보장

(3) ESG 경영 점검(Check) 및 지속적 개선(Act)

1) 안전보건 이슈의 ESG 경영 점검

점검단계는 계획대로 실행되었는지에 대한 성과를 평가하는 단계이다. 주요 업무로는 안전 및 보건 이슈에 대한 모니터링과 측정, 그리고 측정 결과에 대한 분석을 포함한다. 자체 내부심사를 수행하고 최고경영자와 조직의 중간관리자가 참석하는 경영검토를 수행하는 것이다. 성과평가로 대표되는 점검단계에 대해 여기서는 성과측정과 모니터링, 준수평가를 중심으로 살펴보자.

▶ 성과측정과 모니터링

모니터링 및 측정은 다음과 같은 목적을 위해 활용할 수 있다.

① 안전보건방침에 명시한 의지를 만족하는지, 목표 및 세부목표 또는 지속적 개선을 달성해 가고 있는지의 여부를 추적

② 중대한 안전보건측면을 파악하기 위한 정보를 수집

③ 법적 요구사항이나 조직이 동의한 그 밖의 요구사항에서 규정하고 있는 물질의 배출농도 및 배출량을 만족하고 있는지를 파악

④ 운영관리에 필요하거나, 운영관리를 평가하기 위한 데이터 수집

⑤ 조직의 안전보건성과를 평가하기 위한 데이터 수집

⑥ 안전보건경영시스템의 성과를 평가하기 위한 데이터 수집

▶ 준수평가

조직은 최고경영자가 안전보건방침에서 선언한 법규준수의 의지를 실현할 수 있도록, 안전보건경영시스템을 수립, 운영 및 유지하여야 한다. 주기적으로 이러한 법규준수가 잘 이루어지고 있는지를 준수평가를 통해 평가해야 한다.

준수평가에 사용할 수 있는 방법에는 다음과 같은 것들이 있다.

① 심사 수행

② 문서 및 기록 검토

③ 시설, 장비 및 설비 조사

준수평가의 시행 주기는 조직의 규모나 특징에 맞도록 정해야 한다. 준수평가 주기를 결정할 때에는 법규위반기록이나 과징금 납부기록 등 과거의 준수성과자료와 함께, 특정 법규에서 요구하는 준수평가 시행 빈도 등이 중요한 판단근거가 될 수 있다.

준수평가의 결과는 조직에 적용되는 법규 및 조직이 준수하기로 동의한 그 밖의 요구사항을 준수하고 있음을 보여줄 수 있는 증거가 되므로, 반드시 기록으로 작성하고 보관하여야 한다.

2) 안전보건 이슈의 ESG 경영 지속적 개선

안전보건경영(시스템)의 지속적 개선은 발견된 부적합에 대한 시정(조치)을 통해 달성될 수 있다. 사건 또는 부적합이 발생할 때 조직은 다음 사항을 실행하여

야 한다.

- 사건 또는 부적합에 대해 시의적절하게 대응하고, 적용 가능한 경우
  - 사건 또는 부적합을 관리하고 시정하기 위한 조치를 취함.
  - 사건 또는 부적합이 재발하거나 다른 곳에서 발생하지 않도록 사건 또는 부적합의 근본 원인을 제거하기 위한 시정조치의 필요성을 근로자 참여 및 기타 관련 이해관계자의 참여로 다음 사항을 평가
- 사건 조사 또는 부적합 검토
- 사건 또는 부적합 원인의 결정
- 유사한 사건이 발생했는지, 부적합이 존재하는지 또는 잠재적으로 발생할 수 있는지 여부를 결정
  - 안전보건 리스크 및 기타 리스크에 대한 기존 평가사항의 적절한 검토
  - 관리단계 및 변경 관리에 따라 시정조치를 포함한 필요한 모든 조치의 결정 및 실행
  - 새로운 또는 변경된 위험요인과 관련된 안전보건 리스크를 조치하기 전에 평가
  - 시정조치를 포함한 모든 조치의 효과성 검토
  - 필요한 경우, 안전보건경영시스템의 변경 실행

시정조치는 발생한 사건 또는 부적합의 영향이나 잠재적 영향에 적절하여야 한다. 조직은 다음 사항의 증거로 문서화된 정보, 즉 기록을 보유하여야 한다.

- 사건 또는 부적합의 성질 및 취해진 모든 후속 조치
- 효과성을 포함하여, 모든 조치와 시정조치의 결과

조직의 경영부문은 다양하다. 품질경영 · 환경경영에 비해 안전보건경영은 다소 늦게 국내외적으로 관심을 받은 건 사실이지만, 오히려 그 중요성은 가장 크다 할 것이다. 품질(경영)이 조직에서 만드는 제품에 대한 자존심의 표현이라면, 환경(경영)은 우리 모두의 건강에 관련되는 것이며, 안전보건(경영)은 생명이라고 볼 수 있다. 안전보건이 사실상 가장 우선시 되어야 할 경영이슈임이 분명해 진다.

최근의 안전보건경영 추세는 단순히 사고를 줄이고 질병이 없는 작업장을 유지하는 것에 그치지 않는다. 정신건강과 복지 등 안녕(well-being)에 까지 확대되고 있다. 일부 근로자의 정신건강 및 조직 내 인간관계 등 사회성을 긍정적으로

유지하는 것이 조직의 생산성 향상 뿐 아니라 재해예방에도 도움된다는 인식이 증대되고 있다. 조직 발전에 기여할 수 있는 개별 구성원의 정신건강 문제까지 안전보건경영의 대상 영역이 확대되고 있다.

이에 국제표준화기구(ISO/TC 283)는 안전보건경영시스템 표준(ISO 45001)에 추가하여 정신건강관리에 특화된 ISO 45003 표준을 2021.6에 공표하였다. 사고와 직업병으로 인한 1차 피해가 트라우마 같은 2차 정신질환으로 악화되지 않도록 방지하는 노력도 필요할 것이다.

그림 7-4 사고 · 직업병으로부터 정신건강까지

CHAPTER 08

사회책임 ESG 경영 실무

제 1 절 ESG 경영의 사회적 이슈

1. 개 요

'사회(society)'란 '같은 무리끼리 모여 이루는 집단'이다. 다른 정의에 의하면 사회란 '정치, 문화, 제도적으로 독자성을 지닌 공통의 관심과 신념, 이해(利害)에 근거를 둔 다인(多人)의 개인적 집합, 결사체이다. 소규모의 가족에서부터 직장과 학교, 전체사회 및 그 일부인 정치 · 경제 · 시민 · 노동 · 문화사회 등을 지칭한다.'

사회가 갖는 가장 큰 특징 중 하나는 구성원간의 의사소통(communication)이다. 어원인 라틴어 'communicare'는 '공유한다' 또는 '함께 나눈다'는 의미로 일방적이 아닌 상호간에 함께 나눈다는 의미로써 사용되었다. 또한, '사회'라는 용어는 상대적으로 다른 뜻으로 이해되기도 한다. 특수한 조직과 구별하여 사용되는 경우를 볼 수 있다. 군대 또는 학교도 같은 무리끼리 모여 이루는 집단인 사회임에는 틀림없다. 그런데 군 또는 학교 제대 · 퇴직 후, '사회에 나가서'라는 말을 종종 듣게 되는데 다른 의미의 사회로 사용하는 경우이다.

'사회' 의미가 다양한 만큼, 사회(적)책임의 의미도 그 사회가 어떤 조직인가에 따라 다양한 의미를 갖는다. 사회책임 국제표준인 KS A ISO 26000 표준은 사회책임을 다음과 같이 정의하고 있다.

- **사회(적)책임**(SR, Social Responsibility): 투명하고 윤리적인 행동을 통해, 조직의 의사결정과 활동이 사회와 환경에 미치는 영향에 대한 책임.

KS A ISO 26000 표준은 사회책임 이슈로 7가지를 열거하고 있다, 즉, 조직 거버넌스 · 인권 · 노동관행 · 환경 · 공정운영 관행 · 소비자 이슈 · 지역사회 참여 및 개발이다. 이 책의 제4부에서는 조직 거버넌스를, 제2부 제2장에서는 환경 · 에너지 이슈를 다루고 있다. 따라서 여기서는 환경 · 조직 거버넌스를 제외한 사회책임부분을 주로 언급하고자 한다.

다양한 이니셔티브 중에서 UN PRI는 인권, 근로자 안전, 노예, 아동, 근로, 근로조건, 근로자 관계를 ESG의 사회책임(S)이슈로 제시하고 있다.

2. 사회책임 원칙

조직의 사회 책임에 대한 비교적 최근의 논의는 1970년으로 올라갈 수 있다. 당시 뉴욕타임즈에 게재된 M.Friedman의 '프리드먼 독트린'은 오늘날의 기업(Business) 사회책임을 이해하고, 시대적 흐름에 대한 안목을 높이는 데 도움을 준다. 자유주의 시장경제 옹호주의자로서 스스로를 고전적인 자유주의자로 생각했던 프리드먼은 시장의 장점과 정부 개입의 단점을 강조하였다. 따라서 당시 신문에 표제된 글의 제목(A Friedman doctrine-The Social Responsibility Of Business Is to Increase Its Profits)이 보여주듯 최근의 우리가 생각하는 사회책임과는 뉘앙스를 달리하고 있다. 노벨경제학상 수상자이며 컬럼비아대, 시카고대 교수였던 프리드만의 '기업의 이윤추구 강조'와 '기업소유주 및 경영자 같은 조직에서 근무하는 사람(people)의 사회책임과 기업(corporation)의 사회책임'을 구분한 그의 주장은 당시 세계 진보주의자들로부터 신제국주의를 효율적으로 실행하기 위한 이론을 만든 사람으로 비판받기도 하였다.

프리드먼은 이런 강경한 시각에도 불구하고 일부 타협적인 시각을 허용하고 인정한다.

> 작은 국가의 대기업들이라면 공동체를 위해 생활 편의 시설을 제공하거나 정부에 도움을 주기 위해 자원을 제공할 수 있다. 이는 기업의 장기 이익에 도움이 될 수 있기 때문이다. 유능한 인재들을 유지하기도 쉽고 범죄나 사보타주(sabotage)에 따른 피해를 줄이는 데 도움이 된다. 또 기업의 기부액에 대해 세금을 공제해 주는 법을 고려해야 한다. 주주들은 법인세로 납부해야 하는 돈을 기부할 수 있다.

프리드먼은 사회책임경영이라는 명분 아래 이루어지는 기부를 '위선적인 겉치레'라고 표현하고 있다. 그러나 주주 이익에 기여한다면 이런 관행이 정당화 될 수 있다고 말했다. 그는 오늘날 '전략적 자선/기부'라고 일컬어지는 개념을 처음으로 제시한 것이다.

2010년, 국제표준화기구(ISO)는 사회 책임 표준인 ISO 26000을 제정・공표하였다. ISO 26000의 제정은 전 세계의 조직과 그 이해관계자들이 과거와는 달리 '사회적으로 책임있는 행동의 필요성 및 이로 인한 이득을 점차 중요하게 인식'하게 하였고, '사회책임의 목표가 지속가능발전에 기여'하게 된다는 점을 강조하게 되는 계기를 만들었다.

이제 사회책임은 조직의 이윤 추구를 위한 필수 요소 뿐 아니라, 조직의 지속가능성에도 중요한 요소로 등장하게 되었다. 프리드먼 시대의 '이윤추구' 주장이 조직의 양적 성장에 치중했었다면, 사회책임은 여기에 질적 성장을 더함으로써 궁극적으로 자본주의 발전에도 기여할 수 있다는 최근의 국내외적 요구와 현실을 반영하는 것이라 할 수 있다. 적극적인 사회책임 개념으로 발전한 것이다.

ESG 경영에서 '사회책임'은 최종적으로 사람에 귀결되는 이슈이다. 인권, 노동, 안전보건, 부패방지, 등 사람과 관련된 이슈가 대부분이다. 그 만큼 공급망에 관련된 상호 의존적인 value chain의 각 주체들의 인식과 태도 그리고 이들 간의 의사소통 등이 중요하다고 할 수 있다.

ESG의 다양한 사회적 이슈는 '우월적 지위의 남용 방지'라는 공통의 지향점을 갖고 있다. 인권 문제도 그렇고 노사관계 그리고 우월적 지위에 있는 사람에게 접근할 수 있는 뇌물을 차단하려는 부패방지와 법을 지켜야 한다는 준법경영도 소위 갑을관계로 인식되어온 나쁜 연결고리를 차단하려는 시도의 일환이라 할 수 있다.

대규모 조직은 물론 중견, 중소 규모의 조직이 많다는 우리나라의 특징도 있지만 '위험의 외주화(out-sourcing)' 현상이 적지 않은 상황에서 사회책임 이슈는 어떤 조직이 혼자서 단기간에 성과를 낸다는 것이 쉽지 않다는 것을 암시하고 있다. 혼자 할 수 없는–청렴결백을 오히려 비사회적 행동으로 여기고 적당히 주고받고 좋게 넘어가자는 사회적 분위기가 상존하는 게 사실임–더불어 해결해야 할 이슈이기 때문이다.

환경부문의 경우 정부의 정책 지원 및 대기업의 협력사 지원이 비교적 좋은 우수 사례를 남기고 있고. 조직 거버넌스의 경우 중견중소기업은 공시 등 의무에서 보다 장기간에 대응할 수 있는 시간적 여유가 남아 있는 상황이다. 그러나 사회책임부문에 있어서는 중소기업의 경우 아직도 기술보다는 노동집약적인 산업구조 특성으로 인해 ESG의 부각은 어쨌든 자체 해결해야 하는 부담요인으로 여전히 작용하고 있는 것은 사실이다.

제 2 절 사회책임 이슈의 ESG 경영 도입과 실행

1. 인권경영

(1) 개 요

다양한 도덕적 · 법적 및 지적 규범은 인권(Human rights)이 법 또는 문화적 전통을 초월한다는 전제에 근거한다.[1] 그리고 인권은 모든 인간이 부여받은 기본권이다. 인권에는 두 가지의 넓은 범주가 있다. 첫째 범주는 시민권 및 정치적 권리에 관한 것으로 생명권과 자유권, 법 앞에서의 평등과 표현의 자유 같은 권리들이 포함된다. 둘째 범주는 경제적 · 사회적 및 문화적 권리로 노동권 · 식량권 · 달성 가능한 최상의 보건기준에 대한 권리 · 교육권 · 사회보장권 같은 권리들이 포함된다.

인권의 중요성은 국제사회의 국제인권장전 및 핵심 인권 문서에서 강조되어 왔다. 더 넓은 의미에서 '인권 존중'은 조직에게 권리 및 자유가 완전히 실현되는 사회적 국제질서로부터 이점(benefits)을 제공할 것이다.

인권 존중 원칙

인권은 고유의 권리로서, 양도할 수 없고, 보편적이며, 예외가 없으며 상호의존적이다.
- 인권은 인간이기에 모든 사람에게 속한다는 점에서 고유의 권리이다.
- 인권은 인간이 포기에 동의하거나 정부 또는 다른 어떤 기관에게도 빼앗길 수 없다는 점에서 양도할 수 없는 권리이다.
- 인권은 지위에 상관없이 모든 사람에게 적용된다는 점에서 보편적인 권리이다.
- 인권은 어떠한 인권도 선택적으로 무시되어서는 안 된다는 점에서 불가분의 권리이다.
- 인권은 한 권리의 실현이 다른 권리의 실현에 기여한다는 점에서 상호의존적인 권리이다.

---

1) 출처: KS A ISO 26000 : 2010, 6.3.1.1.

(2) 인권경영 고려사항

국가는 사법관할권 내의 인권존중 및 실현뿐만 아니라 인권침해에 대항하는 개인과 집단을 보호할 의무가 있다. 국가는 자신의 사법관할권에 근거를 둔 조직에 대해서는 심지어 그 조직이 사법관할권 밖에서 운영되더라도 인권을 존중하도록 권장하는 조치를 갈수록 강화하고 있다.

조직은-국가가 인권보호의 의무를 이행할 수 없거나 이행할 의지가 없는 것과는 별개로-모든 인권을 존중할 책임이 있다.[2] 조직이 인권 존중의 책임을 이행하기 위해서는 실사(Due diligence)[3]가 필요하다.

이하에서는 인권경영과 관련된 8가지 이슈(실사, 인권 리스크 상황, 연루 회피, 고충처리, 차별 및 취약집단, 시민권 및 정치적 권리, 경제적/사회적 및 문화적 권리, 근로에서의 권리)[4]중 2가지 이슈에 대해 기대되는 사항, 해야 할 행동이 무엇인지 살펴보기로 한다.

▶ 인권경영 이슈-실사

내용	인권을 존중하기 위하여, 조직은 조직의 활동 또는 조직과 관계를 갖는 사람들의 활동에서 야기되는 실질적 또는 잠재적인 인권 영향을 식별하고, 예방하며, 다루기 위해 실사(due diligence, 조사)를 수행할 책임이 있다.
관련 행동 및 기대	인권실사 절차는 조직의 규모와 상황에 적합한 방식으로 만들어야 하며 다음 사항을 포함하여야 할 것이다. • 조직 내 사람 및 조직과 관련이 있는 다른 사람에게 지침이 되는 '인권 방침'을 고려한 실사 방식 • 조직 전체에 걸쳐 인권 방침을 통합하는 수단(여러 관련 부서, 처리 되는 과정에 연계된 부서 등) • 제기된 인권(침해)사건에 대한 실사가 지금 어떻게 진행되고 있으며, 지금 시점 에서라도 조정될 수 있도록 시간흐름에 따른 성과 모니터링 하는 수단과 방법 • 실사와 관련하여 조직의 의사결정 및 활동이 때로는 부정적 영향을 미칠 수 있다는 점에서 이를 다루기 위한 조치

2) 출처: KS A ISO 26000 : 2010, 6.3.2.2.

3) '실사'는 간단히 말해, 사실관계를 확인하는 조사라고 말할 수 있음. 주로 기업의 인수·합병 시 그 대상에 대한 정확한 현 상태를 평가하는 의미에서 사용되어 왔음. KS A ISO 26000 표준은 '부정적인 영향을 피하고 완화하려는 목적으로, 프로젝트 또는 조직 활동과 생애주기 전체에 걸쳐 조직의 의사결정 및 활동의 실제적이고 잠재적으로 부정적인 사회적·환경적·경제적 영향을 식별하기 위한 포괄적이고 사전예방적인 프로세스'라고 정의하고 있다.

4) KS A ISO 26000 표준은 인권 존중(경영)과 관련된 이슈로 ① 실사, ② 인권 리스크 상황, ③ 연루 회피, ④ 고충처리, ⑤ 차별 및 취약집단, ⑥ 시민권 및 정치적 권리, ⑦ 경제적, 사회적 및 문화적 권리, ⑧ 근로에서의 근본원칙 및 권리를 제기하고 있다.

▶ 인권경영 이슈–근로에서의 근본원칙 및 권리

ILO(국제노동기구)는 근로에서의 근본권리를 파악해 왔다. 주로 다음을 포함한다. 즉, 결사의 자유 및 단체교섭권의 효과적인 인정, 모든 형태의 강제노동 또는 의무 노동의 철폐, 아동노동의 효과적인 제거, 고용 및 직업에서의 차별 철폐를 들 수 있다.

<table>
<tr><td>내용</td><td>국제노동기구(ILO)는 근로에서의 근본 권리를 파악해 왔다. 이것은 다음을 포함한다.
• 결사의 자유 및 단체교섭권의 효과적인 인정
• 모든 형태의 강제노동 또는 의무노동의 철폐
• 아동노동의 효과적인 폐지
• 고용 및 직업에서의 차별 철폐</td></tr>
<tr><td>관련 행동 및 기대</td><td>• 평등한 기회 및 비차별: 조직은 자신의 고용 정책이 인종, 피부색, 성별, 종교, 출신 국가, 사회적 신분, 정치적 견해, 나이, 또는 장애에 기초한 차별이 없다는 것을 확인하여야 한다. 차별적 근거가 되어서는 안 되는 것들에는 이 외에도 결혼 여부, 가족 사항, 개인적 관계 등이 포함된다. 작업장에서 괴롭힘을 예방하기 위해 다음과 같은 조치를 취하여야 할 것이다.
–평등한 기회 및 비차별을 촉진하는 정책 및 활동의 영향을 정기적으로 평가
–장애인에게 편리한 작업장을 만들고, 고위직에서 여상 임원/대표제 같은 균형 잡힌 참여 포함 프로그램 수립
• 강제노동: 조직은 강제노동 또는 의무노동에 관여하거나 그로 인해 이득을 취하지 않아야 할 것이다. 불이익 위협이 있거나 근로자가 자발적으로 이루어지지 않은 사람에게서 일이나 서비스를 요구하지 않아야 할 것이다.
• 결사의 자유 및 단체교섭: 근로자 및 사용자는 아무런 차이 없이 오직 자신의 규칙에 따라서 조직(예, 노동조합)을 설립하고 사전 승인 없이 스스로 선택한 조직에 가입할 권리가 있다. 근로자가 구성 또는 참여한 대표 조직은 단체교섭의 목적을 위해 인정되어야 할 것이다.
• 아동노동: 아동노동은 인권을 침해하는 착취의 한 형태이다. 아동노동은 아동의 유년기와 존엄성을 앗아간다. ILO 협약은 고용 또는 근로가 허용되는 최적 연령이 의무교육을 마치는 연령보다 낮아서는 안 되며, 어떤 경우라도 15세 미만이어서는 안 된다고 규정하는 국가법을 위한 프레임워크를 제공한다. 위험한 근로의 최저 연령은 모든 국가에서 18세이다.
<table><tr><th>구분</th><th>선진국</th><th>개도국</th></tr><tr><td>일상적 노동</td><td>최소 15세</td><td>최소 14세</td></tr><tr><td>위험한 노동</td><td>18세</td><td>18세</td></tr><tr><td>가벼운 노동</td><td>13세</td><td>12세</td></tr></table></td></tr>
</table>

(3) 인권경영 도입 및 운영

인권경영시스템 구축을 위해서는 담당(자)를 지정하고 관련 규정을 제정하는 일이 요구된다. 큰 조직의 경우 별도의 (가칭)윤리경영팀(또는 '법무팀' 등 명칭은 다양할 수 있고 '위원회 형태'로도 운영할 수 있음)를 둘 수 있고, 규모가 작은 조직의 경우 담당자(전담 또는 겸직)를 배치함으로써 조직 상황에 맞게 운영할 수 있다.

인권경영 업무규정(매뉴얼)에 포함될 주요 사항의 예는 다음과 같다.

제1장 총칙: 목적, 적용범위, 용어 정의

제2장 인권경영 일반원칙: 기본원칙, 인권윤리경영의 선언, 고용상의 차별금지, 결사 및 단체교섭의 자유보장, 강제노동 및 아동노동 금지, 안전 및 보건, 책임 있는 업무계약자 관리, 환경권 보장, 정보인권 보호, 구제조치

※ 특정 부문의 인권보호를 강조하는 항목을 추가할 수도 있으며(예, 현지주민 인권보호, 임직원의 인권 보호), 포괄적인 의미로 '이해관계자 인권 보호'로 할 수 도 있다. 또한 필요한 경우, '금지되는 직장 내 괴롭힘 행위' 항목을 둘 수도 있다.

제3장 인권경영 체계: 인권경영헌장, 인권경영계획 수립, 인권경영 제도와 절차, 인권경영 주관[담당]부서, 인권교육, 업무계약자의 인권 존중 책무 이행, 인권경영 이행 및 지원

※ 별도의 '인권경영담당관'을 둘 수도 있으며, 교육을 '인권교육'과 '직장 내 괴롭힘 예방교육'으로 구분할 수도 있다.

제4장 인권경영위원회: 설치 및 기능, 구성, 회의 개최 및 운영, 의견청취(및 자료제출 요구), 이익 충돌 회피, 기밀 유지, 위원의 위촉 및 해지

※ 위원회 운영에 있어서는 이해관계 있는 위원의 회의 참석 금지 및 기피·제척에 대한 언급을 둠으로써 공정한 운영이 될 수 있도록 함.

제5장 인권영향평가: 인권영향평가 실시, 인권영향 이행사항 점검

제6장 인권의 구제: 인권침해의 신고 및 접수, 인권침해행위의 처리, 조사, 신고인의 신분보장, 인권침해여부에 대한 상담·결정, 시정과 조치

부칙(시행일 등) ①이 규정에서 정하지 아니한 사항은 관련 법령 및 ○○조직명칭 규정에서 정하는 바에 따른다.

②이 규정은 ○○○○년 ○○월 ○○일부터 시행한다.

비교적 규모가 큰 공공기관 및 대규모 조직의 경우 인권경영시스템 구축의 추진 체계는 다음의 4단계를 거쳐 도입·운영할 수 있을 것이다.[5] 규모가 작은 조

그림 8-1 인권경영 추진 체계도

1단계 인권경영 체계 구축

1. 인권경영 추진 시스템 구축
2. 인권경영 선언 및 공표
3. 기관(기업) 내 각 부서 확산
4. 기관(기업)의 영향권 내에 있는 모든 협력사에 확산

2단계 인권영향평가의 실시

2-1단계 기관(기업)운영 인권형향평가 실시

1. 기관(기업)운영 인권형향평가 실시 계획수립
2. 인권경영 가이드라인 및 체크리스트 교육
3. 인권경영위원회 평가 자료 제출
4. 인권경영위원회 평가 및 결과 보고서 작성
5. 최고경영진에 보고 및 공개

2-2단계 주요사업 인권영향평가 실시

1. 주요사업 인권영향평가 실시 계획 수립
2. 주요사업 인권영향평가 체크리스트 지표 마련
3. 주요사업 인권영향평가 체크리스트 교육
4. 인권경영위원회 평가 자료 제출
5. 인권경영위원회 평가 및 결과 보고서 작성
6. 최고경영진에 보고 및 공개

3단계 인권경영(사업) 실행, 공개

1. 인권경영(사업) 실행
2. 인권경영 전 과정 공개

4단계 구제절차의 제공

1. 구제절차 연구와 준비
2. 구제절차 수립
3. 구제절차 시행
4. 구제절차 시행에 대한 평가와 개선

직의 경우, 2단계 인권영향평가의 실시는 전문적인 평가 보다는 조직의 인권 관련 담당자(인원) 회의를 통해 실시함으로써 비용과 시간을 줄일 수 있을 것이다.

담당 인력(조직)을 배치하고, 관련 업무규정(헌장, 필요한 경우 세부 지침도 작성)을 제정하여 인권경영을 선언하는 것에서부터 인권경영체제를 구축하고(1단계), 조직의 인권현황에 대한 평가(2단계)를 통해 도출된 추진계획을 실행하고(3단계), 인권침해 사례에 대한 구제 절차를 통해 인권경영의 목표를 실현(4단계)하는 과정을 거치게 된다.

5) 출처: 공공기관 인권경영 매뉴얼, 2018년 국가인권위원회/p.5 이하.

(4) 인권경영 관련 중요 이슈

- **인권경영 매뉴얼**: '인권경영 매뉴얼' 또는 '인권(경영)업무규정'이라는 명칭으로 제정, 사용할 수 있다. 매뉴얼의 구성 주요 항목은 앞[1. (3)]인권경영 도입 및 운영) 부분을 참고하여 조직 상황에 맞게 변경할 수 있다.
- **인권영향평가**: 인권영향평가란 조직(기관/회사) 운영으로 인해 이해관계자의 인권에 영향을 미칠 수 있는 실제적 · 잠재적 인권리스크를 파악하고 평가하는 절차로서, 조직의 운영 전반을 대상으로 하는 '기관운영 인권영향평가'와 기관이 추진하는 특정사업을 대상으로 하는 '사업운영 인권영향평가'로 구분할 수 있다.[6)7)]

국가인권위원회는 인권영향평가의 주요 평가항목으로 ① 인권경영체제의 구축, ② 고용상의 차별, ③ 결사 및 단체교섭의 자유 보장, ④ 강제노동의 금지, ⑤ 아동노동의 금지, ⑥ 산업안전 보장, ⑦ 책임 있는 공급망 관리, ⑧ 현지주민의 인권보호, ⑨ 환경권 보장, ⑩ 소비자인권 보호의 10개 항목을 제시하여 종합평가 통계표를 작성하도록 하고 있고 이들 각각에 대한 세부 평가 항목은 체크리스트 통해 확인하도록 하고 있다.[8)]

- **인권헌장**: 조직에 따라 '인권헌장' 또는 '인권경영헌장'이라는 명칭으로 제정, 사용하고 있으며, 헌장의 하위 규정인 지침을 포함시켜 '인권경영선언문'의 1가지 규정 문서를 사용하는 경우도 존재한다.
- **인권경영 관련 각종 서식/양식(예)**: 인권침해 신고서, 인권침해 접수 및 처리대장, 인권침해 심의/결정서, 인권경영위원회 회의/서명록 등 조직의 상황에 맞게 개발하여 사용할 필요가 있다.

---

6) 출처: 경제 · 인문사회연구회(https://www.nrc.re.kr) 인권경영.

7) 국제 비즈니스 리더스 포럼(IBLF)과 국제금융공사(IFC)는 유엔 글로벌콤팩트(UNGC)와 협력하여 2010년, '인권영향평가 및 관리에 관한 지침, 소위 HRIAM 가이드(Guide to Human Rights Impact Assessment and Management)를 제정함.

8) 인권영향평가 종합통계표와 체크리스트에 대한 상세한 내용은 〈공공기관 인권경영 매뉴얼, 2018.8〉을 참조할 수 있음.

2. 준법경영[9][10]

(1) 개 요

장기적으로 성공을 목표로 하는 조직은 이해 관계자의 요구와 기대를 고려하여 청렴성과 컴플라이언스(compliance, 준수) 문화를 수립하고 유지할 필요가 있다. 따라서 청렴성과 컴플라이언스는 성공적이고 지속 가능한 조직의 기초 일뿐만 아니라 기회이기도 하다.

컴플라이언스는 한 번에 끝나는 일회성이 아닌 지속적인 프로세스이며 조직의 의무를 충족시키는 결과이다. 컴플라이언스는 조직의 문화와 이를 위해 일하는 사람들의 행동과 태도에 포함시켜 지속 가능하게 만든다. 컴플라이언스가 독립성을 유지하면서 조직의 다른 경영 프로세스 및 운용 요구 사항 및 절차와 통합되는 것이 바람직하다.

효과적인 조직 차원의 컴플라이언스경영시스템을 통해 조직은 우수한 기업 지배구조, 모범 사례, 윤리 및 지역사회 기대치뿐만 아니라 입법 요구사항, 산업(업종)별 요구 사항 및 조직 표준을 포함한 관련 법률을 준수하겠다는 의지표명을 입증할 수 있어야 한다.

그동안의 국내외 여러 사법기관에서의 법률 위반에 대한 판단을 보면, 조직의 준법경영시스템을 구축해서 노력해 온 경우, 부과될 벌금 등 처벌에 있어 조직의 의지표명을 고려했다는 점을 부인할 수 없다.

조직은 준법경영에 대한 구속력 있는 가치와 적절한 컴플라이언스 경영을 적용함으로써 진실성을 보호하고 조직의 컴플라이언스 의무를 준수하지 않는 것을 피하거나 최소화 할 수 있다는 확신을 크게 갖도록 하여야 할 것이다. 컴플라이언스는 또한 조직의 사회적 책임 행동에도 기여하고 있다.

준법경영과 관련된 국제 표준인 ISO 37301은 컴플라이언스 관련 리스크의 효과적이고 건전한 관리가 조직에게 제공하는 여러 유용한 점 긍정적인 컴플라이언스 문화를 개발하고 확산할 수 있도록 하는 데 도움을 줄 수 있다.

---

9) '준법경영'은 일반인의 이해를 돕고 제도와 현실을 반영하여 국내에서는 '준수경영'이라는 용어 대신 채택된 용어임. 지켜야 할 기준이 법 이외에도 표준, 회사의 업무규정, 고객 요구사항 등 많다는 점에서 영어 compliance에 가장 가까운 용어 의미는 '준수'가 더 정확한 단어일 것임.

10) 컴플라이언스 '이슈는 ESG의 거버넌스 이슈에 해당하는 성격도 갖고 있으나, 이 책에서는 편의상' 사회책임경영 ESG실무'에서 다룬다. ISO 37301 : 2021 표준은 ISO의 거버넌스 위원회인 TC 309(Governance Of Organizations)에서 제정함.

먼저 '컴플라이언스'가 어떤 의미인지 '컴플라이언스 의무' 용어와 함께 ISO 37301 국제표준에서의 정의를 살펴보자.

컴플라이언스, compliance	컴플라이언스 의무, compliance obligation
조직의 모든 컴플라이언스 의무를 충족한 결과/the outcome of meeting all the organization's compliance obligation	조직이 자발적으로 준수하기로 선택한 것뿐 만 아니라 조직이 반드시 준수해야하는 요구사항/requirements that an organization mandatorily has to comply with as well as those that an organization voluntarily chooses to comply with

위와 같은 정의를 보아도 컴플라이언스가 무엇을 의미하는지 명쾌하지 않다. 컴플라이언스는 일반적으로 다음을 지키는 것을 의미한다. 법규 요구사항을 하나로 볼 때, 조직이 컴플라이언스 하여야 할 요구사항은 크게 구분할 때, 다음의 7가지라 할 수 있다.

표 8-1 컴플라이언스 요구사항 구분

구분	내용
법규 요구사항 the legal requirements	• 법(률), 시행령=대통령령, 시행규칙=장관 령 • 행정규칙(고시, 예규, 훈령, 지침) • 법원의 판례
법 이외 요구사항 the other requirements	• 조직(우리 회사) 요구사항 • 고객회사(납품할 다른 회사) 요구사항 • ISO, IEC 등 국제기구에서 정한 표준/기준 • 단체, 협회 등 요구사항[11]

조직이 처한 상황은 내부 및 외부 이슈를 포함하여 다양하다. 법령에 규정된 사항은 반드시 지켜야 하며, 사회・문화・환경적 여건(이 또한 지켜야 할 요구사항에 해당되는 경우가 많다)도 보아야 하고, 경쟁사를 포함한 최근의 앞선 기술력 대비 비교 우위 여부도 점검해야 할 뿐 아니라, 대내외 경제적 여건 그리고 조직 내부의 구조 및 사업 모델과 부품조달 및 납품할 조직과의 협력관계 등도 고려하여야 한다. 이들 제반 여건 하에서 컴플라이언스 경영를 위한 컴플라이언스 의무사항 파악 → 중대한 의무사항 선정을 위한 리스크 평가 → 관련된 컴플라이언

11) 업종별 단체, 협회에서 제정한 지침도 여기에 해당.

스 방침 설정 → 필요한 훈련과 커뮤니케이션 강화 → 컴플라이언스 성과를 평가하는 절차를 거치게 된다.

(2) 준법경영 고려사항

ISO 37301 국제표준에서 제시하고 있는 컴플라이언스 경영은 다른 경영부문(예: 품질경영 · 환경경영 · 안전보건경영 등) 표준과 마찬가지로 같은 PDCA 프로세스 순환 모형을 따른다. HLS(High Level Structure)로 표현되는 컴플라이언스 경영의 PDCA 순환 사이클은 다음과 같은 내용으로 구성되어 있다.

- **컴플라이언스 경영 기획단계(Plan)**: 조직이 처한 상황, 리더십(컴플라이언스 방침, 문화, 거버넌스), 기획(컴플라이언스 의무, 컴플라이언스 리스크 평가, 컴플라이언스 목표 달성을 위한 조치 기획)
- **컴플라이언스 경영 실행단계(Do)**: 지원(인적 물적 자원, 역량, 커뮤니케이션), 운용(기획 및 관리, 우려 제기, 조사 프로세스)
- **컴플라이언스 경영 점검단계(Check)**: 성과평가(모니터링, 측정, 분석 및 평가, 컴플라이언스 보고, 내부심사 및 경영검토)
- **컴플라이언스 경영 개선단계(Act)**: 개선(컴플라이언스 미준수 및 시정조치)

이상 다양한 고려사항 중에서 컴플라이언스 경영에서 특이하게 존재하는 컴플라이언스 방침 · 컴플라이언스 의무 · 컴플라이언스 리스크 평가(P 단계)와 컴플라이언스 여부를 확인하는 컴플라이언스 조사(D단계) 그리고 컴플라이언스 보고(C단계)와 미준수에 대한 시정조치(A단계)를 중심으로 살펴보고자 한다.

1) 컴플라이언스 방침

컴플라이언스 방침은 조직이 컴플라이언스를 달성하기 위한 중요한 원칙과 행동에 대한 의지표명을 나타내고 있다. 방침은 조직의 활동으로 발생하는 조직의 컴플라이언스 의무(사항)에 적합해야 한다.

컴플라이언스 방침은 다음과 같아야 한다.

① 조직의 가치, 목표 및 전략과 일치

② 조직의 컴플라이언스 의무를 준수 요구

③ 컴플라이언스 거버넌스 원칙을 지원

④ 방침, 절차 및 프로세스를 통해 조직의 컴플라이언스 의무를 준수하지 않은 결과를 설명
⑤ 우려 제기를 장려하고 모든 형태의 보복을 금지
⑥ 모든 직원이 원칙과 의도를 쉽게 이해할 수 있도록 쉬운 언어로 작성
⑦ 적절하게 실행

다음은 준법경영 방침(Compliance Policy)의 사례이다.

그림 8-2 Y제약회사의 컴플라이언스 방침(국내, 예)

부패방지 및 컴플라이언스 방침

○○○○은 정직과 신뢰의 기업문화를 바탕으로 윤리경영과 투명경영을 실천하여 글로벌 기업으로 지속 성장해 나가고자 부패방지 및 컴플라이언스 방침을 제정하고 이를 선언한다.

1. 회사와 임직원은 국내외의 적용가능한 모든 컴플라이언스 의무사항을 준수한다.
2. 회사는 임직원의 부패행위를 포함한 컴플라이언스 의무사항의 위반에 대하여 무관용의 원칙을 적용한다.
3. 회사는 부패방지 및 컴플라이언스 경영의 목적을 달성할 수 있는 컴플라이언스 경영시스템을 구축하여 지속적으로 관리하고 개선한다.
4. 컴플라이언스 책임자는 컴플라이언스 경영시스템 운영에 대한 권한과 독립성을 가지며 지배기구에 대한 직접적이고 정기적인 보고 의무를 갖는다.
5. 임직원은 업무상 이해관계자에게 어떠한 금품, 향응 그리고 뇌물을 주거나 받지 않는다.
6. 임직원은 컴플라이언스 이슈를 관리하고 컴플라이언스 책임자에게 보고할 책임이 있다.
7. 임직원은 부패행위를 포함한 컴플라이언스 위반을 알게 되는 경우, 이를 즉시 회사에 알려야 하고 회사는 신고자의 익명성과 신고내용의 비밀유지를 보장하고, 신고로 인한 불이익이 발생하지 않도록 신고자를 보호한다.
8. 임직원이 컴플라이언스 의무사항을 위반하거나 위반을 알고도 방지하기 위한 합리적인 조치를 취하지 않은 경우, 회사는 임직원을 대신하여 책임지지 아니하며, 회사의 규정에 따라 징계조치를 취할 수 있다.

2022년 1월
대표 이사 ○○○

2) 컴플라이언스 의무

조직은 활동, 제품 및 서비스에 따른 컴플라이언스 의무 사항들(compliance obligations)을 체계적으로 식별하고 운영에 미치는 영향을 평가하여야 한다.

무엇을 컴플라이언스 하려 한다면 '무엇이 무엇인지를 파악'하여야 한다. 법률 변경 및 기타 컴플라이언스 의무에 대한 정보를 얻는 게 중요하다. 그것도 시간을 덜 들이고 비용 지출도 최소화한다면 더 좋을 것이다. 다음과 같은 방법을 고려할 수 있다.

- 관련 규제 기관(정부 등)의 메일링 리스트(mailing list)에 들어가도록 함
- 규제 기관의 웹 사이트 모니터링, 규제기관 담당자와 만남
- 전문가 그룹의 회원
- 관련(유료 또는 무료) 정보 서비스에 가입
- 산업 포럼 및 세미나 참석
- 법률 고문과의 협정

필요한 경우, 조직은 모든 컴플라이언스 의무를 규정하는 단일 문서(예: 레지스터/등록부 또는 로그)를 수립 및 유지하고 정기적으로 문서를 업데이트하는 프로세스를 가져야 할 것이다.

3) 컴플라이언스 리스크 평가

컴플라이언스 리스크에는 고유 컴플라이언스 리스크 및 잔여 컴플라이언스 리스크가 포함된다. 고유의 컴플라이언스 리스크는 해당 컴플라이언스 리스크 처리 조치 없이 통제되지 않은 상태에서 조직이 직면한 모든 컴플라이언스 리스크를 나타낸다. 잔여 컴플라이언스 리스크는 조직의 기존 컴플라이언스 리스크 처리 방법으로 효과적으로 제어되지 않는 컴플라이언스 리스크이다.

- **고유 컴플라이언스 리스크**(Inherent compliance risks): 리스크 관리를 통한 어떠한 영향 감소를 생각하기 전(前)에 적용되는 모든 소비자 법규를 지키지 않을 경우 받게 될 영향과 그렇게 될 가능성과 관련된 본래의 리스크
- **잔여 컴플라이언스 리스크**(Residual compliance risks): 자동차 안전벨트 착용(준수)은 사고발생 시 분명한 것은 손상을 덜 받게 하고 손상 가능성을 줄인다는 것임. 그러나, 착용해도 여전히 인체 손상을－조금이라도－받을 가능성과 인체 손상은 여전히 없어지지 않고 남게 되는 리스크

조직은 컴플라이언스 리스크 평가에 근거하여 컴플라이언스 리스크를 식별, 분석 및 평가하여야 한다. 컴플라이언스 리스크는 정기적으로 그리고 환경이나 조직의 상황에서 중요한 변화가 있을 때마다 평가되어야 한다.

컴플라이언스 경영에 대한 리스크 기반 접근 방식은 컴플라이언스 리스크가 낮은 상황에서는 조직이 컴플라이언스 불이행을 수락한다는 의미는 아니다. 조직이 우선 순위로 높은 리스크에 대한 주요 관심과 자원에 초점을 맞추도록 지원하고 궁극적으로 모든 컴플라이언스 리스크를 다룬다는 것으로 이해하여야 한다. 식별된 모든 컴플라이언스 리스크 상황은 모니터링 및 처리 대상이 된다.

컴플라이언스 리스크 평가의 세부 수준과 정도는 조직의 리스크 환경, 상황, 규모 및 목표에 따라 다르며 특정 하위 영역(예: 환경, 재무 및 사회적)에 따라 달라질 수 있다.

4) 컴플라이언스 조사

미준수가 발생·발견되었을 때 철저한 조사를 하고 이에 대한 기록을 유지하는 것은 중요한 의미를 갖는다. 미준수에 대한 적절하고 합리적인 조사와 원인 분석 및 재발방지를 위한 대비책을 실행한 조직과 그렇지 못한 조직의 경우 동일한 미준수가 뒤따른다는 차이도 있지만, 규제당국의 규제 수준 결정에 영향을 줄 수 있다는 점이다. 따라서 조직은 위반 또는 의심되는 실제 사례에 대해 조사하고 평가 및 종결하는 프로세스를 개발, 수립, 실행 및 유지 관리하여야 한다.

효과적인 컴플라이언스경영시스템(CMS)의 특징은 조직·직원 또는 관련된 제3자의 잘못된 행위(misconduct)에 대한 혐의나 의혹을 제때에 철저하게 조사 할 수 있게 잘 작동하는 메커니즘이어야 할 것이다. 효과적인 조사 메커니즘은 잘못된 행위의 근본 원인 파악을 포함해서, CMS의 취약성·불이행의 심각성 정도/기간/빈도 및 담당자·관리자·최고경영자 및 지배구조를 포함한 누구의 책임이 제대로 실현되지 못 했는지를 찾아내는 것도 포함한다.

5) 컴플라이언스 보고

조직은 컴플라이언스 보고를 위한 업무 프로세스를 만들어야 한다. 즉, 보고 내용을 어디까지 하며, 정기·비정기 보고 일정(임시 보고 시 쉽게 보고하는 체계 포함)과 보고할 정보의 정확성과 완전성을 확보하기 위한 시스템 그리고 예방·시정조치를 적시에 취할 수 있도록 하는 것 등에 대한 내용을 규정한 업무 규정을 만드는 것도 좋은 방법이다.

체계적이고 반복적인 문제에 대해 누락 없이 보고하는 게 특히 중요하다. 작은 실패라도 현재 프로세스 및 컴플라이언스경영시스템에 심각한 약점으로 작용할 수 있다는 점을 간과해서는 안 된다.

컴플라이언스 보고서에는 다음 사항이 포함되어야 할 것이다.

표 8-2 컴플라이언스 보고서 포함 항목

• 컴플라이언스경영시스템의 효과성, 성과 및 동향에 대한 정보	• 컴플라이언스 의무 변경, 조직에 미치는 영향 및 새로운 의무를 충족시키기 위해 제안된 조치 과정
• 컴플라이언스 불이행 및 지속적인 개선을 포함한 컴플라이언스 성과 측정	• 가능한 컴플라이언스 불이행의 수와 세부사항 및 그에 대한 후속 분석
• 수행된 시정 조치	• 조직이 규제 당국에 통지해야하는 사항
• 규제 기관과의 접촉 및 관계 개발	• 심사 및 모니터링 활동 결과.

6) 컴플라이언스 미준수 및 시정조치

컴플라이언스 미준수가 발생하였을 때, 조직은 미준수를 관리하고 시정하기 위한 조치를 취하여야 한다. 다른 곳에서 발생하지 않도록 미준수를 검토하고 원인을 찾아내어 재발되지 않도록 하여야 할 것이다. 취한 모든 시정조치의 효과성을 검토함으로써 예산과 시간 낭비가 되지 않도록 하여야 할 것이다.

일회성 컴플라이언스 미준수를 방지하거나 감지하지 못했다고 해서 그것이 즉시 컴플라이언스경영시스템이 효과적이지 않다는 것을 의미하지는 않는다.

컴플라이언스 불이행에 대한 정보를 분석해서 오히려 다음과 같은 분야에 활용함으로써 컴플라이언스 경영시스템의 지속적 개선에 활용할 수 있을 것이다.

- 조직의 관행과 절차의 변화
- 직원 재훈련
- 잠재적 컴플라이언스 불이행에 대한 조기 경보 제공
- 이해 관계자에게 정보를 제공할 필요성을 재평가
- 제품 및 서비스 성과 평가 그리고 제품 및 서비스 개선/재설계
- 컴플라이언스 불이행 사실과 이에 대한 조직의 입장을 알리는 것 등

(3) 준법경영 도입 및 운영

- **준법경영 따로 떼지 말고 타 분야와 통합:** 조직은 이 컴플라이언스경영시스템을 별도의 시스템으로 실행하는 것을 선택할 수 있지만, 이상적으로는 몇 가지 예를 들어 리스크, 품질, 환경, 정보 보안, 식품 안전 및 부패방지 등과 같은 다른 경영시스템과 함께 실행될 것이다. 이 경우 조직은 ISO 9001, ISO 14001, ISO/IEC 27001, ISO 22000, ISO 37001뿐만 아니라 ISO 26000 및 ISO 31000을 참조할 수 있다.
- **조직 형편에 따라 탄력성 있는 준법경영 체계:** 규모, 복잡성 또는 산업에 관계없이 모든 조직은 이 책의 내용을 참조－ISO 37301 표준을 적용하여 표준 요구 사항에 따라 컴플라이언스경영시스템을 만들 수 있다. 이를 통해 조직의 상황, 비즈니스 운용, 결과적 의무 및 컴플라이언스 리스크에 대해 이해하고 해당 상황이 의무를 충족하기 위한 합리적인 단계를 실행하는데 도움이 될 수 있다.
- **청렴성과 컴플라이언스 문화 형성:** 장기적으로 성공을 목표로 하는 조직은 이해관계자의 요구와 기대를 고려하여 청렴성과 컴플라이언스 문화를 수립하고 유지할 필요가 있다. 따라서 성실성과 컴플라이언스는 성공적이고 지속가능한 조직의 기초 일뿐만 아니라 기회가 되기도 한다.

3. 부패방지경영

(1) 개요(한 · 미 사례)

부패방지(Anti-Bribery)경영 또는 반부패경영[12][13]은 많은 부분 앞서 언급한 준법경영과 중복되는 점을 갖고 있다. 이하에서는 부패방지경영의 필요성을 '신뢰자본의 구축'이라는 관점에서 살펴보자.

---

12) '반(反)부패'를 의미하는 'Anti-Bribery'는 ISO 37001('16.10.15 발간)표준에 근거한다. 한국 국민권익위원회는 이를 '부패방지'라는 용어를 사용한다. 출처: 'ISO 37001(2016) 부패방지경영시스템 가이드북', 2017.11.

13) '부패방지(Anti-Bribery)' 이슈는 ESG의 거버넌스 이슈에 해당하는 성격도 갖고 있으나, 이 책에서는 편의상 '사회책임경영 ESG실무'에서 다룬다. ISO 37001 : 2016 표준은 ISO의 거버넌스 위원회인 TC 309(Governance Of Organizations)에서 제정함.

▶ 부패방지는 ESG 경영의 동반자

권력의 경향성을 갈파한 액튼(L. Acton)경은 '권력은 부패하기 쉽다. 절대적 권력은 절대적으로 부패한다(Power tends to corrupt, absolute power corrupts absolutely)'라는 명언을 남겼다. 권력은 자칫 절대화 · 자기 목적화 또는 악마화 되기 쉽다는 지적이다.

전세계 다수 국가가 채택하고 있는 민주주의 제도의 장점은 '다수결의 원칙과 소수 의견 존중'이라는 데에 이의가 없다. 다수가 좋은 대로 그것도 소수 의견을 존중하면서, …… 그러나 말처럼 그렇게 쉬운 게 아니다.

처음은 언제나 부패와 무관할 것 같다. 그렇게 시작한다. 아첨하고 잘 봐달라는 사람이 주변에 생긴다. 이들의 말에 귀 기울여도 문제없을 듯하다. 초심에서 점점 멀어지기 시작한다. 견제와 균형이 뒤따르지 않는 처음 시작할 때 작았던 권력은 점차 부패와 인연을 맺기 쉽다.

▶ 전세계 뇌물 규모

세계은행(World Bank) 발표에 의하면 대표적 부패인 뇌물(Bribery) 규모는 전세계에서 연간 1조 달러나 된다는 지적이다. 부패는 정치, 사회적 안정의 불안감을 조성하고, 거래 비용을 높이며 결국 모두의 빈곤과 인간성 상실이라는 문제를 악화시키는 결과를 가져온다. 전세계에서 주고받는 뇌물이 2022년 우리나라 예산(600조원)의 2배나 된다니 놀라운 규모이다.

뇌물로 대표되는 부패는 정치적으로 불안정한 나라의 지배층에 돈을 흘러가게 하고, 이로 인해 이들 국가의 권력을 지탱할 수 있게 하기도 한다. 뇌물의 반대급부로 주어진 선진국 기업들의 후발개도국에 대한 자원개발 등 명목상 지원은 때로는 그동안 오랜 삶의 터전이었던 주민들을 내 몰리게 함으로써 이들의 생존 자체를 어렵게 만들기도 한다. 오늘의 세계 일류 기업들 중 일부가 얼마 전 까지만 해도 이 같은 관행으로 경제적 부를 키워왔다고 하니 또 한 번 놀라지 않을 수 없다.

▶ ESG 경영은 국제사회의 부패방지경영을 촉진하는 계기

부정부패(줄여서 '부패')는 전세계 어디에서든 가장 파괴적이며, 우리 인류가 극복해야 할 도전적 이슈가 되었다. 1,200조원 이상이 비정상적으로 뇌물로 거래되는 상황은 그 결과가 모두의 파국으로 치달을 수 있으며, 우리 인간의 삶의 질을

망가뜨리고, 더 가난하게만 만들 뿐 아니라 모두의 믿음까지 저버리는 정신적 상처를 낳는다.

뇌물로 대표되는 부패 방지를 위한 전세계 공감대는 국제표준화기구(ISO, International Organization for Standardization)로 하여금 국제 가이드라인(표준)을 제정하는 계기가 되었다. 2016년 10월 ISO 37001 표준으로 탄생한 글로벌 부패방지경영시스템 기준은 이젠 모든 기업들의 비즈니스 필수사항으로 자리매김하고 있다. ISO 37001 글로벌 표준에 의한 회사의 방침을 세우고 구체적 목표와 세부목표를 설정하여 인적 · 물적 · 시간적 · 기술적 자원을 투입하고 당초 목표대로 부패방지경영을 추진하였는지를 점검/반성하도록 한 것이다.

▶ 부패방지경영이란?

부패 또는 뇌물(Bribery)이란 조직 구성원이 권한과 영향력을 부당하게 사용하여 사회질서에 반하는 사적 이익을 취하는 것을 말한다. 즉, 사람의 정당한 직무수행을 해당 법률을 위반하여 다른 방향으로 하게 하거나 활동을 억제하도록 유인책이나 보상책으로 회유하는 각종 약속 · 제공 · 수락 · 제안 · 권유하는 행위를 말한다.

부패방지경영이란 부패행위로의 사전 차단을 위한 경영차원의 노력을 의미하게 된다. 우리나라의 경우 김영란법으로 대표되는 「부정청탁 및 금품 등 수수의 금지에 관한 법률」이 여기에 해당한다. 대부분의 선진국들에서 시행하고 있는 부패법(영국 Bribery Act) 등이 같은 맥락에서 시행되고 있다. 부패법의 특징은 양벌규정으로 직원의 위법행위 시 해당 직원은 물론 기업까지 처벌한다는 것이며, 뇌물 제공 예방을 위한 절차 및 실행이 근거로 제시될 경우 적절한 대응을 한 경우, 책임이 경감된다는 점이다. 부패방지경영시스템 구축은 새로운 기업경영의 추가요인이 된 것이다.

▶ 국가별 반부패인식 지수

국제투명성기구(TI, Transparency International)는 2012년부터 전세계 국가별 부패인식지수(CPI, Corruption Perceptions Index)를 해마다 조사, 발표해 오고 있다. 이에 의하면 한국 국민의 부패에 대한 인식은 점차 높아지고 있으며('15년 52점 → '21년 62점) 국가별 순위에서도 2021년 조사대상국 180개 국가 중 32위로 나타났으나, 경제규모 10위에 걸 맞는 수준에는 아직 못 미치고 있다.

▶ 사회적 자본, '신뢰' 구축으로

부패로 인한 불신과 '신뢰(Trust, Credit)의 사회적 자본 결핍'은 얼마나 많은 사회적 낭비와 황폐화를 초래하는지 우리는 적지 않게 보아왔다. 이에 대한 조사[14]에 의하면, 우리가 북유럽 수준의 사회적 자본(신뢰, 규범, 네트워크)을 구축할 경우, 1.5%의 경제성장이 추가로 가능하다는 지적은 의미하는 바가 적지 않다 할 것이다.

▶ 미국의 부패방지법(FCPA)[15]

FCPA법을 알아야 하는 이유

법 명칭(Foreign-)이 의미하듯 미국 영토에 있는 외국인이나 외국기업에 적용된다는 점으로 미국에 상장된 기업 뿐 아니라 미국을 주요 사업 소재지로 하거나 미국법에 따라 설립된 기업과 그 고용인 등에 적용된다.

▶ FCPA 개요 및 적용대상[16]

FCPA는 뇌물방지조항(예: 외국 공무원에게 뇌물 제공하는 것을 금지하는 규정, the anti-bribery provisions)과 회계 규정(예: 장부 조작 등 금지 규정, the accounting provisions)으로 구분되며, 뇌물방지조항을 보면 ① 미국 상장기업 혹은 증권거래위원회(이하 SEC)에 공시해야 할 의무가 있는 기업(issuers), ② 미국을 주요 사업 소재지로 하거나 미국법에 따라 설립된 기업과 그 고용인 및 대리인(domestic concern) 혹은 ③ 미국 영토에 있는 외국인이나 외국기업(territorial jurisdiction)이 사업을 영위하거나 유지하기 위한 목적으로 외국공무원에게 금전 등을 제공하는 경우 FCPA법 적용을 받는다.

---

14) 「한국의 사회적 자본 축적실태와 대응과제 연구」, 2016.10, 대한상공회의소.

15) FCPA, Foreign Corrupt Practices Act(워터게이트 사건 수사과정에서 미국 기업이 외국공무원에 뇌물을 제공한 사실을 적발한 것을 계기로 해외에서의 뇌물공여를 규제하기 위해 1977년 제정) 출처: Business Integrity Society, 미국 FCPA 개요 및 동향 ← 매일경제 2016.5.17. 인용.

16) 유엔글로벌콤팩트 한국협회, BIS(Business Integrity Society) 프로젝트(이하 출처 같음).

그림 8-3 미국 해외부패방지법(FCPA) 개요

<table>
<tr><th colspan="3">미국 해외부패방지법(FCPA) 개요</th></tr>
<tr><td>연혁</td><td colspan="2">1977년 12월, 워터게이트－록히드 사건 등 계기로 미국 내 기업의 해외에서의 부패 관련 행위를 규제하고 처벌하기 위해 제정</td></tr>
<tr><td>적용 내용</td><td colspan="2">뇌물공여, 회계 부정, 허위 공시, 미공개 주요 정보 이용 및 내부자 거래 등</td></tr>
<tr><td>적용 주체</td><td>미국 법무부(DOJ)</td><td>미국 증권거래위원회(SEC)</td></tr>
<tr><td>적용 내용</td><td>뇌물방지조항 위반 등</td><td>뇌물방지조항 위반(issuers에 한함),
고의적 회계부정, 허위 공시 등</td></tr>
<tr><td>뇌물제공자
요건</td><td>－미국 시민권자, 국적자, 거주 외국인
－미국에서 설립됐거나 주 사업장이 미국에 있는 해외 기업
－미국 증권거래소 상장 기업</td><td>－미국 증권거래소 상장 기업</td></tr>
<tr><td>뇌물수수자
요건</td><td colspan="2">외국 공무원(정부투자기관이나 국제기구 임직원 등 폭넓게 포함)</td></tr>
<tr><td>뇌물제공행위
정의</td><td colspan="2">사업을 획득하거나 유지하기 위해 현금, 현금 지급에 대한 약속, 선물, 접대 등을 제공하는 것</td></tr>
<tr><td rowspan="2">처벌</td><td><뇌물방지조항 위반 관련>
－형사처벌
• (법인) 최대 벌금 200만달러
• (개인) 최대 벌금 10만달러 및 최대 징역 5년형
－민사처벌(domestic concern/territorial jurisdiction 해당시)
• (법인, 개인) 최대 벌금 1만달러 ＋불법으로 획득한 이익 환수</td><td><뇌물방지조항 위반 관련>
－민사처벌(issuers에 한함)
• (법인, 개인) 최대 벌금 1만달러 ＋불법으로 획득한 이익 환수</td></tr>
<tr><td><고의적 회계 부정 관련>
－형사처벌
• (법인) 최대 벌금 2,500만달러
• (개인) 최대 벌금 500만달러 및 최대 징역 20년형</td><td></td></tr>
</table>

자료: BIS(Business Integrity Society)/매일경제신문 2016.

▶ FCPA 특징

FCPA는 미 법무부와 SEC(U.S. Securities and Exchange Commission, 미국 증권거래위원회)가 공동으로 집행 권한을 가지는 점이 특징이다. “미국 상장기업 혹은 미 증권시장 내 증권발행기업 및 그 임직원, 대리인(issuers)”의 FCPA의 뇌물방지조항 및 고의적 회계규정 위반에 대해 법무부는 형사사건 집행 책임, SEC는 민사

사건 집행 책임이 있다. 한편 FCPA 적용대상 중 "미국 국내업체 및 미국 국적자 혹은 거주자(domestic concern)"에 대해서 법무부는 민-형사 집행 책임을 모두 갖는다.

적용대상 기업 및 개인이 뇌물공여 및 회계부정 혐의가 있는 경우 법무부와 SEC가 각각 조사에 착수하며, 법무부에서는 형사국(Criminal Division)의 '사기' 부서 소속 FCPA 유닛이, SEC는 집행국(Division of Enforcement) 소속 FCPA 유닛이 FCPA 관련 활동을 전담한다. 두 기관은 조사와 집행을 위해 상호 협력할 뿐만 아니라 다양한 정부부처와 협력하고 있다. '기업 반부패 제재 사례-월마트' 사례에서와 같이 월마트도 일부 해외 지부에서 외국인 공무원에 뇌물을 공여한 혐의를 받고 합의를 위해 법무부와 SEC에 각각 징벌금을 납부하였다.

▶ FCPA 최근 동향

미 법무부와 SEC는 FCPA를 엄격하고 강력하게 집행하고 있으며, 2008년 이후 실제 처벌 건수와 액수가 급격히 증가하고 있다. 특히 기존에는 주요 사건들이 대개 다국적 기업을 대상으로 하였으나, 2010년대 후반부에 들어서는 중소기업으로 수사영역이 확대되는 경향을 보이고 있으며, 개인에 대한 처벌도 강화되고 있다. 또한 의료기기, 석유-가스 등 부패 위험이 큰 특정 산업에 집중적인 수사를 전개하는 등 FCPA 집행이 더욱 강화될 것으로 보인다.

또한 1997년 OECD 뇌물방지협약으로 국제공조가 수월해지면서 미국 FCPA 위반 혐의 조사대상은 유럽권, 아시아권 글로벌 기업으로 확대되어 왔다. '16~'19의 4년간 FCPA 위반 혐의로 집행 조치를 받은 기업 총 71곳 중 33곳이 미국 국내기업이 아닌 외국기업이었으며, 특히 총 징벌금액 중 외국기업이 지불한 금액은 매년 과반수를 넘어 2019년에는 총 징벌금(합의금)의 83%에 해당하였다. 즉 적발 횟수는 보다 적을지라도 고액의 벌금을 부과한 대상은 주로 외국기업이었기 때문에 FCPA가 사실상 미국의 새로운 경쟁국 기업 견제수단이라는 견해까지 제시되었다.

여기서 중요한 사항 중 하나는 미국의 경우 기업이 평소 얼마나 효과적인 부패방지 관련 컴플라이언스(compliance, 준수) 프로그램을 수립해서 운용하고 있었는지 아닌지가 재판에의 기소 여부 결정 및 양형 결정에 있어서 중요한 사유 중의 하나가 되고 있다는 점이다.

법 위반 기업에 대해 미국 양형기준은 기업이 컴플라이언스 프로그램(CP,

Compliance Programs)을 효과적으로 운영하고 있었는지를 고려하도록 권고하고 있으며, 효과적으로 운영한 경우에는 기소 이외의 방안으로 벌금 부과 등의 감경이 가능하도록 규정하고 있다. 단순히 형식적으로 컴플라이언스 절차 마련으로 끝나는 것이 아니라, 해당 컴플라이언스 시스템이 효과적으로 작동되고 있는지가 큰 관건이 된다. 미국 FCPA의 양벌규정 미적용 관련 효과적인 컴플라이언스 시스템 운용의 기본 요건은 다음과 같다.[17]

미 FCPA 법규상의 효과적인 준수 요건

1. 임원 등의 상층부에서부터 부패에 대해 용납하지 않겠다는 명확한 약속 및 방침이 확립되어 있을 것
2. 명확하고 자세한 윤리규정 등을 마련하여 전 직원에게 전파하고 습득시킬 것
3. 조직 내에 컴플라이언스 수립 및 이행을 책임질 수 있는 담당자를 임명하는 등 회사의 인적·물적 자원을 컴플라이언스 수립 및 이행에 투입할 것
4. 회사가 직면하는 위험을 효과적이고 상시적으로 평가하고 이에 맞춰 컴플라이언스 프로그램을 개선할 것
5. 전사적이고 상시적인 교육 등을 통해 회사의 반부패 관련 컴플라이언스 정책이 철저히 집행되고 확립될 수 있도록 소통할 것
6. 회사 구성원들에게 컴플라이언스 프로그램의 개발과 향상 혹은 부패행위 적발 등 에 대한 확실한 유인책을 구비함과 동시에 부패행위 관련 적절하고 명확한 징계절차 등을 구비할 것
7. 의심되는 부패행위 적발 시 보복이나 비밀유지에 대한 걱정 없이 내부적인 고발이나 보고가 가능하도록 절차와 제도를 구비해야 하며, 내부고발 등이 있을 경우 이를 은폐하지 않고 철저하고 효과적인 내부조사를 통해 진상을 규명하고 책임을 물을 수 있는 시스템을 구비할 것

미 법무부는 조사과정에서 기업에 금전적 제재를 가할 것인지 아니면 다른 방식으로 협상을 통해 FCPA 문제를 해결할 것인가의 여부를 결정하는 기준으로 다음의 9가지 요소를 제시하고 있다.

---

17) '윤리준법경영 브리프스' 8월 여름특별호, 국민권익위원회 '21.8(이하 같은 출처) 및 Business Integrity Society의 제공/공지 자료.

미 법무부의 FCPA관련 기소 여부를 결정하는 가이드라인: 9가지 요소

1. 부패행위의 본질적 심각성 (공공부문에 미친 피해의 정도)
2. 부패행위가 해당 기업 전반에 걸쳐 만연해 있는 정도
3. 해당 기업이 과거에 유사한 범죄행위를 했던 이력 여부
4. 범법행위에 대해 기업의 즉각적이고 자발적인 시인과 조사에의 협조 여부
5. 기업이 기존에 컴플라이언스 프로그램을 보유하고 있는지의 여부와 이의 효과성 정도
6. 부패 척결을 위한 기업의 개선노력(컴플라이언스 프로그램의 시행 및 개선, 경영진 교체, 부패행위의 근절, 해당 정부 기관과의 협력 등)의 정도
7. 기소가 기업의 부차적인 대상(주주, 연금가입자, 종업원 등)에게 미치는 영향
8. 기업의 부패행위와 관련하여 직접적으로 책임이 있는 개인에 대한 기소의 여부
9. 민사집행이나 규제기관의 적절한 조치가 취해졌는지 여부

▶ 한국 기업의 FCPA 위반 사례(한미중 3국 관련)

C기업은 1995년부터 2004년까지 30건의 매매계약과 관련하여 중국 국영 제철 회사의 임직원에게 총 20만 5천 달러 이상의 현금을 지급하는 등의 뇌물공여행위로 총 626만 달러 수준의 순이익을 얻었다. 뿐만 아니라 뇌물 및 부적절한 지출을 은폐할 목적으로 회계장부에 '판매수수료(commission)', '환불(refunds)', '환급(rebates)' 등으로 허위 기재하였다. 미국 법무부의 형사소송 결과에 따라 C기업은 750만 달러의 형사벌금을 납부하기로 유죄인정합의(Plea Agreement)를 하였으며, 미국 증권거래위원회의 민사소송 결과에 따라서는 약 773만 달러의 제재금을 지급하기로 하였다. 또한, 3년간 독립적인 준법감시인을 임명하여 활동시키도록 법무부 및 증권거래위원회와 합의하였다.

▶ 한국 청탁금지법 외

개요: 우리나라는 부패방지와 관련하여 현재 2가지 법률이 시행 중이다. 하나는 '부정청탁 및 금품 등 수수의 금지에 관한 법률(약칭: 청탁금지법)이고, 다른 하나는 '국제상거래에 있어서 외국공무원에 대한 뇌물방지법(약칭: 국제뇌물방지법)' 이다.

부패방지 관련 2가지 법률('22.2 현재, 한국)

청탁금지법

–제정/시행: '15.3.27/'16.9.28

–소관/조문 수: 국민권익위원회 청탁금지제도과/총24개

–목적: 공직자 등에 대한 부정청탁 및 공직자 등의 금품 등의 수수(收受)를 금지함으로써 공직자 등의 공정한 직무수행을 보장하고 공공기관에 대한 국민의 신뢰를 확보

–사례: (법 제정이 만든 변화) 청탁금지법의 핵심은 역시 '부정청탁'과 금품 등 수수의 금지'이다. 청탁금지법 시행이전에는 청탁과 함께 그에 상응하는 대가성 금품이 있어야만 처벌이 가능했다. 그러나 청탁금지법에서는 금품의 제공 여부, 부정청탁의 수행여부에 관계없이 청탁 사실만으로도 처벌이 가능하다.

국제뇌물방지법

–제정/시행: '96.12.28/'21.10.8

–소관/조문 갯수: 법무부 국제형사과/총6개

–목적: 국제상거래와 관련하여 외국공무원등에게 뇌물을 제공하는 행위를 처벌함으로써 건전한 국제상거래 질서의 확립에 기여하고 경제협력개발기구의 「국제상거래에 있어서 외국공무원에 대한 뇌물 제공행위 방지를 위한 협약」의 이행에 필요한 사항을 규정

–사례: 국내 S건설 임원인 ○○전무가 ○○공사를 수주하기 위해 계약담당자 N씨에게 $ 300만(32억원) 전달('17.12) → 담당 전무(실형4년과 벌금 2천만원) & 회사대표에게 양벌(실형 1년 6월과 추징금 12억 6.5천만원)규정 적용.
미국 법무부(DoJ)는 미 정부 사취(defraud)혐의로 기소. 뇌물 받은 미국N씨는 FCPA에 의거 처벌[18)]

양벌 규정: 우리나라 청탁금지법 제24조(양벌규정, Joint Penalty Provision)에서 ([그림 8-4] 참조) 14가지 위반 행위를 한 자를 벌하는 외에 사업자(개인, 단체 및 법인 포함)도 함께 제재할 수 있으나, 상당한 주의와 감독을 이행한 경우에는 양벌규정의 면책사유로 인정하고 있다.

18) 페로 타임즈, 2020.4.17. 한국컴플라이언스 대표 기고문 https://www.ferrotimes.com/news/articleView.html?idxno=4864.

> 위반행위: 누구든지 '부정청탁 대상 직무' 관련 공직자등에게 또는 그 공직자등의 배우자에게 수수 금지 금품 등을 제공하거나 그 제공의 약속 또는 의사표시를 하는 행위(직무관련성이 있는 공무수행사인[19]도 포함)

양벌규정을 적용하고자 하는 것은 기업 · 기관의 거대화에 따른 분산된 운영과 의사결정, 복잡한 재무구조 및 회계 관행 등에 비추어 기관/법인/대표자/사업주에게 책임을 묻는 것이 위반행위 억제 효과가 있기 때문이다. 다만, 형벌의 책임주의에 따라 임직원의 위반행위 방지 관련한 사업주의 관리감독상 과실이 있는 경우에만 양벌규정의 적용이 가능하다.

청탁금지법 제24조(양벌규정) 및 면책 요건에 의하면, 법인 또는 단체의 대표자나 법인 · 단체 또는 개인의 대리인, 사용인, 그 밖의 종업원이 그 법인 · 단체

그림 8-4 양벌규정 관련 청탁금지법상의 부정청탁 대상 직무

1	2	3	4	5
인가 · 허가 등 직무 처리	행정처분 · 형벌부과 감경 · 면제	채용 · 승진 등 인사 개입	공공기관 의사결정 관여직위 선정 · 탈락에 개입	공공기관 주관 수상 · 포상 등 선정 · 탈락에 개입
6	**7**		**8**	**9**
입찰 · 경매 등에 관한 직무상 비밀 누설	특정인 계약 당사자 선정 · 탈락에 개입	법령 위반 + 지위 · 권한 남용	보조금 등의 배정 · 지원, 투자 등에 개입	공공기관이 생산 · 공급하는 재화 및 용역의 비정상적 거래
10	**11**	**12**	**13**	**14**
학교 입학 · 성적 등 업무 처리 · 조작	징병검사 등 병역 관련 업무 처리	공공기관이 실시하는 각종 평가 · 판정 업무개입	행정지도 · 단속 등 대상 선정 · 배정, 위법사항 묵인	사건의 수사 · 재판 등 업무 처리

자료: 찾기쉬운 생활법령 정보 www.easylaw.go.kr '부정청탁의 유형' 22년6월15일 기준 작성.

---

19) 청탁금지법 제11조(공부수행사인의 공무 수행과 관련된 행위제한 등) 제1항은 "공무수행사인, Private person performing public duties"에 해당하는 게 무엇인지를 규정하고 있음.

또는 개인의 업무에 관하여 제22조 제1항 제3호, 제23조 제2항, 제23조 제3항 또는 제23조 제5항 제3호의 위반행위를 하면 그 행위자를 벌하는 외에 법인·단체 또는 개인에게도 해당 조문의 벌금 또는 과태료를 부과한다. 다만, 법인·단체 또는 개인이 그 위반행위를 방지하기 위하여 해당 업무에 관하여 상당한 주의와 감독을 게을리 하지 아니한 경우에는 그러하지 아니하다.

(2) 부패방지경영 고려사항

ISO 37001 국제표준에 의한 부패방지경영 고려사항
먼저 반부패 의미부터 다시 알아보자.

• 부패(뇌물), bribery

적용 가능한 법률을 위반하여 개인의 직무 수행에 관한 활동을 하거나 또는 하지 않도록 유인이나 보상을 하는 것으로써, 장소에 관계없이 과도한(재무적 또는 비재무적) 이익을 직간접적으로 제안, 약속, 제공, 수락 또는 요청하는 것

※ '부패'라는 용어는 해당 조직을 규율하는 부패방지법규와 해당 조직이 설계한 부패방지경영시스템의 정의를 따른다.

※ 이 표준의 "부패"란 (조직상황)에서 (개선)까지의 요구사항에만 관련되어 적용되는 용어이다

ISO 37001 : 2016은 요구사항의 체계적인 반영을 위해 경영시스템 접근이 가능하도록 PDCA 모형을 사용해서 하여야 할 내용을 기술하고 있다.

(3) 부패방지경영 도입 및 운영

ISO 37001 반부패경영(부패방지경영) 표준은 컴플라이언스 경영과 마찬가지로 다른 경영부문(예: 품질경영·환경경영·안전보건경영 등) 표준이 채택하고 있는 PDCA 프로세스 모형을 따른다. HLS(High Level Structure)로 표현되는 반부패경영의 큰 제목/항목은 다음과 같은 세부항목으로 구성되어 있다.

- **부패방지경영 기획단계**(Plan): 조직 상황(뇌물 리스크 평가), 리더십(뇌물방지 방침), 기획(뇌물 방지를 위한 목표와 목표 달성 계획)
- **부패방지경영 실행단계**(Do): 지원(인적 물적 자원, 역량, 커뮤니케이션), 운용(기획 및 관리, 실사, 재무적 관리, 비재무적 관리, 뇌물방지에 대한 의지표명, 선물·접

표 8-3 부패방지경영시스템 운용 프로세스(PDCA 사이클)

Plan

4. 조직 상황	6. 기획
조직과 조직상황의 이해	부패 Risk와 기회를 어떻게 다룰지 하는 조치
이해관계자의 니즈와 기대 이해	
경영시스템의 적용범위를 어디까지 할 것인지 ?	부패방지를 위한 목표와 목표달성 위한 planning
부패 Risk 평가	

5. 리더십	
리더십과 의지 (전직원 참여)	부패방지를 위한 경영시스템의 실행과 운용에 대한 전반적인 책임&권한, 부패방지 문화 촉진
부패방지 방침	부패방지 방침 수립, 검토 유지
역할과 권한	부패방지 책임자의 권한과 책임 부여

Do

7. 지원
자원 제공(인적 · 물적 자원 및 시간, 기술 등)제공
인식 및 교육훈련
(내부 및 외부)이해관계자와 의사소통

8. 운용
운용 기획 및 관리/실사 관리의 이행(재무적, 비재무적) 부패방지 통제의 불충분성 관리
우려제기/부패의 조사 및 처리

Check

9.성과평가
모니터링, 측정, 분석, 평가
내부심사(경영시스템의 효과적 이행에 대한 심사)
경영시스템의 적절성 · 충족성 · 효과성 검토
최고경영자, 지베구조 및 부패방지 준수책임자 검토

Act

10.개선
부적합과 시정조치 (재발방지 → 적합성)
지속적 개선 (거듭되는 반복적 개선 → 효과성)

자료: 부패방지경영시스템 가이드북/p.22, 2016, 국민권익위원회.

대 · 기부 및 유사한 이익, 뇌물방지 관리의 부적절성에 대한 관리, 우려 제기, 뇌물의 조사 및 조치)

- **부패방지경영 점검단계**(Check): 성과평가(모니터링, 측정, 분석 및 평가, 내부심사 및 경영검토, 뇌물방지 준수책임자 검토)
- **부패방지경영 개선단계**(Act): 개선(부적합 및 시정조치)

이상 다양한 고려사항 중에서 부패방지경영에서 특이하게 존재하는 뇌물 리스크 평가 · 뇌물방지(부패방지) 방침(P 단계)와 뇌물방지의 재무적 및 비재무적 관리, 선물 및 유사이익(D단계) 그리고 뇌물방지 준수책임자 검토(C단계)와 부적합 및 시정조치(A단계)를 중심으로 살펴보고자 한다.

1) 부패 리스크 평가

부패리스크 평가의 의도는, 조직으로 하여금 뇌물방지를 위한 경영시스템의 견고한 기초를 마련할 수 있도록 하는 것이다. 이 리스크평가를 통해 경영시스템이 중점을 두어야 할 부패리스크, 즉 조직이 부패리스크를 완화하고, 관리를 실행하며, 부패방지 준수인원과 자원 및 활동을 배정할 때 우선적으로 간주해야 할 부패리스크를 식별한다.

조직이 부패리스크 평가를 어떻게 수행할 것이며, 어떤 방법론을 쓸 것인지, 부패리스크에 가중치와 우선순위를 어떻게 부여할 것인지, 그리고 어느 수준의 부패리스크를 허용하거나(즉, "허용리스크") 용인할 것인지는 모두 조직의 재량에 달려 있다. 부패리스크 평가기준(즉, 리스크가 "낮음"인지, "중간"인지, 또는 "높음"인지)은 조직이 수립하는 것이다. 그러나 이 과정에서 조직은 부패방지 방침과 목표를 고려하여야 한다.

다음은 조직이 리스크평가를 수행할 때 선택할 수 있는 방법의 사례이다.

① 부패리스크 평가기준 선택. 예를 들어, 조직은 세 단계의 기준을 선택하거나(즉, "낮음", "중간", "높음"), 그보다 세분화하여 다섯 단계나 일곱 단계, 또는 그 이상의 세부적인 접근방법을 택할 수 있다.

② 조직 규모와 구조에 의해 야기되는 부패 리스크 평가. 소수의 인원이 중앙 집중적 경영관리를 하는 한 곳에 위치한 소규모 조직은, 여러 지역에서 분화된 구조로 운영되는 대규모 조직에 비해 부패(뇌물) 리스크를 보다 쉽게 관리할 수 있을 것이다.

③ 조직이 운영하고 있거나 운영할 것으로 예상되는 지역과 분야를 조사하고, 이러한 지역과 분야에서 야기될 수 있는 부패 리스크의 수준을 평가. 적절한 부패 지수가 이러한 평가에 도움이 될 수 있다. 부패 리스크가 상대적으로 높은 지역이나 분야는, 조직이 "중간", 또는 "높은" 리스크로 간주할 수 있는다.

④ 조직의 활동과 운용 형태의 특징, 규모 및 복잡성 조사. 어떤 활동들에는 특정한 부패 리스크가 따를 수 있다. 예를 들어, 정부가 제품이나 서비스를 구매할 때 공급자에게 해당 국가 내에 계약가의 일부를 재투자하도록 요구하는 경우인 상쇄 협정(offset arrangement)이 있다. 해당 조직은 이러한 상

쇄 협정이 뇌물을 만들지 않도록 적절한 조치를 취해야 한다.

⑤ 조직의 현존하는 또는 잠재적인 비즈니스 관련자의 유형을 범주별로 조사하고, 그들이 야기하는 부패 리스크를 원칙적으로 평가한다. 조직을 대신하여 조직의 고객 또는 소비자나 공직자와 교류하는 대리인(agency)이나 중개인(intermediary)은, 특히 이들에게 수수료나 성공보수금 기반으로 지불할 때에는 "중간" 또는 "높은" 부패리스크를 야기할 수 있다.

⑥ 부패 리스크를 야기할 수 있는 국내 또는 해외 공직자와의 교류의 특성과 빈도를 조사한다. 예를 들어 허가나 승인 발급을 담당하는 공직자와의 교류는 부패 리스크를 야기할 수 있다.

⑦ 적용되는 법률, 규제, 계약 및 전문가로서의 책임과 의무 조사.

2) 부패방지 방침

최고경영자는 다음과 같은 부패방지 방침을 수립, 유지, 검토하여야 한다.

표 8-4 조직의 부패방지 방침(예)

부패방지 방침[20]

1. 목적
2. 이 방침은 _______________ 등의 모든 임직원에게 적용됩니다.
3. 감독 및 관리
4. ○○(주)는 모든 형태의 뇌물 수수 및 부패를 금지합니다.
5. 허용 가능한 비용 등
6. ○○(주)는 급행료 지불을 허용하지 않습니다.
7. ○○(주)에서 제공하는 자원은 정치적 헌금이나 정치적 활동에 사용할 수 없습니다.
8. 자선 기부 및 행사 후원/지원은 특정한 검토가 필요합니다.
9. ○○(주)는 정확한 장부와 기록을 유지합니다.
10. 청탁과 감청은 신고하여야 합니다.
11. ○○(주)는 비즈니스 파트너도 동일한 행동을 취하도록 요구합니다.
12. ○○(주)는 부적절한 행동에 대해 고객에게 도움을 주지 않습니다.
13. 인수·합병 활동은 부패방지 심사가 필요합니다.
14. 연례 교육 및 수료증
15. 신고 및 비보복
16. 징계조치

자료: ISO 37001(2016) 부패방지경영시스템 가이드북, 2017.11, 국민권익위원회 민간협력담당관실.

20) '부패방지 방침'이라는 용어 보다는 '준법윤리경영 방침(예)'이라는 표현을 사용함으로써 해당 조직의 부패 문제가 심각하다는 반증을 적극적으로 나타내지 않는 용어 사용이 권장될 수 있음.

① 부패 금지
② 조직에 적용 가능한 부패 방지법 준수를 요구
③ 조직의 목적에 적절
④ 부패방지 목표의 수립, 검토, 달성을 위한 틀을 제공
⑤ 부패방지경영시스템의 요구사항에 대한 실행의지를 포함
⑥ 선의에 의하거나 보복의 두려움이 없이, 신뢰받을 수 있는 합리적인 확신을 바탕으로 한 문제의 제기를 권장함
⑦ 부패방지경영시스템의 지속적인 개선에 대한 의지 표명 포함
⑧ 부패방지 준수 책임자의 권한 및 독립성에 대한 설명
⑨ 부패방지 방침의 미준수가 초래하는 결과에 대한 설명

3) 부패(뇌물)방지의 재무적 및 비재무적 관리

재무적 관리 조직은 조직의 재무거래가 정확하게 기록되는 것을 보장하며, 조직 · 인원 또는 관계자에 의한 부패 리스크(뇌물의 제의 · 약속 · 제공 · 수수 · 요구)를 줄일 수 있는 재무통제와 재무기록관리(record-keeping)를 실행하여야 한다.

재무적 관리방법은 조직의 재무거래를 적절하게 관리하기 위해, 그리고 이러한 거래를 정확하고, 완전하며, 적시에 기록하기 위해 조직이 실행하는 경영시스템이자 프로세스이다. 조직과 거래의 규모에 따라, 부패 리스크를 감소시키기 위해 조직이 실행하는 재무적 관리방법에는 예를 들어 다음의 방법들이 포함될 수 있다.

- 동일한 사람이 지불계획을 수립하고 동시에 이를 자기가 승인하는 경우가 없도록 직무를 분리
- 지불 승인권한에 대한 적절한 계층화 실행(큰 거래일수록 더 높은 상급관리자의 승인 요구)
- 수취인의 선정 승인, 그리고 수행된 업무나 서비스의 승인이 관련된 조직의 승인체계에 따라 승인 되었는지를 검증
- 지불 승인 시 최소한 2명의 서명을 요구
- 지불 승인 시 적절한 증빙문서를 요구
- 현금 사용을 제한하고, 효과적인 현금관리방법을 실행

비재무적 관리 조직은 조달 · 운용 · 영업 · 상업 · 인적 자원 · 법규 및 규제 활

동과 같은 분야와 관련된 부패 리스크를 관리하는 비재무적 관리를 실행하여야 한다. 모든 특정 거래, 활동 또는 관계는 비재무적 관리뿐만 아니라 재무적 대상도 될 수 있다.

비재무적 관리는 조직이 실행하는 경영시스템이자 프로세스로, 조달 · 운용 · 상업적 및 기타 조직 활동의 비재무적 측면이 적절히 관리되고 있음을 보장하는데 도움을 주기 위한 것이다. 조직과 거래의 규모에 따라, 뇌물리스크를 감소시킬 수 있도록 조직이 실행하는 조달 · 운용 · 상업적 및 기타 비재무적 관리방법이 포함된다.

4) 선물 · 접대 · 기부 및 유사한 이익

주는 자나 받는 자 모두 뇌물로 의도하지 않았다 할지라도 선물 · 접대 · 기부 및 기타 이익을 제3자(예: 비즈니스 경쟁 상대 · 언론인 · 검사 · 판사)가 뇌물이 목적인 것으로 간주할 수 있음을 인지할 필요가 있다. 가급적 제3자가 합리적으로 뇌물로 간주할 수 있는 모든 선물 · 접대 · 기부 및 기타 이익은 피하는 것이 유용한 관리방법이다.

선물 및 접대와 관련하여, 조직이 실행할 절차는 다음의 사례와 같이 설계할 수 있다.

① 선물과 접대의 한도와 빈도를 다음과 같이 관리
- 모든 선물과 접대를 전면 금지 또는
- 선물과 접대를 허용하되, 다음 요인들을 기준으로 삼아 제한
  - 최대 비용(지역에 따라, 선물 및 접대의 유형에 따라 다를 수 있음)
  - 빈도(비교적 작은 선물과 접대가 반복되면 큰 금액으로 누적)
  - 시기(예: 입찰협상 중, 직전 또는 직후는 안 됨)
  - 합리성(주는 자와 받는 자의 지역, 분야, 연령을 고려)
  - 수령인의 신분(예: 계약 승인자, 허가증 · 수료증 발급담당자, 지출담당자의 직위)
  - 상호이익관계(조직 내 어느 누구도 줄 수 있도록 허용한 가치 이상으로 선물이나 접대를 받을 수 없음)
  - 법/규제적 환경(어떤 지역이나 조직에서는 금지되거나 통제되고 있을 수 있음)

② 규정된 가치나 빈도 이상으로 선물이나 접대를 하기 이전에 적절한 관리자

로부터 승인받도록 요구

조직을 위해 타인에게 뇌물을 주는 조직 인원에 대한 아웃바운드 뇌물(outbound-bribery) 리스크를 예방, 탐지 및 처리하는 데 필요한 방법은, 조직 인원이 뇌물을 받을 인바운드 뇌물(inbound-bribery) 리스크를 예방, 탐지 및 처리하는 데 활용할 방법과 다를 것이다. 예를 들어, 뇌물을 받을 리스크를 식별하고 완화하는 능력은 조직의 관리 하에 있지 않은 정보(예: 종업원의 은행계좌 및 카드 거래내역)의 이용가능성 · 적용되는 법률(예: 개인정보보호법 등), 또는 다른 요인들로 인해 상당히 제약받을 수 있다.

조직 인원의 뇌물수뢰는 조직을 위해 결정을 내리거나 결정에 영향을 미칠 수 있는 인원(예: 계약을 발주하는 구매 관리자, 업무 완료를 승인하는 감독, 인원을 지명하거나 급여 또는 상여금을 승인하는 관리자, 면허증이나 허가증을 발급하는 직원)과 연계되어 발생할 가능성이 높다.

5) 부패방지 준수책임자 검토

부패방지 준수책임자는 부패방지경영시스템의 다음 사항을 지속적으로 평가하여야 한다.

① 부패방지 리스크를 효과적으로 관리하기 위해 적합한지 여부
② 효과적인 실행 여부

적절한 경우, 부패방지 책임자는 지배기구 및 최고경영자, 또는 이들의 적절한 하부위원회에 조사 · 심사 결과를 포함하여 부패방지경영시스템의 충족성 및 실행에 대하여 정기적 또는 비정기적으로 보고하여야 한다.

부패방지 준수책임자는 가급적 모든 의심스럽거나 실재하는 뇌물 또는 부패방지조치의 위반 관련 보고를 받아야 한다. 다른 인원에게 먼저 보고된 경우, 조직의 절차는 최대한 빨리 준수책임자에 대해 전달하도록 요구하여야 한다. 경우에 따라서는 위의 사실 그 자체만으로도 준수책임자가 의심이나 위반으로 오해될 수 있을 것이다.

6) 부적합 및 시정조치

부적합의 확인, 이에 대한 시정 및 시정조치 그리고 시정조치에 대한 효과성

그림 8-5 부적합 시정조치를 통한 부패방지경영시스템의 지속적 개선

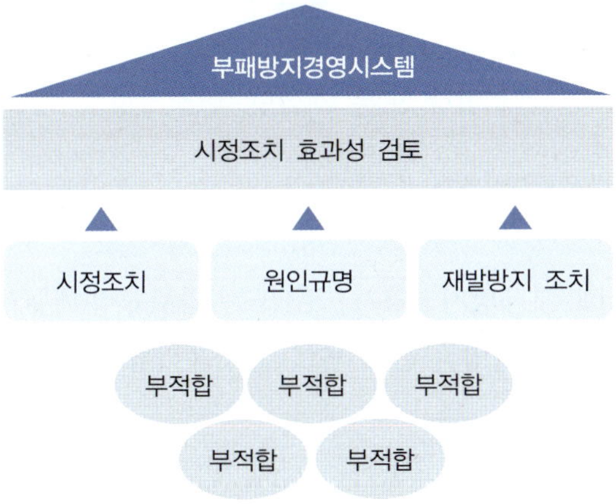

평가는 궁극적으로 조직의 부패방지시스템을 지속적으로 개선하는 결과로 이어진다.

부적합 사항 발생 시 조직은 다음의 사항을 실행해야 한다.

① 즉각적이고 철저하게 부적합 사항에 대해 반응해야 하며, 상황에 따라
- 부적합 사항을 통제하고 시정조치
- 부적합 사항 결과를 처리

② 부적합 사항이 재발하거나 다른 곳에서 발생하는 것을 막기 위해 부적합 사항의 원인 제거 필요성을 다음에 따라 평가
- 부적합 사항에 대한 검토
- 부적합의 원인 파악
- 유사한 부적합 요인의 존재 또는 잠재적 부적합 요인의 발생 가능성에 대한 결정

③ 필요한 조치를 실행

④ 시행된 시정조치의 효과성 검토

⑤ 필요한 경우 부패방지경영시스템을 변경

모든 부적합에 대해 취한 조치의 결과에 따라 부패방지를 위한 경영시스템을 변경할 필요성을 결정할 때, 이러한 변경사항은 다음 사항을 고려하여야 한다.

① 변경의 목적 및 잠재적 중요성
② 부패방지를 위한 경영시스템의 완전성
③ 자원의 가용성
④ 책임과 권한의 할당 또는 재할당-변경사항의 이행 속도, 정도 및 일정

(4) 부패방지경영 도입 및 운영

조직에 따라 '부패방지경영시스템 또는 업무규정(매뉴얼)'을 따로 두기도 하지만, 윤리 또는 준법경영과 한데 묶어 '준법윤리경영' 또는 '윤리경영'의 틀에서 하나로 다루기도 한다.

ISO 37001 : 2016에서 요구하는 사항 및 권고사항을 충실히 따른다 하더라도 해당 기관의 부패 리스크를 완전히 제거할 수 없는 경우도 있을 수 있고, 조직 관련된 부패가 발생하지 않았거나 발생하지 않으리라는 것을 완벽하게 보장할 수 없지만, 이 표준의 충실한 이행을 통해 조직이 부패예방, 탐지 및 대응할 수 있는 합리적이고 적절한 조치를 실행하는 데는 큰 도움이 된다.

부패방지경영시스템(ABMS)는 아래와 같이 8가지의 통제범위를 가진다. ISO 37001 : 2016에 따른 부패방지경영시스템은 부패관행과 관련된 사기 · 카르텔 · 반독점(경쟁 위반) · 분식회계 및 자금세탁 등에 대해 구체적으로 다루지 않으나, 조직은 이러한 행위들을 경영시스템의 범위에 포함하여 확장할 수 있다.

ISO 37001 : 2016 표준은 공공, 민간 및 비영리 부문을 포함하여 모든 분야의 소규모, 중간 규모 및 대규모 조직에 적용할 수 있다.

조직이 직면한 부패 리스크는 조직 규모, 조직이 운영하는 지역 및 부문, 조직 활동의 특성, 규모 및 복잡성과 같은 요소에 따라 다양하기 때문에, ISO 37001 표준은 해당 기관이 직면한 부패 리스크에 따라 합리적이고 적절한 조직 방침 · 절차 및 관리에 따라 실행해야 함을 규정하고 있다.

(5) 사회책임 이슈의 ESG 경영 도입 · 운영

사회책임 이슈가 다양한 만큼 이들 모두를 포괄할 수 있는 업무 규정을 만드는 방법도 효과적일 수 있다.

다음은 윤리준법경영(또는 '사회책임경영' 등) 관련 'OECD 기업책임경영 매뉴얼' 목차를 보여준다.

표 8-5 OECD 기업책임경영 매뉴얼(목차 예)[21)]

제1장 기업책임경영 실사 가이던스 개요
Ⅰ. 기업책임경영 실사 가이던스 의의 II. 기업책임경영 실사 가이던스 구성

제2장 OECD 다국적기업 가이드라인 주요내용 및 권고사항
Ⅰ. 개념 및 원칙 Ⅱ. 일반 정책
Ⅲ. 정보 공개 Ⅳ. 인권
Ⅴ. 고용 및 노사관계 Ⅵ. 환경
Ⅶ. 뇌물공여, 뇌물청탁 및 강요방지 Ⅷ. 소비자 권익
Ⅸ. 과학 및 기술 Ⅹ. 경쟁
XI. 조세

제3장 기업책임경영 실사의 이해
Ⅰ. 부정적 영향 및 리스크 Ⅱ. 실사의 필요성
Ⅲ. 실사의 특성

제4장 기업책임경영 실사 과정 및 실행사항
Ⅰ. 기업책임경영의 정책화 및 관리시스템화
Ⅱ. 기업운영, 제품 및 서비스 등의 부정적 영향 식별
Ⅲ. 부정적 영향의 중단, 예방 및 완화
Ⅳ. 관련 조치의 이행상황 및 결과 추적 Ⅴ. 이해관계자와의 소통
Ⅵ. 적절한 경우 회복조치의 제공 및 협력

제5장 다국적기업 활동에 대한 이의신청 및 처리절차
Ⅰ. 이의신청 주체 및 방법
Ⅱ. 이의신청 처리절차

업무규정(매뉴얼)에 포함될 윤리경영방침은 다양한 형태로 나타날 수 있다. 사회책임 나아가 ESG 경영의 모든 이슈를 포괄하는 의미의 방침을 '헌장'의 형태로 작성된 국내 P기업의 사례를 소개한다.

21) OECD 기업책임경영 매뉴얼, OECD Guidelines for Multinational Enterprises & Due Diligence Guidance for Responsiblr Business Conduct, 한국경영자총협회 2019.1 한글판 발간.

그림 8-6 기업시민헌장(예, 철강업 P사)[22]

포스코 기업시민헌장

POSCO CHARTER OF CORPORATE CITIZENSHIP

기업의 경영활동은 사회를 기반으로 이루어지며,
사회와 조화를 통해 성장하고 영속할 수 있다.
우리는 사회의 자원을 활용하여 성장한 기업이
사회공동체의 일원으로서 경제적 이윤 창출을 넘어
사회문제 해결에 동참하고 인류의 번영과
더 나은 세상을 만들어 가는데 기여하는 것이
올바른 길이라고 믿는다.

포스코는 **'더불어 함께 발전하는 기업시민'** 경영이념하에
고객, 구성원, 주주 등 모든 이해관계자와 소통하고 공감하면서
끊임없이 변화하고 혁신하여 궁극적으로
더 큰 기업가치를 창출하며 지속 성장하고자 한다.

이에 기업시민 포스코는 모든 경영활동에 있어
다음 원칙을 준수한다.

하나. 비즈니스 파트너와 함께 강건한 산업 생태계를 조성한다.

- 모든 사업에서 공정·투명·윤리의 가치를 실천한다.
- 배려와 존중의 자세로 협력사, 공급사와 협업하고 동반성장한다.
- 최고의 제품과 서비스를 제공하여 고객성공을 지원한다.

둘. 사회문제 해결과 더 나은 사회 구현에 앞장선다.

- 사회가 직면한 문제에 공감하고 기업 차원의 역할을 다한다.
- 지역사회 발전과 환경보호를 위한 공익적 활동을 전개한다.
- 이웃을 배려하는 마음으로 모든 구성원이 나눔활동에 적극 참여한다.

셋. 신뢰와 창의의 조직문화로 행복하고 보람있는 회사를 만든다.

- 안전하고 쾌적한 근무환경을 조성하여 구성원의 건강과 안녕을 도모한다.
- 공정한 인사와 안정적 노사관계로 신뢰와 화합의 조직문화를 선도한다.
- 다양성을 포용하고 일과 삶이 균형을 이루는 행복한 일터를 구현한다.

2019년 7월 25일 포스코

22) 보통의 국민/시민을 일반시민이라고 할 때, 기업도 시민의 하나로서 '기업시민'이라는 용어를 사용.

03 PART

ESG 성과보고와 ESG 평가

CHAPTER 09

ESG 성과보고의 필요성

제 1 절 ESG 성과보고의 필요성

기업은 관련 법규에 따라, 혹은 자발적으로 자사의 사업에 대한 정보를 다양한 방식으로 공개하고 있다. 일반적으로 기업이 정보를 공개하는 대표적인 방법은 사업보고서나 영업보고서, IR보고서를 활용한 정보공시이다. 특히 한국을 포함한 각국 주식시장에 상장된 기업은 매년 사업보고서를 의무적으로 작성하여 공시하고 있다.

그림 9-1 사업보고서의 구성 예시 – 삼성전자 사업보고서

목 차

자료: 삼성전자(2021), 삼성전자 2020년 사업보고서.

사업보고서에는 기업의 전반적인 현황이 기재된 회사의 개요, 기업의 사업에 대한 내용과 함께 재무제표를 비롯한 재무정보, 그리고 이사회 및 주주, 임직원, 계열회사에 대한 상세한 내용이 기재되어 있다. 기업은 기재된 내용에 대해 누락이나 허위, 오류가 없음을 확인하는 대표이사 및 신고업무 담당 임원의 서명, 그리고 독립적인 외부 감사인의 감사의견을 사업보고서에 기재함으로써 보고서의 전반적인 내용 및 재무제표의 적정성을 확인하여 공시한다([그림 9-1] 참조).

이처럼 기업의 대표적인 공시자료인 사업보고서의 주요내용은 주로 재무와 관련된 정보를 담고 있다. 즉 일반적으로 주주와 투자자가 해당 기업에 대한 분석 및 의사결정을 내릴 때 활용되는 정보인 것이다. 이렇듯 과거 기업의 주요 이해관계자로 꼽히던 주주와 투자자는 주주가치나 투자 수익에 영향을 줄 수 있는 재무관련 정보를 기업에 요구하였고, 기업은 이에 대응하여 사업보고서나 영업보고서, IR보고서 등 다양한 방식을 통해 정보를 제공하였다. 그러나 기업의 이해관계자의 범위가 더욱 다양해지고, 각각의 이해관계자들이 기업에 대해 갖는 관심, 즉 기업에 요구하는 정보는 재무관련 정보에 국한되지 않고 폭넓게 확대되었다. 또한 주주와 투자자들도 기존의 재무관련 정보만이 아닌 다양한 내용의 정보를 요구하고 있다. 이해관계자 이론(Stakeholder theory)은 기업의 진정한 성공은 주주와 투자자만이 아닌 모든 이해관계자들을 만족시키는 데 있음을 강조하는 이론이다. 기업의 정보공개가 이해관계자들의 요구를 충족시키는 방안이라는 점에서, 기업들은 이해관계자 만족을 위해 이들에게 더욱 다양한 정보를 제공해야 하는 것이다.

제 2 절 ESG 성과보고와 기업의 지속가능성

그렇다면 이해관계자들은 재무관련 정보 이외에 어떠한 정보를 요구할까? 이를 위해서는 먼저 이해관계자가 누구인지를 파악하는 것이 중요하다. [그림 9-2]는 기업과 상호 영향을 주고받는 다양한 이해관계자 집단을 보여주는 예시이다. 투자자(및 주주), 공급자, 고객, 그리고 임직원은 우리가 기업의 이해관계자에 대해 1차적으로 떠오르는 집단일 것이다. 그 외에도 정부 및 정치집단은 기업과 법

그림 9-2 기업의 다양한 이해관계자

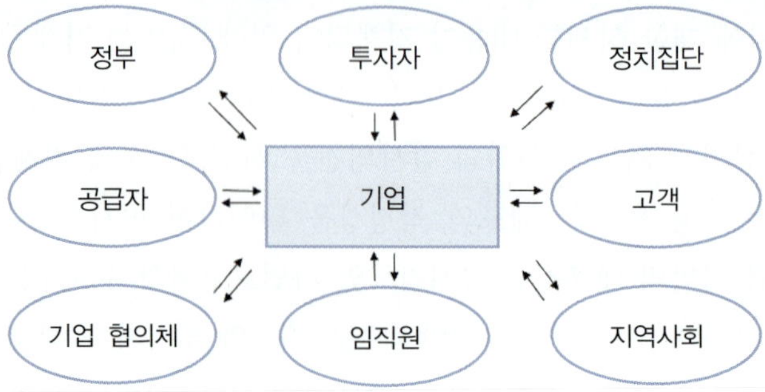

자료: Donaldson, T. & Preston, L. E. (1995). The Stakeholder Theory of the Corporation: Concepts, Evidence, and Implications, *The Academy of Management Review*, 20(1), 65-91.

률이나 정책 등 제도적으로 영향을 주고받는 이해관계자이다. 기업은 다른 기업들과 경쟁관계이기도 하지만 상호 협력하여 공동의 목표 달성을 위한 협의체를 설립하기도 하므로 이러한 기업 협의체 또한 주요 이해관계자로 볼 수 있다. 그리고 기업이 경영활동을 영위하는 지역사회 또한 기업과 영향을 주고받는다는 점에서 이해관계자에 해당한다. 이들 이외에도 언론, NGO, 시민단체 등 기업의 경영활동에 관심을 갖는 여러 개인 및 집단들도 이해관계자로 볼 수 있을 것이다.

이렇듯 기업과 상호 영향을 주고받는 집단이 주주 및 투자자 중심에서 다양한 이해관계자로 그 범위가 확장되었고, 다양한 이해관계자들은 각 집단의 특성에 따라 기업에 다양한 종류의 정보를 제공할 것을 요구하고 있다. 이러한 이해관계자들이 기업에 요구하는 정보는 기존의 재무성과 중심의 정보 이외에도 비재무성과 중심의 정보, 즉 환경(Environmental), 사회(Social), 지배구조(Governance)로 구분되는 ESG 성과관련 정보로 확대되었다. 이해관계자들은 왜 기업에 비재무성과 중심의 정보를 요구할까? 이해관계자들이 기업에 요구하는 비재무 정보의 종류와 그러한 정보를 요구하는 이유는 각각의 이해관계자에 따라 다르겠지만, 공통적으로는 어떤 기업이 '지속가능한' 기업인지 파악하기 위함이라 할 수 있다. 즉, '기업의 지속가능성(Corporate sustainability)'을 판단하는 기준이 과거의 재무성과 중심에서 최근 비재무성과 중심으로 변화한 것이다.

기업의 지속가능성은 기업이 경영활동을 미래에도 지속적으로 수행할 확률 및 가능성[1)]을 의미한다. 과거에는 매출액이나 영업이익과 같이 기업의 재무성과가 지속가능성의 기준으로 활용되었다. 재무성과가 우수한 기업일수록 기업 본연의 목적인 이윤창출에 충실한 기업이기 때문에 지속가능한 기업으로 평가받아온 것이다. 그러나 최근 들어 기후변화와 같은 환경문제와 더불어 안전, 인권과 같은 사회적 문제가 대두되고, 이러한 문제에 대해 기업의 경영활동이 상당한 영향을 미치고 있음이 증명되고 있다. 이러한 이유로 이해관계자들은 기업의 경영활동으로 인해 사회·환경에 미치는 영향을 파악하고, 기업이 이러한 문제를 해결하고 부정적 영향을 완화하도록 적극적인 역할을 요구하게 되었다. 또한 기업 입장에서도 환경적·사회적 문제는 기업에 생산성 저하, 평판 하락, 매출 감소 등 재무적으로 부정적인 영향으로 작용한다. 따라서 이제는 단순히 재무성과만이 아닌 비재무성과 또한 우수한 기업일수록 지속가능한 기업으로 평가되고 있다. 기업의 비재무성과는 다양한 종류와 내용이 존재하는데, 앞서 언급한 바와 같이 일반적으로 ESG 성과라고 표현된다. ESG 성과의 구체적인 내용은 '제10장 ESG 성과보고 방법'에서 자세히 다루고자 한다.

기업이 자사의 ESG 성과를 공개할 때, 기업에는 어떠한 이익이 발생할까? 정보공개를 통해 기업이 얻는 여러 이익 중에서도 가장 큰 이익은 기업가치 제고를 꼽을 수 있다. 이해관계자들은 기업의 경영활동에 대한 정보의 접근이 제한되기 때문에 기업과 이해관계자 간의 정보 비대칭성(Information asymmetry)이 존재할 수밖에 없다. 이 때, 기업이 이해관계자들이 요구하는 정보, 즉 ESG 성과를 적절하게 공개할 경우 이러한 정보 비대칭성이 완화되고 경영 투명성이 높아진다. 정보 비대칭성 완화 및 경영 투명성 제고는 시장에서의 긍정적인 반응을 이끌어내어 결국 기업가치 제고로 이어지는 것이다.

1) 이정기·이재혁(2020). "'지속가능경영' 연구의 현황 및 발전방향: ESG 평가지표를 중심으로", 전략경영연구, 23(2), 65-92.

CHAPTER 10

ESG 성과보고 방법

제 1 절 ESG 성과보고 절차

기업의 ESG 성과 공개, 즉 ESG 성과보고는 일반적으로 '보고내용 기획 → 보고내용 작성 → 보고내용 검증 → 보고내용 공개' 순으로 이루어진다.

그림 10-1 ESG 성과보고 절차

1. 보고내용 기획

기업은 ESG와 관련된 모든 이슈(Issue)에 대해 보고하는 것은 쉽지 않다. 기업이 속한 국가나 산업의 특성, 비즈니스 모델(Business model)에 따라 각각의 ESG 이슈가 기업에게 갖는 중요도는 다르며, 또한 각 기업의 이해관계자들이 중요하게 여기는 ESG 이슈가 다를 수 있기 때문이다. 그렇기 때문에 기업은 자사의 경영활동과 관련성이 높으면서도 자사의 이해관계자가 중요하게 여기는 이슈, 즉 중요이슈를 우선적으로 보고해야 한다.

따라서 보고내용 기획 단계에서 가장 중요한 작업은 ESG 성과를 보고할 중요이슈를 선정하는 것이다. 보고내용 기획 단계에서의 중요이슈 선정은 다음의 단계를 거쳐 이루어진다.

(1) 자사 내부 경영자료 취합

ESG 경영은 기업의 최고 의사결정기구인 이사회부터 개별 부서까지 아우르는 전사적인 경영활동이다. 따라서 기업 내 각 부서별 경영활동 및 성과 자료를 취합하는 작업이 우선 이루어진다. 이사회에서 논의된 주요 안건 및 내용, 부서별 주요 활동 내역 및 성과 등 정성적 · 정량적 자료를 취합하고 이와 연계된 ESG 이슈를 우선 도출한다.

(2) 외부 및 내부 환경분석

외부 환경분석으로서 기업은 ESG 경영과 관련한 최근 국내・외 동향을 파악한다. ESG 성과보고시 적용하기 위한 보고기준(가이드라인) 및 제도적 동향을 분석한다. 또한 자사가 속한 산업에서 최근 주목받는 이슈는 무엇인지 살펴보고, 다른 기업들의 보고내용을 분석함으로써 이러한 이슈에 대한 타사의 대응 및 보고 수준을 확인한다.

내부 환경분석으로서 기업은 신문・방송 등의 매체를 활용하여 자사와 관련된 언론 보도자료를 수집하고 긍정적/부정적 내용으로 분류한다. 분류된 내용에 대해 ESG 이슈로 구분하여 보도 빈도를 파악하고, 부정적 보도 내용과 관련된 ESG 이슈는 무엇인지 파악한다.

(3) 이해관계자 설문 및 인터뷰

위 과정에서 도출된 ESG 이슈들에 대해 자사의 이해관계자들의 관심 사항이 무엇인지 파악하는 과정이다. 먼저 의견 수렴의 대상이 되는 자사의 내・외부 이해관계자를 구성한다. 다음으로 이해관계자들에게 설문을 통해 자사에 미치는 영향이 큰 이슈, 자사가 지속적으로 강화해야 할 역량 관련 이슈, 자사가 외부에 미치는 영향이 큰 이슈를 도출한다. 추가적으로 협력업체 등 핵심 이해관계자 및 외부 전문가 그룹과 간담회를 실시하여 ESG 이슈에 대한 의견을 수렴할 수 있다.

(4) 중대성 평가 및 중요이슈 도출

내부 경영자료 취합, 내・외부 환경분석, 이해관계자 의견을 통해 도출된 ESG 이슈 중 자사에 중대성(Materiality)이 높은 중요이슈를 도출하는 과정이다. 이 때 중요이슈의 도출 기준은 기업 내부 차원과 외부 차원으로 구분되는데, 내부 차원의 경우 자사의 비즈니스 모델 및 경영전략과의 관련성, 자사의 비즈니스에 미치는 영향 정도 등의 요소가 있다. 외부 차원의 경우 앞서 환경분석을 통해 나타난 ESG 동향 및 산업에서의 중요도, 이해관계자의 관심 정도 등의 요소가 있다. 기업은 이러한 도출 기준을 고려하여 각 이슈별 우선순위를 도출하고, 성과보고시 중점적으로 다루고자 하는 중요이슈를 선정한다.

이와 함께, 각 이슈별로 자사의 보고 범위 및 경계를 정의한다. 보고 범위 및 경계는 각 이슈에 대해 자사의 성과를 공개할 범위를 의미한다. ESG 성과를 보고할 범위를 자사(법인)에만 국한할 것인지, 혹은 협력사 및 자사가 지분을 보유

그림 10-2 중대성 평가 매트릭스 예시 – SK텔레콤

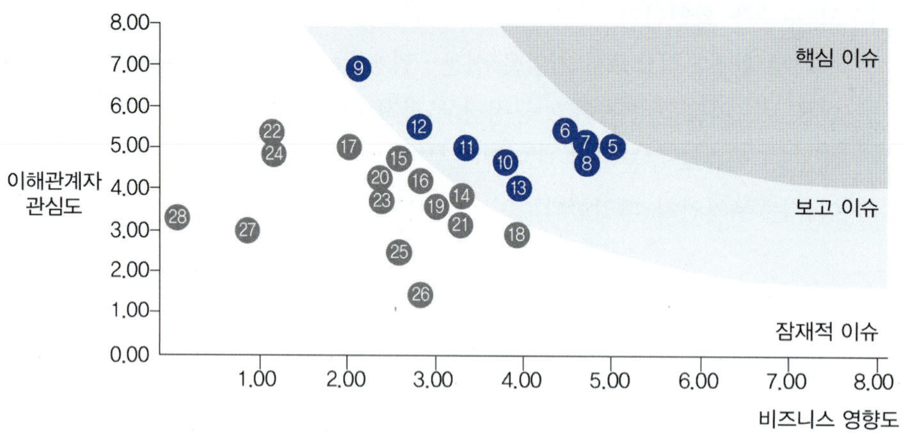

자료: SK텔레콤(2021), SK텔레콤 2020 연차보고서.

그림 10-3 중대성 평가를 통한 중요이슈 도출 결과 예시 – SK텔레콤

● 상 ◐ 중 ○ 하

No.	이슈(Topics)	이해관계자						Financial Materiality[1]			보고 페이지
		구성원	고객	협력회사	정부	지역사회	주주	Cost	Revenue	Risk	
1	New ICT(미디어, S&C, 커머스, 모빌리티) 포트폴리오 고도화	●					●	●	●	●	p. 76-79
2	5G 리더십 강화	●					●	●	●	●	p. 72-75
3	개인정보보호		●					◐	◐	●	p. 131-132
4	고객가치 혁신		●				●	●	●	●	p. 135
5	온실가스 배출 관리 (탄소 중립화)			●	●	●		◐	○	●	p. 142
6	윤리경영 및 공정거래 이행			●				○	○	◐	p. 112-120
7	환경경영 전략 및 체계 구축			●	●	●		◐	○	●	p. 139
8	지배구조 건전성 확보						●	◐	◐	●	p. 83
9	사회적 가치 창출	●	●	●	●	●	●	●	●	●	p. 164-168
10	자원 절감 및 에너지 효율성 향상		●	●		●		◐	○	◐	p. 145-147
11	리스크 관리 체계 고도화	●		●	●		●	◐	●	●	p. 102-111
12	기업시민 활동	●	●	●	●	●	●	●	●	●	p. 169-173
13	인적자본 개발	●						●	●	●	p. 149

[1] Cost: 직간접적 비용 및 잠재적 비용 등 기업의 자본비용에 미치는 영향에 대한 평가

Revenue: 수익 창출의 기회 및 잠재적 경쟁 우위 요인이 될 수 있는지 평가

Risk: 대내외적 기대사항 및 평가, 규제 대응 등 사업적 리스크에 대한 평가

자료: SK텔레콤(2021), SK텔레콤 2020 연차보고서.

하고 있는 자회사까지 포함할 것인지, 그리고 본사가 위치한 사업장에만 국한할 것인지, 혹은 경영활동을 수행하는 여러 사업장까지 포함할 것인지를 결정하는 것이다. 이해관계자들에게 충분한 내용의 정보를 제공하기 위해서 가급적 재무제표 등 재무성과의 보고 범위와 일치시키는 것이 권장된다.

2. 보고내용 작성

도출된 ESG 중요이슈에 대하여, 설정된 보고 범위 및 경계, 보고주기에 맞게 자사의 ESG 경영활동 및 성과를 작성한다. ESG 경영활동은 각 중요이슈별 보고기간 내 자사에서 실천한 활동을 위주로 작성하고, ESG 성과는 이러한 활동을 통해 거둔 구체적인 성과 위주로 작성한다. 텍스트 위주의 정성적 내용만이 아니라 구체적이고 정량적인 수치를 함께 작성하는 것이 바람직하다. 또한 ESG 경영활동과 성과는 자사의 경영전략 및 체계, 성과목표와 연계하여 작성하는 것이 좋다.

ESG 성과는 곧 기업의 ESG 경영이 사회·환경적으로 미친 영향이라고 할 수 있다. 이러한 영향(성과)은 긍정적인 측면만이 아니라 부정적인 측면도 존재할 수 있다. 부정적인 영향은 ESG와 관련하여 자사의 법규 위반이나 사건·사고, 온실가스 배출량이나 에너지 사용량 증가 등 ESG 경영활동 및 성과의 사회·환경적으로 부정적인 내용을 의미한다. 기업은 보고내용 작성시 긍정적인 측면 이외에도 이러한 부정적인 측면을 모두 공개해야 한다. 부정적인 내용을 사실대로 공개하고, 그에 따라 실시한 조치 및 개선하기 위해 수립한 계획을 함께 공개함으로써 보고내용의 진실성을 제고하고 ESG 성과개선을 위한 노력을 이해관계자들과 공유할 필요가 있다.

작성된 보고내용은 유관부서 회람 등을 통해 내부적으로 검토 및 수정, 보완 작업을 진행한다.

3. 보고내용 검증

작성한 보고내용이 질적으로 충분하고 타당한지 검증을 받는 단계이다. 이러한 검증을 통해 기업은 직접 작성한 보고내용의 신뢰성과 타당성을 높일 수 있다. 일반적으로 보고내용 검증은 자사와 이해관계가 없는 독립적인 외부 검증기관을 통해 이루어지는 제3자 검증(Third party assurance)이 널리 활용된다. 외부 검증기관은 공인된 검증표준 및 원칙을 적용하여 보고내용을 확인한다. 국내에는 글로벌 ESG 검증표준을 적용하여 보고내용 검증을 실시하는 여러 전문기관이 존재하고 있다. 따라서 기업은 보고내용 검증시 이러한 외부 전문기관의 검증 서비스를 활용할 수 있다.

ESG 성과보고시 보고내용 검증에 활용되는 검증표준은 대표적으로 글로벌 ESG 검증표준 및 원칙 제정기관인 AccountAbility의 AA1000AS와 국제감사인증기준위원회(IAASB)의 IASE3000이 있다. 기업은 보고내용 검증 과정에서 검증기관이 제시하는 의견사항을 반영하고, 수정 및 보완을 거쳐 보고내용을 최종 확정한다.

4. 보고내용 공개

확정된 보고내용을 대외에 공개하는 단계이다. 인쇄물을 활용한 보고서 발간 및 PDF 등 전자문서를 통한 자사 홈페이지 게시, 그리고 상장기업의 경우 전자공시시스템을 통한 공시 등 다양한 방식을 활용할 수 있다. 이 때 고려해야 할 점은

그림 10-4 지속가능경영보고서의 홈페이지 게시 예시 – SK텔레콤

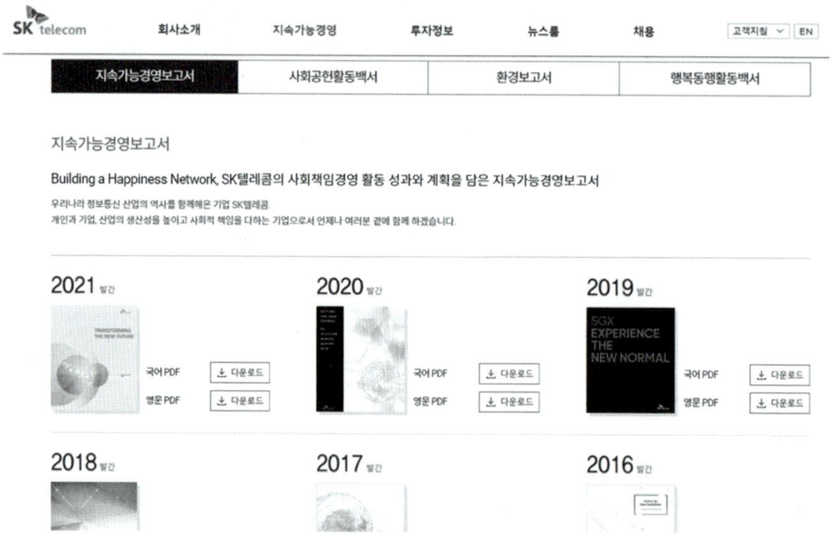

자료: SK텔레콤 지속가능경영 홈페이지.

이해관계자들이 접근하기 용이한 방식으로 공개해야 한다는 것이다. 따라서 해외 매출 비중이 높거나 해외 이해관계자들이 관심을 갖는 글로벌 기업들은 영어를 비롯한 다양한 언어로 된 보고내용을 공개함으로써 원활한 정보 제공이 이루어지도록 하고 있다. 또한 홈페이지에 게시할 경우 과거에 발간한 보고서를 계속해서 공개함으로써 이해관계자들이 과거에 공개된 보고내용과 최근에 공개된 보고내용을 함께 확인할 수 있도록 하는 것이 바람직하다.

제 2 절 해외 보고기준

앞서 설명한 바와 같이, 기업은 다양한 ESG 이슈에 직면해 있다. 따라서 기업의 원활한 ESG 성과보고가 이루어질 수 있도록 국내 · 외 많은 기관들이 민간 · 공공 차원에서 ESG 보고기준(가이드라인)을 제시하고 있다. 제10장에서는 그중에서도 널리 활용되고 있는 보고기준을 소개하고자 한다. 먼저 GRI Standards에서는 ESG 성과보고시 지켜야 할 원칙과 다양한 ESG 이슈를 중심으로 소개한다. 다음으로 SASB Standards 에서는 각 산업별 어떠한 ESG 이슈가 중요한지 참고할 수 있도록 산업별 중요한 ESG 이슈를 소개한다. 마지막으로 TCFD Recommendations에서는 기업이 ESG 이슈로 인한 위험 및 기회, 그리고 재무적 영향을 이해하는데 도움이 되도록 기후변화로 인한 위험 및 기회, 재무적 영향을 중심으로 소개한다. 이러한 여러 보고기준들은 ESG 성과보고시 중요이슈 도출 및 내용 작성에 도움이 될 것이다.

1. GRI Standards

(1) 개 요

GRI Standards는 글로벌 기관인 GRI(Global Reporting Initiative)에서 제정한 표준으로, ESG 성과보고의 대표적인 방식인 지속가능경영보고서 작성시 활용되는 글로벌 가이드라인으로서 전 세계에서 가장 널리 활용되고 있다. GRI는 1997년 미국의 비영리단체인 CERES와 Teles Institute, 그리고 UN 산하기관인 UNEP (United Nations Environment Programme)에 의해 공동으로 설립되었다.

GRI는 2000년 첫 번째 가이드라인인 GRI G1을 시작으로 2016년 글로벌 표준인 GRI Standards를 공개하는 등 가이드라인 내용을 지속적으로 개정하고 있다. 2021년에는 GRI Standards의 내용과 적용방식을 일부 개정하고, 산업군(Secotr)별 각 ESG 이슈의 중요도가 다른 점을 감안하여 최초로 석유 및 가스 산업군(Oil and Gas)에서 고려해야 할 이슈를 제시하는 GRI 11: Oil and Gas Sector 2021을 공개하였다. GRI는 향후 총 40개 부문별 표준을 제정, 공개할 예정이며, 이와 같이 2021년에 개정된 GRI Standards는 2023년부터 적용될 예정이다. 이 책에서는 가장 최근인 2021년 개정된 GRI Standards를 중심으로 소개하고자 한다.

(2) 주요 내용

GRI Standards는 Universal Standards와 Sector Standards, 그리고 Topic Standards의 3가지로 구분된다. Universal Standards는 GRI Standards를 적용하

그림 10-5 GRI Standards의 구성 체계

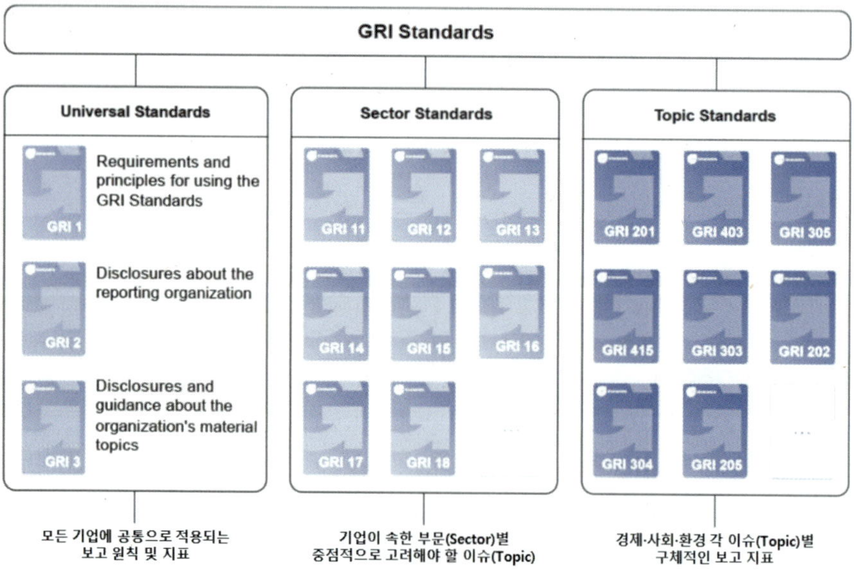

자료: GRI(2021). GRI 1: Foundation 2021. Global Reporting Initiative.

여 보고서를 작성하는 모든 기업이 준수해야 하는 내용으로, GRI Standards를 적용한 보고서 작성시 지켜야 할 요구사항 및 원칙(GRI 1), 보고 주기를 비롯한 보고 관행과 주요 경영활동 및 지배구조, 지속가능성 전략 및 정책 등 기업 일반 정보 중심의 30개 지표(GRI 2), 보고하고자 하는 이슈(Topic Standards의 각 Topic)에 대한 이슈 도출 절차, 경제적 · 환경적 · 사회적 영향 및 경영활동과의 관련성, 기업의 이슈 관리방식 및 방침을 담은 경영접근방식 관련 3개 지표(GRI 3) 등 총 3개의 표준, 33개 지표로 구성되어 있다.

Sector Standards는 기업이 속한 산업군별 중점적으로 다루어야 할 이슈를 제시하고 있다. 2021년 개정을 통해 신설된 내용으로, 기업이 ESG 이슈 도출 과정에서 자사가 속한 산업군에서 중요하게 다뤄야 하는 이슈를 간과하는 것을 방지하고자 제정되었다. 따라서 기업은 성과보고를 위한 ESG 이슈 도출시 자사에 해당하는 Sector Standards를 통해 어떠한 이슈들이 충분히 고려되어야 하는지 확인할 수 있다. 만약 Sector Standards에서 제시된 이슈 중 자사에는 중대성이 상대적으로 높지 않아 보고하지 않는 이슈가 있다면 기업은 보고서에 해당 이슈가 자사에 중대성이 낮은 이유를 명시해야 한다.

표 10-1 GRI Standards의 지속가능경영보고서 작성 원칙

ESG 성과보고시 중요한 것은 보고내용을 명확히 정의하고 이해관계자가 이해하기 용이하도록 질적으로 우수한 품질의 보고내용을 작성하는 것이다. GRI는 GRI Standards를 적용할 경우 준수해야 할 8가지 보고 원칙을 다음과 같이 제시하고 있다.

1. 정확성(Accuracy): 기업은 각 이슈에 대한 기업의 영향을 이해관계자가 평가할 수 있도록 정확한 정보를 보고해야 함
2. 균형(Balance): 기업은 각 이슈에 미치는 기업의 영향을 편향되지 않고 긍정적 · 부정적 측면 모두 균형 있게 보고해야 함
3. 명료성(Clarity): 보고내용은 이해관계자가 이해하기 쉽도록 명확하고 간결해야 함
4. 비교가능성(Comparability): 기업은 이해관계자가 기업의 성과 추이를 분석하거나 다른 기업과 비교 · 분석할 수 있도록 보고내용을 일관된 방법과 기준으로 작성해야 함
5. 완전성(Completeness): 이해관계자가 보고기간 동안 발생한 기업의 영향을 평가할 수 있도록 충분한 정보를 제공해야 함
6. 지속가능성 맥락(Sustainability context): 보고내용을 기업의 경영활동과 지속가능성의 맥락을 고려한 경영성과로 구성해야 함
7. 적시성(Timeliness): 이해관계자가 정보를 적시에 활용할 수 있도록 기업은 정기적이고 시의적절하게 보고해야 함
8. 검증가능성(Verifiability): 기업은 보고서 상의 정보를 추후 보고내용의 품질에 대한 검증이 이루어질 수 있는 방향으로 수집, 기록, 편집 및 분석해야 함

자료: GRI(2021). GRI 1: Foundation 2021. Global Reporting Initiative.

Topic Standards는 각 이슈별로 기업이 보고해야 할 구체적인 지표와 내용을 제시하고 있다. 경제 · 환경 · 사회의 프레임워크로 각 이슈를 구분하였고, 경제(GRI 201~207), 환경(GRI 301~308), 사회(GRI 401~418) 등 총 31개[2] 이슈, 84개 지표로 구성되어 있다. 기업은 이러한 이슈들을 활용하여 중대성 평가를 통해 중요이슈를 도출하고, 도출된 이슈에 대해 각각의 표준을 적용하여 보고내용을 작성한다.

중요이슈 선정시 기업 이해관계자의 참여가 함께 이루어진다. 그럼에도 불구하고, 중요이슈 선정 과정에서 해당 산업에서 다루어야 할 중요한 이슈가 간과되어 보고내용에서 제외되는 경우가 발생할 수 있다. 이를 방지하고자 GRI는 기존의 Universal Standards와 Topic Standards 위주에서 Sector Standards를 추가, 각 산업군별 고려해야 할 이슈를 제시하고 있다. 이러한 3가지 Standards의 활용에 있어 GRI는 먼저 기업이 Universal Standards와 Topic Standards를 활용하여 보고내용 구성 및 중요이슈를 도출하고, Sector Standards를 활용하여 간과되거나 배제된 이슈가 있을 경우 자사에 중요한 이슈인지 여부를 판단하여 추가로 선정하여 보고내용에 포함할 것을 권장한다.

표 10-2 GRI Topic Standards에서 제시하는 ESG 관련 이슈 및 지표(경제)

Topic(Issue)		No.	지표
경제	경제적 성과	201-1	직접적인 경제적 가치 발생 및 분배
		201-2	기후변화에 따른 영향 및 기타 위험과 기회
		201-3	확정급여형 연금제도 채무 충당 및 기타 퇴직연금제도
		201-4	정부로부터의 재정지원
	시장 지위	202-1	사업장 소재 지역의 최저임금 대비 초임 임금 비율(성별)
		202-2	사업장 소재지별 해당 지역사회 출신의 상위 관리직 비율
	간접 경제효과	203-1	사회기반시설 투자 및 서비스 지원의 규모 및 영향
		203-2	경영활동으로 인한 중요한 간접 경제효과
	조달 관행	204-1	주요 사업장 소재지의 공급업체에서 조달한 구매 비율
	반부패	205-1	부패 위험을 평가한 사업장 수 및 평가에서 파악된 중요한 위험
		205-2	반부패 정책 및 절차에 대한 공지, 교육훈련 현황
		205-3	보고기간 내 확인된 부패 사례 건수 및 후속 조치 현황

2) 기존 표준인 GRI 307(환경 법규준수)과 GRI 412(인권평가), GRI 419(사회 · 경제적 법규준수)는 GRI 2에 포함되어 기존에 기업이 선택적으로 공개하던 이슈에서 의무적으로 공개하는 이슈로 강화되었다.

반경쟁적 행위	206-1	경쟁저해, 독과점 등 반경쟁적 행위에 따른 법적 조치 및 결과
세금	207-1	세금 관리에 대한 접근법(조세전략 보유 여부 등)
	207-2	조세관련 거버넌스, 통제 및 리스크 관리
	207-3	조세 관련 이해관계자 참여 · 견해 반영 방식
	207-4	사업장 소재 국가별 세무 내역

자료: GRI(2021). CONSOLIDATED SET OF GRI SUSTAINABILITY REPORTING STANDARDS 2020. Global Reporting Initiative.

표 10-3 GRI Topic Standards에서 제시하는 ESG 관련 이슈 및 지표(환경)

Topic(Issue)		No.	지표
환경	원재료	301-1	제품 및 서비스 생산, 포장에 사용된 원재료 중량이나 부피
		301-2	전체 투입 원재료 중 재생원료 비율
		301-3	재생품 및 재생 포장재 비율
	에너지	302-1	기업 내부 에너지 소비
		302-2	기업 외부 에너지 소비(Upstream 또는 Downstream)
		302-3	에너지 소비 집약도
		302-4	에너지 소비 절감 비율
		302-5	판매한 제품 및 서비스의 에너지 요구량 감축 정도
	용수 및 폐수	303-1	공유자원으로서의 용수 활용 - 경영활동상 용수(수자원)의 공급 · 사용방식
		303-2	방류에 따른 영향 관리
		303-3	용수 취수량
		303-4	용수 방류량
		303-5	용수 사용량
	생물다양성	304-1	생태계 보호가치가 높은 지역 및 인접지역 내 사업장 보유 여부
		304-2	생태계 보호가치가 높은 지역 및 인접지역에 대한 기업의 영향
		304-3	서식지 보호 및 복구 활동
		304-4	사업장 영향을 받는 지역에 서식하는 멸종위기종 및 국가보호종
	배출	305-1	직접 온실가스 배출량(Scope 1)
		305-2	간접 온실가스 배출량(Scope 2)
		305-3	기타 간접 온실가스 배출량(Scope 3)
		305-4	온실가스 배출량 집약도
		305-5	온실가스 배출량 감축 정도
		305-6	오존층 파괴물질 배출량
		305-7	질소산화물(NOx), 황산화물(SOx), 기타 대기오염물질 배출량

폐기물	306-1	폐기물로 인한 영향 및 폐기물 발생 현황, 주요 원인
	306-2	폐기물 처리 및 영향 관리 프로세스
	306-3	전체 폐기물 발생량 및 종류
	306-4	폐기물 재활용 및 재사용량
	306-5	폐기물 종류별/처리방식별 처분량
공급업체 환경부문 평가	308-1	환경기준 심사를 거친 신규 공급업체 비율
	308-2	공급망에서 발생한 환경 관련 부정적 영향 및 관련 조치

* GRI 307(환경 법규준수)은 GRI 2(Universal Standards)에 포함됨.
자료: GRI(2021). CONSOLIDATED SET OF GRI SUSTAINABILITY REPORTING STANDARDS 2020. Global Reporting Initiative.

표 10-4 GRI Topic Standards에서 제시하는 ESG 관련 이슈 및 지표(사회)

Topic(Issue)		No.	지표
사회	고용	401-1	신규 채용 및 이직 근로자 인원 수, 비율
		401-2	정규직 근로자에 제공되는 복리후생 제도
		401-3	성별에 따른 육아휴직 사용자 및 복귀자와 1년 이상 근속 비율
	노사관계	402-1	경영활동상 중대한 변동 관련 최소한의 사전 통지 주기(주 단위)
	작업장 보건 및 안전	403-1	보건 및 안전 관리 시스템 운영
		403-2	업무상 위해요소 식별, 위험 평가 및 사고 조사 프로세스
		403-3	위해요소 및 위험 감소를 위한 직장 내 보건 서비스
		403-4	보건 및 안전 관리 시스템 실행/개선시 근로자 참여 및 소통
		403-5	산업 보건 및 안전 관련 근로자 교육
		403-6	직무 외 개인 건강을 위한 보건·의료 서비스 및 프로그램
		403-7	자사 관련 업무를 수행하는 자사 외 근로자를 위한 보건 및 안전
		403-8	보건 및 안전 관리 시스템의 적용을 받는 근로자 수 및 제외사유
		403-9	업무상 부상 발생 건수(비율)
		403-10	업무상 질병 발생 건수(비율)
	교육훈련	404-1	1인당 연간 교육훈련 시간
		404-2	임직원 직무능력 향상 및 전직 지원 프로그램
		404-3	업무성과 및 경력개발 관련 평가·검토를 정기적으로 받은 근로자 수
	다양성 및 공평한 기회	405-1	범주별 거버넌스 기구 및 근로자 구성 현황(성별, 연령별 등)
		405-2	직급/직무별 남성 대비 여성의 기본급 및 보수(보상) 비율
	차별금지	406-1	차별 사건 발생 및 시정조치 수
	결사 및 단체교섭의 자유	407-1	결사 및 단체교섭의 자유가 침해될 소지가 있는 사업장이나 협력사, 결사 및 단체교섭의 자유 보장을 위한 조치

아동노동	408-1	아동노동 발생 위험이 높은 사업장이나 협력사, 근절하기 위한 조치
강제노동	409-1	강제노동 발생 위험이 높은 사업장이나 협력사, 근절하기 위한 조치
보안관행	410-1	인권 정책 및 절차에 대한 교육·훈련을 받은 보안요원 비율
원주민 권리	411-1	원주민·토착민 권리 침해 건수 및 관련 조치
지역사회	413-1	지역사회에 참여하고 지역사회에 대한 영향평가, 개발 프로그램 운영 사업장 비율
	413-2	지역사회에 중대한 부정적 영향을 미치는 사업장
공급업체 사회부문 평가	414-1	사회 관련 기준 심사를 거친 신규 공급업체 비율
	414-2	공급망에서 발생한 환경 관련 부정적 영향 및 관련 조치
공공정책	415-1	국가별, 수령인/수혜자별 직·간접 정치자금 기부 규모
고객 보건 및 안전	416-1	개선을 위해 보건 및 안전 관련 평가를 실시한 제품 및 서비스
	416-2	제품 및 서비스의 보건 및 안전 영향 관련 규정 위반 건수
마케팅 및 라벨링	417-1	정보제공/라벨링에 요구되는 정보의 유형 및 정보를 갖춰야 하는 주요 제품 및 서비스 비율
	417-2	정보제공/라벨링 관련 규정 위반 건수
	417-3	광고·프로모션·후원 등 마케팅 커뮤니케이션 관련 규정 위반 건수
고객정보보호	418-1	고객 개인정보보호 위반 및 유출 건수

* GRI 412(인권 평가), GRI 419(사회·경제적 법규준수)는 GRI 2(Universal Standards)에 포함됨.
자료: GRI(2021). CONSOLIDATED SET OF GRI SUSTAINABILITY REPORTING STANDARDS 2020. Global Reporting Initiative.

2. SASB Standards

(1) 개 요

2011년 설립된 미국 지속가능회계기준위원회(SASB, Sustainability Accounting Standards Board)는 지난 2018년 지속가능성회계기준(SASB Standards)을 제정, 발표하였다. SASB Standards는 기업의 지속가능성 관련 활동 및 성과를 측정·관리·보고하기 위한 기준 및 가이드라인으로 미국 증권거래위원회(SEC)에 연차보고서를 제출할 때 기업들이 지속가능성과 관련한 활동 및 성과를 자발적으로 공개하는데 유용하게 활용된다. 특히, 미국 기업뿐만 아니라 해외 기업도 적용 가능한 기준으로서 많은 글로벌 기업들의 경우 SASB Standards와 GRI Standards를 함께 적용하고 있다.

그림 10-6 글로벌 기업의 ESG 성과보고 기준 활용 현황

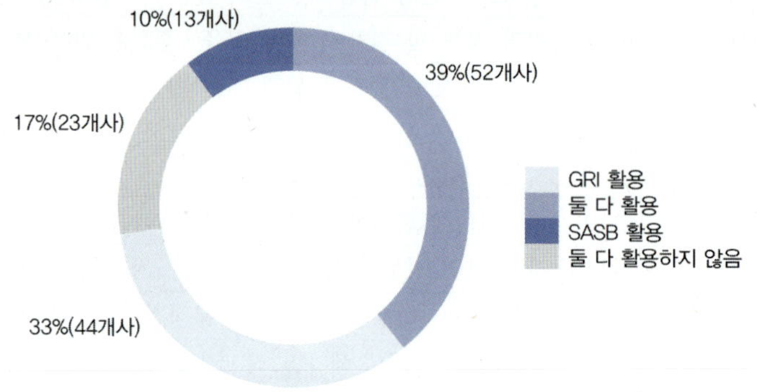

자료: KPMG(2020), The time has come: The KPMG Survey of Sustainability Reporting 2020.

(2) 주요 내용

GRI가 일반적으로 전 산업에서 공통적으로 적용되는 다양한 ESG 이슈를 제시하고 각 기업이 중대성 평가를 통해 중요이슈를 직접 선정하는 방식이라면, SASB Standards는 지속가능회계기준위원회(SASB) 차원에서 각 산업별 중요한 이슈를 선정하여 공개한다. 총 11개 산업군, 77개 하위 산업에 대해 중대성이 높은 이슈를 선정하고 기업이 공개해야 할 지표를 제시하고 있다. 환경, 사회적 자본, 인적 자본, 리더십 및 지배구조, 사업모형 및 혁신 등 5가지 분야에서 총 30개 이슈를 선정하고(2018년 26개), 각 산업별 5~8개의 중요이슈를 제시하고 있다. 특히, 11개 산업군 및 77개 산업은 일반적인 산업 분류체계와 달리 기업의 자원 집약도와 ESG 관련 위험 및 기회의 특성이 유사한 산업으로 분류한 SASB의 자체적인 지속가능 산업분류체계(SICS)를 활용하여 분류되었다. 따라서 기업은 자사가 속한 산업군 및 하위 산업을 확인하고, 해당 산업에 대해 SASB가 제시하는 ESG 이슈 및 지표에 맞추어 자사의 정보를 공개할 수 있다.

표 10-5 SASB Standards에서 제시하는 산업군별 주요 ESG 이슈(Materiality Map)(2018년 기준)

■ 산업군 내 절반 이상의 산업에서 중대성이 높은 이슈
▒ 산업군 내 절반 미만의 산업에서 중대성이 높은 이슈
산업군 내 어떠한 산업에도 중대성이 낮은 이슈

분야	이슈	산업군(하위 산업 수)										
		소비재 (7)	추출물/광물 가공 (8)	금융 (7)	식음료 (8)	헬스 케어 (6)	인프라 (8)	재생 가능 자원/대체 에너지 (6)	자원 변환 (5)	서비스 (7)	기술/통신 (6)	운송 (9)
환경	온실가스 배출		■		■	▒	▒	▒	▒		▒	■
	대기질		■				▒	▒	▒			■
	에너지 관리	▒	▒		■	▒	▒	■	■	▒	■	▒
	용수/폐수 관리	▒	■		■		▒	■	▒	▒	▒	
	폐기물/유해물질관리		■		▒	▒	▒	▒	■		▒	▒
	생물다양성 영향		■		▒		▒	▒		▒		▒
사회적 자본	인권/지역사회관계		▒			▒		▒	▒			
	고객프라이버시	▒		▒						▒	■	
	데이터보안	▒		▒	▒	■			▒	▒	■	
	접근성/적정가격			▒		■	▒					
	제품 품질/안전성	■			■	■	▒		■	▒		▒
	고객편익				■	■				▒		
	판매관행/제품표시			■	■	■				▒		
인적 자본	공정 노사관행	▒	▒		▒		▒			▒	▒	▒
	직원 건강/안전		■		▒	▒	■	▒	▒	▒	▒	■
	직원 채용/다양성/포용성	▒		▒		▒				▒	■	
비즈니스 모델/혁신	제품디자인/수명주기 관리	■	▒	■	■	▒	■	■	■		■	▒
	비즈니스모델 회복탄력성		▒				■					
	공급망 관리	■	▒		■	▒		▒	▒		▒	▒
	원료조달/효율성	▒			■		▒	■	■		■	▒
	기후변화의 물리적 영향			▒		▒	▒	▒		▒		
리더십/지배구조	사업윤리		▒	■		■	▒		▒	▒		▒
	경쟁적 행위		▒							▒	■	▒
	법/규제환경 관리		▒					▒	▒			
	사고/안전성 관리		■				▒	▒	▒			■
	체계적 위험 관리			■			▒				▒	

자료: SASB 홈페이지.

표 10-6 SASB Standards의 지속가능 산업분류체계(SICS)

산업군	하위산업
소비재	가정 및 개인용품
	대형 및 전문 유통·배급
	전자상거래
	의료, 액세서리 및 신발류
	건축용 제품 및 가구
	가전제품 제조
	완구류 및 스포츠 용품
식음료	농산물
	육류, 가금류 및 유제품
	가공식품
	비알코올 음료
	알코올 음료
	담배
	식품 유통 및 배급
	식당
헬스케어	바이오기술 및 제약
	의료장비 및 의약품
	헬스케어 제공
	헬스케어 유통
	관리형 의료
	약품 유통
재생 가능 자원 및 대체 에너지	바이오 연료
	태양 에너지 및 프로젝트 개발
	풍력 에너지 및 프로젝트 개발
	연료 전지 및 공업용 전지
	임업
	펄프 및 종이 제품
인프라	전력 및 발전
	가스 유틸리티 및 유통
	수자원 유틸리티 및 서비스
	폐기물 관리
	엔지니어링 및 건축 서비스
	주택건설
	부동산
	부동산 서비스
추출물 및 광물 처리	석유 및 가스-탐사 및 생산
	석유 및 가스-운반 및 저장
	석유 및 가스-정제 및 판매
	석유 및 가스-서비스
	석탄 사업
	철강 제조
	금속 및 채광
	건축 자재
금융	상업은행
	투자은행 및 중개
	자산관리 및 보관활동
	소비자 금융
	모기지 금융
	증권 및 상품거래
	보험
서비스	교육
	전문 및 상업 서비스
	호텔 및 숙박
	카지노 및 게임
	레저시설
	광고 및 엔터테인먼트
	미디어 제작 및 배급
기술 및 통신	제조전문서비스업(EMS) 및 제조자설계생산(ODM)
	소프트웨어 및 IT 서비스
	하드웨어
	반도체
	통신 서비스
	인터넷 미디어 및 서비스
자원변환	화학
	우주항공 및 국방
	전기 및 전자장비
	산업기계 및 제품
	용기 및 포장
운송	자동차
	자동차 부품
	차량 렌트 및 리스
	항공
	항공 운송 및 물류
	해상 운송
	철도 운송
	도로 운송
	크루즈선

자료: SASB 홈페이지.

3. TCFD Recommendations

(1) 개 요

지구 온난화를 비롯한 기후변화로 인한 영향이 전 세계적으로 유례없는 위협으로 작용함에 따라 G20 회원국 재무장관과 중앙은행 총재로 구성된 금융안정위원회(FSB, Financial Stability Board)는 2015년 기후관련 재무정보공개 태스크포스(TCFD, Task Force on Climate-related Financial Disclosures)를 설립하였다. 현재 32개 회원국이 참여하고 있는 TCFD는 2017년 6월 정보공개를 위한 권고안(Recommendations)을 발표하였고, 2022년 8월 기준 95개국 3,400여 기관 및 기업들이 지지를 선언하거나 정보공개에 참여하고 있다.

TCFD의 목적은 기업이 기후변화로 인한 위험과 기회를 명확하고 일관된 정보로 공개하도록 유도하는 것으로, 그만큼 기업이 기후변화 관련 문제를 명확히 인식하고 책임을 갖도록 하여 나아가 저탄소 경제로의 전환을 추구하는 것이다. 특히, 은행, 자산운용 등 금융업이 투자대상 기업에 대해 미치는 영향에 주목하여 금융기관들이 투자자 입장에서 투자대상 기업의 기후변화로 인한 재무적 영향을 파악하여 의사결정에 활용할 수 있도록 지표를 구성하고 있다.

(2) 주요 내용

GRI 및 SASB가 지속가능성과 관련한 다양한 ESG 이슈를 제시하고 있는 반면, TCFD는 기후변화에 초점을 맞추어 지표를 구성하고 있다. 특히, 기업이 기후변화에 따른 재무적 영향을 명확히 인식할 것을 강조하는 만큼 지배구조, 전략, 위험관리 등 기업 내 재무적 의사결정에 중요한 역할을 하는 경영활동 내에서 기후변화 이슈가 중요하게 고려되고 있는지를 공개하도록 하고 있다. 따라서 일부 정량적 지표 이외에 정성적 · 기술적인(Descriptive) 내용의 지표를 중심으로 구성되어 있다.

TCFD는 기업에 기후변화의 영향을 명확히 인식하고 대응하기 위한 노력을 강조한다. 그러나 기업 입장에서 기후변화가 자사에 구체적으로 어떠한 위험 또는 기회로 작용하는지, 그리고 어떠한 재무적 영향을 미치는지를 인식하기는 쉽지 않다. 따라서 TCFD는 기후변화와 관련한 기업의 위험과 기회를 세분화하여 제시하고 있다.

기후변화와 관련된 위험은 먼저 저탄소 경제로의 전환과 관련된 위험인 전환위험, 그리고 기후변화의 물리적 영향과 관련된 위험인 물리적 위험으로 구분된다. 전환위험은 정책 및 법률 위험, 기술 위험, 시장 위험, 평판 위험 등 4가지로 세분화된다. 정책 및 법률 위험은 기후변화에 악영향을 미치는 요인을 제한하기 위한 정책적 변화와 기후변화에의 적응을 촉진하는 정책 변화에 따른 기업의 위험을 의미한다. 기술 위험은 친환경 기술 등 저탄소 경제로의 전환을 위한 기술 혁신이 이러한 기술 트렌드에 뒤처지는 기업에 위험으로 작용할 수 있음을 의미한다. 한편 기후변화는 기업뿐만 아니라 고객의 인식을 변화시키기도 한다. 고객들이 기후변화의 심각성을 인지함에 따라 점차 친환경 제품을 요구하는 등 고객의 의사결정에서도 기후변화로 인한 영향이 나타날 것이다. 이러한 영향은 결국 제품 및 서비스의 수요와 공급의 변화를 초래하는 시장 위험으로 작용할 수 있다. 또한 기후변화에 부정적 영향을 끼치는 기업 및 산업에 대한 고객과 이해관계자의 부정적 인식은 해당 기업 및 산업의 수익 감소로 이어지므로 중요한 평판 위험으로 작용할 것이다.

물리적 위험은 그 요인이 단기적 현상 혹은 장기적 현상인지에 따라 각각 급성(Acute) 위험과 만성(Chronic) 위험으로 구분된다. 급성 위험은 태풍, 홍수, 폭설 등 특정 시기에 발생하는 급성적인 기상현상으로 인한 위험을 의미하며, 만성 위험은 해수면 상승, 평균 기온 상승 등 상대적으로 만성적 · 장기적으로 나타나는 기상현상으로 인한 위험을 의미한다.

한편, 기업이 기후변화로 인한 위험을 완화하고 기후변화에 적응하고자 적극적으로 대응할 경우 기후변화는 곧 기업에 있어 긍정적인 재무적 영향을 이끌어내는 기회로 작용할 수 있다. TCFD는 기후변화로 인한 기회를 자원 효율성, 에너지 자원, 제품 및 서비스, 시장, 회복탄력성의 5가지 측면에서 제시하고 있다. 자원 효율성에서의 기회는 기업이 생산, 운송, 유통 등의 활동에서 에너지 효율이 높은 자원을 활용하고 온실가스 · 물 · 폐기물 등의 배출을 절감하여 자원의 효율성을 높임으로써 비용 절감이 가능함을 의미한다. 에너지 자원에서의 기회는 기업이 사용하는 주요 에너지원을 탄소배출이 많은 화석연료에서 신재생에너지 등 저탄소 에너지원을 활용함으로써 장기적으로 에너지 사용 비용을 절감하고 화석연료 가격 변화에 대한 민감도를 줄일 수 있음을 의미한다. 최근 신재생에너지는 지속적인 기술 발전으로 인해 발전 단가가 낮아지고 있다. 유럽연합(EU)은 2023년부터 역내 수입제품 중 탄소배출량이 많은 제품에 대한 일종의 관

표 10-7 TCFD에서 제시한 기후변화 관련 위험과 재무적 영향 예시

유형	기후변화와 관련된 위험	잠재적 재무적 영향
전환위험	정책 및 법률	
	- 온실가스 배출량(탄소배출권)의 가격 인상 - 강화된 배출량 보고 의무 - 기존 제품과 서비스에 대한 권한 및 규제 - 소송에 대한 노출	- 영업 비용의 증가(예: 준법 감시 비용 상승, 보험료 인상) - 평가 절하, 자산 손상 및 정책 변화로 인한 기존 자산의 조기 제각[3] - 비용의 증가 및/또는 벌금과 판결로 인한 제품 및 서비스에 대한 수요의 감소
	기술	
	- 저탄소 옵션으로 기존 제품과 서비스 대체 - 신기술에 대한 투자 실패 - 저탄소 기술로 전환하는 비용	- 평가 절하 및 기존 자산의 조기 제각 - 제품 및 서비스에 대한 수요의 감소 - 신기술 및 대체 기술에 대한 연구개발(R&D) 비용 - 기술 개발에 대한 자본 투자 - 새로운 실무관행 및 프로세스 적용/배치 적용
	시장	
	- 고객 행동 변화 - 시장 신호의 불확실성 - 원료 비용 증가	- 소비자 선호도 변화로 인한 제품 및 서비스에 대한 수요의 감소 - 투입가격(예: 에너지, 물) 및 산출 요구량(예: 폐기물 처리) 변동으로 인한 생산 비용의 증가 - 에너지 비용의 예기치 않은 갑작스러운 변화 - 수익 구성 및 원천의 변동으로 인한 수입 감소 - 자산 재평가(예: 화석 연료 매장량, 토지 평가, 증권 평가)
	평판	
	- 소비자 선호도 변화 - 섹터의 낙인화 - 이해관계자의 우려 증가 또는 이해관계자의 부정적 피드백	- 제품/서비스 수요 감소로 인한 수익 감소 - 생산 능력 감소로 인한 수익 감소(예: 개발 계획 승인 지연, 공급망 중단) - 인력관리 및 계획에 미치는 부정적인 영향으로 인한 수익 감소(예: 직원 유치 및 보유) - 자본 가용성 감소
물리적 위험	급성 - 태풍 및 홍수와 같은 극심한 기후 현상의 심각성 증가 만성 - 강수 유형의 변동과 날씨 패턴의 극단적 변동성 - 평균 온도 상승 - 해수면 상승	- 생산 능력 감소로 인한 수익 감소(예: 운송 장애, 공급망 중단) - 인력에 미치는 부정적인 영향으로 인한 수익 감소 및 비용 증가(예: 건강, 안전, 결근) - 평가 절하 및 기존 자산의 조기 제각(예: 고위험 지역의 재산 및 자산 손상) - 영업 비용의 증가(예: 수력 발전소 또는 핵 발전소 및 화석 연료 발전소 냉각수를 위한 수도 시설 부족) - 자본 비용의 증가(예: 설비 손상) - 판매/생산 감소로 인한 수익 감소 - 보험료 상승 및 "고위험" 지역 자산에 대한 보험 가용성 감소의 가능성

자료: TCFD(2017), Recommendations of the Task Force on Climate-related Financial Disclosures.

3) 기존에 활용되던 자산의 활용가치가 낮아짐에 따른 폐기 또는 처분

표 10-8 TCFD에서 제시한 기후변화 관련 기회와 재무적 영향 예시

유형	기후 변화와 관련된 기회 유형	잠재적 재무적 영향
자원 효율성	- 더욱 효율적 운송 수단의 사용 - 더욱 효율적 생산 및 유통 프로세스 - 재활용 사용 - 더욱 효율적인 건물로 이동 - 물 사용 및 소비 감소	- 영업 비용의 증가(예: 준법 감시 비용 상승, 보험료 인상) - 평가 절하, 자산 손상 및 정책 변화로 인한 기존 자산의 조기 제각 - 비용의 증가 및/또는 벌금과 판결로 인한 제품 및 서비스에 대한 수요의 감소
에너지 자원	- 저탄소 에너지원 사용 - 지원 정책 인센티브 사용 - 신기술 사용 - 탄소 시장 참여 - 분산형 에너지 생성으로 전환	- 운영 비용 감소 - 미래 화석 연료 가격 상승에 대한 노출 감소 - 온실가스 배출량에 대한 노출 감소로 인한 탄소 비용 변화에 대한 민감도 해소 - 저탄소 기술에 대한 투자 수익률 - 자본 가용성 증가(예: 더 많은 투자자가 더 낮은 배출량의 생산자를 선호함으로 인함) - 제품/서비스에 대한 수요 증가로 이어지는 평판 혜택
제품 및 서비스	- 저탄소 제품 및 서비스의 개발 및/또는 확장 - 기후 적응 및 보험 위험 솔루션의 개발 - R&D 및 혁신을 통한 신제품 또는 서비스 개발 - 사업 활동 다변화 능력 - 소비자 선호도 변화	- 저탄소 제품 및 서비스에 대한 수요를 통한 수익 증대 - 적응 요구에 대한 새로운 솔루션을 통한 수익 증대(예: 보험 위험 전가 제품 및 서비스) - 변화하는 소비자 선호도를 반영해 더 나은 경쟁 우위 확보를 통한 수익 증대
시장	- 새로운 시장 접근 - 공공 부문 인센티브 사용 - 보험 커버리지가 필요한 새로운 자산 및 위치에 접근	- 신규 및 신흥 시장 접근을 통한 수익 증대(예: 정부 및 개발은행과의 파트너십) - 금융 자산의 다각화 증가(예: 녹색 채권 및 인프라)
회복탄력성	- 신재생에너지 프로그램 참여 및 에너지 효율 측정 채택 - 자원 대체/다각화	- 회복탄력성 계획을 통한 시장 가치 상승(예: 인프라, 토지, 건물) - 공급망의 신뢰성 향상 및 다양한 조건에서의 운영 능력 - 탄력성 보장과 관련된 신제품 및 서비스를 통한 수익 증대

자료: TCFD(2017), Recommendations of the Task Force on Climate-related Financial Disclosures.

세인 탄소세를 부과할 예정이다. 탄소세 부과는 곧 제품 가격의 상승을 초래하므로, 장기적인 관점에서 이와 같은 추세는 저탄소 에너지원 활용이 탄소배출량 이외에도 가격면에서 이점을 가질 수 있음을 시사한다. 제품 및 서비스 측면에서의 기회는 앞서 기후변화로 인한 제품 및 서비스의 수요와 공급이 변화하는 점을 감안할 때, 기업은 친환경 제품 및 서비스를 개발하여 수익을 창출할 수 있음을 의미한다. 또한 시장 측면에서의 기회는 기업이 저탄소 경제로의 전환 노력을 기울일 경우 정부나 투자자로부터 녹색 채권 등의 자금 조달이 용이해짐을 의미한다. 마지막으로, 기업은 기후변화 관련 위험 관리 및 기회 활용 등 다양한 대응 노력을 통해 기업의 기후 회복탄력성(Climate resilience)[4]을 증가시킬 수 있다. 이는 향후 신제품 및 서비스 창출, 공급망의 신뢰성 향상, 시장 가치 등의 긍정적인 재무적 영향으로 이어질 것이다.

기업들은 TCFD의 권고안에 따라 기후변화로 인한 자사의 리스크(위험)와 기회 요인을 식별하고, 각 요인별 리스크 및 기회가 어떠한 재무적 영향을 미칠지 파

그림 10-7 기후변화에 따른 위험 및 기회 요인과 재무적 영향 예시 – 삼성전자

	기후변화 리스크 · 기회 요인		기후변화 리스크의 재무적 영향	기후변화 기회의 재무적 영향
전환 리스크 · 기회	① 온실가스 배출권 거래제도	단기 →	· 탄소배출권 가격 상승과 배출 규제 강화로 배출권 구매 비용 증가 *사업보고서 참조	· 온실가스 감축 활동으로 배출권 구매 최소화 · 외부 탄소배출권 확보로 탄소가격 민감도 완화
	② 고효율 기술 도입	단기 →	· 온실가스 감축설비, 고효율 설비, 수자원 재활용 설비 등 시설투자 증가 · 신규 탄소감축 기술 확보를 위한 R&D 투자 확대	· 사업장 온실가스 배출 저감 및 에너지 비용 절감 · 에너지 관리 시스템 등 사업기회 창출
	③ 소비자 행동 변화	중기 →	· 고효율 · 친환경 제품 인증 비용 증가 · 에너지 등급이 낮은 제품의 매출 감소 · 고효율 · 친환경 제품 R&D 투자 증가	· 고효율 · 친환경 제품 출시로 매출 증대 · 소비자 인지도 상승
	④ 재생에너지 사용 확대	중기 →	· 단기 전력비용 상승에 따른 생산비용 증가 · 고객의 재생에너지 사용 요구로 B2B 매출 감소	· 재생에너지 공급계약, 발전사업참여를 통한 전력비용 절감
물리적 리스크 · 기회	⑤ 태풍 · 홍수 등 자연재해	단기 →	· 자연재해 예방 환경 · 안전 · 방재 설비투자 증가 · 재해 발생시 복구 및 사업기회손실 비용 증가	· 자연재해 대응을 위한 보험료 인하 · 국가 재난망, 안전 통신망 등 신규 비즈니스 기회 창출
	⑥ 기온 상승, 황사	장기 →	· 냉방, 난방 설비 등 사업장 운영비용 증가 · 대기오염 방지설비 투자 증가	· 고효율 에어컨, 공기청정기, 건조기 등 사업 확대 및 매출 증대

자료: 삼성전자(2021), 삼성전자 지속가능경영보고서 2021.

4) 기후 회복력으로 표현되기도 하며, '사회 또는 생태 시스템이 스트레스와 변화에 적응하며 기본 기능과 구조를 유지할 수 있는 능력, 교란을 흡수할 수 있는 자가 구성(self-organization) 능력'으로 정의된다(IPCC, 2007). 즉 기후변화가 발생했을 때 해당 시스템을 유지하고 자가 회복할 수 있는 능력과 함께, 이러한 기후변화에 대한 학습(learning)과 적응(adaptation)을 강조하는 용어이다(이종욱 외, 2020).

표 10-9 TCFD의 정보공개 권고지표

지배구조	전략	위험 관리	지표와 감축목표
기후변화와 관련된 위험과 기회에 대한 기업의 지배구조를 공개함	기후변화와 관련된 위험과 기회가 기업의 사업, 전략 및 재무 계획에 미치는 실질적 및 잠재적 영향을 공개함	기업이 기후변화와 관련된 위험을 식별, 평가 및 관리하는 방법을 공개함	해당 정보가 재정적으로 중요한 경우 연관된 기후변화에 관련된 위험과 기회를 평가하고 관리하는 데 사용되는 지표와 감축목표를 공개함
정보공개 지표	**정보공개 지표**	**정보공개 지표**	**정보공개 지표**
a) 기후변화와 관련된 위험과 기회에 대한 이사회의 감독을 설명함	a) 기후변화와 관련된 위험과 기회를 단기·중기·장기로 나누어 설명함	a) 기후변화와 관련된 위험을 식별하고 평가하기 위한 기업의 프로세스를 설명함	a) 기업이 전략 및 위험 관리 프로세스에 따라 기후변화와 관련된 위험과 기회를 평가하기 위해 사용된 지표를 공개함
b) 기후변화와 관련된 위험과 기회를 평가하고 관리하는 경영진의 역할을 설명함	b) 기후변화와 관련된 위험과 기회가 기업의 사업, 전략 및 재무 계획에 미치는 영향을 설명함	b) 기후변화와 관련된 위험을 관리하기 위한 기업의 프로세스를 설명함	b) Scope 1, Scope 2, 그리고(가능하다면) Scope 3 온실가스 배출량 및 관련 위험을 공개함
	c) 2℃ 이하의 시나리오를 포함하여 다양한 기후변화와 관련된 시나리오를 고려한 기업 전략의 회복탄력성을 설명함	c) 기후변화와 관련된 위험을 식별, 평가 및 관리하는 프로세스가 기업의 전반적인 위험 관리에 어떻게 통합되는지 설명함	c) 기후변화와 관련된 위험, 기회 및 목표 대비 성과를 관리하기 위해 기업이 사용하는 대상을 설명함

자료: TCFD(2017), Recommendations of the Task Force on Climate-related Financial Disclosures.

악하여 공개하고 있다. [그림 10-7]은 삼성전자가 공개한 기후변화로 인한 리스크 및 기회 요인별 재무적 영향 분석 결과이다. 삼성전자는 여러 요인에 대해 발생 가능성과 비즈니스에 미칠 영향을 고려하여 우선순위를 도출하고, 단기·중기·장기 각 시기별 재무적 영향을 분석하였다.

TCFD 권고안은 지배구조, 전략, 위험 관리, 지표와 감축목표 등 총 4가지 측면에서 기후변화 관련 기업의 대응노력을 공개하도록 유도하고 있다. 지배구조는 기후변화 관련 이슈에 대한 이사회의 감독 및 경영진의 역할을 공개하도록 하여 투자자 등 이해관계자가 기업의 주요 의사결정에서 기후변화가 얼마나 중요하게 다루어지는지를 확인할 수 있도록 한다. 전략은 기후변화 관련 이슈가 기업의 사업, 전략 및 재무계획에 미치는 영향을 공개함으로써 투자자 등 이해관계자가 향후 기업의 성과에 대한 예측이 가능하도록 한다. 위험 관리는 기업이 기후변화 관련 위험을 식별 · 평가 · 관리하는 방법을 공개하도록 한다. 지표와 감축목표는 기업이 기후변화 관련 위험 및 기회를 관리하는데 사용되는 지표 및 감축목표가 무엇인지를 공개하도록 한다.

TCFD에서 권고하는 정보공개 지표는 앞서 살펴본 ESG 성과보고 기준들과 유사한 내용으로 구성되어 있다. 따라서 지속가능경영보고서나 연차보고서 등을 통해 ESG 성과를 보고하는 기업들은 해당 보고서 내에 TCFD 권고안의 적용 내용을 삽입함으로써 이해관계자들이 해당 보고서만으로 다양한 ESG 경영 관련 내용을 충분히 이해할 수 있도록 돕고 있다([그림 10-8] 참조).

그림 10-8 지속가능경영보고서 내 TCFD 권고지표의 적용 예시 – 삼성전자

TCFD 권고안		참고 페이지
거버넌스	a) 기후변화 관련 위험과 기회를 관리·감독하는 이사회 활동 설명	p. 25 CDP: CC1.1a, CC1.1b
	b) 기후변화 관련 위험과 기회를 평가·관리하는 경영진의 역할 설명	p. 25 CDP: CC1.2a
전략	a) 단기·중기·장기 측면에서 기후변화 관련 위험과 기회 설명	p. 25-26 CDP: CC2.2c, CC2.3a, CC2.4a, CC3.1c
	b) 기후변화 관련 위험과 기회가 조직의 사업·전략·재무계획에 미치는 영향 설명	p. 26 CDP: CC2.5, CC2.6
	c) 2°C 이하 시나리오 등 다양한 기후변화 관련 시나리오를 고려하여 경영 전략의 유연성 설명	p. 25 CDP: CC3.1c, CC3.1d
위험 관리	a) 기후변화 관련 위험을 식별하고 평가하기 위한 절차 설명	p. 25 CDP: CC1.2a, CC2.2b
	b) 기후변화 관련 위험을 관리하기 위한 절차 설명	p. 25 CDP: CC2.2d
	c) 기후변화 관련 위험을 식별·평가·관리하는 절차가 조직의 전반적인 위험관리 체계에 통합되는 방법 설명	p. 25 CDP: CC2.2
지표와 감축 목표	a) 조직이 경영 전략 및 위험 관리 절차에 따라 기후변화 관련 위험과 기회를 평가하기 위해 사용한 지표 공개	p. 25-30 CDP: CC11.3
	b) Scope 1(직접배출), Scope 2(간접배출) 및 Scope 3(기타간접배출)에 따른 온실가스 배출량과 관련 위험 공개	p. 30, p. 81 CDP: C6, C7
	c) 기후변화 관련 위험과 기회 관리를 위해 조직에서 사용하는 목표와 목표 대비 성과 설명	p. 30 CDP: C4

자료: 삼성전자(2021), 삼성전자 지속가능경영보고서 2021.

제 3 절 국내 보고기준

최근 국내에서는 국내 기업의 ESG 성과보고를 촉진하기 위한 정부 차원의 기준 제시가 활발하게 이루어지고 있다. 따라서 정부 차원의 대표적인 보고기준을 소개하고자 한다.

1. 한국거래소(KRX) 기업지배구조보고서 가이드라인 및 ESG 정보공개 가이던스

(1) 개 요

전 세계적으로 기업들의 ESG 성과보고가 증가하고, 기업의 ESG 성과를 기반으로 한 책임투자가 확대됨에 따라 2021년 금융위원회와 금융감독원, 한국거래소는 「기업공시제도 종합 개선방안」을 통해 국내 상장기업의 ESG 정보 공시를 확대하기 위한 방안을 발표하였다. 이에 따라 기존에는 코스피(KOSPI) 상장사 중 자산 2조원 이상 기업만이 의무적으로 공시하던 기업지배구조보고서(G)는 2026년부터 전체 상장사가 의무적으로 공시하고, 환경(E), 사회(S) 정보를 중심으로 한 지속가능경영보고서의 경우 2030년부터 전체 상장사가 의무적으로 공시하게 되었다. 즉 코스피에 상장된 모든 기업들은 2026년부터 지배구조(G), 2030년부터 환경(E), 사회(S)에 대한 성과를 보고해야 하는 것이다.

이러한 제도적 변화와 더불어, 한국거래소는 상장기업이 ESG 정보 공시에 활용할 수 있도록 기업지배구조보고서 가이드라인 및 ESG 정보공개 가이던스를 발표하였다. 따라서 코스피 상장기업들은 두 기준을 활용하여 자사의 ESG 정보를 공시해야 한다.

(2) 주요 내용

먼저, 2020년 발표된 기업지배구조보고서 가이드라인은 주주, 이사회, 감사기구 등 지배구조 관련 3개 이슈에 대해 핵심지표 15개를 제시하고 있다. 각 핵심지표는 준수 여부와 함께 상세설명을 추가할 수 있다. 따라서 기업은 기업지배구조보고서를 공시할 경우 해당 핵심지표별 준수 여부를 공개해야 한다.

한편, 2021년 발표된 ESG 정보공개 가이던스의 경우 지배구조를 제외한 조직, 환경, 사회 관련 12개 이슈와 21개 지표를 제시하고 있다. 한국거래소는 국내·외 다양한 ESG 정보 공개 표준 및 이니셔티브를 참고하여 공통적인 이슈 및 지표를 도출하였고, 향후 상장기업이 지속가능경영보고서를 공시할 경우 해당 이슈 및 지표에 대한 정보를 공개하도록 요구하고 있다. 앞서 GRI 기준과 같이, ESG 정보공개 가이던스는 공시에서 제외되는 지표에 대해 제외 사유를 명시할 것을 권장하고 있다.

표 10-10 한국거래소(KRX) 기업지배구조보고서 핵심지표

구분	핵심지표
주주	① 주주총회 4주 전에 소집공고 실시*
	② 전자투표 실시*
	③ 주주총회의 집중일 이외 개최*
	④ 배당정책 및 배당실시 계획을 연 1회 이상 주주에게 통지**
이사회	⑤ 최고경영자 승계정책(비상시 선임정책 포함) 마련 및 운영
	⑥ 내부통제정책 마련 및 운영
	⑦ 이사회 의장과 대표이사 분리
	⑧ 집중투표제 채택
	⑨ 기업가치 훼손 또는 주주권익 침해에 책임이 있는 자의 임원 선임을 방지하기 위한 정책 수립 여부
	⑩ 6년 초과 장기재직 사외이사 부존재
감사기구	⑪ 내부감사기구에 대한 연1회 이상 교육 제공**
	⑫ 독립적인 내부감사부서(내부감사업무 지원 조직)의 설치
	⑬ 내부감사기구에 회계 또는 재무전문가 존재 여부
	⑭ 내부감사기구가 분기별 1회 이상 경영진 참석 없이 외부감사인과 회의 개최**
	⑮ 경영 관련 중요정보에 내부감사기구가 접근할 수 있는 절차를 마련하고 있는지 여부

* 보고서 제출일 직전 정기 주주총회 기준
** 공시대상 기간 내에 해당내용을 이행하였는지 여부를 판단
자료: 한국거래소(2020), 기업지배구조 보고서 개정 가이드라인, '20.3.31. 보도자료.

표 10-11 한국거래소(KRX) 상장기업 ESG 권고지표

구분	항목	지표	비고(설명)
조직	ESG 대응	경영진의 역할	ESG 이슈의 파악/관리와 관련한 경영진의 역할
	ESG 평가	ESG 위험 및 기회	ESG 관련 위험 및 기회에 대한 평가
	이해관계자	이해관계자 참여	이해관계자의 ESG 프로세스 참여 방식
환경	온실가스 배출	직접 배출량 (Scope 1)	회사가 소유하고 관리하는 물리적 장치나 공장에서 대기중으로 방출하는 온실가스 배출량
		간접 배출량 (Scope 2)	회사 소비용으로 매입 또는 획득한 전기, 냉난방 및 증기배출에 기인한 온실가스 배출량
		배출 집약도	활동, 생산 기타 조직별 미터법의 단위당 배출된 온실가스 배출량
	에너지사용	직접 에너지 사용량	조직이 소유하거나 관리하는 주체의 에너지 소비량
		간접 에너지 사용량	판매제품의 사용 및 폐기처리 등 조직 밖에서 소비된 에너지 소비량
		에너지 사용 집약도	활동, 생산 기타 조직별 미터법의 단위당 필요한 에너지 소비량
	물사용	물 사용 총량	조직의 물 사용 총량
	폐기물 배출	폐기물 배출 총량	매립, 재활용 등 처리 방법별 폐기물의 총 중량
	법규위반 · 사고	환경 법규 위반 · 사고	환경 법규 위반 · 사고 건수 및 조치 내용
사회	임직원현황	평등 및 다양성	성별 · 고용형태별 임직원 현황, 차별 관련 제재 건수 및 조치 내용
		신규고용 및 이직	신규 고용 근로자 및 이직 근로자 현황
		청년인턴 채용	청년인턴 채용 현황 및 정규직 전환 비율
		육아휴직	육아휴직 사용 임직원 현황
	안전 · 보건	산업재해	업무상 사망, 부상 및 질병 건수 및 조치내용
		제품안전	제품 리콜(수거, 파기, 회수, 시정조치 등) 건수 및 조치 내용
		표시 · 광고	표시 · 광고 규제 위반 건수 및 조치 내용
	정보 보안	개인정보 보호	개인정보 보호 위반 건수 및 조치 내용
	공정경쟁	공정경쟁 · 시장 지배적지위 남용	내부거래 · 하도급거래 · 가맹사업 · 대리점거래 관련 법규 위반 건수 및 조치 내용

자료: 한국거래소(2021), ESG 정보공개 가이던스, '21.1.18. 보도자료.

2. K-ESG 가이드라인

(1) 개 요

ESG 경영의 중요성이 전 세계적으로 증가하고 있으나, 일부 대기업을 제외한 국내 대다수 기업들은 ESG 경영을 어디서부터 시작해야 하는지, 구체적으로 어떠한 이슈를 어떻게 관리해야 하는지에 대한 정보가 부족한 실정이다. 특히, 국내·외 약 600개 이상의 ESG 평가기관이 존재하고 있고, 이들은 각각 다른 평가기준으로 기업의 ESG 성과를 평가하고 있기 때문에 기업 입장에서 그 대응방안을 모색하기가 매우 어려운 상황이다. 이에 2021년 산업통상자원부는 관계부처 합동으로 국내 기업들의 ESG 경영 추진시 구체적인 실천을 돕고 외부의 ESG 성과 평가에 대응할 수 있도록 하는 'K-ESG 가이드라인 v1.0'을 발표하였다.

지난 2019년부터 3년간 개발된 K-ESG 가이드라인은 GRI Standards를 비롯한 글로벌 13개 대표 ESG 지표를 조사하여 공통적이고 핵심적인 이슈 및 지표를 도출하고, 산업계와 금융계, 연기금, 평가기관, 언론사 등 다양한 ESG 관련 이해관계자들의 의견을 수렴하여 그 내용을 보완하였다.

(2) 주요 내용

K-ESG 가이드라인은 환경, 사회, 지배구조 등 ESG 3가지 영역과 함께 정보공시를 별도의 영역으로 제시하고 있다. 이는 그만큼 ESG 경영에 있어 정보공시를 통한 이해관계자와의 커뮤니케이션을 강조하는 것을 의미한다. 또한 전 산업에서 공통으로 활용될 수 있는 기본 진단항목(4개 영역, 27개 이슈와 61개 지표)과 각 산업별 다양성에 따라 기본 항목의 지표를 대체하거나 기본 항목에 추가하여 활용할 수 있는 추가 진단항목(9개 이슈와 15개 지표)으로 구분하고 있다. 한편, ESG 경영이 국내 중견·중소기업에는 부담으로 작용할 수 있다. 기존에 자사에서 거의 실시되지 않거나 중시되지 않던 활동이 중시되고, 성과 관리를 위한 비용이 발생할 수 있기 때문이다. 따라서 K-ESG 가이드라인은 기본 진단항목을 간소화하여 중견·중소기업용 진단항목(17개 이슈, 27개 지표)을 제시하였다.

K-ESG 가이드라인에서 주목할 점은 국내 경영환경의 특수성을 반영했다는 점이다. 글로벌 ESG 지표만을 고려할 때, 전 세계적으로 중시되는 ESG 이슈와 지표를 관리할 수 있다는 장점이 있으나 한편으로는 국내에서 특히 중시되는

ESG 이슈가 간과될 수 있는 한계가 있다. 한국의 경우 ESG 중 환경(E) 영역에서는 미세먼지 등 대기오염이 중요한 문제로 논의되고 있고, 지배구조(G) 영역에서는 이사회의 실질적 기능이 강조되고 있다. 따라서 K-ESG 가이드라인은 이러한 국내 경영환경의 특수성을 반영한 지표를 제시하고 있다.

또한 기업이 자체적으로 자사의 ESG 경영 수준을 진단할 수 있도록 각 지표별 점검기준을 마련하였다. 이를 통해 기업은 K-ESG 가이드라인을 통해 ESG 성과 보고 뿐만 아니라 자체적인 ESG 평가를 수행할 수 있다.

표 10-12 K-ESG 가이드라인 기본 진단항목(정보공시&환경)

영역	이슈	분류번호	지표
정보공시	정보공시 형식	P-1-1	ESG 정보공시 방식
		P-1-2	ESG 정보공시 주기
		P-1-3	ESG 정보공시 범위
	정보공시 내용	P-2-1	ESG 핵심이슈 및 KPI
	정보공시 검증	P-3-1	ESG 정보공시 검증
환경	환경경영 목표	E-1-1	환경경영 목표 수립
		E-1-2	환경경영 추진체계
	원부자재	E-2-1	원부자재 사용량
		E-2-2	재생 원부자재 비율
	온실가스	E-3-1	온실가스 배출량(Scope1 & Scope2)
		E-3-2	온실가스 배출량(Scope3)
		E-3-3	온실가스 배출량 검증
	에너지	E-4-1	에너지 사용량
		E-4-2	재생에너지 사용 비율
	용수	E-5-1	용수 사용량
		E-5-2	재사용 용수 비율
	폐기물	E-6-1	폐기물 배출량
		E-6-2	폐기물 재활용 비율
	오염물질	E-7-1	대기오염물질 배출량
		E-7-2	수질오염물질 배출량
	환경 법/규제 위반	E-8-1	환경 법/규제 위반
	환경 라벨링	E-9-1	친환경 인증 제품 및 서비스 비율

자료: 관계부처 합동(2021), “K-ESG 가이드라인 v1.0”, 2021.12. 보도자료.

K-ESG 가이드라인의 내용 구성을 살펴보면, 정보공시 영역은 정보공시 형식과 내용, 검증 등 3개 이슈에 대한 5개 지표로 구성되어 있으며 환경 영역은 9개 이슈에 대한 17개 지표로 구성되어 있다. 특히, 환경 영역은 기업의 환경 친화적인 경영활동에 대한 목표와 구체적인 성과를 강조하는 것이 특징이다. 또한 구체적인 성과에 해당하는 원부자재, 에너지, 용수, 폐기물 이슈에서는 각각의 재생·재활용 비율을 공개하도록 함으로써 기업의 자원순환을 위한 노력을 공개할 것을 유도하고 있다.

표 10-13 K-ESG 가이드라인 기본 진단항목(사회)

영역	이슈	분류번호	지표
사회	목표	S-1-1	목표 수립 및 공시
	노동	S-2-1	신규 채용 및 고용 유지
		S-2-2	정규직 비율
		S-2-3	자발적 이직률
		S-2-4	교육훈련비
		S-2-5	복리후생비
		S-2-6	결사의 자유 보장
	다양성 및 양성평등	S-3-1	여성 구성원 비율
		S-3-2	여성 급여 비율(평균 급여 대비)
		S-3-3	장애인 고용률
	산업안전	S-4-1	안전보건 추진체계
		S-4-2	산업재해율
	인권	S-5-1	인권정책 수립
		S-5-2	인권 리스크 평가
	동반성장	S-6-1	협력사 ESG 경영
		S-6-2	협력사 ESG 지원
		S-6-3	협력사 ESG 협약사항
	지역사회	S-7-1	전략적 사회공헌
		S-7-2	구성원 봉사참여
	정보보호	S-8-1	정보보호 시스템 구축
		S-8-2	개인정보 침해 및 구제
	사회 법/규제 위반	S-9-1	사회 법/규제 위반

자료: 관계부처 합동(2021), "K-ESG 가이드라인 v1.0", 2021.12. 보도자료.

사회 영역은 9개 이슈에 대한 22개 지표로 구성되어 있다. 특히, 국내에서는 주요 대기업 중심으로 ESG 경영이 이루어지는 점을 감안하여 공급망 등 협력사의 ESG 경영을 지원하는 활동을 공개하도록 하는 동반성장 이슈가 포함되어 있다. 이를 통해 개별 기업만이 아니라 그 협력업체들까지 ESG 경영이 확산되는 효과를 기대할 수 있다.

지배구조 영역은 6개 이슈에 대한 17개 지표로 구성되어 있다. 앞서 살펴본 한국거래소(KRX)의 기업지배구조보고서 가이드라인과 같이 이사회와 주주, 감사기구에 대한 이슈를 다루고 있다. 특히 이사회의 경우 각각 이사회 구성 및 활동으로 구분함으로써 이사회에 대한 다양한 정보를 공개하도록 유도하고, 나아가 최고의사결정기구로서 이사회의 적극적인 역할을 유도하고 있다.

표 10-14 K-ESG 가이드라인 기본 진단항목(지배구조)

영역	이슈	분류번호	지표
지배구조	이사회 구성	G-1-1	이사회 내 ESG 안건 상정
		G-1-2	사외이사 비율
		G-1-3	대표이사 이사회 의장 분리
		G-1-4	이사회 성별 다양성
		G-1-5	사외이사 전문성
	이사회 활동	G-2-1	전체 이사 출석률
		G-2-2	사내이사 출석률
		G-2-3	이사회 산하 위원회
		G-2-4	이사회 안건 처리
	주주 권리	G-3-1	주주총회 소집 공고
		G-3-2	주주총회 집중일 이외 개최
		G-3-3	집중/전자/서면 투표제
		G-3-4	배당정책 및 이행
	윤리경영	G-4-1	윤리규범 위반사항 공시
	감사기구	G-5-1	내부감사부서 설치
		G-5-2	감사기구 전문성 (감사기구 내 회계/재무 전문가)
	지배구조 법/규제 위반	G-6-1	지배구조 법/규제 위반

자료: 관계부처 합동(2021), "K-ESG 가이드라인 v1.0", 2021.12. 보도자료.

표 10-15 K-ESG 가이드라인 추가 진단항목

영역	이슈	분류번호	지표
환경	기후변화 대응	E-기후변화 대응-추가1	산림탄소흡수량
	에너지	E-에너지-추가1	에너지 효율
사회	동반성장	S-동반성장-추가1	공급망 안정
	소비자	S-소비자-추가1	소비자 정보 제공
		S-소비자-추가2	소비자 안전
		S-소비자-추가3	고객만족 대응 체계 운영
	노동	S-노동-추가1	정규직 중 고졸자 비율
		S-노동-추가2	여가친화 경영
		S-노동-추가3	50세 이상 비자발적 이직예정자 중 재취업지원 제공 비율
	정보보호	S-정보보호-추가1	개인정보보호를 위한 자율적 노력 및 활동
	지역사회	S-지역사회-추가1	농어촌지역 상생협력 및 ESG 활동(균형발전)
		S-지역사회-추가2	산학협력 활성화 기여
		S-지역사회-추가3	미래세대 성장 및 교육 기여
지배구조	경영진	G-경영진-추가1	경영진 성과평가 및 보상
	윤리경영	G-윤리경영-추가1	윤리경영/반부패 관련 법규/행동강령 등 준수
9개 이슈, 15개 지표			

자료: 관계부처 합동(2021), “K-ESG 가이드라인 v1.0”, 2021.12. 보도자료.

표 10-16 K-ESG 가이드라인 기본 진단항목(중견 · 중소기업용)*

영역	이슈	분류번호	지표
정보공시	정보공시 형식	P-1-1	ESG 정보공시 방식
		P-1-2	ESG 정보공시 주기
		P-1-3	ESG 정보공시 범위
	정보공시 검증	P-3-1	ESG 정보공시 검증
환경	환경경영 목표	E-1-2	환경경영 추진체계
	원부자재	E-2-1	원부자재 사용량
	온실가스	E-3-1	온실가스 배출량(Scope1 & Scope2)
		E-3-3	온실가스 배출량 검증
	에너지	E-4-1	에너지 사용량
	용수	E-5-1	용수 사용량
	폐기물	E-6-1	폐기물 배출량
	오염물질	E-7-1	대기오염물질 배출량
		E-7-2	수질오염물질 배출량
사회	노동	S-2-2	정규직 비율
		S-2-6	결사의 자유 보장
	다양성 및 양성평등	S-3-1	여성 구성원 비율
		S-3-2	여성 급여 비율(평균 급여액 대비)
		S-3-3	장애인 고용률
	산업안전	S-4-1	안전보건 추진체계
		S-4-2	산업재해율
	지역사회	S-7-1	전략적 사회공헌
		S-7-2	구성원 봉사참여
지배구조	이사회 구성	G-1-1	이사회 내 ESG 안건 상정
	이사회 활동	G-2-1	전체 이사 출석률
		G-2-4	이사회 안건 처리
	주주 권리	G-3-1	주주총회 소집 공고
	윤리경영	G-4-1	윤리규범 위반사항 공시
4개 영역, 17개 이슈, 27개 지표			

* 기본 진단항목의 이슈 및 항목을 간소화한 버전이며, 향후 별도의 중견 · 중소기업용 버전을 개발할 예정임.

자료: 관계부처 합동(2021), “K-ESG 가이드라인 v1.0”, 2021.12. 보도자료.

CHAPTER 11

ESG 평가

기업들이 ESG 경영을 실천할 때, 이해관계자들은 어느 기업이 ESG 경영을 잘 하는가? 라는 의문을 가질 수 있다. 이와 같은 기업의 ESG 성과에 대한 이해관계자들의 관심을 충족하고자 전 세계에는 600여 개에 달하는 수많은 ESG 평가지표가 존재한다. 제11장에서는 대표적인 국내·외 ESG 평가지표를 살펴보고, 기업은 ESG 평가에 어떻게 대응해야 하는지 그 방안을 모색한다.

제 1 절 ESG 평가 개요

1. ESG 평가 목적

(1) 이해관계자 정보 제공

이해관계자들은 다양한 목적으로 기업의 ESG 성과를 평가하고, 그 결과를 확인하고자 한다. 투자자의 경우 투자대상 기업을 선정하기 위한 기준으로 활용하기 위해 기업들의 ESG 평가결과를 비교할 수 있다. 구매업체의 경우 자사의 공급업체 선정을 위해 후보 기업들의 ESG 성과를 선정 기준으로 활용할 수 있다. 정부의 경우 자국 기업의 ESG 경영 수준을 파악하기 위해 ESG 평가결과를 필요로 할 수 있다. 또한 기업의 지속가능성 및 ESG 경영을 연구하는 학자들은 지속가능성을 측정하는 기준으로 활용하고자 ESG 평가결과가 필요할 것이다.

(2) 주가지수 및 투자상품 구성

상장기업 중 ESG 평가결과가 우수한 종목(기업)을 분류하여 이들로 구성된 주가지수를 구성하거나 펀드 등 다양한 금융상품을 개발하는데 활용될 수 있다.

(3) 기업 ESG 수준 파악

기업은 자사의 ESG 평가결과를 확인함으로써 ESG 경영의 최신 트렌드 및 글로벌 기준 대비 자사의 대응 현황을 파악할 수 있다. 또한 여러 ESG 이슈 중 자사가 부족한 이슈를 확인하여 성과 개선을 위한 방안을 마련할 수 있다.

(4) 신용평가에 반영

과거 재무성과를 기반으로 이루어지던 기업 신용평가에 최근 들어 비재무 성과를 함께 고려하는 움직임이 증가하고 있다. 신용평가사들은 평가대상 기업의 ESG 평가결과를 비재무 성과의 대용치(Proxy)로 활용하여 재무성과와 종합한 신용평가 등급을 산출할 수 있다. 최근 들어 스탠더드앤드푸어스(S&P), 무디스(Moody's), 피치(Fitch) 등 글로벌 신용평가기관들은 국가 및 기업 신용등급 산출시 ESG 평가결과를 적극 고려하고 있다.

2. ESG 평가 절차

(1) 기업 선정

ESG 평가기관별 특성 및 목적에 따라 ESG 평가대상 기업은 달라질 수 있다. 일반적으로 평가기관이 직접 평가대상 기업을 선정하거나 혹은 기업이 평가기관에 자사의 ESG 평가를 요청하는 방식으로 평가대상 기업이 선정된다.

(2) 자료수집

평가대상 기업을 선정한 이후 각 기업의 평가자료를 수집하는 절차가 필요하다. 자료수집은 1차 자료로서 평가대상 기업이 직접 평가문항 설문지에 응답하는 방식, 또는 2차 자료로서 기업 공시자료, 정부 제공자료, 언론 자료, 연구기관이나 NGO 등 민간단체의 연구자료 등 외부 공시자료를 평가기관이 직접 수집하는 방식이 있다. 1차 자료를 주로 활용하는 평가기관들은 기업이 응답한 내용의 신뢰성 및 타당성 검증을 위해 2차 자료를 추가로 활용하기도 한다.

(3) 평가실시

수집된 자료를 바탕으로 평가를 실시한다. ESG 각 부문별 평가문항에 대해 점수를 부여하고, 평가기관이 자체적으로 설정한 문항별/ESG 각 부문별 가중치를 점수에 반영한다. 평가대상 기업별 최근 발생한 ESG 이슈 사항을 검토하고, 검토결과에 따라 가점 또는 감점할 수 있다.

(4) 평가결과 도출

산출된 평가점수를 바탕으로 최종 평가결과를 도출한다. 일반적으로 100점 만점 또는 10점 만점 등의 정량적 결과(점수) 또는 평가기관 자체 기준에 따른 정성적 결과(등급)로 도출된다. 최종 평가점수(등급)는 ESG를 합산한 종합 점수(등급) 이외에도 E/S/G 각 부문별 점수(등급)로 구분될 수 있다.

(5) 평가결과 활용

앞서 살펴본 ESG 평가결과의 목적에 따라, ESG 평가결과는 다양한 형태로 활용된다. 평가대상 기업에게는 평가결과 보고서를 발송하는데, 기업은 보고서를 통해 산업 내에서 자사의 ESG 수준을 확인하거나 경쟁 기업과의 비교 결과를 확인할 수 있다.

그림 11-1 일반적인 ESG 평가 절차

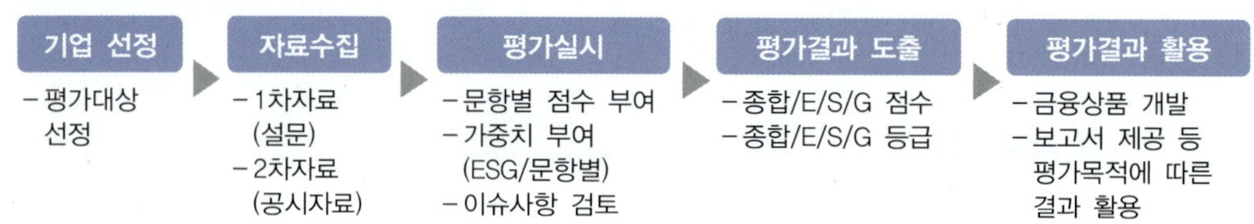

3. ESG 평가 항목

ESG 평가기관들은 다양한 ESG 이슈 중에서도 자체적으로 중대성이 높다고 판단되는 이슈들을 평가항목으로 선정하고, 그에 따른 평가문항을 개발하여 활용하고 있다. 대부분의 평가기관들은 2006년 UN의 책임투자원칙(PRI, the Principles for Responsible Investment)에서 제시한 ESG 이슈와 함께 다양한 이슈들을 추가적으로 활용하고 있다.

PRI에서 제시한 ESG 이슈는 앞서 국내·외 ESG 성과보고 기준에서 언급된 이슈들과 대부분 동일하다. 그러나 한편으로는 글로벌 차원에서 고려되는 만큼 한국에서는 다소 생소하게 느껴지는 이슈들이 존재한다. 환경 부문에서의 산림파괴(Deforestation)나 사회 부문에서의 현대 노예제(Modern slavery), 아동노동(Child

그림 11-2 UN 책임투자원칙(PRI)의 ESG 이슈 예시

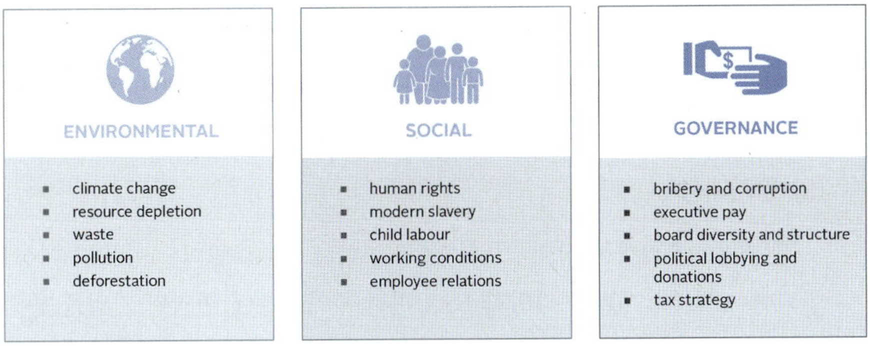

자료: PRI 홈페이지.

labour) 등이 이에 해당할 것이다. 전 세계적으로 볼 때, 브라질 아마존을 비롯한 열대우림 지역의 무분별한 파괴는 매우 중요한 이슈이며, 아프리카나 인도 등지에서는 여전히 노예제도나 아동노동이 심각한 문제로 지적되고 있다.

ESG 평가기관들은 ESG 성과보고 기준과 PRI 등 다양한 기관에서 제시하는 ESG 이슈를 활용하여 평가항목으로 구성하고 있다. 이 때, 평가대상 기업이 선진국이나 개발도상국 중 어떠한 국가에 위치해 있는지, 제조업이나 서비스업 중 어떠한 산업에 속해있는지 등 국가별, 산업별 특성에 따라 ESG 이슈의 중요도가 달라질 수 있다. 따라서 대부분의 평가기관들은 각 평가항목(이슈)별 중요도에 따른 차등적인 가중치를 둠으로써 ESG 평가결과의 타당성을 높이고자 노력하고 있다.

제 2 절 해외 주요 평가지표

1. MSCI ESG Ratings

(1) 평가개요

미국의 MSCI에서 운영하는 ESG 평가로, 전 세계에서 가장 많이 활용되는 평

가지표 중 하나이다. 평가는 1년 단위로 이루어지며, 매주 ESG와 관련한 새로운 정보를 반영하고 매일 ESG 관련 주요 이슈에 대한 모니터링을 실시함으로써 최신 정보가 빠르게 반영된다. 이를 통해 평가대상 기업에 중요한 변동사항이 발생할 경우 매 분기마다 ESG 관련 주가지수에 해당내용을 반영한다.

(2) 평가대상

전 세계 8,500개 이상의 기업(자회사 포함시 14,000개 이상)이 평가대상으로 포함되며, MSCI가 개발한 다양한 ESG 관련 주가지수에 편입된 기업을 중점적으로 평가한다. 국내기업의 경우 지난 2011년부터 코스피(KOSPI) 상장기업 중 100여 개 기업이 평가대상에 포함되고 있다.

(3) 평가방법

MSCI ESG Ratings는 자체적으로 수집한 외부 공시자료를 활용하여 평가를 진행한다. 기업 공시자료, 각국 정부, 언론, 연구기관, NGO 등 다양한 종류의 수집원(Source)에서 자료를 수집하고, 각 기업별 이사진의 프로필, 주주총회 안건 및 내용 등을 파악하기도 한다.

(4) 평가항목

ESG 이슈에 대한 기업의 위험 노출(Exposure)과 위험 관리(Management)로 구분하여 평가가 이루어진다. 주요 평가항목인 ESG 핵심 이슈는 총 35개이며, 각 이슈는 평가대상이 속한 산업에 따라서 그 구성이 달라지거나 이슈별 가중치가 달라진다. 35개 이슈에 대해 약 350개 지표를 활용하여 평가대상 기업의 ESG 성과를 다양한 측면에서 평가한다. ESG 각 부문별 10점 만점으로 점수를 산출하고, 기업별로 최근 발생한 ESG 관련 논란사항(Controversies)에 대해서는 그 영향을 고려하여 ESG 부문별 점수에 반영한다. 이후 산업별로 차등적인 ESG 부문별 가중치를 적용하여 10점 만점의 종합점수를 산출하고, 종합점수에 따라 'AAA(Leader)~CCC(Laggard)'의 7개 평가등급으로 구분한다.

그림 11-3 MSCI ESG Ratings의 ESG 평가항목(ESG issues)

3 Pillars	10 Themes	35 ESG Key Issues	
Environment	**Climate Change**	Carbon Emissions Product Carbon Footprint	Financing Environmental Impact Climate Change Vulnerability
	Natural Capital	Water Stress Biodiversity & Land Use	Raw Material Sourcing
	Pollution & Waste	Toxic Emissions & Waste Packaging Material & Waste	Electronic Waste
	Environmental Opportunities	Opportunities in Clean Tech Opportunities in Green Building	Opportunities in Renewable Energy
Social	**Human Capital**	Labor Management Health & Safety	Human Capital Development Supply Chain Labor Standards
	Product Liability	Product Safety & Quality Chemical Safety Financial Product Safety	Privacy & Data Security Responsible Investment Health & Demographic Risk
	Stakeholder Opposition	Controversial Sourcing Community Relations	
	Social Opportunities	Access to Communications Access to Finance	Access to Health Care Opportunities in Nutrition & Health
Governance*	**Corporate Governance**	Ownership & Control Board	Pay Accounting
	Corporate Behavior	Business Ethics Tax Transparency	

* 지배구조(G) 이슈는 모든 산업에 공통적으로 적용됨.
자료: MSCI ESG Ratings 홈페이지.

그림 11-4 MSCI ESG Ratings의 ESG 평가절차

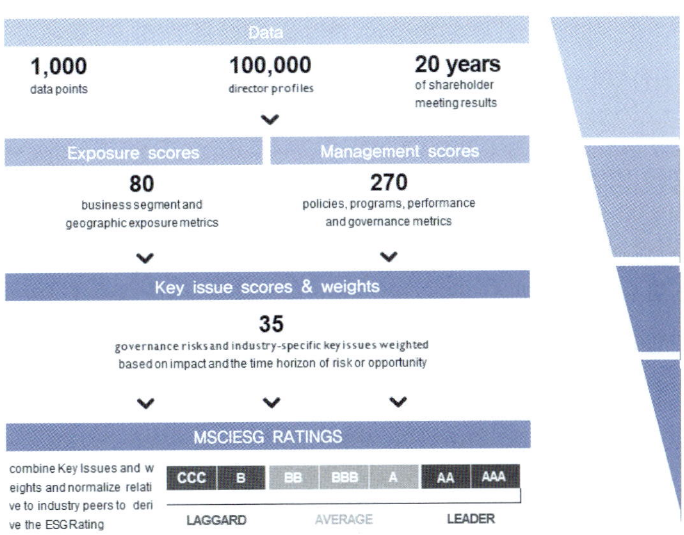

자료: MSCI ESG Ratings 홈페이지.

(5) 평가결과의 활용

MSCI는 ESG 평가결과를 활용하여 ESG를 테마로 한 다양한 주가지수를 구성하고 있다. MSCI는 약 1,500개 이상의 ESG 관련 주가지수를 구성하고 있으며, 전 세계 금융기관들은 MSCI ESG Ratings 결과를 활용하여 펀드 등 다양한 금융상품을 개발하여 운용하고 있다. 또한 평가대상 기업은 평가결과를 바탕으로 기업별 · 산업별 · 테마별 분석 보고서를 제공받고 있다.

2. S&P Global CSA(Corporate Sustainability Assessment)

(1) 평가개요

미국의 S&P와 스위스의 RobecoSAM이 공동으로 실시하는 S&P Global CSA는 앞서 살펴본 MSCI ESG Ratings와 함께 세계에서 가장 널리 알려진 평가지표로 손꼽히고 있다. 1999년 시작된 S&P Global CSA는 지배구조(G) 부문에 일부 재무항목을 반영하여 경제(E) · 환경(E) · 사회(S)의 프레임워크를 사용하는 것이 특징이다.

(2) 평가대상

매년 전 세계 10,000개 이상의 기업을 대상으로 하고, 국내기업의 경우 200개 대기업을 대상으로 평가가 이루어진다.

(3) 평가방법

2차 자료 중심의 MSCI ESG Ratings와 달리, S&P Global CSA는 1차 자료(설문)를 기반으로 평가가 이루어지는 것이 특징이다. 매년 초 선정된 평가대상 기업에 각 산업에 따라 80~120개 평가문항을 온라인으로 발송하면, 주어진 응답기간 동안 기업이 직접 자사의 평가문항에 대해 응답하고, 응답내용의 신뢰성을 보장할 수 있는 증빙자료를 첨부하여 제출한다.

(4) 평가항목

기업이 제출한 응답내용을 바탕으로 평가가 이루어진다. 이 때 평가대상 기업이 응답한 내용의 타당성을 검토하고, 각 기업별 경제・환경・사회와 관련한 최근 논란사항을 검토한다. 이 과정에서 언론보도를 비롯한 외부 공시자료를 활용하기도 한다. 경제・사회・환경 각 부문별 가중치 및 평가문항별 가중치를 적용하여 100점 만점의 평가점수를 산출한다.

표 11-1 S&P Global CSA의 ESG 평가항목 및 가중치(자동차 산업)

E(경제)		E(환경)		S(사회)	
항목	가중치	항목	가중치	항목	가중치
Corporate Governance	9%	Operational Eco-Efficiency	8%	Occupational Health and Safety	6%
Codes of Business Conduct	6%	Low Carbon Strategy	6%	Talent Attraction & Retention	6%
Supply Chain Management	4%	Environmental Reporting	6%	Human Capital Development	6%
Innovation Management	4%	Climate Strategy	5%	Social Reporting	5%
Risk & Crisis Management	3%	Product Stewardship	3%	Corporate Citizenship and Philanthropy	3%
Materiality	3%	Environmental Policy & Management Systems	3%	Labor Practice Indicators	3%
Brand Management	2%			Human Rights	3%
Customer Relationship Management	2%				
Product Quality and Recall Management	2%				
Tax Strategy	1%				
Policy Influence	1%				

자료: S&P Global 홈페이지.

(5) 평가결과의 활용

S&P Global CSA의 평가결과는 S&P의 ESG 테마 지수 구성에 활용된다. 특히, 평가대상 기업 중 우수기업은 다우존스 지속가능경영지수(DJSI, Dow Jones Sustainability Index)에 편입된다. 국내 기업의 경우 기업 규모에 따라 DJSI World, DJSI Asia-Pacific, 그리고 DJSI Korea 지수에 편입된다. 또한 각 산업 내 우수기업에 대해서는 각각 'Gold Class', 'Silver Class', 'Bronze Class'로 선정하여 시상한다. 또한 산업 내에서 평가점수가 가장 개선된 기업은 'Industry Mover'로 선정하기도 한다. 따라서 기업들은 DJSI 편입 및 수상을 자사의 ESG 경영 홍보에 적극 활용하기도 한다. 또한 MSCI ESG Ratings와 같이 평가대상 기업에게는 평가결과를 바탕으로 한 기업별 · 산업별 · 테마별 분석 보고서가 제공된다.

표 11-2 S&P Global CSA의 ESG 우수기업 선정 기준

등급	선정기준
Sustainability Award Gold Class 2022 S&P Global Gold Class	평가점수 60점 이상 및 산업 내 상위 1%인 기업
Sustainability Award Silver Class 2022 S&P Global Silver Class	평가점수 57점 이상 및 산업 내 상위 1%~5%인 기업
Sustainability Award Bronze Class 2022 S&P Global Bronze Class	평가점수 54점 이상 및 산업 내 상위 5%~10%인 기업
Sustainability Award Industry Mover 2022 S&P Global Industry Mover	직전년도와 당해 연도 모두 응답한 기업 중 평가점수가 산업 내 15% 이내이며, 전년대비 최소 5% 이상의 점수 상승이 이루어지고 산업에서 가장 우수한 상승을 기록한 기업

자료: S&P Global 홈페이지.

그림 11-5 S&P Global CSA의 ESG 평가결과 예시 – ASML Holding N.V.

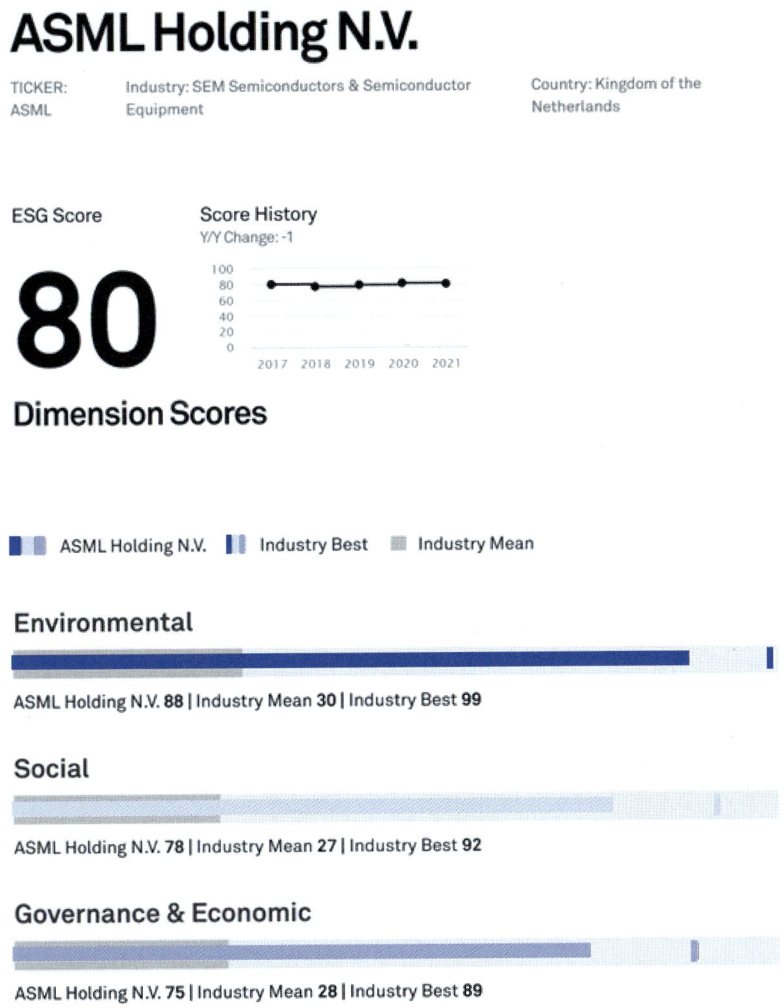

자료: S&P Global 홈페이지.

제 3 절 국내 주요 평가지표

1. 한국기업지배구조원(KCGS) ESG 평가

(1) 평가개요

한국기업지배구조원(KCGS)은 국내 상장기업을 대상으로 하는 대표적인 ESG 평가기관이다. 2003년 지배구조(G) 부문 평가로 시작하여 2011년 ESG 전 부문으로 확대되었다. 국내 상장기업의 ESG 수준 파악 및 개선을 지원함으로써 국내 자본시장의 건전한 발전에 기여하고자 매년 실시하고 있다.

(2) 평가대상

코스피(KOSPI) 상장기업 전체와 코스닥(KOSDAQ) 상장기업 중 상위기업을 대상으로 하여 매년 900개 내외의 기업을 대상으로 평가한다. 이외에도 기관투자자가 평가를 요청한 기업 및 자사 평가를 요청한 기업이 포함되기도 한다.

(3) 평가방법

평가자료는 2차 자료인 각종 공시자료에 기반하여 자체적으로 수집한 자료를 활용한다. 수집된 자료를 바탕으로 한 기본평가와 심화평가, 기업이 직접 참여하는 ESG 평가 피드백, 우수기업을 대상으로 한 인터뷰 등 세분화된 단계로 평가가 이루어진다. 기본평가 단계에서는 수집된 자료를 바탕으로 ESG 각 부문별 300점 만점, 총 900점 만점의 점수를 부여한다. 이후 심화평가 단계에서 ESG 관련 논란사항을 점검한다. ESG 평가 피드백 단계에서는 기본평가 및 심화평가 내용에 대한 평가대상 기업의 의견(피드백)을 수렴하여 필요시 이를 반영한다. 그 다음, 일부 우수기업을 대상으로 한 경영진 인터뷰를 실시하여 이사회 실제 운영 관행을 평가한 후 반영한다. 마지막으로 외부 ESG 전문가로 구성된 위원회에서 중간결과에 대한 논의가 이루어진 후 최종적으로 'S, A+, A, B+, B, C, D'까지 총 7개 평가등급을 도출한다. 평가등급은 종합등급 및 ESG 각 부문별 등급으로 구분하여 산출된다.

(4) 평가항목

KCGS는 ESG를 총 11개(금융업 14개) 대분류(항목), 280개 내외의 문항으로 평가한다. 그중에서도 지배구조(G) 부문 평가는 금융업과 금융업 외 일반기업으로 구분하여 별도의 항목 및 문항으로 평가가 이루어진다.

표 11-3 한국기업지배구조원(KCGS) ESG 평가항목

환경(E)	사회(S)	지배구조(G)	금융업 지배구조(FG)
환경경영	근로자	주주권리보호	주주권리보호
환경성과	협력사 및 경쟁사	이사회	이사회
이해관계자 대응	소비자	감사기구	최고경영자
	지역사회	공시	보수
			위험관리
			감사기구 및 내부통제
			공시

자료: 한국기업지배구조원(KCGS) 홈페이지.

(5) 평가결과의 활용

KCGS ESG 평가의 결과는 한국거래소(KRX)에서 개발한 5개 ESG 테마 지수 구성에 활용된다. 또한 매년 우수기업을 선정하여 시상하고 있으며, 평가대상 기업들은 평가결과를 분석한 결과보고서를 제공받게 된다.

표 11-4 한국기업지배구조원(KCGS) ESG 평가를 활용한 주가지수

지수명	출시날짜	종목 구성
KRX ESG Leaders 150	2015년 12월 21일	ESG 종합점수 상위 150개 종목
KRX Eco Leaders 100	2015년 12월 21일	환경(E) 부문 점수 상위종목 및 점수 상승 폭이 큰 100개 종목
KRX Governance Leaders 100	2015년 12월 21일	지배구조(G) 부문 점수 상위종목 및 점수 상승 폭이 큰 100개 종목
KRX ESG Social	2017년 12월 18일	사회(S) 부문 점수 상위 130개 종목
KOSPI 200 ESG	2018년 12월 24일	KOSPI 200 지수 내 종목 중 ESG 종합점수가 높은 100개 종목

자료: 한국거래소(KRX) 홈페이지.

2. 한국표준협회(KSA) 대한민국지속가능성지수(KSI)

(1) 평가개요

한국표준협회(KSA)에서 수행하는 KSI(Korean Sustainability Index)는 기업의 사회적 책임(CSR) 국제표준인 ISO 26000을 기반으로 한 평가지표로서, 국내 기업의 CSR 및 ESG 경영 이행수준을 진단하고자 지난 2009년부터 평가가 이루어지고 있다. 따라서 기업이 지속가능경영 트렌드에 대해 얼마나 전략적으로 대응하는지 여부와 사회 및 환경에 미치는 경영활동의 영향을 얼마나 적극적으로 관리·개선하는지를 중점적으로 평가한다.

(2) 평가대상

국내 기업 및 공공기관을 매년 약 50개 내외의 업종으로 구분하고, 매출액 기준 1,000대 기업 및 기관 중에서 매출액, 시장점유율, CSR 추진 현황, 사회적 관심도 등을 고려하여 심의위원회에서 평가대상 기업을 선정한다. 이를 통해 매년 약 200개 기업 및 기관이 평가대상으로 선정된다.

(3) 평가방법

KSI 평가는 1차 자료인 설문조사를 통해 수행된다. 그중에서도 주목할만한 점은 설문조사 대상이 기업이 아닌 이해관계자 및 전문가 그룹이라는 것이다. 매년 평가대상 기업에 대해 인지도가 높은 30,000명 내외의 이해관계자 및 전문가 그룹이 설문조사에 참여한다. 참여자들은 평가대상 기업의 인식을 바탕으로 기업의 지속가능성 트렌드 대응과 영향 대응을 측정하기 위해 구성된 문항에 응답한다. 응답내용에 대해 검토 후 점수를 산출하고, 심의위원회에서 평가점수의 타당성 및 ESG와 관련하여 발생한 논란사항을 검토한다. 이러한 과정을 거쳐 각 업종별 순위를 도출한다.

(4) 평가항목

ISO 26000에서 제시하는 7대 핵심 주제를 대분류로 구성하고, 각 핵심 주제를 세분화하여 총 36개 평가항목(이슈)을 구성한다.

표 11-5 한국표준협회(KSA) 대한민국지속가능성지수(KSI)의 ESG 평가항목

조직 거버넌스	인권	노동관행	환경
• 이사회의 책임성 강화 • 기업 경영의 투명성 • 다양한 이해관계자 집단의 참여	• 차별과 취약그룹 보호 • 시민의 정치적 권리 보장 • 경제, 사회, 문화적 권리 보장 • 근로에서의 기본원칙과 권리보장	• 공정한 고용 및 고용관계 보장 • 근로조건의 질 향상 • 사회적 보호 책임 • 사회적 대화 보장 • 보건과 안전 보장 • 인적개발과 교육훈련 기회 제공	• 환경오염 방지 • 지속가능한 자원이용 • 기후변화 완화 노력 • 환경보호 · 자연서식지 복원 노력
공공운영관행	**소비자 이슈**	**지역사회 참여와 발전**	
• 부패방지에 대한 노력 • 책임있는 정치참여 활동 • 공정경쟁 • 사회적 책임 촉진 • 재산권 존중	• 공정마케팅 • 소비자 보건 및 안전 보호 • 지속가능한 소비 권장 • 소비자 서비스 지원 및 불만해결 • 소비자 데이터와 프라이버시 보호 • 필수서비스에 대한 접근보장 • 소비자 교육	• 지역사회 발전 참여 • 지역사회 교육과 문화발전에 기여 • 고용창출 기회의 극대화 • 기술개발과 접근성 • 지역사회와 부와 소득 창출 • 지역 보건증진 • 지역사회투자	

자료: 한국표준협회(KSA) 홈페이지.

(5) 평가결과의 활용

매년 업종별 1위 기업 및 기관을 선정하여 시상하고 있다. 이를 통해 기업 및 기관들은 자사의 ESG 성과로 홍보하는 데 활용하기도 한다.

제 4 절 ESG 평가에 대한 기업의 대응 방안

1. 자사의 ESG 성과를 투명하게 공개하라

ESG 평가는 평가자료에 따라 크게 두 가지 방식으로 이루어진다. 첫 번째는 ESG 평가기관이 평가문항으로 구성된 설문지를 기업에 제공하고, 이에 기업이

직접 응답하는 1차 자료 기반의 평가이다. 대표적인 평가로는 S&P Global CSA나 탄소정보공개프로젝트(CDP, Carbon Disclosure Project)가 있다. 두 번째는 기업이 외부에 공개한 자료인 2차 자료를 기반으로, 기업의 참여없이 평가기관이 직접 평가하는 방식이다. 대표적으로는 MSCI ESG Ratings나 Refinitiv ESG Scores, 국내의 KCGS ESG 평가가 있다. 이렇듯 ESG 평가는 다양한 평가자료, 다양한 평가기관에 의해 이루어진다. 그렇다면 기업은 이러한 ESG 평가에 어떻게 대응할 수 있을까? 물론 온실가스 배출량 감축, 재생에너지 사용 비중 확대 등 ESG 성과 자체를 높이는 것이 중요할 것이다. 이러한 ESG 성과를 향상시키는 방안 이외에도, 기업이 ESG 평가에 대응할 수 있는 방안은 바로 자사의 ESG 성과를 투명하게 공개하는 것이다.

앞서 첫 번째 평가방식인 1차 자료 기반 평가의 경우, 평가기관들은 기업이 직접 질문에 응답할 때 그 응답을 증명할 수 있는 증빙자료를 요구한다. 이 때의 증빙자료는 가급적 기업 내부자료가 아니라 기업 외부에서 확인 가능한 공시자료여야 한다. 즉 기업이 자사의 ESG 평가에 직접 응답하면서도, 그 응답의 근거로서 자사가 외부에 공개한 공시자료를 통해 증빙함으로써 응답의 타당성을 인정받고 점수를 획득할 수 있는 것이다. ESG 성과의 투명한 공개는 두 번째 평가방식인 2차 자료 기반 평가에서도 점수를 획득하는 데 중요한 요인이 된다. 평가기관 입장에서, 각 문항마다 우수한 성과를 거둔 기업에 좋은 점수를 부여하는 것은 당연할 것이다. 그러나 각각 '성과가 좋지 않은 경우'와 '평가자료가 없는(공개되지 않은) 경우'에는 어떻게 점수를 부여할까? Refinitiv를 비롯한 많은 2차자료 기반 평가기관들은 두 경우 중 '성과가 좋지 않은 경우'에 일정 부분의 점수를 부여하고, '평가자료가 없는 경우'에는 0점을 부여한다. 비록 ESG 성과가 좋지 않더라도 해당 정보를 외부에 공개한 점을 긍정적으로 평가하는 것이다.

앞서 ESG 성과보고의 필요성에서, 우리는 기업의 ESG 성과보고, 즉 정보공개는 기업과 이해관계자 간의 정보 불일치를 해소하고, 기업의 투명성을 증가시킬 수 있음을 확인하였다. 그리고 GRI를 비롯한 ESG 성과보고 기준들 또한 보고기업에게 자사가 미치는 긍정적인 영향뿐만 아니라 부정적인 영향을 모두 균형있게 보고할 것을 강조하고 있다. ESG 평가기관들이 해당 정보 자체를 공개하지 않는 경우와 달리 비록 ESG 성과가 좋지 않은 경우라 하더라도 일정 부분의 점수를 부여하는 것은 이러한 기업의 정보 불일치 해소 및 투명성 제고를 위한 노력을 인정하는 것으로 볼 수 있다.

ESG 경영이 강조됨에 따라 많은 기업들이 ESG 경영에 대한 의지를 선언하고, 그 일환으로 지속가능경영보고서 발간을 비롯한 다양한 방식으로 ESG 정보를 공개하고 있다. 그러나 여전히 일부 기업들은 그린워싱(Greenwashing)[5]과 같이 자사의 부정적인 내용은 공개하지 않고, 긍정적인 내용만을 위주로 공개하고 있다. 이러한 행위는 ESG 평가시 좋지 않은 결과를 초래할뿐만 아니라 이해관계자들로 하여금 ESG 경영의 진정성을 의심하게 할 수도 있는 행위이다. 따라서 비록 자사의 ESG 활동 및 성과 중에서 부정적인 영향이 존재하더라도 그 내용을 사실대로 공개하고, 이를 개선하기 위한 의지와 노력, 계획 등을 공개하는 것이 중요하다. 그리고 실제로 개선 활동을 실천하고, 그 활동 내용과 성과를 다음 정보공개시에 후속 내용으로서 공개하는 것이 바람직할 것이다.

2. 평가결과가 아니라 자사의 ESG 경영 '내재화'에 집중하라

기업은 자의 혹은 타의에 의해 외부 기관으로부터 ESG 평가를 받게 된다. ESG 평가는 기업 외부에서 바라보는 ESG 경영의 수준이기 때문에 평가대상인 기업 입장에서는 평가결과에 주목할 수밖에 없다. 그러나 ESG 평가는 동일한 기업을 대상으로 하더라도 각 수행기관마다 그 내용과 결과가 달라질 수 있다. 평가기관마다 평가목적이나 평가에서 다루는 ESG 이슈가 다르기 때문이다. 또한 동일한 ESG 이슈를 다루더라도 각 이슈별 중요도에 따른 가중치, 평가방식 및 평가문항, 평가기준 등의 차이로 인해 평가기관은 저마다 다른 특성의 평가를 수행하고 있다.

전 세계적으로 ESG 평가관련 지표는 약 600개 이상에 달하고 있다. 동일한 산업, 동일한 기업에 대한 평가라고 하더라도 각 평가의 특성에 따라 그 결과는 달라질 수밖에 없다. 실제로 글로벌 주요 ESG 평가기관별 평가결과의 상관관계는 매우 낮은 수준으로 나타나고 있다(〈표 11-6〉 참조). 대표적인 ESG 평가기관인 MSCI와 Sustainalytics의 평가결과는 같은 산업을 대상으로 하더라도 몇몇 산업의 순위에서 큰 차이를 보이고 있다(〈표 11-7〉 참조).

5) 기업이 이해관계자들에게 전반적인 환경성과에 대한 긍정적인 인상을 주기 위해 부정적인 성과를 숨기고 긍정적인 성과만을 공개하는 행위(Marquis et al., 2016; Lyon & Maxwell, 2011).

표 11-6 ESG 평가 간 평가결과의 상관관계(%)

	Refinitiv	S&P Global CSA	Sustainalytics	Vigeo-Eiris	MSCI	KLD
Refinitiv	100					
S&P Global CSA	62	100				
Sustainalytics	67	67	100			
Vigeo-Eiris	69	70	71	100		
MSCI	38	38	46	42	100	
KLD	42	44	53	49	53	100

자료: Berg, F., Koelbel, J. F., & Rigobon, R. (2019). Aggregate confusion: The divergence of ESG ratings. MIT Sloan School of Management.

표 11-7 ESG 평가기관별 평가결과의 차이

산업 구분	순위	
	MSCI	Sustainalytics
커뮤니케이션 서비스	9	4
임의 소비재	8	2
필수 소비재	6	8
에너지	10	11
금융	7	5
헬스케어	5	6
산업재	2	7
소재	11	9
부동산	3	1
기술	4	3
유틸리티	1	10

자료: IBKR Traders' Insight(2020), 이재혁(2020), ESG는 단순한 리스크 관리 지표 아냐. 새 기회 창출할 성장 동력으로 삼아라, 동아비즈니스리뷰, 308(1).

이처럼 ESG 평가기관마다 서로 다른 결과를 나타낼 때, 기업은 어떻게 대응할 수 있을까? 즉 평가결과를 어떻게 활용해야 하고, ESG 경영에 어떻게 반영해야 할까? ESG 평가의 절대적인 합의가 존재하지 않는 상황이기 때문에 기업들은 점수나 등급과 같은 최종적인 결과보다는 평가에 고려된 구체적인 ESG 이슈에 주목할 필요가 있다. 비록 평가기관마다 평가방식이나 평가문항, 평가결과는 다르더라도 결국 'ESG'라는 공통된 주제를 다루기 때문에 평가기관마다 다루는 '항목', 즉 ESG 이슈는 유사하기 때문이다. 환경(E) 부문의 경우, 최근의 기후변화 위기를 고려할 때 ESG 평가 중 온실가스 배출이나 에너지 소비, 또는 자원 사용을 평가항목으로 고려하지 않는 평가는 거의 없을 것이다. 사회(S) 부문에 있어 임직원 관리 및 노동, 지배구조(G) 부문에 있어 이사회, 주주와 같은 항목은 시대와 상관없이 모든 산업과 기업에서 고려해야 할 필수적인 이슈이다. 따라서 기업은 평가기관들이 공통적으로 다루는 이슈들을 우선적으로 고려하고 이를 중심으로 한 ESG 경영이 필요하다.

한편, 평가기관들이 동일한 ESG 이슈를 다루더라도 평가문항에 따라 점수나 결과는 기관마다 다를 수 있다. 따라서 이슈별 '점수', 즉 숫자 그 자체에 집중하기보다는 이러한 점수가 도출된 근거, 즉 구체적인 분석 내용에 조점을 맞출 필요가 있다. 분석 내용을 확인함으로써 각 이슈에 대해 자사의 어떤 활동, 어떤 성과가 우수하여 높은 점수를 획득했는지, 혹은 어떤 활동, 어떤 성과가 부족하여 낮은 점수를 획득했는지와 같이 획득한 점수의 근거를 확인하는 것이다. 어느 기관의 평가인지와 상관없이, 각각의 ESG 이슈에 대해 기업이 지향해야 할 목표는 동일할 것이다. ESG 측면에서 기업이 미치는 부정적인 영향을 감소시키고, 긍정적인 영향을 제고하는 것이다. 이 때 평가기관의 구체적인 분석 내용은 기업에 목표달성을 위해 필요한 ESG 활동이 무엇인지, 그리고 어떠한 달성목표를 갖고 ESG 경영을 추진해야 하는지에 대한 방향성을 확인하는 데 도움이 된다. 만약 ESG 이슈별 점수를 확인하더라도, 자사가 획득한 점수만을 주목하기보다는 경쟁기업이나 동종산업 평균을 함께 비교함으로써 경쟁기업 대비 혹은 산업 내에서의 자사의 ESG 수준을 가늠하기 위한 척도로 활용하는 것이 필요하다.

이렇듯 ESG 평가에 있어 평가결과, 즉 점수가 아니라 그 과정, 즉 분석 내용에 주목하고, 산업 내에서 자사의 ESG 수준을 파악하는 데 활용할 경우 기업은 자사의 ESG 경영전략의 방향성 정립이나 실천과제 수립에 있어 더욱 구체적인 내용을 반영할 수 있다. 이를 통해 기업은 자사의 ESG 활동 및 성과를 반복적으로 점검・보완하고, 더욱 구체적이고 실질적인 내용의 ESG 경영을 실천함으로써 모든 구성원이 ESG 경영을 이해하고 참여하는 등 ESG 경영의 내재화가 가능할 것이다. ESG 경영의 내재화가 이루어질 경우, 어떤 ESG 평가든지 상관없이 우수한 평가결과는 자연스레 따라올 것이다.

3. 자사의 이해관계자가 선호하는 평가지표에 중점적으로 대응하라

비록 기업이 ESG 평가결과 그 자체보다 ESG 경영의 내재화에 집중한다 하더라도, ESG 평가 자체를 무시할 수는 없다. 자사에 대한 평가결과가 결국 점수나 등급으로 외부에 알려지기 때문이다. 그렇다면 기업은 수많은 ESG 평가지표 중에서 어떤 평가지표에 주목하고 대응해야 할까? 앞서 언급한 바와 같이 ESG 평가의 절대적인 합의가 존재하지 않으므로, 이 물음에 명확하게 답할 수 있는 절대적인 ESG 평가지표 또한 존재하지 않을 것이다. 그러나 기업은 이해관계자와의 소통을 통해 자사가 중점적으로 고려해야 할 평가지표를 확인할 수 있다.

주주 및 투자자, 구매업체, 외부 전문가 등 기업의 ESG 경영에 영향을 미칠 수 있는 주요 이해관계자들은 자신들의 의사결정의 기준으로 ESG 평가를 활용한다. 이 때 그들이 활용하는 ESG 평가지표는 기업이 최우선적으로 고려해야 할 지표가 될 것이다. 자사의 이해관계자가 신뢰하고 활용하는 평가지표가 기업에게는 가장 중요한 지표인 것이다. 만약 구매업체가 공급업체 선정시 특정 기관의 ESG 평가결과를 요구한다면, 예비 공급업체는 해당 기관의 ESG 평가지표 및 결과에 따라 입찰 여부가 결정될 수 있기 때문에 적극적으로 대응해야 할 것이다. 따라서 기업은 ESG 경영의 내재화에 노력하면서도, 여러 ESG 평가지표 중에서 이해관계자가 중요시하는 평가지표에 대해 우선적으로 대응할 필요가 있다.

글로벌 ESG 연구기관인 SustainAbility는 주요 ESG 평가지표에 대한 평가를 수행하고 있다. 실제로 여러 ESG 평가지표를 활용하는 글로벌 투자기관 및 ESG 전문가들을 대상으로 설문조사 및 인터뷰를 실시하여 각 평가지표의 품질(Quality)과 유용성(Usefulness) 두 측면으로 구분하여 평가하는 것이다([그림 11-6], [그림 11-7] 참조). 만약 자사의 이해관계자가 선호하는 ESG 평가지표가 명확하지 않거나 기업 내부적으로 자사의 ESG 경영 수준 파악을 위한 기준으로서 평가지표를 선정하고자 할 때, 이러한 ESG 평가지표에 대한 평가결과를 참고하는 것 또한 고려해볼 수 있을 것이다.

그림 11-6 글로벌 투자자들의 ESG 평가지표의 품질(Quality)에 대한 설문조사 결과

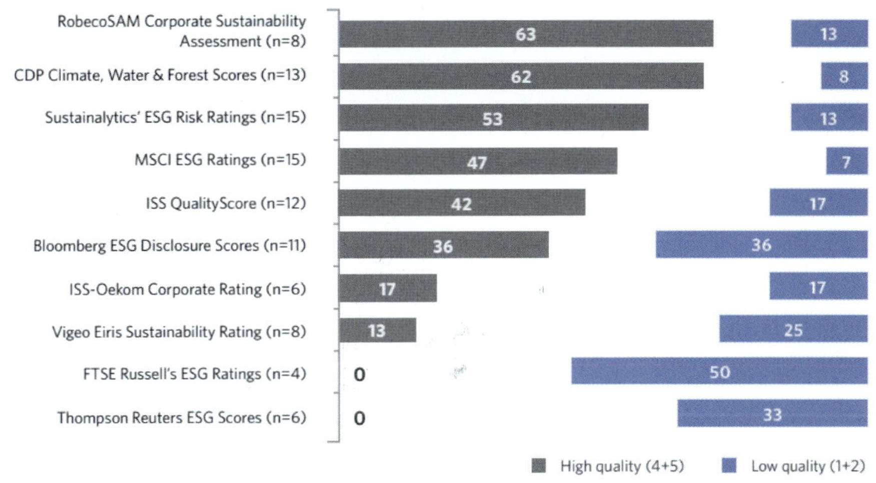

자료: SustainAbility(2020), Rate the Raters 2020: Investor Survey and Interview Results.

그림 11-7 ESG 전문가들의 ESG 평가지표의 유용성(Usefulness)에 대한 설문조사 결과

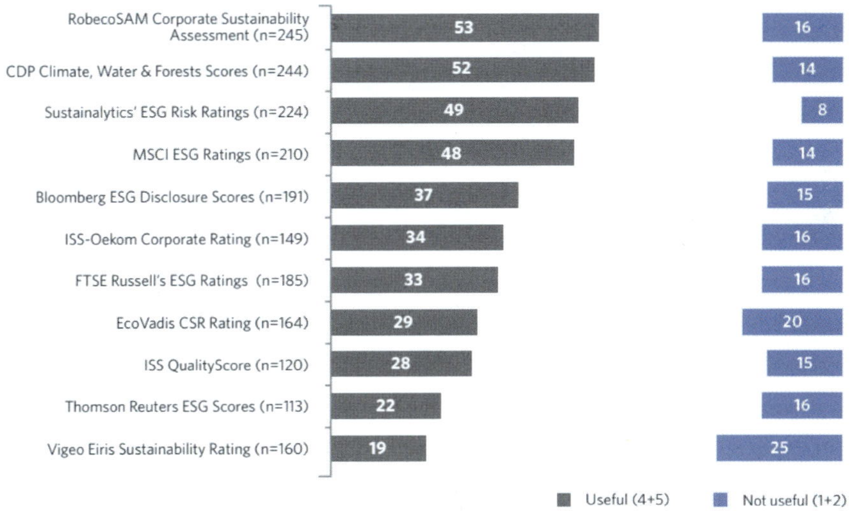

자료: SustainAbility(2020), Rate the Raters 2020: Investor Survey and Interview Results.

CHAPTER 12

공급망 관리: 협력사 ESG 관리 및 평가

ESG 이슈가 기업에 위험으로 작용하고, ESG 성과가 기업의 지속가능성의 기준으로 제시되는 등 ESG의 중대성이 증가함에 따라 기업들은 자사의 지속가능성을 높이기 위해 ESG 경영을 활발히 실천하고 있다. 한편, 최근 들어 ESG 경영의 범위를 기업 내부만이 아니라 외부로 확대해야 한다는 논의가 이루어지고 있다. 특정 기업에서 발생하는 ESG 이슈로 인한 영향이 해당 기업 내부에 국한되지 않고 가치사슬 전반으로 확산되기 때문이다. 기업은 가치사슬 내에서 여러 기업들과 다양한 협력 관계를 맺고 있다. 이러한 협력 관계는 ESG의 영향 범위를 확장시키는 요인이 되고 있다. 따라서 기업 내부만을 고려하는 ESG 경영이 아닌 가치사슬을 고려하는 ESG 경영의 중대성이 커지고 있다. 가치사슬 내 협력 관계 중에서도 특히 중요한 것은 공급망이다. 소비자를 비롯한 제품 및 서비스의 최종 구매자들은 가치사슬 내에서 ESG 이슈가 발생했을 때 그로 인한 책임을 최종 판매자가 감수하도록 요구하는 경향이 있기 때문이다. 가전제품이나 자동차의 부품이 원인이 되어 문제가 발생했을 때, 소비자들이 부품 공급업체가 아니라 해당 제품의 최종 판매업체에 책임을 묻는 경우가 그 예시라고 할 수 있다. 이러한 이유로 기업들은 ESG와 관련하여 공급업체가 준수해야 할 행동규범을 마련하거나 자사의 역량을 활용하여 공급업체의 ESG 경영을 지원하고, 공급업체 선정시 ESG를 기준으로 활용하는 등 공급망 관리에 있어서 ESG 경영을 강화하고 있다.

제12장에서는 공급망 ESG 관리를 위한 행동규범은 어떠한 내용을 담고 있는지 살펴본다. 다음으로 국내 주요 기업들이 실천하고 있는 공급망 ESG 경영지원 활동을 소개한다. 그리고 대표적인 공급망 ESG 평가지표에 대해 소개하고자 한다.

제 1 절 RBA 행동규범

1. 개 요

지난 2004년 설립된 EICC(Electronic Industry Citizenship Coalition)를 모태로 하는 RBA(Responsible Business Alliance)는 전자산업 기업 및 전자제품을 주요 구성품으로 하는 산업의 기업들로 구성된 연합으로, 공급망에 적용 가능한 사회 · 환경·윤리적인 기준을 제정하기 위해 설립되었다. 2004년 8개 회원사로 출발한 RBA는 전자관련 산업뿐만 아니라 소매업 등으로 범위가 확장되었고 현재 400개 이상의 기업이 회원사로 참여하고 있다. 이들 회원사의 전체 규모는 매출액 7.7조 달러, 직접고용 인원만 2,150만 명에 달한다.

RBA는 자사 및 공급망의 안전한 작업환경과 근로자 존중 및 존엄성 보장, 환경친화적이고 윤리적인 경영활동을 보장하기 위한 원칙 및 강령으로 구성된 행동규범(Code of Conduct)을 제정하고, ESG 트렌드에 맞추어 지속적으로 보완하고 있다. 현재 RBA의 회원사 및 회원사의 1차 공급업체들은 120개국 이상의 사업장에서 RBA 행동규범을 준수하고 있다.

2. 구 성

RBA 행동규범은 노동, 안전보건, 환경, 윤리, 경영시스템 등 총 5개 부문으로 구성되어 있다. 이 중 경영시스템 부문은 나머지 4개 부문을 준수하기 위해 공급업체가 갖춰야 할 이상적인 경영시스템의 요소를 제시하고 있다. 5개 부문에는 총 43개의 구체적인 기준을 선정하여 더욱 효과적인 규범 준수를 유도하고, 각 기준별 공급업체가 준수해야 하는 원칙 및 강령을 명시하고 있다. 또한 세부 기준과 원칙은 UN의 기업과 인권 이행원칙, ILO(국제노동기구)의 노동자 기본권에 관한 선언 및 ISO 14001(환경경영시스템), ISO45001(안전보건경영시스템)과 같은 글로벌 공인 기준과 원칙을 기반으로 작성됨으로써 그 내용에 있어 신뢰성을 확보하고, 기업 입장에서 본 규범 이외의 다양한 글로벌 기준들로 인해 혼란이 발생하지 않도록 하고 있다. 한편, RBA는 행동규범의 원칙과 강령이 사업장이 소재한 현지국 법률과 그 기준이 다를 경우 그 중 더욱 엄격한 기준을 준수할 것을 강조하고 있다.

3. 주요 내용

노동 부문은 근로자의 인권 보호 및 존중, 존엄성 보장을 위한 세부적인 기준과 그에 따른 강령을 명시하고 있다. 또한 본 규범의 적용 대상을 RBA의 참여기업 및 공급업체의 직접고용 근로자뿐만 아니라 임시 근로자, 이주 근로자, 학생 근로자, 계약 근로자 등 사업장에서 종사하는 모든 형태의 근로자에게 적용됨을 명시하고 있다.

안전보건 부문은 근로자에게 안전하고 건강한 근무 환경을 제공하기 위한 기준과 강령을 명시하고 있다. 따라서 단순히 생산시설에 국한되지 않고 식당이나 화장실, 기숙사 등 기업이 관리하는 근로자의 생활시설까지 원칙을 준수하도록 강조하고 있다.

환경 부문은 참여 기업 및 공급업체의 제조공정에서 발생할 수 있는 환경적 영향을 명확히 인식하고 최소화할 것을 중심으로 한 기준과 강령으로 이루어져 있다. 특히, 환경적 영향은 자연환경뿐만 아니라 사업장이 위치한 지역사회와 근로자의 안전보건에도 영향을 미칠 수 있음을 강조함으로써 기업에 환경적 책임을 더욱 강조하고 있다.

윤리 부문은 경영활동상 발생할 수 있는 윤리적으로 부적절한 행위를 근절하기 위한 기준과 강령이 제시되어 있다. 특히, 전자산업 및 전자 관련 산업에서 글로벌 이슈 중의 하나는 분쟁광물(Conflict minerals)이다. 분쟁광물은 콩고, 수단 등 아프리카 10개 분쟁지역에서 생산되는 4대 광물(주석, 텅스텐, 탄탈륨, 금)을 의미하는데, 게릴라나 반군들이 채굴권을 장악하여 광물 채취시 민간인 노동 착취가 빈번하고, 광물 판매수익이 그들의 활동기반이 됨으로써 내전 및 갈등 조장의 원인이 되기 때문에 국제적인 우려사항이다. 이에 2009년부터 UN은 회원국 및 글로벌 기업들의 분쟁광물 사용 규제를 촉구하고 있다. 따라서 RBA 행동규범은 윤리 부문에서 참여 기업 및 공급업체의 분쟁광물 조달 금지를 명시하고 있다.

경영시스템 부문은 앞서 제시한 부문들을 준수하고 지속적으로 개선하기 위한 경영시스템 구축에 필요한 기준과 강령이 명시되어 있다. 경영진 등 관리자의 의무와 책임부터 근로자 교육, 참여와 피드백 등 행동규범 준수를 위한 전사적 노력을 강조하고 있다. 특히, 공급업체의 책임을 명시함으로써 본 행동규범을 준수하는 1차 공급업체는 자사의 공급업체, 즉 2차 및 3차 공급업체에 대해서 본 행동규범을 준수시킬 것을 강조하고 있다. 이를 통해 RBA는 공급망 전반에 행동규범이 적용되도록 유도하고 있다.

그림 12-1 RBA(Responsible Business Alliance) 행동규범

근로자 존중 및 존엄성 보장

A1) 자발적 취업
A2) 연소 근로자
A3) 근로 시간
A4) 임금과 복리후생
A5) 인도적 대우
A6) 차별/괴롭힘 금지
A7) 결사의 자유

위해요소 파악 및 통제

B1) 산업 안전
B2) 비상사태 대응 방안
B3) 산업 재해 및 질병
B4) 산업 위생
B5) 육체노동
B6) 기계설비의 안전 유지
B7) 위생, 식품 및 주거
B8) 보건 안전 커뮤니케이션

환경보호

C1) 환경 허가 및 보고
C2) 오염 방지 및 자원 절감
C3) 유해 물질
C4) 고형 폐기물
C5) 대기 배출
C6) 물질 규제
C7) 물 관리
C8) 에너지 소비/온실가스 배출

최고 수준의 윤리기준 준수

D1) 사업 청렴성
D2) 부당 이익 금지
D3) 정보 공개
D4) 지적재산
D5) 공정 거래, 광고 및 경쟁
D6) 신원 보호 및 보복 금지
D7) 책임 있는 광물 조달
D8) 개인정보 보호

경영시스템 구축/개선

E1) 기업의 준수 의지
E2) 경영진의 의무와 책임
E3) 법률 및 고객 요구사항
E4) 위험 평가 및 관리
E5) 개선 목표
E6) 교육
E7) 커뮤니케이션
E8) 근로자 참여 및 고충 처리
E9) 감사 및 평가
F10) 시정조치 절차
E11) 문서화 및 기록
E12) 공급업체 책임

자료: RBA 홈페이지.

4. 현장 실사: RBA Validated Assessment Program(VAP)

RBA는 회원사 및 공급업체의 행동규범 준수를 지원하기 위한 다양한 프로그램을 운영하고 있다. 온라인 교육 시스템을 활용하여 회원사 및 공급업체 담당자에게 행동규범 준수 교육을 실시하고, 기업이 자체적으로 진단 가능한 자체 평가 툴(Tool)을 제공하기도 한다. 뿐만 아니라 RBA는 사업장에서 행동규범이 준수되고 있는지 파악하기 위해 현장 실사(Onsite Audit)를 기반으로 한 감사 프로그램을 운영하고 있다.

감사 프로그램은 경영활동이 이루어지는 모든 사업장을 대상으로 실시하며, 공정성을 보장하기 위해 RBA는 행동규범을 기반으로 한 감사 표준을 제정하고, 외부 독립적인 전문 기관이 사업장에 직접 파견되어 감사가 이루어진다. 외부 전문 기관에서는 사업장 현지국 원어민 위주로 실사단을 파견하여 사업장 내 강제노동을 비롯한 ESG 이슈에 대해 기업 사내 문서 검토, 경영진 및 임직원 인터뷰, 현장 실사 등 다각도로 위반사항을 확인한다. 감사 프로그램은 사업장 내 문제점 파악뿐만 아니라 발견된 문제점에 대한 조치를 이끌어내고, 감사 결과(점수) 및 문제 조치결과에 따른 우수 사업장에 대한 등급을 부여하는 인정(Recognition) 제도를 실시하고 있다.

표 12-1 RBA VAP Recognition 제도에 따른 사업장별 등급

등급	충족 기준
Platinum	VAP 200점 이상이며 모든 문제점이 시정된 사업장
Gold	VAP 180점 이상이며 우선적인(Priority) 및 주요한(Major) 문제점이 시정된 사업장
Silver	VAP 160점 이상이며 우선적인(Priority) 문제점이 시정된 사업장

자료: RBA 홈페이지.

RBA 행동규범은 공급업체가 직접 ESG 경영을 실천하도록 유도하는 공급업체의 ESG 관련 행동강령으로 볼 수 있다. 한편, 기업은 자사의 역량을 활용하여 공급업체의 ESG 경영을 지원하기도 한다. 이러한 기업들의 노력은 어떤 사례가 있는지 살펴보고자 한다. 이 책에서는 삼성전자와 현대자동차의 사례를 소개한다.

제 2 절 국내 기업의 공급망 ESG 경영 지원 사례

1. 삼성전자

삼성전자는 공급망에서 발생할 수 있는 ESG 리스크를 줄이고 공급망의 지속가능성을 높이기 위해 공급업체의 ESG 경영을 지원하는 다양한 활동을 실시하고 있다.

(1) 주요 내용

삼성전자는 RBA 회원사로서 RBA 행동규범을 활용하여 자체적으로 제정한 '삼성전자 협력회사 행동규범'을 1차 공급업체뿐만 아니라 2차와 3차 공급업체 등 공급망 내 모든 협력회사에 적용하고 있다. 특히, 행동규범의 적용범위에 있어서 공급업체의 사업장에 인력을 파견하는 인력파견업체를 명시하고 있다. 이를 통해 공급업체들이 간접고용 근로자들의 노동 인권과 보건 및 안전을 보장하도록 강조하고 있다. 또한 근로환경 통합관리 프로세스를 구축, 시행하고 있다. 이 프로세스를 통해 공급업체는 삼성전자가 RBA 행동규범을 바탕으로 자체적으

로 개발한 자가평가 툴(Tool)을 사용하여 자가진단을 실시하고, 삼성전자는 공급업체를 방문하여 현장점검을 실시한다. 그리고 외부 전문기관의 제3자 검증을 통해 공급업체의 행동규범 준수 현황 파악 및 개선이 이루어진다.

이외에도 자체 역량을 활용하여 환경・안전・보건 관련 공급업체의 개선을 지원하고, 공급업체 근로자를 대상으로 기술, 환경, 준법, 인권, 공정거래 등 다양한 교육을 실시하고 있다. 또한 매년 100여개 공급업체의 공동 채용박람회를 개최하여 인력 채용을 지원하고 있다. 분쟁광물 이슈가 중요한 전자 산업의 특성을 고려하여 공급업체의 분쟁광물 사용을 금지시키고 지속적으로 관리하고 있다.

그림 12-2 삼성전자의 공급망 ESG 관리 – 근로환경 통합 관리 프로세스

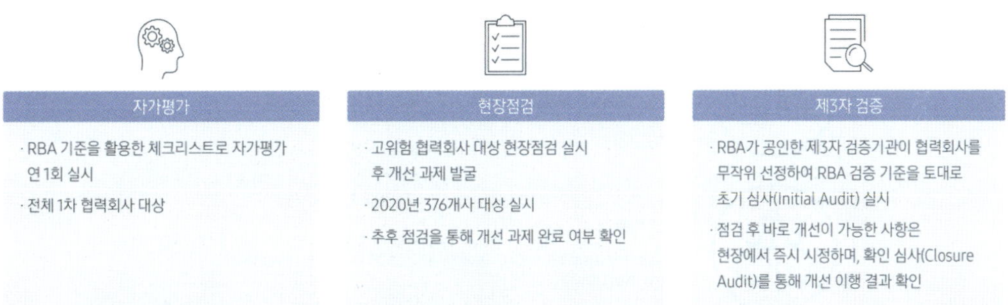

자료: 삼성전자(2021), 삼성전자 지속가능경영보고서 2021.

그림 12-3 삼성전자의 공급망 ESG 관리 – 책임광물 관리체계

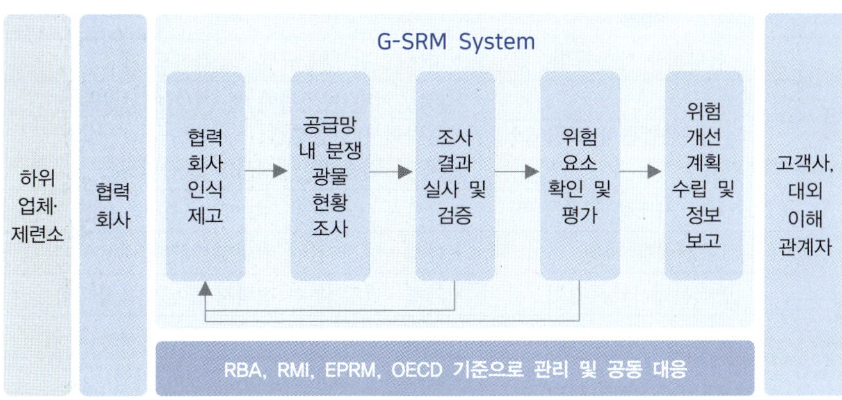

자료: 삼성전자(2021), 삼성전자 지속가능경영보고서 2021.

삼성전자는 기존 공급업체 이외에도 신규 공급업체 선정에 있어서도 ESG를 중요한 기준으로 활용하고 있다. 신규 업체 심사시 업체의 재무현황이나 구매・품질 영역 이외에도 환경안전, 노동인권 등 환경・사회적 성과를 체크리스트를 활용하여 집중적으로 점검하고, 필요시 현장점검을 실시한다. 이를 통해 ESG 성과가 저조한 업체의 경우 선정에서 제외되기도 한다.

그림 12-4 삼성전자의 공급망 ESG 관리 – 신규 협력업체 ESG 평가 항목

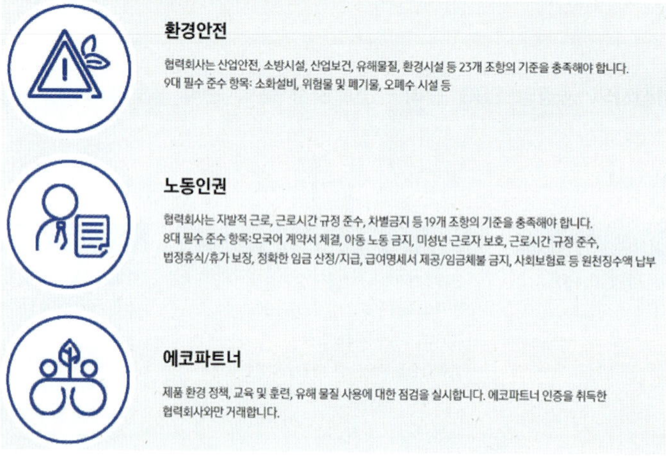

자료: 삼성전자 홈페이지.

표 12-1 삼성전자의 공급망 ESG 관리 – 공급망 ESG 경영 지원 활동

구분	활동	주요 내용
행동규범 활용	협력회사 행동규범	• RBA 기반 행동규범 및 가이드 제공
	근로환경 통합관리 프로세스	• RBA 기반 자가평가 툴 개발(85문항) • 협력회사 현장점검 • 제3자 검증 및 개선사항 모니터링
	고충처리 시스템 구축 지원	• 근로자 고충처리 시스템 구축 및 운영 지원
환경・안전・보건	컨설팅 지원	• 환경・안전 관련 컨설팅 지원
	안전문화 역량 강화	• 환경・안전 우수 협력사 선발・육성
	화학・유해물질 관리	• 제품・공정 내 화학・유해물질 사용 관리
	온실가스 감축 노력	• 협력회사 CDP Supply Chain 가입 • 온실가스 감축 목표 수립시 인센티브
	경영시스템 인증 지원	• 환경・안전・보건 관련 경영시스템 인증 취득 지원

교육	상생협력 아카데미	• 실무 위주의 무상 직무교육
	정밀배관 아카데미	• 훅업(Hook-up) 배관 인력 양성 교육
	환경 · 안전 아카데미	• 임직원 환경 · 안전 교육
	준법 · 인권 · 공정거래 교육	• 임직원 준법 · 인권 · 공정거래 교육
채용	채용 한마당	• 협력회사 공동 채용박람회(온/오프라인)
분쟁광물	책임광물 관리체계 운영	• 책임광물 현황조사, 책임광물 정책 준수 요구
기타	ESG 스크리닝	• 신규 협력회사 선정기준에 ESG 성과 반영

자료: 삼성전자(2021), 삼성전자 지속가능경영보고서 2021 내용을 저자가 재분류함.

2. 현대자동차

현대자동차 또한 공급업체의 ESG 경영 실천을 강조하고, 자체적인 역량을 활용하여 공급망의 ESG 성과를 개선하기 위한 다양한 지원 활동을 실시하고 있다.

(1) 주요 내용

현대자동차는 RBA 행동규범을 기반으로 한 '현대자동차/기아 협력사 행동규범'을 자체적으로 제정하여 1차와 2차, 3차 공급업체 등 공급망 내 모든 협력사에 적용하고 있다. 그리고 공급망 ESG 관리체계를 구축하여 공급업체가 자가진단 할 수 있는 자가평가 지표를 개발하고, 핵심 공급업체나 고위험 공급업체는 현장평가를 통해 개선 조치를 취하도록 유도하고 있다.

환경 · 안전 · 보건 부문에는 안전 · 보건 관련 현장점검과 함께, 안전관리 가이드를 배포하고 안전 관련 실제 발생 사례를 공유하여 공급업체에 안전관리 중대성을 수시로 강조하고 있다. 또한 공급업체의 제조 공정 및 제품에 있어 유해물질 사용을 금지하고 전 부품의 유해물질 함유 여부를 파악하고 있다. 1차 공급업체에 대해서는 환경 · 안전 · 보건 관련 경영시스템 인증 취득을 지원하고 있다.

공급업체의 ESG 역량을 강화하는 교육 또한 다양하게 이루어지고 있으며, 공급업체의 분쟁광물 사용 여부를 파악하기 위한 관리체계를 구축하고 있다. 특히, 현대자동차는 1차 협력사로 하여금 2차 협력사에 대한 상생협력을 강조하고 있다. '상생협력 5스타' 제도를 통해 1차 협력사의 2차 협력사 대상 상생협력 노력을 평가하고, 평가결과는 1차 공급업체의 입찰시 반영된다. 이와 함께, 상생협력 우수 1차 공급업체에 대한 포상이 함께 이루어지고 있다.

그림 12-5 현대자동차의 공급망 ESG 관리 – 상생협력 5스타 제도

상생협력 5스타 제도

2차 협력사에 대한 1차 협력사 상생협력 노력을 평가 후 입찰 반영

1차사의 상생협력활동 실적
(정량적 평가 : 50%)

평가 항목
- 대금지급조건 (현금지급비율, 대금지급기일 등)
- 계약의 공정성 (표준하도급계약서 사용 여부 등)
- 상생협력지원 (자금지원, 연구개발/생산성 지원 등)

2차사 대상 상생협력 체감도
(정성적 평가 : 50%)

설문 항목
- 거래관계 (공정거래, 거래조건)
- 협력관계 (자금, 연구개발, 생산지원 등)
- 운영체계 (비전 공유, 추진체계 등)

* 1회/년 평가 및 설문조사 실시

↓

1차 - 2차 협력사 간 상생협력 강화 및 동반성장 조성

자료: 현대자동차(2021), 2021 현대자동차 지속가능성 보고서.

표 12-3 현대자동차의 공급망 ESG 관리 – 공급망 ESG 경영 지원 활동

구분	활동	주요 내용
행동규범 활용	협력사 행동규범	• RBA 기반 행동규범 제공
	공급망 ESG 관리체계	• 글로벌 지표 기반 자가평가 지표 개발(155문항) • 핵심/고위험 협력사 현장평가 • 개선사항 모니터링
환경 · 안전 · 보건	안전 · 보건 현장 순회	• 안전 · 보건 관련 현장점검
	안전관리 가이드	• 안전관리 가이드 배포 및 사례 공유
	유해물질 금지	• 유해물질 여부 점검 및 공개(IMDS 시스템 등록)
	경영시스템 인증 지원	• 환경 · 안전 · 보건 관련 경영시스템 인증 취득 지원
교육	안전 관련 교육	• 교육 콘텐츠 배포 및 온라인 세미나 실시
	기술지도 · 컨설팅	• 전문기술 및 노하우 무상 전수
	2 · 3차 협력사 상생협력 강화	• 2 · 3차 협력사 품질 · 기술지도 및 경영컨설팅
분쟁광물	분쟁광물 관리체계 구축	• 분쟁광물 사용실태 파악
기타	상생협력 5스타 제도	• 2차 협력사에 대한 1차 협력사의 상생협력 평가 • 평가결과 입찰 반영 및 우수 1차 협력사 포상

자료: 현대자동차(2021), 2021 현대자동차 지속가능성 보고서 내용을 저자가 재분류함.

제 3 절 공급망 ESG 평가: EcoVadis

앞서 살펴본 바와 같이, 공급망에서의 ESG 리스크 관리가 중요해짐에 따라 기업들은 공급업체의 ESG 수준을 파악하고 개선이 필요한 부분에 대해 다양한 활동을 통해 지원하고 있다. 이러한 공급망 ESG 수준 파악을 위해서는 공급업체에 대한 ESG 평가가 이루어져야 한다. 또한 기업은 신규 공급업체 선정시 ESG 평가 결과를 기준으로 활용할 수 있다. 기업은 자사가 직접 공급업체 ESG 평가를 위한 지표를 개발하기도 하고, 외부 전문기관이 운영하는 평가지표를 활용하기도 한다. 대표적인 공급망 ESG 평가기관으로는 프랑스의 에코바디스(EcoVadis)가 있다.

1. 평가개요

공급업체의 입장에서 볼 때, 구매기업이 공급망 ESG를 강조하고 구매조달 활동시 ESG 성과를 주요 기준으로 삼는다는 것은 곧 공급망 ESG 성과 관리가 자사의 경쟁우위 획득 및 유지를 가능하게 하는 중요한 활동임을 의미하는 것이다. 그러나 공급업체 중에서 자사 내부적으로 ESG 경영의 전문성을 갖추고 지속적으로 관리하는 기업은 많지 않다. 따라서 공급업체들은 자사의 ESG 경영 수준을 외부의 객관적 시각에서 파악하고 개선하기 위해, 그리고 구매업체에 자사의 ESG 수준을 입증하기 위한 전문기관의 도움을 필요로 한다. EcoVadis는 이러한 공급업체의 ESG 성과 관리 지원 및 평가 수행을 위해 2007년 설립되었고, 현재 전 세계에서 대표적인 공급망 ESG 평가기관으로 자리매김하였다.

2. 평가대상

EcoVadis는 기업의 평가 요청에 따라 평가가 이루어진다. 일반적으로 구매업체가 자사와 계약을 희망하고자 하는 공급업체에 EcoVadis 평가를 실시하도록 요청하고, 공급업체는 구매업체의 요청에 따라 직접 EcoVadis에 평가를 요청한다. 이외에도 공급업체가 자발적으로 자사의 ESG 평가를 위해 요청하기도 한다.

EcoVadis는 2020년 기준 전 세계 190개국 85,000개(누적) 이상의 공급업체를 대상으로 평가를 수행하였다.

3. 평가방법

EcoVadis의 평가는 기본적으로 앞서 살펴본 S&P Global CSA의 평가방식과 동일하게 1차 자료인 설문 기반으로 이루어진다. 평가 절차는 '등록 → 평가 → 결과 → 개선'의 단계로 진행된다. 등록 단계에서는 기업이 EcoVadis 웹사이트에 직접 자사의 일반적인 정보를 입력한다. 평가 단계에서는 기업이 온라인으로 생성된 평가 계정에 접속하여 평가문항에 직접 응답하고, 응답 내용을 증빙할 수 있는 자사의 공식문서를 첨부하여 제출한다. 제출된 응답 내용에 따라 평가가 이루어지고, EcoVadis에서 외부 자료를 기반으로 자체적으로 구축한 시스템을 통해 평가대상 기업의 ESG 이슈 여부를 파악한다. 결과 및 개선 단계에서는 평가 결과를 100점 만점 및 '최우수, 우수, 확립, 부분적, 부족'의 5개 등급으로 도출하고, 강점 및 개선점 등 분석결과를 종합하여 스코어보드(Scoreboard) 형태로 제공한다.

4. 평가항목

EcoVadis의 평가지표는 GRI, ISO 26000 등 글로벌 ESG 기준을 기반으로 한 4개 부문과 21개 항목으로 구성되어 있다. 각 부문 및 항목은 공급망에서 주로 발생할 수 있는 이슈를 중심으로 이루어져 있다. 그 중에서도 환경과 노동 인권 부문을 특히 강조하고 있다. 각 항목의 적용 여부 및 가중치는 평가대상 기업이 속한 산업의 특성을 고려하여 산업마다 다르게 적용된다.

표 12-4 EcoVadis의 ESG 평가항목

환경	노동 및 인권	윤리	지속가능한 조달
Operations • Energy Consumption & GHGs • Water • Biodiversity • Local & Accidental Pollution • Materials, Chemicals & Waste Product • Product Use • Product End-of-Life • Customer Health & Safety • Environmental Services & Advocacy	Human Resources • Employee Health & Safety • Working Conditions • Social Dialogue • Career Management & Training Human Rights • Child Labor, Forced Labor & Human Trafficking • Diversity, Discrimination & Harassment • External Stakeholder Human Rights	• Corruption • Anti competitive Practices • Responsible Information Management	• Supplier Environmental Practices • Supplier Social Practices

자료: EcoVadis(2020), EcoVadis Ratings Methodology Overview and Principles.

5. 평가결과의 활용

평가결과 및 분석내용, 개선점으로 구성된 스코어카드는 평가대상 기업이 자사의 ESG 성과 개선을 위한 지침으로 활용할 수 있다. 스코어카드는 온라인으로 확인 가능한데, 이 때 공급업체에 평가를 요구한 구매업체 또한 시스템에 접속하여 해당 내용을 확인할 수 있다. 이를 통해 구매업체는 전문기관의 객관적인 평가로 나타난 해당 기업의 ESG 성과를 공급업체 선정시 활용할 수 있다. EcoVadis는 100점 만점의 종합점수를 바탕으로 우수기업을 선정하여 'Platinum', 'Gold', 'Silver', 'Bronze'의 총 4가지 메달 형태로 시상한다. 우수기업으로 선정된 기업은 자사의 ESG 성과의 홍보자료로 활용하기도 한다.

표 12-5 EcoVadis의 ESG 우수기업 선정 기준

등급(Medal)	선정기준
 TOP 1%	종합점수 75~100점 및 전체 기업 중 상위 1% 이내
 TOP 5%	종합점수 67~74점 및 전체 기업 중 상위 5% 이내
 TOP 25%	종합점수 56~66점 및 전체 기업 중 상위 25% 이내
 TOP 50%	종합점수 47~55점 및 전체 기업 중 상위 50% 이내

자료: EcoVadis 홈페이지.

CHAPTER 13

지속가능경영보고서 발행 Tips

제1절 최고 의사결정기구의 지속적인 관심
제2절 특정 부서만이 아닌 기업 내 전 부서의 참여
제3절 외부 전문기관의 도움 및 자문

제 1 절 최고 의사결정기구의 지속적인 관심

지속가능경영보고서는 기업이 이해관계자들에게 자사의 ESG 성과를 공개하는 대표적인 방식으로서 기업의 경영활동 전 과정에서 발생한 비재무성과를 담고 있다. 그렇기 때문에 지속가능경영보고서는 기업 차원에서 작성하는 비재무성과 관련 자료 중 가장 포괄적이고 세부적인 내용으로 구성되어 있다고 할 수 있다. 여러 ESG 이슈 중 특정 이슈만을 다루는 것이 아니라 자사의 경영활동이 영향을 미칠 수 있는 이슈, 자사의 경영활동과 관련성이 높고 이해관계자들이 중요하게 인식하는 이슈들을 모두 파악하고, 각 이슈별 자사의 ESG 경영활동 및 성과를 종합하여 공개하기 때문이다. ESG 이슈는 기업의 경영활동 전 과정과 연관되어 있으므로 ESG 이슈의 관리 및 ESG 경영활동, ESG 성과에 대한 책임의 범위는 개별 부서단위에 국한되지 않고 경영진 및 이사회와 같은 최고 의사결정기구까지 해당된다.

따라서 지속가능경영보고서의 발행에 있어 최고 의사결정기구의 지속적인 관심과 참여가 중요하다. 환경(E), 사회(S), 지배구조(G)를 비롯한 자사의 모든 비재무성과에 대한 보고자료이자 정보제공을 통해 자사의 이해관계자와 소통하는 중요한 채널이기 때문이다. 경영진 및 이사회는 지속가능경영보고서에서 다루는 ESG 이슈가 무엇인지, 보고내용 작성시 각 이슈별 내용 및 보고서의 전반적인 내용이 어떻게 구성되는지, 자사의 ESG 경영활동 및 성과가 적절하게 작성되어 있는지, 보고서가 이해관계자들이 접근하기 용이한 방식으로 발행되는지 등 보고서 작성과 발행의 모든 과정에 적극적으로 참여할 필요가 있다. 실제로 앞서 살펴본 지속가능경영보고서 가이드라인인 GRI Standards에서는 지속가능경영(ESG 경영)에 대한 최고경영자(CEO)의 성명서(Statement)를 비롯해 이사회 등 최고 의사결정기구가 지속가능경영 추진 및 보고서 발행에서 수행한 역할을 명시하도록 하고 있다. 이렇듯 최고 의사결정기구 차원에서 지속가능경영보고서의 중요성을 인식하고 발행 과정에 적극적이고 지속적으로 참여할 때, 이해관계자들이 만족할 수 있는 양질의 보고서 발행이 가능할 것이다.

제 2 절 특정 부서만이 아닌 기업 내 전 부서의 참여

일반적으로 지속가능경영보고서 발행에 관한 업무는 기업 내 특정 부서차원에서 담당한다. 그러나 앞서 살펴본 바와 같이 지속가능경영 및 ESG 경영이 기업의 모든 영역 및 업무에서 발생하는 비재무성과를 제고하는 경영활동이고, 그에 따라 기업 내 최고 의사결정기구에서부터 개별 부서에 이르기까지 기업 내 모든 구성원들이 ESG 이슈를 관리해야 할 책임을 갖고 있다. 따라서 ESG 성과보고, 즉 지속가능경영보고서 발행은 특정 부서 차원이 아니라 전사적 차원으로 접근해야 한다. 비록 특정 부서에서 보고서 발행 업무 전반을 담당하더라도, 그 외 다른 부서의 실무자들이 함께 참여하는 TFT(Task-Force Team)를 구성하여 대응할 필요가 있다. TFT 구성을 통해 경영자료 수집 및 ESG 성과의 내부 검토가 더욱 원활하게 이루어져 더욱 풍부하고 정확한 내용의 보고서 발행이 가능하기 때문이다. 나아가 ESG 경영이 전 부서 및 전 임직원의 참여가 요구되는 전사적인 경영활동이라는 인식이 공유됨으로써 기업 내 ESG 경영의 내재화가 더욱 원활하게 이루어질 수 있을 것이다.

제 3 절 외부 전문기관의 도움 및 자문

변화하는 경영환경에 따라 ESG 트렌드 또한 계속해서 변화하고 있다. 또한 여러 글로벌 기관들은 저마다 다른 기준과 성과지표를 기업에 요구하고 있다. 비록 최근 글로벌 기관들이 ESG 기준 및 지표를 통합하는 등 기업의 부담을 줄이고 정보공개를 활성화하기 위해 노력하고 있다고 하나, 여전히 기업이 자체적으로 이러한 외부 ESG 트렌드에 대응하기에는 어려움이 따른다. 따라서 기업들은 외부 전문기관의 도움 및 자문을 통해 이러한 어려움을 해소할 수 있다. 국내에도 지속가능경영보고서 발행을 비롯한 ESG 경영 관련 자문기관들이 다수 존재한다. 국내의 대표적인 자문기관들은 다음과 같다.

(가나다 순)
국제ESG협회 https://www.iesga.org/
한국생산성본부(KPC) 지속가능경영추진단 http://kesg.kr/
한국표준협회 ESG경영센터 https://www.ksa.or.kr/ksa_kr/933/subview.do

• 타 기업 지속가능경영보고서 참고

지속가능경영보고서는 GRI를 비롯한 글로벌 기준에 따라 작성되므로 국가나 산업에 관계없이 대다수 기업들의 지속가능경영보고서가 유사한 구성을 이루고 있다. 따라서 다른 기업이 발행하는 지속가능경영보고서를 비교 · 분석하는 것 또한 자사의 보고서 내용 구성 및 품질 향상에 도움이 된다. 지속가능경영보고서는 일반적으로 인쇄물 이외에도 전자문서(PDF) 형식으로 각 기업 홈페이지에 공시되므로 접근이 용이하다. 그 외에도 국내에서는 한국거래소(KRX)에서 운영하는 'ESG 포털', 그리고 한국표준협회(KSA)에서 운영하는 '지속가능성 보고서 DB'를 통해 국내 주요 기업들의 지속가능경영보고서를 한 곳에서 확인할 수 있다.

한국거래소(KRX) ESG 포털
https://esg.krx.co.kr
한국표준협회(KSA) 지속가능성 보고서 DB
https://www.ksa.or.kr/ksi/4982/subview.do

04 PART

거버넌스(지배구조)의 개선

제 1 부
기업경영의 변화

제 1 장 ESG 의미와 부상 배경
제 2 장 ESG 경영활동
제 3 장 ESG 이니셔티브
제 4 장 국내외 ESG 규범

제 2 부
ESG 경영 실무

제 5 장 지속가능경영 실무
제 6 장 환경 · 에너지 ESG 경영 실무
제 7 장 안전보건 ESG 경영 실무
제 8 장 사회책임 ESG 경영 실무

제 3 부
ESG 성과보고와 ESG 평가

제 9 장 ESG 성과보고의 필요성
제10장 ESG 성과보고 방법
제11장 ESG 평가
제12장 공급망 관리: 협력사 ESG 관리 및 평가
제13장 지속가능경영보고서 발행 Tips

제 4 부
거버넌스(지배구조)의 개선

제 14 장 거버넌스의 의의와 중대성
제 15 장 이론적 검토와 거버넌스 이슈
제 16 장 공정하고 합리적인 거버넌스 구축

CHAPTER 14

거버넌스의 의의와 중대성

ISO 26000에서 정의하고 있는 거버넌스(Governance)의 본질은 조직이 의사결정을 하는 시스템이다. 의사결정시스템은 목표를 달성하기 위해 필요한 제반사항을 관리하고 지도한다는 측면에서 사실상 조직의 최종성과를 좌우하게 된다. 따라서 거버넌스는 조직에게 주어진 임무인 목표달성을 위하여 지시하고 운영되도록 해야한다. 이러한 관점에서 우리는 지속가능성을 기반으로 하는 ESG거버넌스의 방향성에 대한 설계와 제도화를 검토할 필요가 있다.

많은 경우 거버넌스는 지배구조와 혼용되어 사용되고 있다. 물론 지배구조와 거버넌스를 구별하여 거버넌스는 단순한 지배구조가 아닌 보다 협력적이고 참여적인 공동의사결정 특성을 가지고 있다고 할 수도 있다. 물론 공적 영역과 사적 영역의 거버넌스가 같을 수 없기 때문에 구체적인 경우 명확한 개념규정이 필요하지만 여기에서는 주로 기업 지배구조 관점에서 논의하고자 한다. 따라서 아래에서의 조직이라는 표현은 기본적으로 기업조직을 의미한다. 다만, 공공기관에 대해서도 그 적용의 필요성과 타당성이 높아져 가고 있기에 조직구성과 조직운영의 공공적 임무지향성을 포함할 경우 공적 기관에도 적용할 수 있다고 판단된다.

공적 영역에서의 정책결정 그리고 비즈니스 영역에서의 기업경영은 모두 거버넌스의 올바른 구성과 운용을 필요로 하며, 거버넌스는 그 자체가 공사 모든 영역에서 의사결정체계로 기능한다. 비즈니스관점에서 거버넌스라고 하면 기업 경영의 통제에 관한 시스템으로 기업경영에 직접 또는 간접적으로 참여하는 주주·경영진·근로자 등의 이해관계를 조정하고 규율하는 제도적 장치와 운영기구를 말한다.[1] 거버넌스에는 기업의 소유구조뿐 아니라 주주의 권리·주주의 동등 대우·이해관계자 역할·공시의 충실성 및 투명성 그리고 이사회의 책임 등이 내포된다고 이해된다. 거버넌스를 잘 정립한다면 조직이 사회적 책임에 보다 일치하는 행동을 하게 되고, 사건·사고에 효율적인 조치를 취할 수 있으며, 투자 및 경영상 중요결정에 더 나은 결정을 내릴 수 있을 뿐만 아니라 지속가능성을 확보하는 더 나은 위기관리가 이루어질 수 있고, 대내외적으로 조직의 결정과 행동에 대한 신뢰를 획득하는 것이 보다 용이해지는 장점이 있다. ISO 26000 핵심이슈로서의 거버넌스 가치로는 책임성, 투명성, 윤리성 등이 포함되지만 일반

1) 한편 경제개발협력기구(OECD, Organization for Economic Cooperation and Development)는 비즈니스관점의 거버넌스(기업지배구조)를 '기업의 경영자, 이사회, 주주 기타 이해관계자들 간의 일련의 관계'라고 정의하고 있고, 이를 다시 기업의 주주와 비주주 사이의 힘의 균형이 배분되는 과정으로 정의하고 있다.

적으로 ESG에서 거버넌스 논의는 이사회 구조 및 다양성, 주주 권리 보장, 지속성장 전략과 같이 보다 폭넓은 이슈들을 포함한다. 거버넌스는 "주권자의 정책결정에서부터 이사회, 경영진, 주주 및 이해관계자를 포함한 다양한 참여자들간 권리와 책임이 분배되고 행사되는 의사결정체계"라고 정의할 수 있을 것이다. 이러한 거버넌스는 사실상 정태적 '지배구조'라기보다는 동태적 '의사결정체계'로 봄이 타당하다. 왜냐하면 환경과 상호작용하는 거버넌스는 기업과 공공기관의 바람직한 경영상태를 넘어서서 조직의 지속가능성을 실현하는 핵심요소가 되기 때문이다.

의사결정체계가 제대로 구축되어 있고, 잘 작동하고 있는가의 관점에서 보면 거버넌스는 조직 및 기업과 공공기관의 바람직한 경영상태를 넘어서서 기관과 기업의 지속가능성을 판단할 수 있는 결정적 요인으로 이해될 수 있다. 이러한 거버넌스를 ESG관점에서 보면 그 핵심가치는 책임성, 투명성, 윤리성 등이 된다. 세계경제포럼(WEF)은 ESG에 있어 거버넌스를 가장 중요한 요소로 간주하고 있는데 그 이유는 건강하고 안전한 사회를 이루어 나가기 위해서는 정책결정자, 환경 및 사회문제 전문가와 사회운동가, 이해관계자의 공동체적 공감대가 필수적이고 이들의 상호작용적 의사결정속에서 조직 경영의 방향과 성과가 결정되기 때문이다. 실제로 이윤이 우선되는 기업의사결정에서 조차 이사회 및 이해관계자의 공감대 형성과 협력적 노력이 없다면 현재 제기되고 있는 ESG이슈에 제대로 대응할 수 없다.

특별히 거버넌스 이슈는 ESG논의와 그 실천에서 기본적인 제도적 기반이 된다. 여기서 제도적 기반은 일정한 법적 뒷받침과 구조적 틀 그리고 운용의 안정성을 가지고 있음을 의미한다. 따라서 임시적이거나 재량적인 거버넌스는 진정한 거버넌스라 할 수 없다. 거버넌스를 의사결정체제로 이해한다면 거버넌스 이슈와 환경 및 사회적 이슈는 별개가 아님을 쉽게 이해할 수 있다. 환경과 사회적 이슈를 야기하는 위험과 사고는 상당부분 지배구조에서 그 근원적 근거를 찾을 수 있기도 하며 환경과 사회적 이슈를 예방하는 제도적 장치가 거버넌스가 될 수 있기 때문이다.[2] 따라서 거버넌스를 제대로 구축하는 문제는 정부정책, 사회

2) 실제로 세계 최대 자산운용사 블랙록(BlackRock)은 2020년 총 3,043건의 주주 관여 활동을 했는데 이 중 거버넌스가 94.7%(2,882건)로 가장 많았고, 환경이슈가 41.4%(1,260건), 사회이슈가 31.7%(965건)를 차지하고 있다. 또한 2019년 국내 상장기업 중 ESG 관련 사건사고로 보도된 기업은 총 583개사였는데 이 중 거버넌스 이슈가 있었던 기업은 83.5%(487개사)로 압도적으로 많았으며, 사회이슈는 49.7%(290개사), 환경이슈는 5.1%(30개사)로 나타나고 있다

운용원리, 기업경영 그리고 개별사업과 과제를 포괄하는 일련의 거시적 체계가 되어야 한다. 동시에 거버넌스를 통해 ESG 리스크가 관리되어야 한다.[3)]

비즈니스 측면에서 볼 때, 거버넌스의 핵심주체는 독립적이고, 전문적이고, 다양성을 갖춘 이사회이다. 이사회는 최고 의사결정자가 정보비대칭성을 활용하여 사적이익을 추구하거나 중대한 과실로 잘못된 판단을 하지 않도록 견제할 수 있어야 한다. 이를 위해 이사회 운영자체가 투명해야 하며, 균형잡힌 결정을 위해 이사회 구성의 다양성을 사전에 확보하고, 견제와 감시기능을 강화할 필요가 있다. 이를 통해 부정부패, 불공정 등의 조직 리스크가 줄어들 수 있기 때문이다. 이러한 관점에서 최근 공시강화, 사외이사 확대, ESG위원회 설치 등이 이루어지고 있는 것은 매우 바람직하다. 물론, 의사결정체계인 거버넌스를 이사회 이슈로 한정해서는 안된다. 책임경영을 잘 하기 위해서는 이사회가 건강하게 작동함을 넘어서서 CEO를 위시한 회사 전반의 의사결정 및 관리체계가 적절하게 구축되고 효과적으로 운용되어야 하기 때문이다. 따라서 ESG 리더십, ESG 경영시스템, 이해관계자의 참여, ESG 정보공시 등 보다 다양한 영역이 모두 거버넌스와 관련하여 검토되고 개선되어야 한다.

또한 비즈니스 영역에서의 ESG 거버넌스에서는 '리스크 관리'가 매우 중요하다. 리스크는 조직의 운영이 도덕적이지 않을 때, 예컨대, 탈세 등 비윤리적, 불공정, 불법이 이루어질 때 발생하며, 조직의 존립과 성장을 위해서는 반드시 예방되고 관리되어야 한다. 조직의 모든 이해관계자는 항상 리스크에 관심을 기울여야 하며, 이들에게 충분한 정보가 투명하게 제공되어야 한다. 사실 조직의 영속성을 전제로 하는 한 리스크 관리는 조직 경영의 가장 기본이 된다. 최근 ESG 도입과정에서 투자 리스크 관리가 많이 논의되고 있지만 ESG의 구축과 실천 그리고 확산을 위해서는 투자・경영・사회・환경에 관한 전반적 리스크 관리가 필요하며 조직의 ESG 경영역량이 집중되어야 한다. 그럼에도 불구하고 ESG 비즈니스 영역에서 거버넌스 의미와 필요성을 '리스크 관리' 영역으로 축소하는 것은 바람직하지 못하다. 거버넌스는 리스크 관리를 넘어서서 조직의 미래 기회창출과 지속가능한 발전을 견인하는 조직의 구조적 장치가 되어야 하기 때문이다.

(지속가능발전소, 2019년 ESG 사건사고분석보고서).

3) ESG의 대표적인 평가기관인 MSCI(Morgan Stanley Capital International)는 ESG를 10개 주제, 35개의 핵심이슈로 구분하고, 이를 산업별 가중치를 두어 평가하고 있는데 이중 거버넌스는 2개 주제, 6개 핵심 이슈로 구성된다. 특별히 2개의 주제는 '기업 지배구조'와 '기업 행동'인데 내용적으로 '이사회'와 '리스크 관리'로 요약될 수 있다.

즉, 보다 적극적이고 능동적인 거버넌스를 추구해야 한다는 것이다.

또한 〈표 14-1〉는 GRI에서 소개하고 있는 거버넌스의 범위이다. 특징은 이사회를 중심으로 이슈를 정리하고 있다는 점이며 비즈니스관점에 치우쳐 있어서 비교적 수비범위가 협소하다는 것이다. 따라서 다양한 특성을 가진 각 조직들이 ESG 거버넌스 이슈를 적용하고 평가하기 위해서는 보다 넓은 범위의 영역을 검토하고 조직활동과 연계함으로써 조직의 미션 및 특성에 적합한 조치를 취할 수 있을 것이다. 이를 위해서는 기업과 조직성격에 대한 분류가 선행되어야 하며 개별 사례도 축적될 필요가 있다.

당위론에도 불구하고 실제 제도적 적용을 위해서는 ESG 거버넌스 적용과 관련하여 추가적 논의가 필요하다. 다양한 논의와 ESG 평가체계가 제시되고 있기 때문에 이러한 논의와 평가체계를 종합한 K-ESG를 고찰할 필요가 있는 것이다.[4] 산업통상자원부를 주축으로 관계부처가 합동으로 발표한 K-ESG 가이드라

표 14-1 GRI 가이드라인과 거버넌스 관련 지표

4.	Governance, Commitments and Engagement
	Governance
4.1	조직의 지배구조: 전략수립, 전사적 감독 등을 책임지는 이사회 및 산하 위원회
4.2	이사회 의장의 임원 겸직 여부: 임원인 경우 경영진 내에서의 역할과 의장에 임명된 이유
4.3	이사회: 사외이사 구성 및 멤버 수 등
4.4	주주와 직원이 이사회에 조언하거나 방향을 제시하는 메커니즘
4.5	이사회 구성원, 고위 관리자, 임원 등에 대한 보상과 조직의 성과(경제 · 사회 · 환경 성과 포함) 간의 관계
4.6	이사회 내의 이해관계 충돌 방지를 위한 프로세스
4.7	경제 · 사회 · 환경전략을 보조하기 위한 이사회 구성원의 자격, 전문성 기준을 결정하는 프로세스
4.8	경제 · 사회 · 환경분야의 성과 및 활동과 관련하여 내부에서 마련한 미션 · 핵심가치, 행동강령 및 원칙
4.9	이사회가 경제 · 사회 · 환경적 성과 파악 및 관장하는 절차 -관련 위험요소 및 기회, 국제적으로 합의된 표준 · 행동강령 및 원칙 준수 포함
4.10	이사회 자체의 성과. 특히 경제 · 사회 · 환경관련 성과를 평가하는 프로세스

4) 여기서 K-ESG는 현재 국내외에 600개 이상의 ESG 평가지표가 난립하고 있는 상황에서 산업통상부를 주축으로 관계부처가 합동으로 발표한 ESG 가이드라인을 의미한다.

인은 몇 가지 측면에서 차별적 특징이 있다. K-ESG 가이드라인이 기존 평가지표와 다른 점은 첫째, 이 지표는 평가기관을 위한 지표라기 보다 ESG 평가를 받는 기업이 좋은 평가를 받기 위해 무엇을 어떻게 준비해야 할지 알려주는 지침서의 성격이 강하다. 특히 다수의 국내외 ESG 평가지표가 ESG 성과를 측정하는 기준을 제시하지 않아 기업의 자가 진단이 불가능한데, 이 가이드라인은 평가 항목마다 상세한 평가 기준을 제시해 기업이 스스로 ESG 성과를 진단하고 목표를 수립할 수도 있도록 도움을 준다.

둘째, 이 지표는 글로벌 기준에 부합하면서도 국내 상황을 고려하고 있다. "주요 해외 ESG 평가지표에 대한 대응을 공통적으로 고려하되, 해외와 국내의 사회문화적, 법제도적 환경의 차이를 고려해 설계"했다는 게 정부의 설명이다(K-ESG 가이드라인 v1.0, 2021). 국내 특성이 고려된 평가항목을 개발할 때 해외지표와의 연계성을 설명해 기업이 실제 경영에서 선택적으로 이런 항목을 고려할 수 있도록 했고, 기업의 ESG 추진 속도와 업종, 규모를 고려할 수 있도록 유연하게 지표를 개발했다. 셋째, 이 지표는 특정 산업이 아닌 산업 전반에 적용될 수 있는 범용적 가이드라인이다. 국내외 평가지표에서 공통적이고 핵심적인 항목을 추려 제시하고 있다. 넷째, 중소기업과 중견기업을 위해 이들 기업이 ESG 경영을 추진할 때 우선적으로 선택할 수 있는 37개 항목의 가이드라인을 별도로 마련하여, 중소기업과 중견기업에게 과도한 투자 비용이 발생하지 않는 범위 내에서 ESG 경영을 추진하거나 ESG 성과를 개선할 수 있도록 기본 진단 항목을 제시하고 있다. 다섯째, 이 지표는 기업을 위한 가이드라인의 성격이 강하지만 ESG 평가나 검증 기관도 원하면 자율적으로 활용할 수 있도록 이들 기관이 필요로 하는 기본 평가 항목을 제시하고 있다. 또 기본 대신 선택할 수 있는 대체 항목이나 추가 항목도 제시하고 있다. 여섯째, 이 가이드라인은 항목별 가중치를 설정하지 않고 개별 평가 항목별 배점을 100점으로 설정하고 있다. 이에 따라 가이드라인을 활용할 때 중점적인 ESG 추진전략에 해당하거나 산업적으로 기회요인이 되는 항목에 높은 가중치를 적용하고, 상시적 리스크에 노출되는 항목에는 낮은 가중치를 둘 수도 있다.[5]

5) ESG경제(http://www.esgeconomy.com)

CHAPTER 15

이론적 검토와 거버넌스 이슈

제1절 이론적 논의
제2절 거버넌스 이슈

제 1 절 이론적 논의

기업이 전면적으로 ESG를 시행해야 한다는 주장이 기반하고 있는 근거중 하나로 ESG 거버넌스가 개선되면 기업가치가 향상된다는 주장이 지배적인 것 같다. 하지만 지금까지의 선행연구[1]를 보면, ESG 거버넌스 개선이 수익적 관점에서 기업 가치에 절대적으로 유의한 영향관계가 있다고 단정하기는 어렵다. 그럼에도 불구하고 선행연구가 우리에게 주는 시사점은 ESG 거버넌스의 어떤 요소는 분명히 기업 가치에 긍정적 영향을 미침을 논증하여 주므로 우리는 이러한 요소를 잘 확보하고 관리하여 실제적으로 기업 가치를 제고함에 활용할 수 있다는 것이다.

Fama(1980) 및 Fama & Jensen(1983)은 사외이사 비율과 기업 가치를 연구하였는데, 사외이사는 전문지식과 감시기능을 제공하며 사외이사 비율이 높을수록 기업가치가 높다고 한다.[2] 손평식(2010)은 IMF 이후 한국 자본시장의 전환기를 맞이하여 기업의 거버넌스 개선과 기업가치 관계를 분석하였는데 연구결과에 따르면, 전체 거버넌스 지수와 기업 가치와의 관계는 유의적인 양(+)의 관계로 나타났으며, 이사회 공시, 감사기구 등도 기업 가치와 유의적인 관계가 있는 것으로 판단되었다.[3] 류예린 외(2018)는 기업 거버넌스와 동반성장의 관계를 분석하였고 연구결과는 거버넌스 수준이 높을수록 대주주의 영향력이 낮고, 외국인투자 비중이 높은 기업일수록 동반성장 활동에 적극적인 것으로 나타났다.[4] 오상희 외(2019)는 ESG 평가요소가 기업 가치에 미치는 영향을 실증분석하였는데 연구결과는 기업성과인 자산수익률과 주가수익률에 대하여 거버넌스는 유의한 영

1) 여러 연구에서는 거버넌스 보다는 지배구조라는 용어를 더욱 많이 사용하고 있으나 이하의 논의에서는 앞 부분 및 전체적인 용어의 통일을 위해 거버넌스를 사용한다. 다만 일반적인 대명사인 조직은 비즈니스영역에서는 명확하게 기업을 의미하므로 이 장에서는 기업으로 명기한다.

2) Fama, E., "Agency problem and the Theory of the Firm", Journal of Political Economy, 88, 288-307, 1980. 7) Fama, E. and M. C. Jensen, "Separation of Ownership and Control", Journal of Law and Economics, 26, 310-325, 1983.

3) 손평식, 기업지배구조와 기업가치와의 관계분석-기업지배구조지수를 이용-, 『산업경제연구』, 23(3), 1443-1465, 2010. KERI Brief 21-00 ESG의 지배구조(Governance) 개선과 기업가치 KERI Brief 12.

4) 류예린, 지상현, "기업지배구조와 동반성장 간의 관련성 연구", 『산업경제연구』, 2018.

향력을 미치는 것으로 나타났다.[5]

물론 기업의 거버넌스 개선 등 ESG 경영이 기업 가치 향상에 영향이 없다는 연구결과도 있다. Yermeck(1996)은 이사회 규모와 기업의 성과와의 관계를 분석하며, 일반적으로 이사회 규모가 크면 기업가치가 높다고 알려진 것과 달리, 이사회의 규모가 크다고 항상 기업 가치가 높은 것은 아니고, 오히려 이사회 규모가 작을수록 기업의 성과는 높고, 정보비대칭에 의한 대리인 문제를 효과적으로 완화시킨다고 분석하고 있다.[6] 김병우 외(2010)는 기업 거버넌스와 기업 가치와의 관계를 패널분석하였는데, 경영자 지분율과 기업가치가 역U자형 관계여서, 경영자 지분율이 31.7% 이상의 구간에서는 기업 가치가 감소하는 것으로 나타났다고 하였다.[7] 이는 단순히 거버넌스 구조에서 경영자 지분율에 따라 기업 가치가 결정되는 것은 아니라는 것을 의미한다. 공경태 외(2013)는 거버넌스 구조와 대리인 비용에 대해 실증분석하며, 거버넌스 우수등급을 받은 기업집단과 비교집단 사이에 대리인 비용의 차이가 없다고 분석하였다.[8] 영향관계가 없다는 연구들은 기존에 거버넌스 개선요소라고 인식되었던 이사회 규모, 경영자 지분율 등의 변화로 기업 가치가 단순히 제고된다고 볼 수 없다는 것이며, 특별히 대리인 비용의 유의미한 변화를 초래하는 것도 아니라는 것이다. 물론 이러한 연구들이 ESG 거버넌스의 개선이 기업가치의 향상에 의미가 없다는 것을 의미하지는 않는다. 거버넌스는 개별적인 기업 상황에서 다르게 작용하고 있으며, 거버넌스 개념 자체도 다양한 요소를 내포하고 있고 동시에 요소간에 상호적이고 유기적인 영향을 미치기 때문이다. 또한 대리인 비용의 증감에는 인적자원 요소 등 ESG 거버넌스 구조와는 다른 차원의 요인이 작용할 수 있고 동시에 기업 가치에는 기업의 이미지와 평판 등 수치화하기 어려운 측면들이 있음도 주목하여야 한다. 선행 연구를 통해 우리가 도출할 수 있는 시사점은 거버넌스 개선이 기업가치를 증대시킬 수 있지만 단기적이 아닌 중장기적일 수 있고 기업의 평판, 비용구조 등에 따라 그 영향도 달라질 수 있고 기업의 특성 및 환경에 따라 기업 가치

---

5) 오상희, 이승태, "ESG 평가요소와 기업가치의 관계에 관한 연구", 『전산회계연구』, 2019.

6) Yermeck, D., "Higher Market Value of Companies with a Small Board of Director", Journal of Financial Economics, 40, 185-211, 1996.

7) 김병우, 김동욱, "패널자료분석법에 의한 기업지배구조와 기업가치간의 영향관계 분석", 『금융공학연구』, 6(2), 223-247, 2010.

8) 공경태, 최종서, "기업지배구조, 대규모 기업집단과 대리인 비용", 『국제회계연구』, 49, 251-272, 2013.

향상 효과가 나타나지 않을 수도 있다는 것이다. 이는 보다 중립적인 연구인 Friede 외(2015) 등의 연구에서 확인할 수 있는데 그들의 연구에 의하면 1970년부터 2014년까지 다양한 자산 및 지역의 ESG 성과분석을 위해 2,000건을 평가한 메타분석 결과, ESG와 기업 재무성과 간에 양(+)의 상관관계가 포착된 경우는 48%로 나타났고, 그렇지 않은 경우는 52%(음(−)의 상관관계(11%), 혼합(18%), 중립적(23%))로 나타났다. 결론적으로 ESG 거버넌스 개선의 효과는 기대할만 하지만 그 결과는 다양하게 나타날 수 있는 가능성을 열어두어야 한다는 것이다.[9)]

제 2 절 거버넌스 이슈[10)]

1. 이사회 구성

이사회 구성의 첫째 이슈는 '중요한 ESG관련 이슈 또는 안건'을 다룰 조직의 유무이다. 당위론적으로는 중요한 ESG 관련 안건은 조직의 최고의사결정기구인 이사회의 주요 업무에 포함되어야 한다. 다만, 조직의 규모나 전문성 등 다른 특성상 이사회에서 직접 다루기 어렵다면 직속으로 또는 이사회 산하 위원회 형태로 ESG 관련 안건을 보고받고 심의하거나 의결할 수 있는 조직을 제도화할 필요가 있다. 이 경우에도 특별히 신속한 대응이 필요한 ESG 안건은 직속 또는 산하 위원회에서 자문 또는 심의를 넘어 의결할 수 있는 권한 부여를 검토할 필요가 있다. 이사회 또는 산하 위원회가 조직의 ESG 경영이 효율적으로 관리되고 있는지 점검하기 위해서는 각 부서의 활동내역이나 사업내역 그리고 각 부서 운영규정을 점검할 수 있어야 한다. 'ESG위원회'를 설립하고자 할 경우, 사회책임위원회, 투명경영위원회, 거버넌스위원회, 경영위원회, 감사위원회 등 기존의 위원회를 활용하여 ESG 안건을 다룰 수는 있으나 보다 전문성을 갖춘 'ESG위원회'를 설치하고 운영하는 것이 바람직하다.

실무적으로는 K-ESG 가이드라인 관점에서 볼 때, 조직에서 관리되어야 할 사

9) KERI Brief 21-00, ESG의 지배구조개선과 기업가치. KERI Brief 16.
10) 아래에서의 거버넌스 이슈설명은 K-ESG 가이드라인의 기본 진단항목 정의서 내용을 중심으로 하고 있다.

항은 이사회 또는 산하 위원회 권한 및 역할 관련 규정에 ESG 관련 항목을 심의 또는 의결할 수 있는 역할과 권한이 명시되어 있는지 여부이며 이러한 규정이 미비되어 있으면 반드시 보완될 필요가 있다. 여기서 '중요 ESG 이슈 또는 안건'의 대표적인 내용으로는 ESG 전략 및 정책의 제정, ESG 활동(사업)의 개발 및 투자, 기타 주주가치에 영향을 미치는 ESG 이슈 등이 될 수 있다.

이사회 구성의 둘째 이슈는 사외이사에 관한 것이다. 사외이사의 독립성이 확보되어야 비로서 이사회가 조직의 경영활동에 대한 올바른 견제기능을 효과적으로 행할 수 있으며 이에 따라 경영진의 합리적인 의사결정에 도움을 줄 수 있기 때문이다.[11] 사외이사는 해당 회사의 일상적 업무에 종사하지 아니하는 이사로서 사외이사가 독립성을 확보한다는 것은 해당 기업과 중대한 이해관계가 없으며, 경영을 책임지고 있는 자 및 지배주주에 의해 영향을 받지 않고 독립적인 의사결정과 의사표명을 할 수 있는 것을 의미한다. 사외이사가 경영진의 의사결정에 중요한 영향력을 행사하거나, 이사회 의결사항에 상당한 의사결정권한을 갖추기 위해서는 충분한 수의 사외이사가 확보되어야 한다. 따라서, 사외이사 비율은 이사회가 경영진 등을 충분히 견제할 수 있는 수준에서 결정되어야 한다(K-ESG 가이드라인 v1.0, 2021). 각 기업은 「상법」 및 「금융회사의 지배구조에 관한 법률」에 따라 사외이사의 독립성과 사외이사 결격사유를 검토하고 선임하여야 한다.[12]

바람직한 거버넌스를 위해서는 사외이사 제도의 적정한 운영을 통해 최고의사

---

11) 사외이사의 독립성 요건(또는 사외이사 결격사유)은 금융회사의 지배구조에 관한 법률 제12조를 통해 확인할 수 있다. 상장회사의 경우, 이사 총수의 4분의 1 이상을 사외이사로 구성 하여야 한다. 다만, 자산 규모 등을 고려하여 대통령령으로 정하는 상장회사의 사외이사는 3명 이상으로 하되, 이사 총수의 과반수가 되도록 하여야 한다(상법 제382조 및 제542조). 금융회사는 이사회에 사외이사를 3명 이상 두어야하며, 사외이사의 수는 이사 총수의 과반수가 되어야 한다. 다만, 대통령령으로 정하는 금융회사의 경우 이사 총수의 4분의 1이상을 사외이사로 하여야 한다(금융회사의 지배구조에 관한 법률 제12조의2).

12) 상법382조에 의한 사외이사 결격사유는 다음과 같다.
- 회사 상무에 종사하는 이사 · 집행임원, 피용자, 최근 2년 내 회사 상무에 종사한 이사 · 감사 · 집행임원, 피용자
- 최대주주가 자연인인 경우 본인, 배우자, 직계 존속 · 비속
- 최대주주가 법인인 경우 법인의 이사 · 감사 · 집행임원 및 피용자
- 이사 · 감사 · 집행임원의 배우자 및 직계 존속 · 비속
- 회사의 모회사 또는 자회사의 이사 · 감사 · 집행임원 및 피용자
- 회사와 거래관계 등 중요한 이해관계에 있는 법인의 이사 · 감사 · 집행임원 및 피용자
- 회사의 이사 · 집행임원, 피용자가 이사 · 집행임원으로 있는 다른 회사의 이사 · 감사 · 집행임원, 피용자

결정자 및 기업에 대한 지배주주를 견제할 수 있어야 하고 이를 통해 기업경영 투명성과 소수주주의 권리를 보호할 수 있어야 한다. 사외이사는 적정하게 권한이 부여되고 이 권한이 행사될 때 경영진의 불법적이거나 부당한 의사결정을 견제하고 객관적인 시각에서 기업과 기관의 지속가능한 발전을 위한 제언을 적극적으로 할 수 있다. 따라서 이사회에서 차지하는 사외이사 비율이 충분한지 점검하고 독립적인 사외이사 비율을 유지할 필요성은 매우 크다. 사외이사 범위에는 해당 조직이 선임한 모든 사외이사가 해당되나 특별한 경우, 독립성 관련 사회적 논란이나 지적사항이 있을 수 있는 사외이사는 해당 비율의 산정에서 제외되어야 한다. 실무적으로는 K-ESG 가이드라인을 기준으로 볼 때, 사외이사 비율에서 가장 바람직한 수준은 3인 이상이면서, 사외이사가 이사 총원의 과반수를 차지하며 전체 이사 중 80% 이상인 경우라고 할 것이다.[13)]

이사회 구성의 셋째 이슈는 대표이사와 이사회 의장의 분리이다. 경영진의 의사결정과 관리행위를 감독하고 견제할 수 있는 이사회가 되기 위해서는 이사회의 의장과 경영진의 대표인 대표이사가 분리되어야 한다. 경영진을 대표하는 대표이사와 이사회를 대표하는 이사회 의장이 동일하다면 경영진의 경영활동을 감독하고 견제하는 이사회의 역할을 제대로 수행할 수 없기 때문이다.

다만, 대표이사와 이사회 의장이 분리되지 않은 경우에도 독립성을 갖춘 선임사외이사를 두어 이사회의 기능과 역할을 주도적으로 수행하도록 할 수는 있다(K-ESG 가이드라인 v1.0, 2021). 이때 선임되는 사외이사는 대표이사 또는 특수관계인이 이사회 의장으로 선임된 이사회에서 해당 이해와 관련된 사안에 대해 이

「금융회사의 지배구조에 관한 법률」(제13조)	이사회는 매년 사외이사 중에서 이사회 의장을 선임해야 하며, 사외이사가 아닌 자를 이사회 의장으로 선임하는 경우 그 사유를 공시하고, 사외이사를 대표하는 자(선임사외이사)를 별도로 선임하도록 함
S&P Global	독립성 요건을 충족한 사외이사가 이사회 의장으로 선임되거나, 선임사외이사가 임명되면 이사회 운영 및 의사결정에 있어 독립성이 확보된 것으로 판단함
MSCI	이사회에 창립자, 현직 · 전직 CEO, CFO 등의 경영진이 선임되어 있지 않은 경우, 이사회 운영 및 의사결정에 있어 독립성이 확보된 것으로 판단함

자료: 관계부처 합동(2021), “K-ESG 가이드라인 v1.0”, 2021.12. 보도자료.

13) 공정거래위원회에서 지정하는 ‘2021년 공시대상 기업집단’의 이사회 구성 현황 참고

사회의장을 대리하며, 결집된 의견을 사내이사 및 경영진에게 전달하는 역할을 수행한다. 국내외의 법과 규제, ESG 평가기관 등은 각각 대표이사와 이사회 의장의 분리 및 선임사외이사 임명 관련 사항을 명시하고 있다.

실무적으로 K-ESG 가이드라인을 기준으로 볼 때, 회사로부터 엄격한 측면에서 독립성이 확보된 이사가 현재 이사회의 의장인 경우가 바람직하다고 할 수 있는데 이 경우는 이해관계 측면에서 대표이사나 이사회 의장을 역임한 적이 없는 경우가 가장 바람직하겠으나, 부득이하게 이사회 의장과 대표이사가 분리되지 못할 경우에는 선임사외이사를 임명하는 것이 필요하다.

이사회 구성의 네 번째 이슈는 이사회 성별 다양성이다. 이사회가 종업원, 고객, 채권자 등 다양한 이해관계자들의 요구사항을 두루 고려하여 의사결정할 수 있도록 이사회 구성에서 고려할 필요가 있다. 다양성과 포용성을 넓힐 경우, 성별 다양성외에 더 많은 고려가 필요한 것이 사실이나 일단 대표적인 분류인 남성 대비 여성 비율이슈는 여성이사의 비율정도에 초점이 있다. 조직이 대내외 환경변화에 유연하게 대처하고 장기적인 지속가능성을 확보하기 위해서는 다양한 시각과 관점에서 당면한 문제를 바라보고 해결할 수 있는 다양한 배경과 경험을 가진 이사를 선임해야 할 필요가 있다(K-ESG 가이드라인 v1.0, 2021). 이사회를 구성하는 이사가 특정한 관점, 이해관계 등에서 벗어난 다양한 의견을 이사회 의사결정에 반영될 수 있도록 하자는 취지로 이해할 수 있다. 국내의 경우 금융위원회는 2020년 2월 「자본시장과 금융투자업에 관한 법률」의 개정을 통해 최근 사업연도말 기준 대규모 상장법인(자산총액 2조 원 이상)의 이사회 내 이사 전원을 특정 성의 이사로 구성하지 않도록 규정하고 있다. 다만, 이사회의 성별 다양성 확보가 단순히 남성·여성 이사에 대한 양적 증가만을 의미하는 것이 아니라 조직이 전문성과 소통능력을 갖춘 전문인력으로서 남성·여성 이사를 고르게 확보하여 효과적인 의사결정을 통한 기업의 성과 증대로 이어질 수 있도록 해야 함에 있음을 주의할 필요가 있다(K-ESG 가이드라인 v1.0, 2021).

이와 관련된 '이사회 다양성(Diversity)'에 관한 기관투자자들의 정보공개 요구도 높아지고 있다. 예컨대, 세계 3대 자산운용사인 SSGA(State Street Global Advisor)는 2021년부터 당사의 투자기업 이사회의 다양성 부족을 근거로 234개 기업의 이사회 지명자를 반대하였다.[14] 세계 최대 의결권 자문기관 ISS(Institutional

14) https://antok.co.kr/free/205428. antok.co.kr ESG 입문(2021). 참조.

Shareholder Service) 또한 미국과 유럽 기업에 대한 투표 기준에 여성이사 비율을 포함시켰다.

우리나라는 OECD 29개 회원국 중 8년 연속 유리천장 지수 최하위를 기록하였는데 이에 따라 2019년 2월 자본시장법을 개정하여 '여성임원할당제'를 신설하며 의무화했다. 결과적으로 "이사회의 이사 전원을 특정 성(性)으로 구성하지 않아야 한다"는 의무조항에 따라 자산 총액 2조 원 이상인 상장기업은 늦어도 2022년 7월부터 이사회에 최소 1명 이상의 여성 등기 임원을 반드시 포함시켜야 한다(ESG 입문, 2021). 2020년 전체 상장법인 여성 임원은 196명으로 2019년에 비해 1.4%p 늘어났다.[15] 국내외의 법 · 규제조항 및 각 ESG 평가기관들은 '이사회 내 여성 비율'을 명시하고 기업의 사업경쟁력 강화 및 조직문화 개선에 대한 필요성을 이유로 제시하고 있다.

국내 자본시장법 제165조의 20	이사 전원을 특정 성(性)의 이사로 구성하지 않도록 함
S&P Global	이사회 내 여성 비율이 40%~60%인 경우, 이사회 균형이 확보된 것으로 판단함
MSCI	이사회 내 여성 비율이 30% 이상일 경우, 이사회 다양성이 확보된 것으로 판단함
미국 캘리포니아 상원법 제826호	이사회가 5명일 시 특정 성(性)의 이사를 최소 2명, 6명 이상일 시 최소 3명 선임해야 함

자료: 관계부처 합동(2021), "K-ESG 가이드라인 v1.0", 2021.12. 보도자료.

실무적으로는 K-ESG 가이드라인을 기준으로 볼 때, 실제 조직이 성비를 구성할 경우, 남성이 다수일 경우, 이사회 내 여성이사를 2명이상으로 하되 그 비율이 30% 이상으로 구성하는 것이 필요하며 여성이 다수일 경우 반대로 적용하는 것이 필요하다고 요약할 수 있다.

이사회 구성의 다섯 번째 이슈는 사외이사 전문성이다. 사내이사와 사외이사간 정보 비대칭이 존재할 수 있기에 사외이사가 조직의 상황이나 중장기 발전에 관한 충분한 정보를 토대로 의견을 제공할 수 있도록 해야 하며 이 경우 전문적 지식을 갖추도록 하여야 함을 의미한다. 즉, 사외이사가 회사의 사업 방향이나

15) 2020년 7월 여성가족부의 조사 결과에 따르면, 전체 상장법인 2,148개 기업 중 여성 임원이 한 명도 없는 기업은 66.6%에 달하고 자산 총액 2조 원 이상 기업 중 여성 등기임원이 한 명도 없는 기업은 69.4%였다.

사업관리에 대해 도움이 되는 전문적인 의견을 제시할 수 있는 역량(사외이사가 동종산업의 업무경력을 보유하고 있는지 등)을 확보하는 것이 중요하다. 이때 전문성 있는 사외이사란 사내이사(경영진 등)의 경영의사결정에 대한 제언과 감독기능을 충실히 이행할 수 있도록 해당 산업 전문지식과 경력을 보유하고 있는 자를 말한다. 이때, 해당 산업 전문지식과 경력은 한국표준산업분류의 대분류(2자리 코드) 기준 동종산업에서 실무자 또는 경영진으로서 재직하였거나, 관련 연구기관 및 서비스기관에서 종사한 경험이 있는 것을 의미하며, 대학을 포함한 고등교육기관 및 학술기관 경력은 제외한다(K-ESG 가이드라인 v1.0, 2021). 많은 글로벌 ESG 평가기관은 '산업적 전문성을 갖춘 사외이사 비율'을 평가지표로 활용하고 있으므로, 평가를 염두에 두고 있는 공공기관과 기업은 사외이사를 선임할 경우, 평가기관이 제시하는 '산업 전문성' 요건을 고려할 필요가 있다.

S&P Global	국제산업분류표준(GICS) 기준으로, 동종산업 내 전문지식 및 경력이 있는 사외이사 비율이 60%이상인 경우 이사회 전문성이 있다고 판단함
MSCI	국제산업분류표준(GICS) 기준으로, 동일한 산업분류 내 경력을 보유한 사외이사만을 '전문성을 갖춘 사외이사'로 규정함

자료: 관계부처 합동(2021), "K-ESG 가이드라인 v1.0", 2021.12. 보도자료.

다만, 조직이 영위하는 사업의 복잡성 및 다양성이 높은 경우, 사외이사의 업무경력이 해당 조직의 사업운영 방식, 제품 및 서비스 특징, 공급망 특수성 등과 충분한 관련이 있다면 동종 산업의 경력이 있는 것으로 볼 수 있다. 예컨대, 해당 조직이 제조업이라도 온라인으로 판매가 이루어질 경우, 전자상거래 경력이 있거나, 은행업의 경우 보험 및 증권 등의 분야는 동종 산업의 전문 경력으로 인정될 수 있다. 즉, 여기서 동종업의 의미는 해당 조직의 경영활동에 실질적인 전문적 기여를 할 수 있는지 여부로 판단되어야 할 것이다. 실무적으로는 K-ESG 가이드라인을 기준으로 볼 때, 이러한 동종 산업 경력을 보유한 사외이사가 50% 이상일 경우가 바람직하다고 볼 수 있다.

2. 이사회 활동

이사회 활동의 첫 번째 이슈는 전체 이사 출석률이다. 최고 의사결정기구인 이사회가 효과적으로 기능을 수행하기 위해서는 이사들의 적극적인 참여가 중요하기 때문이다. 이사들이 이사회에서 조직의 성장 및 발전에 관한 전문적 제언을 하고 경영진을 견제할 수 있도록 주요 안건에 대한 의사결정 행위를 실제로 하는 것은 올바른 거버넌스 운영의 핵심적 요소라고 할 수 있다. 일반적으로 이사회 활동의 성과로는 직전 회계연도에 개최한 이사회에 있어서, 개별 이사의 참석률을 평균하여 측정함으로써 관리할 수 있다.[16] 이사회 참여는 법·규제를 벗어나지 않는 범위에서 자율적 사항이어서, 개별 이사에 대해 이사회 참여를 강제할 수는 없다. 다만, 이사회 구성원의 참여가 저조할 경우, 대응 방식으로는, 모든 이사회 구성원이 준수해야 할 최소한의 회의 참석률을 설정하는 방식, 이사가 수행할 수 있는 다른 직무에 대한 참여를 제한하는 방식, 이사회 참여 활동 평가, 그리고 이러한 내용을 재선임 요건과 심사절차에 반영하는 방식 등을 활용할 수 있다. 물론 조직은 모든 이사들이 자발적으로 적극참여하기 위한 다양한 노력을 할 필요가 있다. 일정을 미리 미리 확정하거나, 이사회의 심의·의결이 필요한 안건을 지속적으로 상정하고, 조직의 발전방향이나 방안에 대한 제언을 함에 필요한 정보를 공유하며, 이사회에서 개별 이사의 의견을 종합적으로 수렴하는 등의 유인을 통해 모든 구성원이 이사회 참여 필요성을 충분히 인식하고 실제 참여할 수 있도록 해야 한다. 실무적으로는 K-ESG 가이드라인을 기준으로 볼 때, 이사회 구성원 평균 출석률은 95% 이상으로 유지할 필요가 있다.

이사회 활동의 두 번째 이슈는 사내이사 출석률이다. 최고의사결정기구인 이사회가 기능을 효과적으로 수행하기 위해서는 구성원의 적극적인 참여가 중요하며 특히, 사내이사가 적극적으로 이사회에 참여하여 이사회가 활발히 기능할 수 있도록 기여할 필요가 있다. 따라서 사내이사 출석률이 일정수준 이상인지를 점검하고 출석률을 높이기 위한 제도화와 운영노력이 필요하다. 실무적으로는 K-ESG 가이드라인을 기준으로 볼 때, 사내이사 평균 출석률은 95% 이상으로 유지할 필요가 있다.

이사회 활동의 세 번째 이슈는 이사회 산하 위원회이다. 기업과 기관의 모든 안건을 이사회에서 세세하게 다룰 수는 없다. 전문성을 요하는 사안과 독립적 심

---

16) 「상법」에서는 이사의 이사회 출석의무를 규정하고 있지 않으나, 이사 출석률은 이사가 수행해야 할 역할을 충실히 하고 있는지를 대변하는 중요한 지표가 되며 특별히 「상법」 제393조 4항은 "이사는 3월에 1회 이상 업무의 진행사항을 이사회에 보고하여야 한다"라고 규정하고 있는 바 수시로 업무 진행사항을 보고받는 '사내이사'가 아닌 '사외이사'라도 1년 동안 최소 4회는 이사회에 참여하여 경영에 관여할 수 있어야 한다는 것이다.

의가 필요한 사안은 분야별로 이사회 산하 위원회에서 먼저 검토하게 함으로써, 이사회 운영의 효과성과 생산성을 제고하여야 한다.[17] 이를 위해 이사회 기능과 권한을 산하 위원회에 위임하고, 각 소위원회는 위임받은 권한 및 역할에 대해 전문적으로 심도있게 다루도록 관리할 필요가 있다. 조직마다 이사회 산하 위원회 수와 종류는 다양할 수 있으며, 각 기업과 기관의 환경과 개별적 업의 특성에 따라 소위원회 구성을 달리할 수 있다. 따라서 산하 위원회 수가 많고 적음이 아닌, 위원회의 실제적 운영성과가 관건이 된다. 실무적으로는 K-ESG 가이드라인을 기준으로 볼 때, 직전 회계연도 중 산하 위원회가 활발한 활동을 하고 그 내용이 정함에 따라 심의·의결하고 있는지 관리하여야 할 것이다. 물론 사실상 모든 위원회가 심의의결 기능을 갖추도록 하는 것이 가능하지 않거나 필요하지 않을 수 있으므로 예컨대, ESG 관련 주요안건을 다루는 소위원회가 위원회 구성에 문제가 없도록 하면서, 정관에 근거를 둔 운영규정을 제정하여 이에 따르게 하고, 최소 분기별 개최가 되도록 하면서 기능적으로 심의·의결을 심도있게 하는지 점검하여야 할 것이다. 이사회 산하 위원회가 필요로 인해 설치·운영되고 있는지, 조직과 독립적인 관점에서 안건을 검토하고 있는지, 전문적인 시각으로 합리적인 의사결정을 하는지를 점검할 수 있는 실무적 기준은 아래와 같다(K-ESG 가

위원회 운영 규정 제정	위원회가 위임받은 권한 및 역할을 규정으로 문서화 함으로써, 위원회의 소집 및 운영 목적을 달성하도록 하게 하는 장치로 활용
특정 이사 중임 배제	이사회 구성원 중 특정 이사가 모든 위원회에 포함되어 있을 경우, 해당 이사는 전문성이나 독립성의 문제가 있을 수 있음
사외이사 과반수 이상 선임	위원회가 경영진과 독립적인 관점에서 안건을 검토·의결하기 위해 필요
연 3회 이상 개최	소위원회가 다루는 안건이 지나치게 적다면 소위원회의 설치 및 운영 필요성에 대해 재검토가 필요함
심의·의결	위원회는 전문적인 의사결정사항을 위임받아 논의하는 것이기에 최소한 심의역할은 충실히 수행하는 것이 바람직함

자료: 관계부처 합동(2021), "K-ESG 가이드라인 v1.0", 2021.12. 보도자료.

17) 「상법」 제393조의 2에서는 이사회가 위원회에 위임할 수 있는 사항을 폭넓게 인정하고 있다. 법에서 제한하고 있는 사항 이외에는 위임이 가능하다. 즉 이사회는 주주총회의 승인을 요하는 사항의 제안, 대표이사의 선임 및 해임, 위원회의 설치와 그 위원의 선임 및 해임, 정관에서 정하는 사항을 제외하고는 그 권한을 위원회에 위임할 수 있다. 「상법」에서는 이사회 내 위원회를 설치할 경우, 해당 위원회에는 2인 이상의 이사를 포함하도록 요구하고 있으며 「금융회사의지배구조에관한법률」에서는 금융회사가 이사회 산하 위원회를 설치할 경우, 해당 위원회 구성원 중 과반수는 사외이사로 하도록 하고 있다.

이드라인 v1.0, 2021).

이사회 활동의 넷째 이슈는 이사회 안건처리의 결과이다. 이사회 구성원이 상정된 안건에 대해 전문적 또는 균형적 시각으로 수정 및 보완 의견을 제시하거나, 특별히 리스크가 있는 안건에 대해서 적극적인 검토의견과 또는 반대의견을 제시하는 것은 매우 소망스럽다. 따라서 이사회 안건 중 원안대로 가결되지 않은 안건비율이나 원안대로 가결되지 않거나 안건에 반대의견이 제시된 사유를 점검할 필요가 있다. 구체적으로는 첫째, 이사회 의사록 등을 통해, 수정보완 또는 반대 의견의 비율을 측정하는 것, 둘째, 이사회 의사진행에 관한 경과와 결과를 기재하고 있는 의사록에서 논의된 사안을 확인하는 방법, 셋째, 이사회 구성원의 안건 검토를 위해 개별적인 자료제공을 요청한 사항 등을 확인하는 것이다. 그런데 이와같이 이사들이 합리적인 의사결정에 참여하기 위해서는 각 이사들에게 충분하고 정확한 정보가 공유되어야 한다. 이러한 정보는 경영진들 및 실무진의 보고, 개인적인 조사, 실적조사 등 다양한 방식으로 수집될 수 있으며, 이사회 구성원들은 이러한 자료를 사전에 입수하고 충분히 검토하여 이사회 회의에서 반영하도록 준비해야 한다. 이를 위해 조직은 이사들에게 충분한 시간을 확보하고, 물적·인적 자원에 대한 자유로운 접근과 지원을 해야 하며, 이를 내부규정으로 명문화해야 한다(K-ESG 가이드라인 v1.0, 2021). 실무적으로는 K-ESG 가이드라인을 기준으로 볼 때, 안건에 대한 수정, 보완, 반대하는 의견이 5% 이상 존재하는 것이 바람직하다고 할 수 있다.

3. 주주 권리

주주 권리의 첫 번째 이슈는 주주총회 소집 공고에 대한 것이다. 주주가 주주총회 참석 전 충분하고 정확한 정보를 기반으로 합리적인 판단을 내릴 수 있도록, 주주총회 개최 일자, 장소, 안건, 기타 재무사항 등의 정보를 담은 주주총회 소집공고를 다양한 채널로 전달하는지 여부를 점검하여야 한다.[18] 또한 기업과

---

18) 「상법」 제363조에서는 주주총회 소집 통지와 관련하여 아래의 사항들을 명시하고 있다.

- 주주총회를 소집할 때에는 주주총회일의 2주 전에 각 주주에게 서면으로 통지를 발송하거나 각 주주의 동의를 받아 전자문서로 통지를 발송하여야 한다. 다만, 그 통지가 주주명부상 주주의 주소에 계속 3년간 도달하지 아니한 경우에는 회사는 해당 주주에게 총회의 소집을 통지하지 아니할 수 있다.
- 통지서에는 회의의 목적사항을 적어야 한다.

기관은 주주가 주주총회 소집 안건에 대해 충분한 판단을 내릴 수 있는 기간을 고려하여 주주총회 소집 공고를 내야 한다.[19] 이를 위해 해당 조직이 주주총회 소집을 공고하는 방법을 점검하고 주주총회 소집 공고 방법을 검토하는 것이다. 주주에게 제공되는 정보는 주주가 의안을 사전에 검토하여 객관적이고 합리적인 판단을 내릴 수 있도록 충분해야 하며, 주주총회의 개최 일시와 장소는 최대한 많은 주주가 참여할 수 있도록 충분한 기간 전에 서면 또는 주주의 동의하에 전자문서로 통지하여야 한다(K-ESG 가이드라인 v1.0, 2021).

기업과 기관은 「상법 시행령」에서 규정하고 있는 기간을 준수하는 수준을 넘어, 주주 또는 의결권자문기관 등 다양한 이해관계자가 충실한 의결권 행사를 할 수 있도록 충분한 기간을 두고 사업보고서 및 감사보고서를 게재할 필요가 있다(K-ESG 가이드라인 v1.0, 2021). 실무적으로는, 서면 또는 전자문서로 통지하는 방식이외에 SNS 등 4개 이상의 추가방식을 이용하는 경우가 가장 바람직하다고 할 수 있다.

또한 주주가 주주총회의 안건을 검토하고 분석하기 위한 충분한 시간과 여건이 확보될 수 있도록 하여야 하며 조직이 주주총회 개최일을 정함에 있어, 주주총회 관련 내·외부 이해관계자의 의견수렴 과정을 진행하고 있는지도 점검하여야 한다.[20] 국내의 경우 2018년부터 상장회사의 정기주주총회가 특정일에 집중되고 있는 관행을 개선하고 자율적인 분산개최를 위하여 금융당국과 한국상장회사협의회 등이 협력하여 '주총분산 자율준수 프로그램'을 시행하고 있는 것은 매우 바람직한 것으로 판단된다. 실무적으로는, 주주총회 개최일을 지정하는데 있어, 재무결산서와 감사보고서 발행일을 고려하고, 기업과 기관의 연간 업무계획

- 자본금 총액이 10억 원 미만인 회사가 주주총회를 소집하는 경우에는 주주총회일의 10일 전에 각 주주에게 서면으로 통지를 발송하거나 각 주주의 동의를 받아 전자문서로 통지를 발송할 수 있다.
- 자본금 총액이 10억 원 미만인 회사는 주주 전원의 동의가 있을 경우에는 소집절차 없이 주주총회를 개최할 수 있고, 서면에 의한 결의로서 주주총회의 결의를 갈음할 수 있다. 결의의 목적사항에 대하여 주주 전원이 서면으로 동의를 한 때에는 서면에 의한 결의가 있는 것으로 본다.

19) 「상법」 제363조 1항에서는 주주총회 소집 공고를 주주총회일 2주 전에 하도록 규정하고 있으나, 조직은 주주가 안건을 분석 및 판단하는데 있어 2주라는 시간이 짧다고 인정되는 경우, 주주총회일 2주 전보다 긴 시점에 소집 공고를 낼 수 있다.

20) 아시아기업지배구조협회(Asian Corporate Governance Association)는 주주총회 개최일 28일 전에 주주총회 개최를 통지할 것을 권고하고 있으며, 한국기업지배구조원의 기업지배구조 모범규준에서는 주주총회의 개최일시와 장소는 주주의 참석이 용이하도록 권장하고 있다. 또한, 조직은 주주총회 소집 전 주주의 의결권 행사에 유용한 정보인 사업보고서와 감사보고서를 공시하여야 한다. 「상법 시행령」 제31조항에서는 주주총회 개최 1주 전까지 전자문서나 홈페이지를 통해 사업보고서 및 감사보고서를 게재하도록 규정하고 있다.

과 경영진 등의 업무일정을 고려하며, 연기금 등의 주요 시장 참여자 이외에 소액주주 및 기타 이해관계자 등의 의견도 수렴하고, 주주총회 예상 집중일을 명시적으로 고려하였음을 증빙할 수 있도록 하는 것이 필요하다.

주주 권리의 두 번째 이슈는 투표방식이다. 조직은 주주가 보유하고 있는 기본적 권리 행사, 재산 보호, 이해관계 대변 등을 할 수 있도록 직간접적인 방법으로 의결권을 행사할 수 있는 기회를 보장해야 한다. 주주의 의결권 행사에 있어 용이성을 높일 수 있는 장치로 '서면투표제'와 '전자투표제'가 있다(K-ESG 가이드라인, 2021). 주주가 직접 출석하지 않더라도 의결권을 행사할 수 있는 장치를 마련한다면, 주주의 의사를 결집하여 견제・감독기능도 수월하게 시행할 수 있게 된다. 또한, 기업과 기관은 주주총회에 소요되는 경비를 절감할 수 있고, 필요한 의결을 확보하는 데에 도움이 될 수 있다. 주주가 직접경영현황을 보고받거나, 의사결정에 항상 참여할 수 없으므로, 주주는 자신의 권한을 위임함으로 간접적으로 참여할 수도 있다. 따라서 이사회를 구성하는 이사들은 주주의 이해관계를 종합적으로 고려하여야 하며, 소수주주의 이해관계도 반영할 수 있어야 한다. 이를 위한 장치가 '집중투표제'이다. 조직이 사내이사 또는 사외이사의 '독립성'과 '전문성' 자격요건을 강화한다 하더라도, 주주의 입장에서 '전문적'이고 '독립적'인 이사를 선임하기 위해 '집중투표제'가 요구되는 것이다. 조직이 '서면투표제', '전자투표제', '집중투표제' 등 소수주주의 의결권 행사 용이성을 보장하고 있는지 점검할 수 있는 상대적 비교방식에는 첫째, 국내 동종산업 및 경쟁조직의 '서면투표제', '전자투표제', '집중투표제' 도입 현황과 비교하는 방식, 둘째, 「상법」 이외 국내외 지배구조 관련 자문기관 및 의안분석기관의 권장사항과 비교하는 방식 등이 있다(K-ESG 가이드라인, 2021).

물론 기업과 기관은 경영의 안정성과 중장기적 성장을 위해 '서면투표제', '전자투표제', '집중투표제' 도입을 연기하거나 보류할 수 있을 것이지만, 해당 제도를 도입하지 않는 사유 또는 도입을 하였을 시 발생하는 리스크 요인에 관한 충분한 설명은 필요하다. '서면투표제', '전자투표제', '집중투표제'를 도입하지 않는 사유로는 ① 투기자본 유입에 따른 경영권 방어의 어려움, ② 조직이 장기적인 비전에 따른 사업연속성 저하, ③ 소수주주를 대표하는 이사의 의도적인 이사회 운영 방해 등이 있을 수 있다. 실무적으로는 K-ESG 가이드라인을 기준으로 볼 때, 정관에 집중투표제와 서면투표제 그리고 전자투표제 도입을 명기하고 있고 특히 이사회 결의로 전자투표제를 적극 도입하고 시행하는 것이 바람직하다.[21)]

주주 권리의 세 번째 이슈는 배당정책 및 이행이다. 기업과 기관이 주주가치 증진 및 투자의사결정에 필요한 관련 정보를 적시에 충분하게 제공하고, 결과적으로 적절하게 배당을 실시했는지 확인할 필요가 있다. 주주에게 배당정책 및 배당계획을 통지함과 동시에, 사전에 공지된 배당정책에 따라 실제 배당을 진행하였는지 점검하는 것이다. 점검사항에는 배당수준의 유지, 확대, 축소에 관한 방향성, 배당목표 결정 시 사용된 재무지표와 이를 산출한 방법, 기타 자사주 매입 및 소각 계획 등이 포함되어야 한다. 또한, 기업과 기관의 당해연도 배당계획에는 아래의 정보들이 포함되는 것이 바람직하다.

- 배당규모: 주당배당금, 배당수익률
- 배당성향: 배당수준 유지, 확대, 축소
- 배당형태: 현금배당, 주식배당, 기타 현물배당
- 배당시기: 분기배당, 중간배당, 결산배당

자료: 관계부처 합동(2021), "K-ESG 가이드라인 v1.0", 2021.12. 보도자료.

조직의 단순한 배당성향 및 배당수익률 증가는 주주가치 증진과 직접 연계되어 있지 않다. 해당 항목은 주주가치 증진을 위해 배당성향 및 배당수익률 증가를 요구하는 것이 아니라, 주주가 투자의사결정에 필요한 정보와 준비기간을 갖출 수 있도록 조직이 배당성향 및 배당수익률, 그리고 이러한 배당정책을 수립한 사유 등의 정보를 사전에 통지할 것을 요구하는 항목이다.[22] 조직의 배당정책은 이러한 요소를 종합적으로 고려하여 의사결정하는 것으로 배당정책에는 해당 요

21) 국제기업지배구조네트워크인 ICGN이 2014년 발표한 「적극적 의결권 행사를 위한 제언」에서는 조직이 '서면투표제'나 '전자투표제'를 도입하여 주주의 적극적 의결권 행사를 유도해야 한다고 지적함. 단, 「상법」 제368조의3은 정관이 정하는 바에 따라 서면에 의하여 의결권을 행사할 수 있도록 하며, 「상법」 제368조의4는 이사회 결의로 전자적 방법으로 의결권을 행사할 수 있도록 하고 있어 주주의 의결권 행사 용이성에 대해 조직에게 자율성을 부여하고 있다. 의안분석기관인 ISS가 2012년 공개한 「의결권 행사 지침」에서는 '집중투표제'를 도입하는 안건에는 찬성투표를 할 것과, 정관에서 '집중투표제'를 배제하는 안건에는 반대투표를 하도록 권고하고 있으며, 한편, 「상법」 제542조의7은 집중투표에 관한 특례를 두어, 상장회사가 정관으로 집중투표를 배제하거나, 정관에서 집중투표를 배제하는데 있어 주주의 의결권을 제한하도록 규정하고 있어, '집중투표제' 도입에 대해 조직의 자율성을 보장하고 있다.

22) 해당 요소들에 관한 정보는 현재 및 미래 이익과 현금흐름, 투자집행계획(투자규모, 투자기회), 자금조달 계획(외부 조달 비용, 추가자금 필요성), 재무 건전성(부채비율, 유동성 수준), 국내외 경제상황(무역수지, 금리수준), 주주의 특성(배당선호도, 기관투자자 비중), 동종산업관행(배당성향 및 배당수준), 조직 이미지 변화(평판 및 주가영향) 등이 된다. 산업평균 또는 경쟁조직의 배당 관련 정보는 '전자공시시스템'의 사업보고서(정기공시), '전자공시시스템'의 현금현물배당결정(거래소 수시공시) 등을 통해 확인할 수 있다.

소들에 관한 조직의 정보가 충실히 반영되어야 한다(K-ESG 가이드라인 v1.0, 2021).

4. 윤리경영

윤리규범이란 인간이 마땅히 따라야 할 도덕규범이 무엇인지 탐구하고 이를 바탕으로 도덕적 문제를 해결하고 실천하는 기준과 원칙이라고 할 수 있다. 이러한 윤리규범의 강조는 윤리경영을 실천하기 위한 의사결정과 판단기준을 제공하는 것으로서, 구성원과 관계자들이 준수해야 하는 규범이다. 조직마다 윤리규범을 일컫는 용어는 다양할 수 있어서, 윤리헌장, 윤리강령, 행동강령, 행동규범, 청렴규범 등으로 활용되곤 한다. 이러한 윤리규범을 위반함은 조직이 설정한 윤리규범을 위반한 행위이지만 보다 넓은 범위에서 보면, 사회통념적 윤리기준을 위반한 행위를 통칭한다.[23] 의사결정과 경영을 좌우하는 거버넌스는 기업 및 기관의 내부 뿐만 아니라 다른 기업이나 기관과의 관계에 있어서도 윤리적으로 상호작용 또는 거래할 수 있도록 설계되어야 한다. 이를 실천하기 위한 구체적 방법은 다음과 같다. 첫째, 모든 직원들 및 특히 조직의 운영, 전략, 청렴에 중대하게 영향을 미칠 수 있는 직원들에게 요구되는 윤리적 행위(명확한 커뮤니케이션)에 관한 기준을 명시한다. 둘째, 윤리적 행위 표준을 엄수하고 조직 전체의 이해관계 갈등을 인정하고 조정한다. 셋째, 감시체제를 정립하여 윤리적 행위를 강화한다. 그리고 마지막으로 내부 및 외부 이해관계자가 보복에 대한 두려움 없이 윤리적 기준의 폭력성을 보고하게 하는 체제를 정립한다.

조직은 구성원의 윤리규범 위반 행위(부당한 이익이나 뇌물의 수수, 불공정 경쟁 및 거래, 제품 · 서비스책임 소홀, 구성원 상호 간 모독 및 비하, 기타 사회적 책임 등)를 관리 · 감독함과 동시에, 구성원의 윤리규범 위반행위가 재발하지 않도록 내부개선이 이루어지고 있는지 확인하고 이해관계자와의 신뢰성 및 투명성 관점을 고려하여, 조직이 윤리규범 위반 행위와 개선활동을 대외공시하고 있는지 점검하여야 할 것이다(K-ESG 가이드라인 v1.0, 2021). 이를 위한 점검사항으로는 직전 회계연도에 발생한 위반 건수 및 관련 구성원 수, 위반 내용, 위반에 따른 처벌 및

---

23) 이러한 윤리규범 위반 행위에 포함되는 사례는 다음과 같다. 이해관계 상충 행위, 직무권한 및 지위 남용, 금품 및 향응수수, 공정거래 미준수 행위, 부당경쟁 행위, 자금세탁방지 위반, 중요정보 관리 위반 행위, 내부정보 무단 활용행위, 품질기준 저해 행위, 괴롭힘 및 차별 행위 그리고 기타 반환경적 · 반사회적 행위이다.

처분 그리고 재발방지를 위한 개선활동을 공시하고 실천하였는지를 측정하고 관리할 필요가 있다. 이러한 윤리규범 위반 사건의 적발은 첫째, 내부감사, 둘째, 내외부 제보자로부터의 제보, 셋째, 주무관청 등 외부기관으로부터 이첩받는 등에 의하여 이루어진다.

기업이나 기관이 조직이나 사업운영 과정에서 발생하는 윤리규범 위반 행위는 직접적으로는 재무적 손해를 발생시키고 중장기적으로 기업이나 기관의 명성을 추락시켜 결국 막대한 손실을 초래한다. 따라서 기업과 기관은 발생가능한 윤리리스크를 예방할 수 있는 선제적 관리 · 감독 체계를 구축하고 운영하여야 한다.[24] 일반적으로 윤리규범 위반사항은 '홈페이지'의 지속가능경영보고서 등 정보공시 창구를 통해 산업평균 또는 경쟁적 위치에 있는 기업이나 기관의 윤리경영 위반관련 정보를 확인할 수 있다. 실무적으로는 K-ESG 가이드라인을 기준으로 볼 때, 기업과 기관은 윤리규범 위반 건수, 윤리규범 위반한 구성원 수, 관련된 사법상 또는 행정상 처벌내역, 윤리규범 위반과 관련된 구성원 처분내역(인사상) 그리고 재발방지를 위한 개선활동 및 계획을 명확히 공시하고 향후 재발 방지를 위한 근본적 제도개혁과 운영개선에 최선을 다할 필요가 있다.

5. 감사기구

감사기구에 관한 첫 번째 이슈는 독립적인 내부 감사부서가 설치되어야 한다는 것이다. 내부 감사부서는 기업이나 기관의 재무회계 및 감사 관련 내부통제 관련 현안 등을 상시적으로 점검하고, 중요한 의사 결정사항 및 관련 정보를 감사위원회에 보고하는 체계로 구축되어 있어야 한다. 사실상 감사위원회는 회계, 재무, 감사에 관한 감독 등 내부통제제도에 관련된 사항을 폭넓게 심의하는 역할에 집중하고 있어서, 일상 감사 관련 업무에는 한계가 있다. 특히, 감사위원회가 전원 사외이사로만 구성되어 있을 경우, 조직의 재무회계, 감사실행 관련 정보접근에 제약이 발생하기 때문에, 내부감사부서 설치 및 활성화가 필요하다.[25]

---

24) 조직의 법률 및 윤리 리스크 관리 성과를 점검하는 방식으로는 ① 조직에서 과거년도 발생한 윤리위반 건 수 대비, ② 조직이 자체적으로 설정한 윤리위반 발생 건 수 경계선 대비, ③ 조직이 벤치마킹하는 경쟁조직 및 산업평균 대비 비교 등이 있다.

25) 국내 「상법」에서는 상장회사 등에 내부감사부서 설치를 강제하는 규정이 없으나, 「금융회사의 지배구조에 관한 법률」 제20조 및 「공공기관 운영에 관한 법률」 제32조에는 '감사위원회 또는 감사'의 역할을 지원하는 담당부서를 설치하도록 하는 규정을 두고 있다.

감사위원회를 지원하는 내부감사부서를 두려는 경우, 기업과 기관은 우선적으로 내부감사부서의 '전문성'과 '독립성'을 확보하여야 한다. 한국상장회사협의회가 제정한 「상장회사 감사위원회의 직무규정 표준예시」에서는 감사위원회 전속 감사부서를 두도록 권고하고 있다. 내부감사인력은 감사업무를 수행하는데 필요한 지식, 기능과 전문성을 갖추어야 한다. 전문성을 갖춘 인력이란 공인회계사(CPA), 공인내부감사사(CIA), 그 밖의 관련 전문자격증 소지자 및 주권상장법인 등에서 감사업무를 수행한 경력이 있는 자를 말한다. 또한 견책이상의 징계를 받은 날로부터 2년이 경과하지 않은자, 이사 및 집행임원으로부터의 독립성이 확보되지 아니하는 자, 임시직 또는 조건부 임용자, 그 밖에 감사위원회가 부적격자로 인정하는자는 내부감사인력이 될 수 없다(K-ESG 가이드라인 v1.0, 2021). 실무적으로는 K-ESG 가이드라인을 기준으로 볼 때, 내부감사부서를 설치하고 조직과 독립적으로 감사위원회 지원 역할을 수행하는 별도 전담부서(또는 업무 분장)를 두는 것이 바람직하다.

감사기구에 관한 두 번째 이슈는 재무회계를 중심으로 하는 감사기구의 전문성 확보이다. 보다 넓게보면 감사위원회와 내부 감사부서는 기업이나 기관을 둘러싼 거시경제 흐름 및 업종동향에 대한 통찰, 상법 등 관련 법률 소양, 재무·감사에 관한 전문적 지식을 보유하고 있어야 한다. 전문성의 보유를 관리하는 점검사항은 감사위원회 구성원(감사위원회 위원장 및 감사위원) 중 「상법」 및 「금융회사의 지배구조에 관한 법률」 등에서 규정한 회계 및 재무 전문가가 차지하는 비율이다. 감사위원회의 기본적 업무는 회계감사이며, 감사위원회가 효과적으로 기능하기 위해서는 감사위원이 조직과 이해관계 상충이 없다는 '독립성' 요건충족을 전제로 재무회계 및 감사 분야에서 '전문성'을 확보하고 있어야 한다. 감사위원회의 핵심 역할은 재무제표 작성 및 회계감사를 감독하는 업무이므로, 회계 및 감사 업무의 전문성은 반드시 필요한 것이다. 국내 상장회사 및 금융회사의 감사위원회 내 회계 및 재무 분야 전문성을 보유한 감사위원 선임과 관련된 세부내용은 「상법」 제542조의11 및 「금융회사의 지배구조에 관한 법률」 제19조에 명시되어 있다.[26)]

26) 「상법」 및 「금융회사의 지배구조에 관한 법률」에서 제시하는 "대통령령으로 정하는 회계 또는 재무 전문가"란 다음의 어느 하나에 해당하는 자를 말한다. ① 공인회계사 자격을 취득한 후 그 자격과 관련된 업무에 5년 이상 종사한 경력이 있는 사람 ② 재무 또는 회계 분야의 석사 이상의 학위가 있는 사람으로서 해당 학위 취득 후 연구기관이나 대학에서 재무 또는 회계 분야 연구원 또는 조교수 이상의 직에 5년 이상 근무한 경력이 있는 사람. ③ 주권상장

감사위원회 전문성 수준을 점검하는 방법으로는 첫째, 동종산업 내 감사위원회 구성원 대비, 둘째, 조직이 자체적으로 설정한 감사위원회 전문성 수준 대비, 셋째, 기타 주무관청 및 산업표준이 권고하는 감사위원회 전문성 지침 대비 비교 등을 시행해 볼 수 있다. 또한 기업과 기관은 '전자공시시스템', '사업보고서', '조직별 홈페이지' 및 '지속가능경영보고서' 같은 정보공시 창구를 통해 산업평균 또는 경쟁조직의 감사위원회 전문성 수준을 확인할 수 있다. 다만, 감사위원을 선출함에 있어서, 모든 감사위원을 회계 및 재무 전문가로 선임하는데 한계가 있을 수 있다. 예컨대, 사업과 제품의 생산, 소비, 유통과 관련하여 특정 전문성이 감사에 필수적인 경우에는 해당 전문가를 포함시켜야 할 것이다. 그럼에도 불구하고 실무적으로는 K-ESG 가이드라인을 기준으로 볼 때, 감사위원회 내 회계 및 재무 전문가가 1명 이상 선임되어 있으며, 회계 및 재무 전문가 비중이 전체 감사위원 중 50%를 초과하게 관리하는 것이 가장 바람직하다고 하겠다.

6. 지배구조 법 · 규제 위반

법과 규제의 준수는 정부조직, 기업 및 공공기관 등 모든 조직들이 지켜야 할 사회적 책임이다. 따라서 거버넌스의 가장 중요한 역할은 해당 조직과 조직 구성원 및 관리하는 모든 사업이 현행법과 관련 규제를 준수하도록 하는 것이다. 거버넌스는 기업과 기관이 법 · 규범과 관련 규제를 준수할 수 있도록 관련 제도적 장치를 확립하여야 하며 구체적으로 다음 사항들을 실천하여야 할 것이다.

- 모든 법적 의무를 숙지하도록 한다.
- 조직이 운영하는 분야의 법과 규제를 준수한다.
- 규칙, 방법, 절차를 따르되 공정하고 공평하게 한다.
- 이해관계자들의 법적 권리와 합당한 관심을 인정한다.
- 정기적으로 위의 사항이 효과적으로 실행되고 있는지 검토한다.

법인에서 재무 또는 회계 관련 업무에 임원으로 5년 이상 또는 임직원으로 10년 이상 근무한 경력이 있는 사람. ④ 국가, 지방자치단체, 공공기관, 금융감독원, 한국거래소 또는 금융투자업관계기관에서 재무 또는 회계 업무 또는 이에 대한 감독업무에 5년 이상 종사한 경력이 있는 사람. ⑤ 「금융위원회의 설치 등에 관한 법률 제38조」에 따른 검사대상기관에서 재무 또는 회계 업무에 5년 이상 종사한 경력이 있는 사람. ⑥ 그 밖에 금융위원회가 정하여 고시한 자격을 갖춘 사람.

기업이나 기관은 주주 권리 보호, 이사회 및 경영진 등 최고 거버넌스 운영, 상호출자 등 소유구조, 특수관계인 거래 등과 관련한 법 · 규제를 명확하게 인식하고, 지배구조 리스크 해결을 위한 제도 및 활동을 도입하고 있는지 확인할 필요가 있다. 지배구조 관련 법 · 규제 위반 건 중 조직의 재무구조 및 명성관리에 상당한 영향력을 미치는 사법상 형벌, 행정상 처분(금전적, 비금전적)에 대해 가중치를 달리 적용해서 관리하는 것이 중요하기 때문이다. 이를 위해 각 조직은 지난 5개년 간 조직의 지배구조 관련 법 · 규제 위반 건수에 대해 처벌수위별 감점기준을 달리 적용하며, 이를 종합한 감점이 몇 점인지 확인하는 방법으로 측정할 수 있다(K-ESG 가이드라인 v1.0, 2021).

기업과 기관은 확정판결된 지배구조 관련 법 · 규제 위반 건수 및 처벌수위 등을 성과로 점검할 수 있으며, 이 외에도 심각한 비용 손실을 야기하는 대규모 벌금, 과료, 과태료, 과징금이 부과된 법 · 규제 위반 건수를 성과로 점검할 수도 있다. 또한 확정 판결된 지배구조 관련 법 · 규제 건수 외 현재 소송 또는 심리가 진행 중인 지배구조 법 · 규제 위반 건에 대한 검토의견 및 대응계획을 이해관계자에게 투명하게 알릴 필요가 있다. 확정적으로 판결되지 않았으나, 조직에 상당한 재무적 영향이나 평판 영향을 끼치는 소송 또는 심리 건수는 이해관계자에게 중요한 정보로서, 현재 진행 중인 소송 또는 심리 건이 발생한 사유, 법적 대응경과, 향후 개선계획, 이에 대한 충당금 설정현황 등의 정보도 공유해야 한다. 기업과 기관은 '전자공시시스템의 사업보고서', 조직별 홈페이지의 지속가능경영보고서를 통해서 법 · 규제 위반 내역을 확인할 수 있다. 지배구조 법 · 규제 위반의 내용으로는 「상법」, 「자본시장과 금융투자업에 관한 법률」, 「금융회사의 지배구조에 관한 법률」 및 이에 준하는 기타 법률 등에서 규정한 '주주권리 보호', '상호출자 등 소유구조', '계열회사 등 특수관계인과의 거래', '이사회 구성 및 운영', '감사기구 구성 및 운영', '경영정보 공시' 요건을 위반한 경우 등이 예시가 될 수 있다(K-ESG 가이드라인 v1.0, 2021).

법 · 규제 위반은 감점기준으로 운용되기 때문에 실무적으로 K-ESG 가이드라인을 기준으로 볼 때, 지난 5개년간 지배구조 관련 법 · 규제 위반 내역 중 처분이 확정된 건수에 있어, 지배구조 법 · 규제 위반의 처벌수위가 사법상 형벌, 벌금, 과료 그리고 행정상으로 금전적 처분인 과태료, 과징금, 이행강제금 등을 받지 않음은 물론 비금전적 처분에 해당하는 시정명령, 시정권고, 경고 등도 받지 않도록 하며 또한 처분으로 인해 국가나 지방자치 단체를 당사자로 하는 계약에서 입찰참가자격을 제한당하지 않도록 관리함이 필요하다.

7. 경영진의 책임성

경영진과 관련하여 경영진 성과평가 및 보상, 책임성에 관한 이슈가 있다. 경영진의 성과를 체계적으로 평가하고 이를 근거로 보상을 지급함으로써, 경영진의 의사결정행위를 직·간접적으로 감독 및 통제하고 있는지 확인하는 것이다. 경영진의 성과는 경영진의 책임성(Accountability)과 깊이 연관된다. 여기서 책임성이란 조직의 지배권, 법적 기관, 보다 넓게는 사회에 설명을 해야 하는 상태이다. ESG관점에서 다음과 같은 내용적 범위를 가진다고 할 수 있다.

- 특정한 목표와 관련된 조직의 성과
- 일반적으로 채택되는 회계 및 보고 실행을 이용한 인적 자원, 재정적 자원, 자원의 적절하고 효율적인 사용
- 의도하거나 예견하지 않았던 것이라도 주요한 영향력을 포함하는 결정에 따른 결과물
- 어떻게 결정되고 이행되며 검토되는지를 관여하는 조직의 기능을 포괄하는 역할
- 이해관계자들에 대한 결정 및 행위에 의한 중요한 영향들
- 조직의 목표와 관련된 결정 및 조치의 목적 적합성
- 영향력의 범위(sphere of influence)

경영진의 성과평가 지표(KPIs)는 조직의 장기적 가치 향상과 연계되어 있으며, 성과평가 행위가 구체적, 연속적, 실효적으로 이루어지고 있는지 점검하는 것으로서 구체적으로는 ① 재무적 성과 연계 성과평가 지표, ② 비재무적 성과 연계 성과평가 지표, ③ 성과평가 기간, ④ 보상지급 기간, ⑤ 보상회수 요건 설정 여부 등이 측정될 수 있다(K-ESG 가이드라인 v1.0, 2021). 실무적으로 K-ESG 가이드라인을 기준으로 볼 때, 조직의 재무적·비재무적 3년 이상의 성과평가 지표가 설정되어 있어야 하며, 성과평가 결과에 따라 보상(성과급)을 지급하고 성과보상 지급을 1년 이상 초과하여 이연지급하도록 하며 나아가서 성과평가 종료 후, 경영진 행위가 불법적이거나 조직에 심각한 피해를 초래한 사유 등이 있을 때 지급(예정) 보상을 회수할 수 있는 요건을 두는 것이 필요하다고 할 수 있다.

8. 이해관계자 관심사 인지

이해관계자 관심사 인지 이슈는 조직의 목표가 소유주, 회원들, 조직 내부인들 각각의 이해관계에 제한되어 있더라도 그 외의 이해관계자 또한 고려되어야 할 이해관계나 권리를 가지고 있다는 것을 인지하고 반영하여야 한다는 것이다.

- 주주들의 이익과 필요 및 조직과 소통할 수 있는 능력을 알고 존중하는 것
- 장기적 안목으로 조직을 운영하여 현재 이해관계자들의 이익과 목적을 다음 세대의 이해관계자들과의 이익과 목적과 균형되게 함
- 모든 이해관계자에게 위험을 주거나 영향을 미치는 조직의 목표를 조정하는 것
- 조직의 결정에 영향을 미쳐왔거나 미칠 수 있는 이해관계자를 의사결정과정에 첨여하게 하는 것
- 조직의 지배구조에서 공식적 역할이 없더라도 조직의 결정에 의해 영향을 받는 이해관계자의 관점을 고려하는 것

기업은 항상 주주의 이익만을 추구해서는 안 된다. 주주만이 아닌 종업원 등 이해관계자의 이익을 고려하기 위해 이해관계자 자본주의 거버넌스를 구축하여야 한다. 이사회가 이해관계자 이익을 대변하는 경우, 주주로부터 배임 문제가 제기될 수 있다.[27] 향후 이해관계자 자본주의의 지향성과 함께 이를 위한 거버넌스 논의가 활발히 전개될 것인바 사회적인 공익과 환경적 가치를 위해 주주 이익에 다소 반하는 결정을 내려도 타당성을 전제로 그러한 결정이 법적으로 보호받을 수 있도록 법적으로 제도화됨이 필요하다. 또한 이해관계자 및 그들의 관심사를 반영하기 위해서 조직은 투명성을 확보하여야 한다. 여기서 투명성(Transparency)이란 조직 지배구조와 관련하여 조직의 결정 및 조치사항에 영향을 받거나 이해관계를 가지고 있는 개인 및 조직의 내·외부에 관련된 정보들을 공개하는 것을 의미한다. 그러나 이러한 투명성은 각기 다른 상황의 이해관계자들에게 중요한 정보가 충분히 제공될 때 확보될 수 있다.[28] 관련 활동은 다음과 같다

27) 미국 내 200대 대기업 협의체, 미국 최대 경영자 단체, 미국의 37개주에서는 전통적인 회사법에 의해 소송 당하지 않도록 베네핏 코퍼레이션(Benefit corporation)이라는 제도를 두고 있기도 하다. 우리나라에서도 SK 등 일부 기업에서 정관에 사회적 가치를 반영하고 있는데 이 역시 이해관계자 자본주의 거버넌스를 실현하는 방법 중 하나이다.

28) 비재무정보 공개지침 NFRD(Non-Financial Reporting Directive)는 2014년 EU의회에서 통과된 법안으로, 비재무정보 공시 의무화를 담고 있다. 지침에 따르면 2018년부터 역내 500인 이상 또는 자산총액 2,000만 유로 이상의 기업과 공익법인은 의무적으로 공시해야 한다. 원칙

- 조직이 자체평가를 수행하는 표준 및 기준은 명백하게 전달되도록 한다.
- 이해관계자에게는 그들이 각각의 평가기준을 가지고 조직의 현재 및 향후 시행될 업무를 판단할 수 있도록 이해하기 쉬운 형태의 정보를 충분히 제공한다.
- 조직의 결정이 영향을 주거나 영향을 받을 만한 모든 이해관계자에게는 무료로 정보를 받아 볼 수 있게 하되 정보에 대한 직접적인 접근이 가능하도록 한다.
- 정보는 적시에 사실에 입각하여 제공되며 중요한 정보는 누락되지 않으며 명백하고 객관적인 방식으로 조직 내부인, 소유자, 회원들 및 다른 이해관계자들에서 조직의 행위결정에 대한 영향력을 평가할 수 있도록 제출된다.

9. ESG 공시

우리나라에서도 공시제도의 개선노력이 꾸준히 추진되어 왔다. 2019년부터 자산총액 2조원 이상의 코스피 상장사를 중심으로 기업지배구조 핵심정보를 투자자에게 의무적으로 공시하도록 규정하였고, 2021년 1월 금융위원회는 ESG공시의 단계적 의무화를 발표하였다. 자산총액 2조원 이상 코스피 상장사들만 의무적으로 공시해야 했던 기업지배구조 보고서의 경우 2022년부터 1조 원 이상, 2024년부터 5,000억 원 이상, 2026년부터 전체 코스피 상장사로 공개 범위가 확대된다(ESG 입문, 2021). 환경 · 사회 정보를 담은 지속가능경영보고서도 의무화될 예정이다. 지금은 매년 100여 개 기업 정도가 지속가능경영 보고서를 발간하고, 거래소에 보고서를 공개하는 기업은 20개에 불과했지만, 2025년부터 자산 2조 원 이상 코스피 상장사부터 의무적으로 ESG 정보를 공개하고, 2030년 이후에는 전체 코스피 상장사로 확대된다(금융위원회, 2021).

한국거래소는 ESG 정보 공개 활성화를 위해 'ESG 정보 공개 가이던스'를 제시하였으며 거래소가 직접 선정한 권고 공개 지표 12개 항목, 21개 지표도 공개했다.[29] 재무적 투자자 외의 이해관계자에게 필요한 정보는 대부분 지속가능경영보고서에 공시되며, 이는 ESG 평가의 기초정보가 된다. 지속가능경영보고서는

준수 예외설명(Comply or Explain) 방식에 따라 환경문제, 이사회 다양성, 인권, 반부패 등 다양한 ESG 리스크와 기회에 대한 정보를 공개함으로써 ESG 관련 기업 운영의 투명성을 높이고 사회적 책임을 강화하려는 취지로 이해될 수 있다.

29) 환경 부문 5개 항목(온실가스 배출, 에너지 사용, 물 사용, 폐기물 배출, 법규 위반 · 사고), 사회 부문 4개 항목(임직원 현황, 안전 · 보건, 정보 보안, 공정경쟁), 거버넌스 부문 3개 항목(경영진의 역할, ESG 위험 및 기회, 이해관계자 참여)이다.

GRI Standards, SASB, IIRC 등 국제 가이드라인을 이용하여 비재무적 정보를 공개하며, 회계법인 등으로부터 제3자 검증을 받아 정보의 질을 담보하고 있다. 특히 GRI Statndards는 이해관계자에게 공개하여야 할 다양한 공시 지표들을 제공하여 전통적으로 ESG 평가의 정보 근거가 되어 왔다.[30] 금융위원회는 2030년까지 전 유가증권시장 상장회사에 지속가능경영보고서 공시 의무화를 밝힌 바 있어 지속가능경영보고서의 중요성은 더욱 커질 것으로 보인다. 그러나 대부분의 지속가능경영보고서는 제반 가이드라인상 정보공시의 항목을 회사가 임의적으로 선정하고 있으며, 제3자 검증 역시 대부분 검증대상기업이 제시한 증거 내에서만 검토가 이루어지는 중위의 검증수준에 컨설팅을 동반하는 유형의 검증이 대부분이어서 그 신뢰성은 제한되고 있다.

ESG가 자본시장에서 주류적 쟁점이 되면서 제기된 가장 큰 이슈중 하나는 ESG 정보공개 표준을 제정해야 한다는 것이다. Sustainalytics에 따르면, 2018년 기준 ESG 표준 제정기관, 데이터 공급업체, 평가기관 등은 600개가 넘는다. ESG 정보공개 표준만 해도 2021년 1월 현재, GRI, SASB 등 대표적인 표준 외에도 전 세계에 374개나 존재한다(ESG 입문, 2021). 2020년 EU 집행위원회는 비재무공시의 표준을 개발해야 한다는 안건을 발표하였는데, 재무정보처럼 비재무정보 또한 비교 가능성과 신뢰성을 높일 수 있도록 표준을 정해야 한다는 공감대도 크다.[31] 한편, 세계경제포럼(WEF)의 국제비즈니스협의회(IBC)는 4대 회계법인(Deloitte, EY, KPMG, PwC)과 함께 2020년 9월 '이해관계자 자본주의 지표'를 발표했는데 21가지 핵심지표와 34가지 확장지표로 구성된 SCM은 GRI를 중심으로 다른 공시 표준 및 프레임워크를 일부 반영하고 있다(ESG 입문, 2021). 2021년 1월 26일 진행된 '다보스 어젠다 2021'에서 전 세계 61개 기업이 이 지표체계를 활용해 비재무 정보를 공시할 것이라고 밝힌 바 있다. 향후 ESG 정보공개 표준 논의에서 중심이 될 가능성이 큰 기관은 IFRS(국제 회계기준) 재단이다. IFRS 재단은 2021년 ESG 정보공개 표준 제정을 위한 '국제 지속가능성 기준위원회(ISSB,

30) GRI 보고기준은 임의적으로 핵심 공시정보를 선택할 수 있는 Core Option과 모든 공개 권고 정보를 공개하는 Comprehensive Option이 있다. 국내 보고서는 대부분 Core Option으로 공개하고 있다.

31) GRI(글로벌 보고 이니셔티브), SASB(지속가능성 회계기준위원회), IIRC(국제통합보고위원회), CDSB(기후정보공개표준위원회), CDP(탄소정보 공개프로젝트) 등 5개 기관은 2020년 9월 공통 표준 제정에 합의했고, 12월 프로토타입 보고서를 공개했다. SASB와 IIRC는 2021년 중반까지 합병키로 하고 이름을 'Value Reporting Foundation'으로 바꾼다. CDSB 또한 합병에 관심을 보이고 있다.

International Sustainability Standards Board)'를 출범시켰으며, 2022년 3월 ISSB 초안이 발표되었다. 국제회계기준은 일정규모 이상의 모든 글로벌 기업들이 이미 채택하고 있고 그 영향범위가 지대하므로 향후 ESG 정보공개 표준화 논의에서 가장 주목해야 할 내용이 될 것이다.

CHAPTER 16

공정하고 합리적인 거버넌스 구축

제 1 절 ESG 리스크

우리나라 회사법은 일정한 거버넌스의 틀을 정하고 있지만, 세부적 경영은 각 회사의 환경에 적합하게 자율적으로 선택할 수 있도록 하고 있다. 그러나 회사재산의 사적 편취나 대리인 문제 등 권한의 남용이 있을 경우 투자자의 잠재적 투자수익은 침해를 받는다. ESG 거버넌스는 환경과 사회요소와 관련된 특정 리스크에 대한 내부통제 및 경영의 수준을 보여주는 투자판단 기준으로 활용될 수 있다. 특히 거버넌스 리스크가 지나치게 커질 경우, 조직의 영속성과도 직결될 수 있다. ESG 리스크와 거버넌스의 문제는 주주중심 주의와 이해관계자 중심주의간의 충돌로도 이해될 수도 있다. 물론 리스크가 적은 곳에 투자하여야 한다는 관점에서 보면 ESG 거버넌스 과제는 결국 주주의 장기적 이익을 위해 고려되는 것이며 동시에 이해관계자에 대한 영향 및 책임도 역시 장기적인 측면에서 조직의 이익과 연결되는 것이므로 두 관점의 조화가 불가능한 것은 아니다.

리스크 관리 측면에서 보면, 잠재적 리스크에 대해 거버넌스의 핵심 주체인 이사회의 명확한 의지 표명 및 책임성 실천은 매우 소망스러운 과제라고 할 것이다. 우리나라 회사법은 주주와 이사회의 권한을 분배하여 주주총회의 권한사항과 이사회의 권한사항을 구분하고 있다. 구조적 거버넌스와 관련된 사항은 주주총회가 직접 강제할 수 있으나, 환경과 사회에 관한 정책 및 전략 수립 등 ESG 관리는 결국 이사회 및 경영진의 재량적 권한에 속하는 경우가 대부분이다. 따라서 투자자나 이해관계자가 조직에 ESG 정보공개 및 리스크 관리를 요구하여 간접적으로 ESG 리스크를 낮추려고 하는 것은 투자수익 및 위험관리 측면에서 자연스러운 조치이다. 즉, 환경적, 사회적 영향을 고려하여 의사결정을 수행하고 관련된 리스크를 효과적으로 관리하는 체계를 수립함에 이사회가 적극적으로 대응하게 함에는 투자자와 이해관계인의 적극적 참여가 필요할 수 있다. 이사회는 최고 의사결정기구이고, 이사는 회사와 민법상 위임 관계에 있고, 선량한 관리자로서의 주의의무와 그에 따른 책임이 있기 때문이다. 이러한 문제의식에서 다양한 규범들은 이사회 및 경영진으로 하여금 준법경영, 윤리경영, 지속가능경영 등 지속가능한 가치 창출을 요구하고 있으며 향후 그 정도는 더욱 강화될 것이다. 최근까지 ESG 평가가 이사회 또는 경영진의 의지 표명이 있는지의 여부로 리스크 관리를 확인하였지만 단순한 의지 표명은 이사회나 이사의 책임의식을 강화하는 것과 별개로 법적 책임을 수반하지 않기 때문에 홍보적 조치에 그치고 실제 실천으로 이어지지 않는 경우가 많았다. 따라서 향후 각 기업과 기관은 인사 및 재무적 책임 등 측정 가능한 지표를 통해 실질적인 거버넌스 책임을 확대할 필요가 있다. 예컨대 환경이슈(오염물질배출 위반), 사회이슈(산업재해 사망)나 거버넌스(횡령, 배임)이슈 등에 있어 명시적으로 인사상으로나 재무적인 책임성을 강화하는 것이다. 또한 관련된 내부 일상감사 정책과 내부고발제도 등을 강화하는 것도 필요하다. 이러한 명시적 의지 표명 및 책임성 제고는 ESG 관련 부정적 이슈가 있을 경우, ESG에 기반을 둔 주주권 행사 및 의결권 행사에 있어 판단의 근거가 될 수 있다.[1)]

현실적으로 이사회 산하에 ESG 위원회 설치 여부를 이사회의 역할에 관한 대용치로 사용하고 있어서 상장회사의 ESG 위원회 설치가 최근 급증하고 있지만,[2)] 조직은 실질적인 실적을 위해서 우선적으로 경영성과에 중대한 영향을 미치는 ESG 요소를 식별하고 관리해야 한다. 중요 ESG 이슈를 관리하는 프로세스를 자체적으로 수립할 필요가 있다. 보다 구체적으로는 첫째, 조직이 처한 ESG 관련 위험과 기회를 평가하고 둘째, 적절하고 효과적인 ESG 위험 관리 및 내부 통제 시스템을 마련하며, 셋째, 조직의 ESG 관리 접근 방식, 전략, 우선순위 및 목표를 구체화하며, 넷째, ESG 관련 목표 및 목표에 대한 성과를 주기적으로 확인하고, 마지막으로 ESG 보고서 내용을 확인한 후 공개를 승인하는 역할을 정립하는 것이다.

또한 ESG투자가 고려될 경우, ESG 거버넌스 정보는 "투자의사결정에 중요한 정보"로서 자본시장법상 규율 대상이 될 수 있다. 중장기 경영계획, 신사업 구상, 새로운 시장 개척, 주력업종 변경 등과 같은 사항은 거버넌스와 밀접한 관련이 있기에 ESG투자에 있어 중요한 고려사항이 될 수 있다. 특히 ESG위험 및 기회요인과 관련하여 이사의 진단 및 분석의견(MD&A)[3)]은 사업 내용 못지않게 중요하다. 이를 통해 투자자는 재무적 정보에서 충분하지 않은 투자근거를 보충하고

---

1) 한국거래소, ESG 정보공개 가이던스, 2021, 30-40.

2) 2021년 12개 회사가 ESG위원회를 신설하였으며, 그 외에도 다른 명칭을 통해 ESG 등을 검토하는 위원회를 두고 있거나 향후 설치 예정이다. 머니투데이, ESG 위원회 만들긴 했는데… "뭘 해야하나" 기업들의 고민, 2021.4.2.

3) Management's Discussion and Analysis of Financial Condition and Results of Operation의 약자이며 투자결정에 매우 중요한 정보가 된다.

중장기적 비재무적 요인의 변동가능성을 파악할 수 있기 때문이다. 또한 ESG 정보 분석에 있어 회사의 업무와 관련한 제재 및 소송 진행 현황은 투자의사결정에 매우 중요한 요소가 되며 거버넌스는 기존의 준법경영체계의 개선을 통해 재발방지대책 및 개선대책을 제시하고 공시되도록 하며 그 집행도 감독하여야 한다.

제 2 절 바람직한 거버넌스의 구축

글로벌 차원에서 미국 바이든 정부는 친환경 정책의 프레임을 자연환경 부분에 국한하지 않고 경제와 산업정책 전반에 걸쳐 적용하고 있으며, 이는 다른 국가들의 정책과 기업경영에 크게 영향을 미치고 있다. 실제로 ESG를 투자 지표로 활용하는 글로벌 투자금액은 2016년 21.4조 달러에서 2020년에는 2배 규모인 40.5조 달러로 증가하였으며, 2020년 세계 최대 자산운용사인 블랙록은 투자에 있어 최우선 순위가 ESG라고 밝히고 있다. 이러한 추세에 발맞추어 최근 국내기업들도 사외이사를 이사회 의장으로 선임하고, 이사회 의장과 대표를 분리하며, 사회이사를 확충하고 독립성을 강화하는 동시에 공시의 투명성을 확대하는 등 ESG 경영을 위한 컨트롤타워를 강화하는 경향을 보이고 있다. 상대적으로 준법경영, 이해관계자 참여, ESG 성과에 대한 보상, 여성임원 비율 등은 아직 개선의 여지가 많지만 거버넌스의 전반적인 수준이 높아지고 있는 것은 부인하기 어렵다. 또한 많은 기업들이 아직은 ESG 도입을 투자보다는 비용으로 인식하는 것이 걸림돌이 되고 있으므로 중장기적으로 기업가치와 수익성의 향상에 기여하는 ESG 구축의 논리와 환경 조성도 필요할 수 있다.

장기적으로 긍정적 외부효과가 발생하는 것이 분명하지만 비용증대로 인하여 수익성이 악화될 수 있음에 주저하는 기업이나 기관의 입장을 고려할 때 몇 가지 방안이 강구될 수 있다. 첫째, 특별히 경영상황(특히 당기순이익)이 좋지 못한 경우, 안정적인 수익 창출 기반을 마련하면서 재무상태 개선과 동시에 ESG를 추진하거나 재무상태를 개선한 후 ESG를 도입하는 방안을 고려하는 것이다. 여기서 전자는 비용이 초래되지 않거나 아주 작은 비용으로 개선할 수 있는 ESG를 탐색하고 실천하는 것으로 나타날 수 있고, 후자는 ESG도입을 유보하거나 시기별로 단계화하여 추진하는 방안이 될 것이다. 물론 바람직하기는 글로벌한 경영환경 변화와 우리나라의 법규제 환경의 변화를 감안할 때 ESG 경영체제를 전면적으로 구축하고 이를 바탕으로 기업의 경쟁력을 제고하는 일종의 경쟁력 혁신방안으로서의 ESG전략을 구사하는 것이 바람직하다고 판단할 수 있으나 현장의 개별 기업 입장에서는 주어진 상황이나 특성적 여건을 무시할 수는 없을 것이다. 둘째 방안으로 ESG를 수정하여 수익성과 연동시키는 것을 고려해 볼 수 있을 것이다. 예컨대 기업의 수익률 지표인 총자산수익률(ROA), 자기자본수익률(ROE) 등에 ESG 투입비용을 고려하여, 비용보다 높은 현재가치화된 미래수익이 기대되는 시점에서 ESG를 도입하거나 확대하는 것이다. 세 번째 방안은 ESG에 투입된 비용을 미래 투자로 간주하고 이를 반영한 ESG 스코어를 산출하는 것이다. 이렇게 ESG의 도입과 확산을 구체적인 수익성을 고려하여 시행하는 방안의 설계는 ESG 경영에 소극적인 기업의 참여를 확산함에 도움이 될 수 있을 것이다.

하지만 국내기업들이 글로벌 시장에서 경쟁력을 확보하고, 국내 경제의 질적 성장을 도모하기 위해서는 단기적 수익성을 넘어서는 글로벌 수준의 ESG 경영을 추진할 수 있어야 한다. 기후변화 등 환경이 급변하면서 환경이슈는 매일 소비자의 행동변화를 촉구하고 있으며 안전 등에 대한 사회적 책임 또한 필수적인 위험관리(risk management) 수단이 되었기 때문이다. 기업과 기관의 거버넌스는 이제 개별 기업에 대한 비판이 아닌 규제와 법적 제재의 대상이 됨에 따라 지속가능성을 좌우할 수도 있는 핵심쟁점이 되고 있다. 이에 따라 이미 현재 상당수의 국내외 기업과 기관들이 근본적으로 달라지고 있는 경영상황변화를 검토한 후 능동적으로 ESG를 경영에 도입하고 있으며, 그 제도적 기반으로 거버넌스를 선제적으로 재정비하고 있는 것으로 보인다.

ESG 정보와 관련해서 아직까지 인증업체, 데이터 제공 기관, 국제단체 등 다양한 주체가 각각의 영역에서 개입하고 있어서 실제 이용주체인 기업, 투자자 및 이해관계자가 혼란을 겪는 경우가 있다. 따라서 보다 공적 권위를 가지고 있는 컨트롤타워에서의 종합적 규율이 필요할 수 있다는 의견이 가능하다. 이러한 상황에서 몇 가지 주의사항이 있을 수 있다. 첫째는 'ESG 등급'과 'ESG 정보'를 동일시 하면 안되고 각 조직은 개별적 미션과 비전 그리고 투자시계에 따라 중요한 ESG 정보를 분석하고 이러한 정보가 성과에 미치는 영향을 분석하여 그 근거를 명확히 하고 의사결정에 반영하여야 한다는 점이다. 둘째는 ESG 투자 성과를 주기적으로 검토하여, 재무적 성과를 저해하는 경우 해당 투자방법을 배제할 수도 있으나 비재무적 성과를 고려하여 결정하여야 할 것이다. 셋째, 개별 조직의 이사회는 중장기적 이익을 기대하면서 중요 ESG 이슈에 대한 책임 관리의 의지를 명문화하고 실천하는 등 책임성을 제고하여야 한다. 나아가서 성과에 영향을 미치는 중요 ESG 요소를 식별하되, 그러한 중요 ESG 요소에 따른 위험과 기회를 평가한 후 내부통제 체계를 정비함으로써 거버넌스적 제도화를 갖추어야 한다. 넷째, 특별히 거버넌스 관련 ESG 리스크를 공시하고 이러한 위험을 통제할 수 있는 방안을 중장기 계획에 반영하도록 하여야 하며 관련 재무적 비재무적 정보를 효과적으로 측정할 수 있는 정량, 비정량 지표와 측정 수단을 구비하여야 할 것이다.

투명하고 지속가능한 성장을 실현할 수 있는 거버넌스의 지향점은 공정하고 합리적인 의사결정체제의 구축과 유지이다. 규범에 대한 준수(Compliance)와 경제, 환경, 사회적 모든 리스크를 예방하고 극복할 수 있는 지속가능성(Sustainability)은 이러한 공정하고 합리적인 의사결정체제가 사회적 책임을 실현해 나갈 때 가능하다. 이를 위해 조직은 준법경영과 함께 경영의 투명성을 유지하여야 한다. 사외이사 등을 포함한 독립적이고 전문적인 이사회, 경영진의 위법적 행위를 견제할 내부 통제장치, 재무제표의 정확성을 담보하기 위한 외부감사, 회사의 성과를 외부에 전달하기 위한 공시, 홍보, IR(Investor Relations) 등은 모두 이러한 사회적 책임을 유지하기 위한 제도적 장치가 된다. 사회적 책임이 글로벌 화두가 된 것은 오래된 역사적 사실이며 우리나라도 정부, 기업, 학계 모두 이러한 흐름을 인정하고 적극적으로 대응하고 있다. 이러한 맥락에서 ESG는 중장기적으로 국가와 사회 그리고 기업들이 사회적 환경적 그리고 거버넌스적 잠재적 위험을 관리하고 올바른 성장을 지속하고자 하는 혁신전략이면서 동시에 전략적 실천이 되어야 한다. ESG는 국가차원에서 국민들이 보다 행복한 삶을 지속할 수 있는 정책 패러다임의 전환이며 시민사회 차원에서 보다 좋은 환경에서 건강한 공동체를 유지하는 것이고, 또한 기업에게는 지속가능한 가치를 창출할 수 있는 사업전략이 될 수 있기 때문이다. 특별히 기업차원에서 기업의 주인은 주주라는 인식을 넘어 근로자, 채권자, 소비자, 협력업체, 지역사회 등 내부 또는 외부의 이해관계자는 물론 사회 전반의 공익까지 염두에 두고 기업을 운영하는 것이 해당 기업에게도 필수적임을 긍정하여야 한다. 이러한 패러다임의 변화는 주권자로서의 국민, 동반자로서의 직원, 공동체로서의 지역사회를 지향함을 의미하며 상호적 영향력 가운에 궁극적인 국가, 사회 및 기업의 성공을 견인하는 기본적 방향성이 된다. 이는 단순히 장기적으로 국가와 경제 전반이 장기적으로 건강과 안정을 유지할 수 있는 환경여건을 보장함에 그치지 않고 갈등과 사고를 예방하고 치유하는 전략적 선택이다. 이러한 관점에서 거버넌스는 기업이나 기관의 외형적 성장이나 경영수익을 넘어서서 안전, 공정성 등 가치를 실현하는 경영원칙을 관철하는 공동체적 의사결정을 위한 제도적 기반이 되어야 한다는 점에서 중요하다.

| 참고문헌 |

곽수근 · 송호근 외(2020) “기업시민, 미래경영을 그리다”, 포스코

관계부처 합동(2021), “K-ESG 가이드라인 v1.0”

국가인권위원회(2011), “기업과 인권이행지침, 유엔 ‘보호, 존중, 구제’ 프레임워크의 실행”

국민권익위원회(2018), “공공기관 인권경영 매뉴얼”, 국민권익위원회

권용수(2020), “기관투자자의 수탁자 책임의 관점에서 본 스튜어드십 책임”, 재산법연구 제36권 제4호, 한국재산법학회

금융위원회 · 금융감독원 · 한국거래소(2021), “기업공시제도 종합 개선방안”, 2021.1.14. 보도자료

금융위원회(2021), “기업공시제도 종합 개선방안”, 보도자료, 2021.1.14.

국민연금기금운용위원회(2019), “국민연금기금 책임투자 활성화 방안”

김민석(2021), “책임지는 경영자, 정의로운 투자자, : ESG로 다시 쓰는 자본주의”

김병우 · 김동욱(2010), “패널자료분석법에 의한 기업지배구조와 기업가치간의 영향관계 분석”, 『금융공학연구』, 6(2), 223-247

김은정(2011), “이사의 수탁자의무와 경영판단의 원칙에 관한 연구: 미국 판례와 법제를 중심으로”, 성균관대학교 박사학위논문

김종대(2008), “기업의 사회적 책임과 지속가능경영”, 상장협연구 제57호, 2008/4

김지환(2022a), “[ESG 인사이드 (2)] 사회문제 해결은 새로운 비즈니스이다”, 뉴스투데이, 2022.1.23.

______(2022b), “[ESG 인사이드 (8)] 순환경제가 제시하는 사회문제 해법”, 뉴스투데이, 2022.4.20.

______(2022c), “[ESG 인사이드 (13)] ESG 경영을 위한 기술혁신의 역할-① 기술 혁신은 어떻게 ESG 리스크를 해결하는가?”, 뉴스투데이, 2022.7.13.

______(2022d), “[ESG 인사이드 (14)] ESG 경영을 위한 기술혁신의 역할-② 구글은 서버 재사용하고 애플은 디바이스에서 코발트 추출”, 뉴스투데이, 2022.7.27.

______(2022e), “[ESG 인사이드 (15)] ESG 경영을 위한 기술혁신의 역할-③ ESG 경영을 지원하기 위한 혁신기술과제는?”, 뉴스투데이, 2022.8.10.

김태영(2013), “CSV: 진짜 목표인가 세탁용인가”, DBR, 349호, 2013.6.

대한상공회의소, 삼정 KPMG(2021), “중소기업 ESG 추진전략”, 2021.8.

대한상공회의소, 삼정 KPMG(2021), “중소중견기업 CEO를 위한 알기쉬운 ESG”

딜로이트(2020), “지속가능경영, ESG 경영으로의 전환을 위한 기업들의 전략적 접근 방안” 딜로이트 인사이드, 2020.1.

류예린 · 지상현(2018), “기업지배구조와 동반성장 간의 관련성 연구”, 『산업경제 연구』

박신원(2021), “제정 중대재해 처벌 등에 관한 법률 해설”, 노사공포럼, 2021.11.25.

사회적가치연구원(CSES) (2021), "ESG Handbook Basic"

삼성전자(2021a), "삼성전자 2020년 사업보고서"

______(2021b), "삼성전자 지속가능경영보고서 2021"

______(2021c), "삼성전자 협력회사 행동규범 Version 3.1"

______(2021d), "지속가능경영 보고서"

삼성SDI(2003), "삼성SDI 2003 지속가능경영 보고서"

삼성증권 리서치센터 ESG 연구소(2021), "ESG, 자본시장의 뉴 노멀"

손영화(2014), "사회책임투자 활성화를 위한 제도개선 방안", 기업법연구 제28권 제1호, 한국기업법학회

신한금융그룹(2020), "ESG 보고서"

______(2021), "ESG 보고서"

IBK기업은행(2021), "중소기업을 위한 ESG 가이드"

안병훈, 장대철(2008), "기업의 사회책임경영(CSR)의 정의와 역할", 상장협연구 제57호, 2008/4

LG전자(2021), "2020~2021년 지속가능경영 보고서"

오상희 · 이승태(2019), "ESG 평가요소와 기업가치의 관계에 관한 연구", 『전산회계연구』

유선욱(2020), "공유가치창출(CSV) 활동의 지속가능발전목표(SDGs) 접근에 대한 연구-수행 사례에서 나타난 사회적 이슈, 수혜자, 협력자에 대한 분석을 중심으로", 사회과학연구, 32(2), 77-120

원주지방 환경청(2021), "환경법령 요약 및 주요 위반 사례"

______(2022), "환경법령 요약 및 주요 위반 사례"

이규석(2021), "ESG의 지배구조(Governance) 개선과 기업가치". KERI Brief 21-00, 2021.8.20.

이두희 · 고동수 · 김동수(2013), "공유가치창출(CSV)을 통한 지역산업의 지속가능한 경쟁력 강화방안", KIET, 2013.12.

이보삼 · 김종대(2001), "국제표준(ISO)과 환경경영 전략", 환경인력양성사업(환경부) 결과 보고

이재혁(2020), "ESG는 단순한 리스크 관리 지표 아냐. 새 기회 창출할 성장 동력으로 삼아라", 동아비즈니스리뷰, 308(1).

이정기 · 이재혁(2020), "'지속가능경영' 연구의 현황 및 발전방향: ESG 평가지표를 중심으로", 전략경영연구, 23(2), 65-92.

이종욱 · 김윤정 · 이동근(2020), "취약계층 기후 회복력 증진을 위한 공공건물 진단도구 개발", 한국기후변화학회지, 11(6-2), 683-702.

이준희(2020), "한국기업들의 ESG 경영을 위한 변화, ESG경영의 개념과 접근 방법", Deloitte Insights, 2020.11.

이혜미(2021). "UN SDGs 및 소비자 중심의 ESG 경영을 위한 전략적 성과관리 방안", 소비자정책동향 (118), 1-22.

자본시장연구원(2020), "미국의 ESG 규제 동향과 최근 이슈", 자본시장포커스 2020-18호

장덕조(2019), "회사본질론과 스튜어드십 코드", 금융법연구 제16권 제2호, 한국금융법학회

장윤제(2019), "기업지배구조 모범규준에 관한 연구", 한양대학교 박사학위논문

______(2020), "ESG 개선의 현황과 과제", KCGS Report, 한국기업지배구조원

한국경영자총협회 조사부(2019), "기업책임경영 매뉴얼", 한국경영자총협회

한국거래소(2020), "기업지배구조 보고서 개정 가이드라인", 2020.3.31 보도자료

______(2021), "ESG 정보공개 가이던스", 2021.1.18. 보도자료

한국기업법학회(2021), "글로벌 환경 변화에 따른 기업의 경쟁력 제고를 위한 법적 과제", 2020년도 동계학술대회 및 정기총회 자료집

한국기업지배구조원(2016), "기업지배구조 모범규준"

한국기업지배구조원(2021), "개정 환경 · 사회 · 지배구조 모범규준"

환경 빅데이터 플랫폼 (2020), "환경법규 위반 행정처분 DB", https://www.bigdata-environment.kr/user/data_market/detail.do?id=70d7ae30-f0d7-11eb-abdd-bd6fc00492b0

한국기업지배구조원 분석1팀(2020), "[ESG Focus] ESG와 기업의 장기적 성장", 한국기업지배구조원

현대경제연구원(2020), "2020년 다보스 포럼의 주요내용과 시사점", Weekly Economic Review, 2020.1

현대자동차(2022), "2022 현대자동차 지속가능성 보고서"

현대자동차그룹(2021), "현대자동차/기아 협력사 행동규범"

antegroup(2021), "Steps to Develop and Implement an ESG Strategy", March 24th 2021

Ben-Amar, W., Chang, M., Mcllkenny, P. (2017), "Board gender diversity and corporate response to sustainability initiatives: Evidence from the carbon disclosure project". *Journal of business ethics*, 142(2), 369-383

Berg, F., Koelbel, J. F., Rigobon, R.(2019), "Aggregate confusion: The divergence of ESG ratings", *MIT Sloan School of Management*. Available at SSRN: https://ssrn.com/abstract=3438533

Carroll, A.(2008), "Corporate social responsibility(CSR) and corporate social performance (CSP)", Encyclopedia of business ethics and society. Sage, London.

CFA Institute(2018), "ESG IN EQUITY ANALYSIS AND CREDIT ANALYSIS"

Donaldson, T., Preston, L. E.(1995), "The Stakeholder Theory of the Corporation: Concepts, Evidence, and Implications", *The Academy of Management Review*, 20(1), 65-91

EcoVadis(2020), "EcoVadis Ratings Methodology Overview and Principles"

Egels-Zandén, N.(2017), "Responsibility boundaries in global value chains: Supplier audit prioritizations and moral disengagement among Swedish firms", *Journal of Business Ethics*, 146(3), 515-528

Ellen MacArthur Foundation(2019), "Circular Economy System Diagram"

Ellen MacArthur Foundation, "Action learning set toolkit, A structured learning method which enables small groups to address complex issues."

Fama, E.(1980), "Agency problem and the Theory of the Firm", *Journal of Political Economy*, 88, 288

Fama, E. and M. C. Jensen(1983), "Separation of Ownership and Control", *Journal of Law and*

Economics, 26, 310 – 325

Flammer, C., Toffel, M. W., Viswanathan, K.(2021). "Shareholder activism and firms' voluntary disclosure of climate change risks", *Strategic Management Journal*, 42(10), 1850-1879

Freeman, R. E.(1984), "*Strategic management: A stakeholder approach*", Boston: Pitman.

GRI(2021a), "CONSOLIDATED SET OF GRI SUSTAINABILITY REPORTING STANDARDS 2020", Global Reporting Initiative

______(2021b), "GRI 1: Foundation 2021", Global Reporting Initiative

______(2021c), "GRI 2: General Disclosures 2021", Global Reporting Initiative

______(2021d), "GRI 3: Material Topics 2021", Global Reporting Initiative

______(2021e), "GRI 11: Oil and Gas Sector 2021", Global Reporting Initiative

IFRS S1(2022), "(Draft) General Requirements for Disclosure of Sustainability - related Financial Information", IFRS ISSB

IFRS S2(2022), "(Draft) Climate-related Disclosure", IFRS ISSB

INTELEX Insight Report(2020), "ESG Data: What should you collect and why?"

______(2022), "Better, Smarter, Cleaner: How ESG Inspires Technology Innovation"

IPCC(2014), "Climate Change 2007: Synthesis Report. Contribution of working groups I. II and III to the Fourth Assessment Report of the Intergovernmental Panel on climate change". Intergovernmental Panel on Climate Change, Geneva, Switzerland

ISO 37001(2016), "Anti-Bribery Management Systems-Requirements with Guidance for Use", ISO

ISO 37301(2021), "Compliance management systems – Requirements with guidance for use", ISO

ISO 45003(2021), "Occupational health and safety management – Psychological health and safety at work-Guidelines for managing psychosocial risks", ISO

Khan, M., Serafeim, G., Yoon, A.(2016), "Corporate sustainability: First evidence on materiality", *The Accounting Review*, 91(6), 1697-1724

KPMG(2020), "The time has come: The KPMG Survey of Sustainability Reporting 2020"

KS A ISO 26000(2010), "사회적 책임에 대한 지침", 국립기술표준원

KS A ISO 50001(2011), "에너지경영시스템-사용지침을 포함한 요구사항", 국립기술표준원

KS I ISO 14001(2015), "환경경영시스템-요구사항 및 사용지침", 국립기술표준원

KS I ISO 14004(2018), "환경경영시스템-실행에 대한 일반지침", 국립기술표준원

KS Q ISO 45001(2018), "안전보건경영시스템-요구사항 및 사용지침", 국립기술표준원

Lyon, T. P., Maxwell, J. W.(2011), "Greenwash: Corporate environmental disclosure under threat of audit", *Journal of economics & management strategy*, 20(1), 3-41

Marquis, C., Toffel, M. W., Zhou, Y.(2016), "Scrutiny, norms, and selective disclosure: A global study of greenwashing", *Organization Science*, 27(2), 483-504

Melanie L. Fein(2017), "Social Investing in the United Kingdom (ESG)"

Milton Friedman(1970), "The social responsibility of business is to increase its profits", New York Times, Sep.13.

MSCI(2019), "MSCI ESG RATINGS METHODOLOGY". MSCI

______(2020), "MSCI ESG Ratings", MSCI

Narula, R.(2019), "Enforcing higher labor standards within developing country value chains: Consequences for MNEs and informal actors in a dual economy", *Journal of International Business Studies*, 50(9), 1622-1635

Nicole Oertwig et al.(2017), "Integration of Sustainability into the Corporate Strategy", 2017

Porter, M. E. & M.R. Kramer(2006), "Strategy and Society: The Link Between Competitive Advantage and Corporate Social Responsibility", *HBR*, December 2006

Porter, M, E, & Kramer, M. R.(2011). "Creating shared value". *HBR*, 62-77

RBA(2021a), "RBA Validated Audit Process(VAP)", Responsible Business Alliance

______(2021b), "The RBA Code of Conduct Version 7.0", Responsible Business Alliance

SustainAbility(2020), "Rate the Raters 2020: Investor Survey and Interview Results", The SustainAbility Institute

TCFD(2017), "Recommendations of the Task Force on Climate-related Financial Disclosures", Task Force on Climate-related Financial Disclosures

The Global Compact(2004), "Who cares wins: Connecting financial markets to a changing world", New York

Virginia E. Harper Ho(2010), "'Enlightened Shareholder Value': Corporate Governance Beyond the Shareholder-Stakeholder Divide", *Journal of Corporation Law*, Vol. 36, No. 1.

WBCSD(2021), "Spatial intelligence and business: data application for a nature positive and net zero future. Prepared in collaboration with the SPACES coalition", WBCSD, Geneva

WEF(2014), "Towards the Circular Economy: Accelerating the scale-up across global supply chains"

______(2020), "Measuring Stakeholder Capitalism: Towards Common Metrics and Consistent Reporting of Sustainable Value Creation WHITE PAPER", SEPTEMBER 2020

______(2022a), "The Global Risks Report 2022 17th Edition"

______(2022b), "8 innovations in advanced manufacturing that support enhanced ESG reporting", 2022.1.

Yermeck, D.(1996), "Higher Market Value of Companies with a Small Board of Director", *Journal of Financial Economics*, 40, 185-211

국제ESG협회 홈페이지 https://www.iesga.org/

국가법령정보센터 홈페이지 https://www.law.go.kr

국가인권위원회 https://www.humanrights.go.kr

국민권익위원회 https://www.acrc.go.kr
고용노동부 홈페이지 https://www.moel.go.kr
금융위원회 홈페이지 https://www.fsc.go.kr
SK텔레콤 지속가능경영 홈페이지 https://www.sktelecom.com/view/manage/intro.do/
산업자원부 홈페이지 https://www.motie.go.kr
삼성전자 구매포털 https://www.secbuy.com/
삼성전자 홈페이지 https://www.samsung.com/sec/
YTN 홈페이지 https://www.ytn.co.kr
ESG 입문 https://antok.co.kr/free/205428
중소벤처기업진흥공단 홈페이지 https://www.kosmes.or.kr
KBS 홈페이지 https://www.kbs.co.kr
한국거래소(KRX) 홈페이지 http://www.krx.co.kr/
한국거래소(KRX) ESG 포털 http://esg.krx.co.kr/
한국기업지배구조원(KCGS) 홈페이지 http://www.cgs.or.kr/
한국생산성본부(KPC) 지속가능경영추진단 http://kesg.kr/
한국표준협회(KSA) 홈페이지 https://www.ksa.or.kr/
한국표준협회(KSA) ESG경영센터 https://www.ksa.or.kr/ksa_kr/933/subview.do
한국표준협회(KSA) 지속가능성 보고서 DB https://www.ksa.or.kr/ksi/4982/subview.do
한국회계기준원 홈페이지 https://www.kasb.or.kr
현대자동차 동반성장 포털 http://winwin.hyundai.com/
현대자동차 홈페이지 https://www.hyundai.com/
환경부 홈페이지 https://www.me.go.kr

Apple 홈페이지 https://www.apple.com
Asahi 홈페이지 https://www.asahi.com
Climate Action 100+ 홈페이지, https://www.climateaction100.org
EcoVadis 홈페이지 https://ecovadis.com/
ISO(국제표준화기구) 홈페이지, www.iso.org/
MSCI ESG Ratings 홈페이지 https://www.msci.com/our-solutions/esg-investing/esg-ratings/
PRI 홈페이지 https://www.unpri.org/
RBA 홈페이지 https://www.responsiblebusiness.org/
SASB 홈페이지 http://www.sasb.org
SBTi, https://www.wri.org/initiatives/science-based-targets
Sustainable Stock Exchange Initiative, https://sseinitiative.org/
S&P Global 홈페이지 https://www.spglobal.com/esg/
TCFD 홈페이지 https://www.fsb-tcfd.org/

국문 색인

ㄴ

ㄷ

ㄹ

ㅁ

ㅂ

| 영문 색인 |

A

B

C

D

E

F

G

H

I

J

K

L

M

N

O

P

R

저자소개

오영균(吳映均)

현재 수원대학교 법행정학부 교수로서 공공정책대학원장, 한국공학한림원 기술경영정책위원과 기획위원회위원 그리고 산업부 기타공공기관평가단장으로 활동하고 있다. 한국행정학회 R&SD 연구회 회장을 역임하며 사회문제의 과학적 문제해결에 노력하고 있다. 서울대학교에서 행정학 박사학위를 취득하였으며 학문적 관심분야는 환경정책, 과학기술정책, 성과관리 및 평가, 지방행정 등이다.
(oyk241@daum.net)

김지환(金智煥)

현재 수원대학교 공공정책대학원 ESG 경영정책전공 주임교수이며, 삼성경제연구소 선임연구원, 삼성지구환경연구소 연구위원, 국가과학기술연구회 전문위원, 지속가능발전위원회 전문위원, 국회기후변화포럼 연구위원을 역임했다. Erasmus Universiteit Rotterdam에서 환경경영과 지속가능경영으로 박사학위를 취득하였으며, ESG 경영전략, 지속가능성과 비즈니스 통합 전략이 주된 관심분야 이다.
(kgwhan@gmail.com)

이보삼(李輔三)

한국인정원(KAB) 인정개발본부장 근무, ISO 14001(환경경영) 국내 인증제 도입 및 국가 LCI D/B구축사업 총괄, 분야(품질, 환경 등)별 경영 시스템 구축/유지 및 인증, 배출권거래제검증 기관 지정 심사원, 노사공포럼 사용자측 대표, 관심분야는 개인 & 기업 장수(지속가능) 결정 요인 연구, 현재 수원대학교 공공정책대학원에서 객원교수로 ESG 진단 및 실습을 강의 중이다.
(samlee2730@naver.com)

이정기(李正基)

경북대 경영학부 학사 및 석사, 고려대 경영대학 박사수료. DGB금융그룹 지속가능경영팀 책임연구원으로 그룹 전사적 차원의 ESG 경영 실무 담당하였다. K-ESG 가이드라인 개발에 참여 하였으며(책임자: 고려대 이재혁 교수), 현재 수원대학교 공공정책대학원 ESG경영정책전공 객원교수, 고려대학교 ESG 연구센터 연구원, 국제ESG협회 이사로 활동하고 있다. 관심분야는 경영전략 및 국제경영, ESG 성과보고, ESG 평가 등이다.
(jeongki9316@naver.com)

정예모(鄭禮模)

삼성지구환경연구소, 삼성안전환경연구소(현 삼성EHS전략연구소)에서 20년간 지속가능경영, 기후변화 관련 온실가스 감축 전략 및 적응방안 등을 연구하였으며, 수원대학교 공공정책대학원 객원교수로 환경정책론, CSR 사례연구, 기후변화와 경영전략, SDGs와 거버넌스 연구, ESG 관련 규제 분석을 강의하고 있다. 성균관대학교에서 경영학 박사를 취득하였다.
(chung.ym9614@gmail.com)

ESG 경영의 이해와 실무적 활용

2022년 9월 25일 제 1 판 1쇄 인쇄
2022년 9월 30일 제 1 판 1쇄 발행

저 자 **오영균 · 김지환 · 이보삼**
이정기 · 정예모
발행인 **한 의 명**
발행처 **명 경 사**
(본사) 서울특별시 강남구 선릉로 120
우성 B/D 3-102
전화: 010-6211-8981 02) 2164-1591(代)
팩스: 0504-338-2135
(지사) 경기도 파주시 맥금동 557-24
Home Page : www.mkspub.com
E-mail : mkspub@daum.net
등록 2000년 8월 9일 제10-2024(倫)

•정가 **39,000**원

ISBN 979-11-88052-43-1